Heinz-Georg Luxen

Die schönsten Kanutouren in Schleswig-Holstein und Hamburg

48 Kanuwandertouren
auf Auen, Flüssen und Seen

Impressum:

Postfach 10 03 15
D-47003 Duisburg
Tel.: +49 (203) 99759-0
Fax: +49 (203) 99759-61
www.kanu-verlag.de

2. Auflage 2021

Karten: © Jübermann Verlag
Fotos: Christine Luxen, Heinz-Georg Luxen, Hermann Grube, Torsten Sellingsloh, Frank Butenhoff, Jan Teich, Antje Frers, Maren Harder, Sabine Wilcken, Anne-Christine Schlangenotto, Hans-Peter Wagner, Lara Luxen
Titelbild: Auf der Obereider bei Achterwehr, Foto Christine Luxen
Gestaltung: www.publicdesign.de
Druck: Silber Druck oHG, Lohfelden
Redaktion: Dieter Reinmuth
Lektorat: Antje Weber

Aktuelle Infos:
Der Deutsche Kanu-Verband und die Zeitschrift KANU-SPORT bieten aktuelle Informationen über ihre jeweilige Homepage. Anregungen zu diesem Buch werden in der nächsten Auflage berücksichtigt. Verlag und Autor sind für alle Hinweise dankbar und erreichbar unter:
info@dkvgmbh.de

Sonstige Adressen und diverse Infos:
Deutscher Kanu-Verband e.V.
Bertaallee 8, 47055 Duisburg
Tel. 0203/99759-0, Fax -60
Internet: www.kanu.de

ISBN: 978-3-96806-013-2

Top KANU Touren

Heinz-Georg Luxen

Die schönsten Kanutouren in Schleswig-Holstein und Hamburg

48 Kanuwandertouren auf Auen, Flüssen und Seen

Deutscher Kanu-Verband

DKV Wirtschafts- und Verlags GmbH
Postfach 100315 - 47003 Duisburg

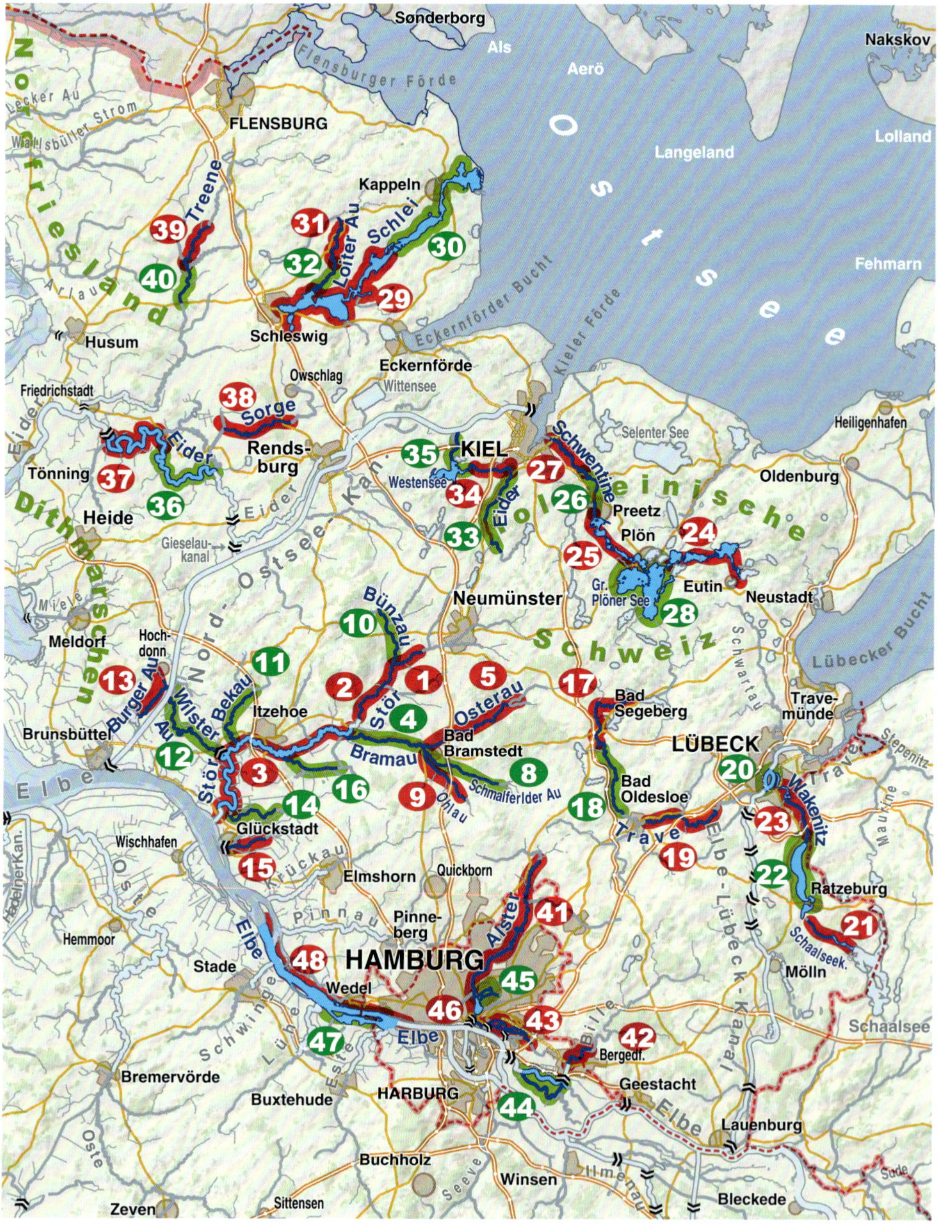
Sønderborg
Als
Aerö
Nakskov
Langeland
Lolland
Fehmarn
Ostsee
Flensburger Förde
FLENSBURG
Kappeln
Schlei
Loiter Au
Treene
Nordfriesland
Husum
Schleswig
Eckernförder Bucht
Kieler Förde
Eckernförde
Owschlag
Wittensee
Friedrichstadt
Sorge
Rendsburg
Eider
Tönning
Heide
KIEL
Westensee
Selenter See
Heiligenhafen
Oldenburg
Holsteinische Schweiz
Preetz
Plön
Gr. Plöner See
Eutin
Neustadt
Schwentine
Gieselaukanal
Nord-Ostsee-Kanal
Dithmarschen
Neumünster
Lübecker Bucht
Meldorf
Hochdonn
Bünzau
Burger Au
Wilster Au
Bekau
Itzehoe
Stör
Osterau
Bad Bramstedt
Bramau
Schmalfelder Au
Ohlau
Bad Segeberg
Bad Oldesloe
Trave
LÜBECK
Travemünde
Wakenitz
Brunsbüttel
Elbe
Glückstadt
Wischhafen
Krückau
Elmshorn
Quickborn
Pinnau
Pinneberg
Alster
Ratzeburg
Elbe-Lübeck-Kanal
Schaalseek.
Mölln
Schaalsee
Hemmoor
Stade
HAMBURG
Wedel
Bille
Bergedf.
Schwinge
Lühe
Este
Bremervörde
Buxtehude
HARBURG
Geestacht
Lauenburg
Buchholz
Winsen
Seeve
Ilmenau
Bleckede
Zeven
Sittensen
Oste
Lecker Au
Arlau
Miele
Stepenitz
Maurine
Schwartau
Sude
1 2 3 4 5 8 9 10 11 12 13 14 15 16 17 18 19 20 21 22 23 24 25 26 27 28 29 30 31 32 33 34 35 36 37 38 39 40 41 42 43 44 45 46 47 48

Inhaltsverzeichnis

Vorwort

Schleswig-Holstein, das Land zwischen den Meeren, sowie der Großraum Hamburg bieten auf kleinstem geographischem Raum eine der größten wassersportlichen Aktivzonen, deren besondere Vielfalt sich am Besten im Kanu entdecken lässt. Dabei ist es bei den meisten Touren völlig unerheblich, ob man das Kajak oder den Canadier bevorzugt. Zwischen dem mächtigen Gezeitenstrom der Elbe und dem Fjord der Schlei bieten schmale, dschungelartige Auen, einsame Flüsse und reizvolle Seen für den Entdecker Abwechslung pur, egal ob nur für eine kurze Nachmittagsrunde oder eine mehrtägige Gepäckfahrt. Die norddeutsche Kultur und Geschichte besitzt besonders an den Gewässern gewichtige Schnittpunkte und rundet somit das Naturerlebnis auf interessante Weise ab.

Dieser Kanuführer erhebt keinen Anspruch auf die Vollständigkeit der Gewässerbeschreibungen der Länder Schleswig-Holstein und Hamburg, sondern beschreibt aus rein subjektiver Sicht des Autors die schönsten Touren der Region und vermittelt Tipps und Alternativen auch neben dem Paddeln. Mein Dank gilt den Gastautoren, die einige Tourenbeschreibungen aus Hamburg beigesteuert haben, sodass auch die pulsierende Hansestadt in diesem Band würdig vertreten ist.

Kanuten, die das nördlichste Bundesland nebst der Hansestadt erstmalig besuchen, werden erstaunt sein, welche Vielfalt in, am und um die Gewässer im Norden der Republik vorhanden ist und selbst „alte Hasen“ werden hier und da vielleicht noch ein schönes Fleckchen Erde für sich entdecken.

Die salzige Luft, die weite Landschaft, freundliche Menschen und Weltstadtflair prägen diese einmaligen Kanureviere. Ein gepflegtes Brauchtum hat hier im Norden ebenfalls seinen Platz wie Marsch und Geest. Bei uns wird nicht lange „geschnackt“ (geredet), man braucht nicht viele Worte, um sich zu verständigen und ein freundliches „Moin“ passt hier zu jeder Tages-und Nachtzeit.

In diesem Sinne: Moin, herzlich willkommen im Norden und viel Spaß auf dem Wasser!

Heinz-Georg Luxen

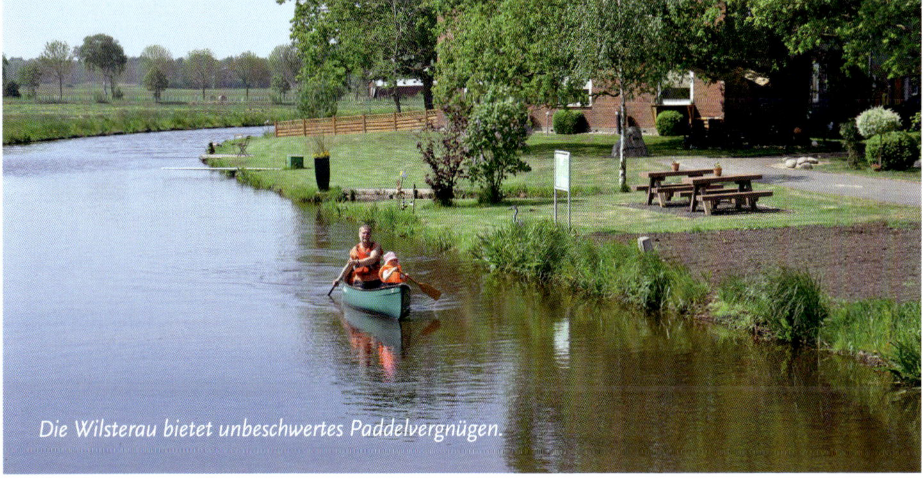

Die Wilsterau bietet unbeschwertes Paddelvergnügen.

Verhalten in der Natur

1. Vermeiden Sie das Parken in der freien Landschaft und suchen Sie öffentliche Parkplätze auf. Ein längerer Trageweg auf befestigten Wegen zur Ein- und Ausstiegstelle ist zumutbar.
2. Nehmen Sie Rücksicht auf alle anderen Erholungssuchenden, seien Sie freundlich und hilfsbereit.
3. Vermeiden Sie jede Beschädigung der Wasser- und Ufervegetation.
4. Wählen Sie möglichst trittsichere Ein- und Ausbootstellen sowie unempfindliche Rastplätze.
5. Verzichten Sie auf das Befahren ungeeigneter und zu viel benutzter Gewässer. Informieren Sie sich vor Fahrtantritt über ausreichenden Wasserstand.
6. Beachten Sie die besonderen Bestimmungen in Naturschutzgebieten, erkundigen Sie sich rechtzeitig bei den örtlichen Naturschutz- und Kanu Verbänden.
7. Benutzen Sie öffentliche Zeltplätze. Wildes Zelten in der freien Landschaft ist bei uns nur ausnahmsweise erlaubt, in Landschafts- und Naturschutzgebieten verboten. Feuermachen in der Natur ist äußerst gefährlich und im Allgemeinen auch verboten.
8. Fremdes Eigentum ist zu achten, besonders beim Umtragen und Erkunden an Wehren, Schleusen, Mühlen usw. Auf keinen Fall Böschungen, Büsche, Zäune usw. beschädigen.
9. Müll und Abfälle werden selbstverständlich mitgenommen und umweltfreundlich beseitigt.

Tipps für eine Tour

- Überprüfen der Auftriebskörper
- Gepäck wasserdicht verstauen
- Boot nicht überladen
- Kinder auf jeden Fall nur mit Schwimmweste mitnehmen (bei starker Strömung und auf Großgewässern auch für Erwachsene erforderlich)
- zweckmäßige Kleidung und Schuhe auswählen
- keine Nichtschwimmer mitnehmen
- Tour dem Könnensstand und der Kondition anpassen
- Rückfahrt organisieren
- am Anfang nicht alleine paddeln (erfahrene Begleiter suchen)
- nicht bei Hochwasser ein Fließgewässer paddeln
- keine Touren auf Seen bei Gewitterneigung (Windböen, Blitzschlag)
- größte Vorsicht an Wehren und künstlichen Einbauten

Warnung

Einflüsse der Natur wie Hochwasser durch Schneeschmelze oder heftige Niederschläge sorgen für ständige Veränderungen. Hinzu kommen bauliche Maßnahmen der Wasserwirtschaftsämter und Veränderungen an Brücken, Uferbefestigungen und Wehren. Misstrauen Sie allen flusstechnischen Daten, da auch hier keine tagesaktuellen Angaben gemacht werden können (also besser zusätzlich vor Ort überprüfen). Für sämtliche kanusportlichen Angaben kann keine Haftung übernommen werden. Rechtsansprüche sind ausgeschlossen. Der Autor ist dankbar für Hinweise über Veränderungen. Diese werden in einer späteren Auflage berücksichtigt. Grundsätzlich ist größte Vorsicht geboten, wenn ein Fluss Hochwasser führt. Kennzeichen dafür sind schlammiges Wasser, überschwemmte Ufervegetation oder mit schwimmende Äste. In diesem Fall sollten unerfahrene Kanuten prinzipiell auf eine Tour verzichten. Jedes Jahr sterben einige Paddler wegen leichtsinnigen Verhaltens. Vertrauen Sie sich erfahrenen Mitpaddlern an, kontaktieren Sie eine qualifizierte Kanuschule oder einen Kanuclub.

Angaben über die Befahrbarkeit von Wehren sind unverbindlich!
Die Befahrbarkeit ist vom Können, Ausrüstung und Wasserstand abhängig. Die Befahrung erfolgt immer auf eigene Gefahr.
Wer 100% Sicherheit haben will, muss jedes Wehr umtragen.

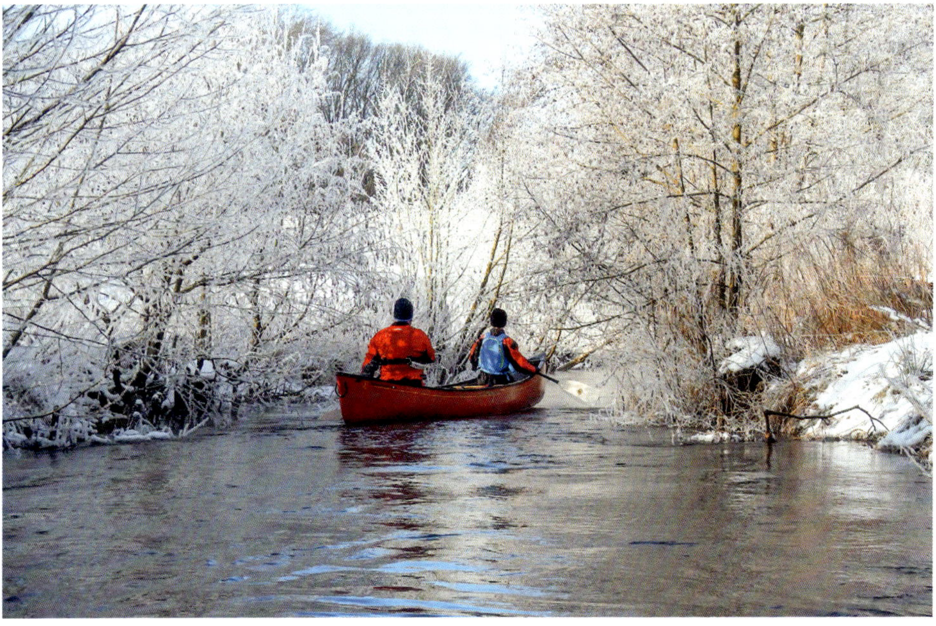

Der Norden Deutschlands trumpft, wie hier auf der Osterau, zumeist mit ganzjährigen Paddelmöglichkeiten auf.

AUENLAND

Holsteiner Auenland – Die grüne Mitte Holsteins

In der Mitte Schleswig-Holsteins, zwanzig Autominuten vor den Toren der Millionenmetropole Hamburg und genau zwischen Nord- und Ostsee, liegt das Holsteiner Auenland. Im Auenland findet man eine Vielzahl an Möglichkeiten für besondere Tagesausflüge. Es ist ein Geheimtipp für Erholung fernab ausgetretener Pfade. Hier trifft man auf freundliche Menschen, kann die Seele baumeln lassen und dabei aktiv die Natur erleben.

Mit über 250 Kilometern Wasserwegen findet jeder, der das kühle Nass liebt, eine passende Tour im Revier Holsteiner Auenland, egal ob Anfänger oder erfahrener Kanute. Die kurvenreichen, natürlichen Auenverläufe durch urige Wälder vermitteln ein gewisses Dschungelgefühl. Hier muss man sich schon mal ducken, um unter einem querliegenden Baum durchzupaddeln. Im Bereich der Stör wird das flache Land schon etwas überschaubarer. Hier und da scheint der Slogan: "Schleswig-Holstein – Land der Horizonte" wie aus der Realität gegriffen.

Gewässer

Das Revier Holsteiner Auenland umfasst im Wesentlichen zwölf paddelbare Flüsse unterschiedlicher Charaktere. Vom kleinen Dschungelbach bis zum tidenabhängigen Fluss findet der Wassersportler auf kleinstem geografischen Raum alles, was das Paddlerherz begehrt. Im Bereich um Bad Bramstedt warten Osterau, Schmalfelder Au, Ohlau und Bramau auf ihre Entdeckung. Das Einzugsgebiet der Stör lockt

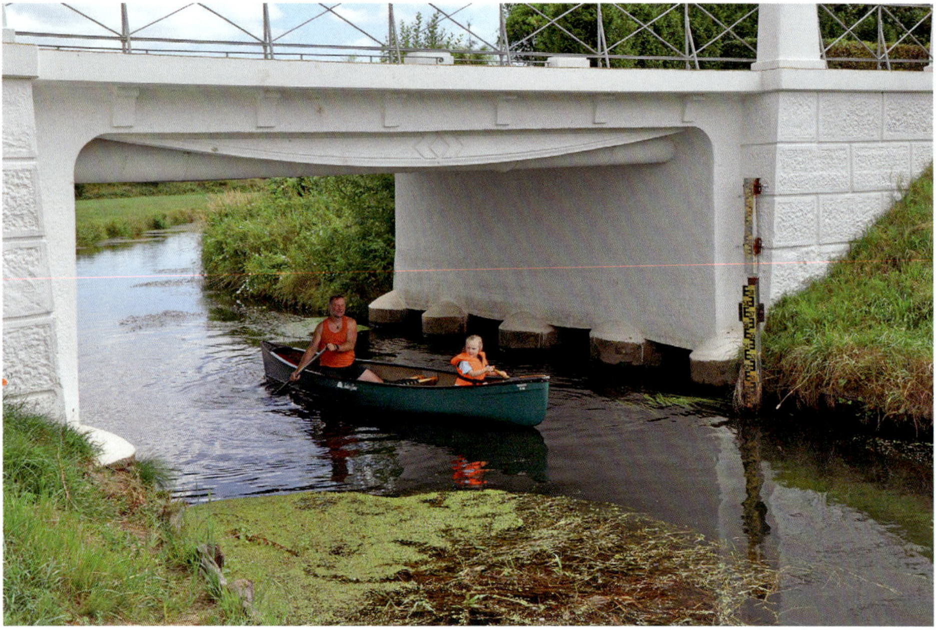

Die historische Fischbauchbrücke in Eversdorf.

den Kanuten mit Burger Au, Wilsterau, Bekau, Kremper Au, Bünzau, Breitenburger Kanal, Herzhorner Rhin und Stör.

Kanuvermietungen

Ist man einmal ohne eigenes Boot unterwegs, braucht man nicht auf ein unvergessliches Naturerlebnis zu verzichten, bieten doch einige Kanuverleiher der Region ihre Dienste an:

- Funkajaks-Outdoor und Kanusport
  Wiesengrund 22, Mözen
  Tel. 04551/8824860, *www.funkajaks.de*
  Flüsse: Osterau, Trave

- Kanu Base, Bekende 14, Huje
  Tel. 04827/999452, *www.kanu-base.de*
  Flüsse: Wilsterau, Bekau, Stör

- Kanu Gantzer, Glückstädter Str. 2, Mönkloh
  Tel. 04192/3405, *www.kanu-gantzer.de*
  Flüsse: Bramau, Stör, Osterau, Trave

- Wilsterau Kanu, Achterhörn 7
  Neuendorf-Sachsenbande
  Tel. 04825/7649, *www.wilsterau-kanu.de*
  Flüsse: Burgerau, Wilsterau

- Kanu Horns, Alt Wittenbergen 3
  Wittenbergen, Tel. 04822/7652
  www.kanuverleih-horns.de
  Flüsse: Stör, Bramau

- Kanuvermietung Alfer
  Breitenburger Str. 8, Kellinghusen
  Tel. 04822/2392, *www.alfernet.de*
  Flüsse: Stör, Osterau, Bramau

- Roland Kanu, Mühlenstr. 21, Bad Bramstedt
  Tel. 04192/85347, *www.rolandkanu.de*
  Flüsse: Bramau, Osterau, Schmalfelder Au, Stör

- Rhin-Kanu, Königstr. 24, Glückstadt
  Tel. 04124/7557, *www.rhin-kanu.virtuga.com*
  Flüsse: Herzhorner Rhin

Unterkünfte, Übernachtungsmöglichkeiten

Campingplätze:

- Camping in Bad Bramstedt
  www.camping-roland.de

- Camping in Weddelbrock (nahe Bad Bramstedt) *www.campingplatz-vogelzunge.de*

- Biwakplatz Bad Bramstedt
  Direkt an der Osterau in Bad Bramstedt gelegen, bietet der Biwakplatz einen hervorragenden Ausgangs- und Pausenplatz für alle Kanufahrer. Er ist eine Kombination von Rast- und Übernachtungsplatz für Paddler. Der Platz ist ausgestattet mit einer überdachten Grillmöglichkeit, und bietet Informationen über Bad Bramstedt sowie die Auenlandschaft. Außerdem sind Balken zur Bootslagerung vorhanden. Es wird eine Gebühr für die Nutzung der Toiletten, der Grillanlage und für den Zeltplatz erhoben.
  Anmeldung: Tourismusbüro Bad Bramstedt,
  Tel. 04192/50627,
  touristinfo@bad bramstedt.de

DKV-Kanu-Stationen

- DKV-Kanu-Station, Itzehoer Wasserwanderer e.V., rechtes Störufer km 25
- DKV-Kanu-Station, Kanu Gruppe Wilster e.V. rechtes Ufer der Wilsterau km 16,4
- DKV-Kanu-Station, Itzehoer Kanu-Club e.V. rechtes Ufer der Stör, km 22,8

Wohnmobilstellplätze

- Wohnmobilstellplatz Bad Bramstedt
  König-Christian-Str., 24576 Bad Bramstedt
  (kostenlos)

- Wohnmobilstellplatz Kaltenkirchen
  Norderstr. 8, 24568 Kaltenkirchen (gegenüber der Holstentherme) kostenlos

- Wohnmobilstellplatz Glückstadt
  Außenhafen, 25348 Glückstadt

- Wohnmobilstellplatz Itzehoe
  Malzmüllerwiesen, 25524 Itzehoe (kostenlos)

- Wohnmobilstellplatz Kellinghusen
  Jacob-Fleischer Str., 25548 Kellinghusen

Weitere Informationen zu Übernachtungen, auch in Pensionen, Ferienwohnungen und Hotels, findet man unter: *www.holstein-tourismus.de*

Informationsstellen

- Holsteintourismus, Große Nübelstr. 31
  25348 Glückstadt, Tel. 04124/6049592
  www.holstein-tourismus.de

- Glückstadt Tourist-Information
  Große Nübelstr. 31, 25348 Glückstadt
  Tel. 04124/937585

  www.glueckstadt-tourismus.de

- Stadtmanagement Itzehoe, Breite Str. 4
  25524 Itzehoe, Tel. 04821/5800
  www.wirfueritzehoe.de

- Tourismusbüro Bad Bramstedt, Bleek 17
  24576 Bad Bramstedt, Tel. 04195/50627
  www.bad-bramstedt.de

- Tourismusbüro Burg (Dithmarschen)
  Holzmarkt 7, 25712 Burg, Tel. 04825/930518
  www.burg-dithmarschen.de

- Stadtmarketing Kellinghusen, Hauptstr. 18
  25548 Kellinghusen, Tel. 04822/37107
  www.kellinghusen.de

- Wilstermarsch Service GmbH, Mühlenstr. 13
  25554 Wilster, Tel. 04823/9215950
  www.wilstermarsch-service.de

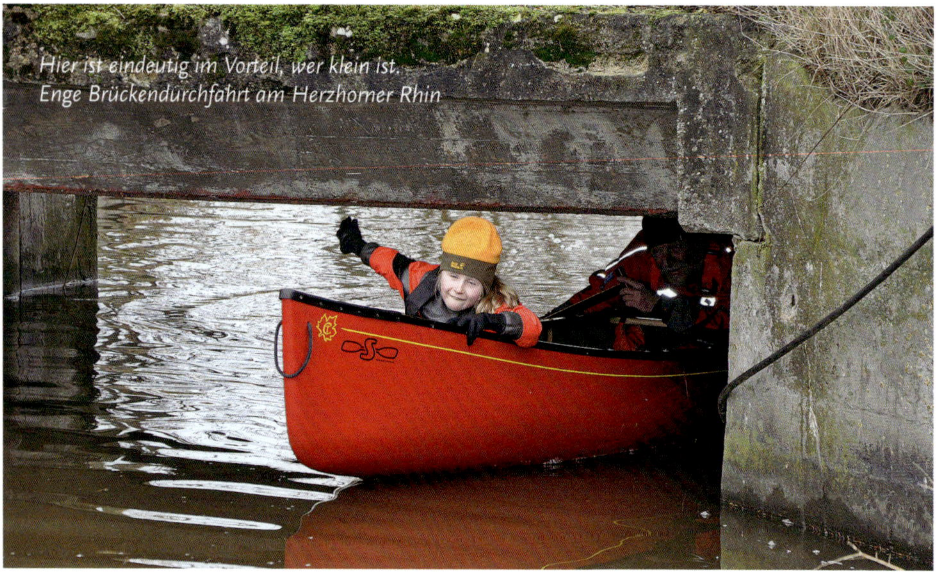

Hier ist eindeutig im Vorteil, wer klein ist. Enge Brückendurchfahrt am Herzhorner Rhin

Die Stör

Rechter und zugleich größter Nebenfluss der Elbe in Schleswig-Holstein.

Die westlichen Höhenzüge im nördlichsten Bundesland zwangen in der Eiszeit die Schmelzwasserströme, die sich vom wechseleiszeitlichen Eisrand nach Westen über die Niedere Geest ergossen, als Treene und Stör nach Süden abzubiegen, bis sie einen Durchlass zur Nordsee beziehungsweise zur Elbe fanden. Die Treene fand ihn nördlich, die Eider südlich des Stapelhorns. Die von der Stör und der Bramau gesammelten Wasser fanden ihn zwischen Kellinghusen und Bökel-Hörnerkirchen und strömten nördlich und südlich der Münsterdorfer Geestinsel in das Urstromtal der Elbe. Infolge des sehr geringen Reliefs der Niederen Geest ist die Wasserscheide des Einzugsgebietes der Stör im Norden gegen das der Eider und im Süden gegen das der Krükau sehr flach.

Bis die Stör und ihre oberen Zuflüsse die Niederungen erreichen, die nur noch wenige Zentimeter über NN oder gar bis mehr als zwei Meter darunter liegen, haben sie eine Strecke von rund 40 km der knapp 90 Kilometer langen Gewässerstrecke zurückgelegt. Diese Gefällhöhe genügt, um eine Strömung zu erkennen. Daher wird der Name Stör auch von "Starkfließender Strom" abgeleitet. Da das Gefälle der Stör jedoch oftmals wechselt, gibt es Flussstrecken, an der die Strömung gegen Null tendiert.

Die Begradigung der Stör bis in den Oberlauf wurde schon in der zweiten Hälfte des 19. Jahrhunderts durchgeführt. Seit dem Jahr 2009 findet jedoch ein Rückbau statt. Ab Arpsdorf wurde durch Renaturierungsmaßnahmen begonnen, den ursprünglichen Flussverlauf wieder herzustellen.

Ab dem Pegel Rensing bei Kellinghusen bis zur Mündung in die Elbe gilt die Stör als Seeschifffahrtsstraße und unterliegt dem Einfluss der Tide. Das 1975 erbaute Störsperrwerk schützt das untere Störgebiet vor Sturmfluten der Nordsee. Während die Bedeutung der Seeschifffahrt auf der Stör kontinuierlich zurückgeht, steigt die Beliebtheit des Gewässers bei Freizeitsportlern adäquat an.

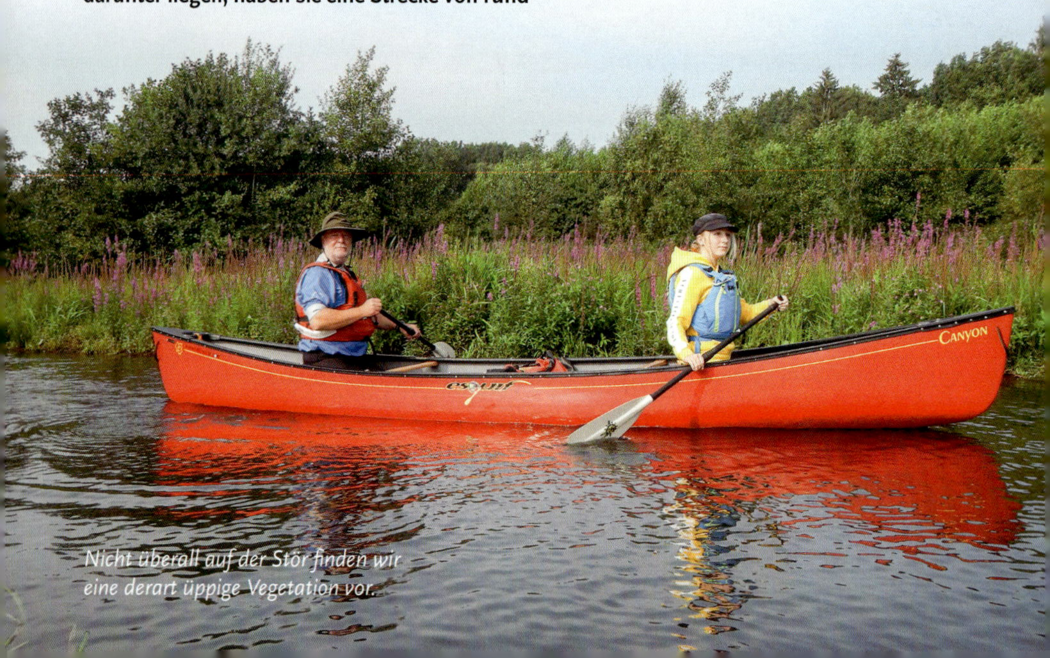

Nicht überall auf der Stör finden wir eine derart üppige Vegetation vor.

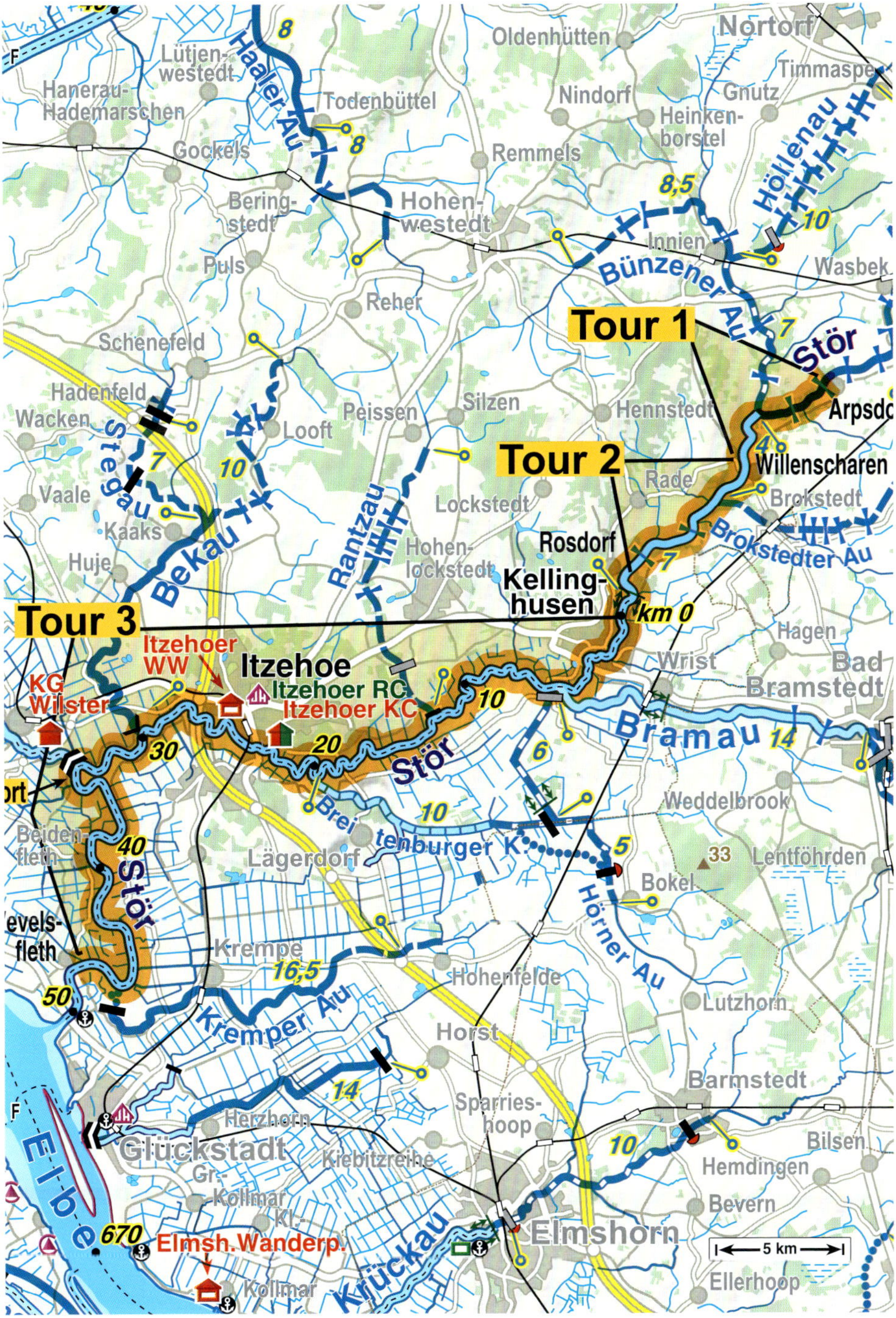

Tour 1
Tour 2
Tour 3
Nortorf
Timmaspe
Gnutz
Oldenhütten
Nindorf
Heinken-
borstel
Lütjen-
westedt
Hanerau-
Hademarschen
Todenbüttel
Haaler Au
Gockels
Remmels
Bering-
stedt
Hohen-
westedt
Innien
Höllenau
Wasbek
Bünzener Au
Puls
Reher
Stör
Schenefeld
Arpsdo
Hadenfeld
Wacken
Silzen
Hennstedt
Peissen
Looft
Willenscharen
Stegau
Vaale
Rade
Brokstedt
Kaaks
Lockstedt
Bekau
Rantzau
Rosdorf
Brokstedter Au
Huje
Hohen-
lockstedt
Kelling-
husen
km 0
Itzehoer
WW
Itzehoe
Hagen
Wrist
Bad
Bramstedt
KG
Wilster
Itzehoer RC
Itzehoer KC
Bramau
Weddelbrook
Beiden-
fleth
Breitenburger K.
Lägerdorf
Lentföhrden
Bokel
Hörner Au
Krempe
Hohenfelde
Lutzhorn
Kremper Au
Horst
Barmstedt
Herzhorn
Sparries-
hoop
Glückstadt
Kiebitzreihe
Bilsen
Hemdingen
Gr.-
Kollmar
Bevern
Elbe
Elmsh.Wanderp.
Kl.-
Kollmar
Krückau
Elmshorn
5 km
Ellerhoop

Die mittlere Stör

Jahrzehntelang wurden die Flüsse ihrer Natürlichkeit beraubt. Sie sind durch Begradigungen und Uferbefestigungen in ein enges Korsett geschnürt worden, Wehre bremsten ihre so entstandene, höhere Fließgeschwindigkeit. Mittlerweile hat ein Umdenken stattgefunden, viele Wehre wurden bereits zu Sohlgleiten umgebaut und die ein oder andere Uferbefestigung entfernt, um unter anderem den Fischen wieder eine Wanderung flussauf zu ermöglichen.

Tour 1: Ein Fluss wie vor einhundert Jahren

Das Projekt an der mittleren Stör setzt jedoch völlig neue Maßstäbe. Eine große, weithin sichtbare Infotafel unweit der Einstiegsbrücke bei Arpsdorf gibt Auskunft über bereits durchgeführte und geplante Maßnahmen im Hinblick auf eine naturnahe Flusslandschaft. Ein komplett verlegter Gewässerverlauf mit großen Mäandern und Sandfängern zeugt vom ehrgeizigen Ziel, einen Fluss zu renaturieren und einen neuen Lebensraum für Tiere und Pflanzen zu schaffen, ein Ökosystem wie vor einhundert Jahren mit viel Platz für die ehemals eingezwängte Stör. Sandbänke und flache, sanfte Gleithänge sowie Prallwände mit starker Strömung formen auf einer kurzen Strecke bereits das Landschaftsbild und bieten somit einen idealen Lebensraum für die Wasserlebewesen. Im weiteren Verlauf der Stör wurde vielfach Totholz im Flussbett verankert, um die Strömung bewusst gegen die Ufer zu lenken, so dass über einige Jahre gesehen wieder, wie zu früheren Zeiten, zahlreiche Mäander entstehen.

Die Stör sucht ihr Bett...

...und wir die entsprechende Route im Fluss. Der anfänglich recht schmale Fluss erreicht bereits nach kurzer Zeit den ersten Sandfang,

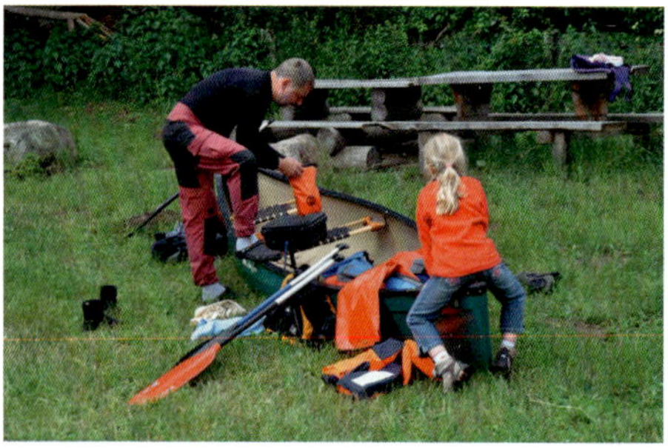

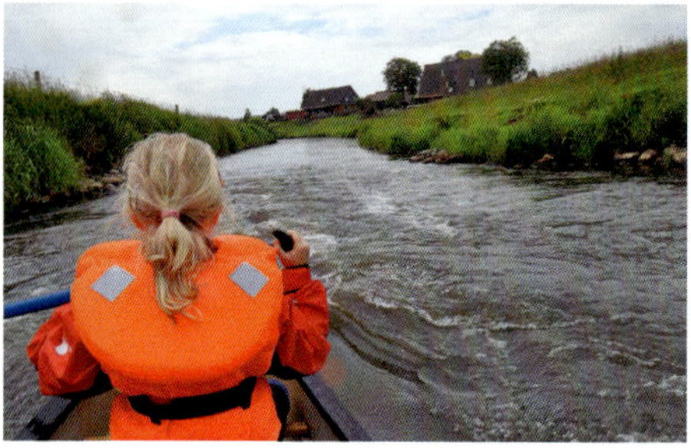

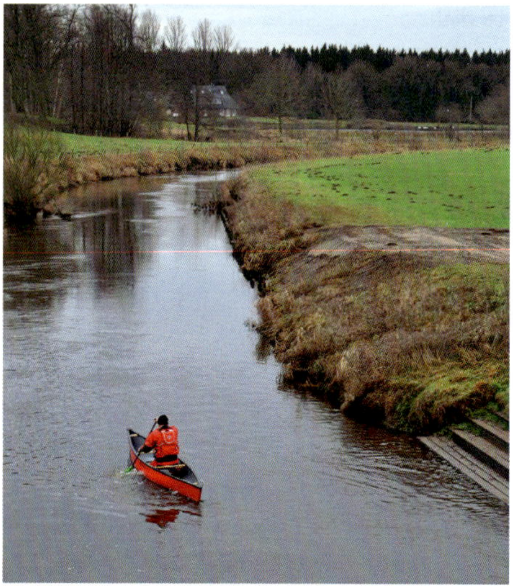

Oben: Einsame, spätherbstliche Störtour.
O. l.: Wir prüfen die Ausrüstung vor der Tour.
Links: Ein letzter Schwall vor Willenscharen.

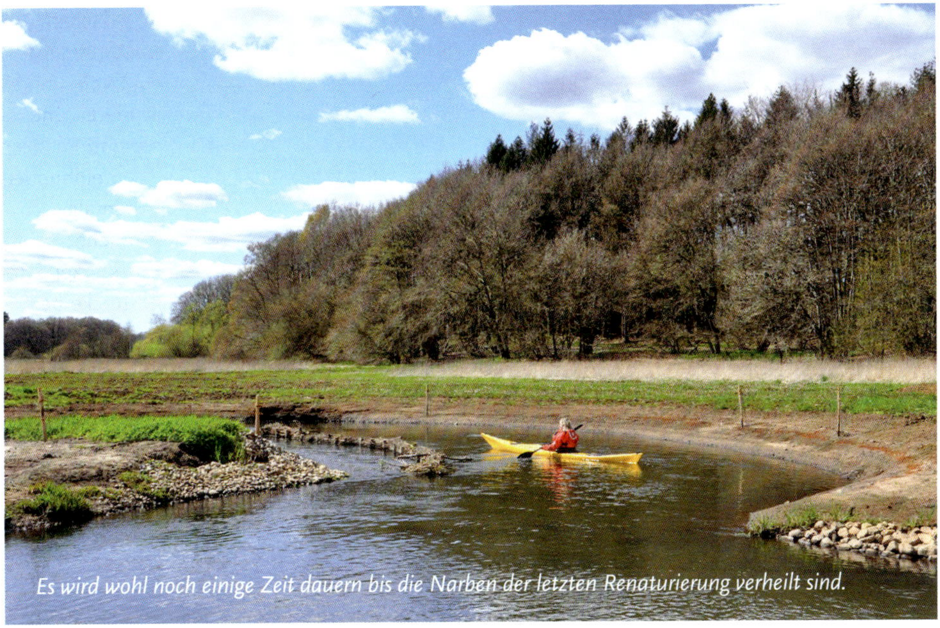

Es wird wohl noch einige Zeit dauern bis die Narben der letzten Renaturierung verheilt sind.

wo er sich überproportional ausdehnen kann. Je nach Wasserführung sollte man seine Route dicht am Ufer der Außenkurve suchen, um ein Aufsetzen zu vermeiden. Hat man die letzten Häuser der Ortschaft Arpsdorf hinter sich gelassen, taucht man in eine bemerkenswerte Stille ein, die nur von Vogelstimmen, Wind und ab und an vom Säuseln des Flusses unterbrochen wird. Die Landwirtschaft reicht meist bis an die Ufer, entfernt gibt es Wälder. Der Flusslauf wird durch Uferabbrüche, Sandbänke und das vielfach seitlich fixierte, bereits eingangs erwähnte Totholz geprägt. Nur selten trifft man auf andere Kanuten, die benachbarte Bramau ist einfach bekannter. Den meisten Paddlern ist die Stör nur als Endpunkt einer Bramautour bei Wittenbergen bekannt, dabei hat der Fluss gerade in seinem oberen Bereich einen gewissen Charme.

Besonders bei etwas schlechterem Wetter und grau verhangenem Himmel hat das Gewässer etwas Mystisches. Irgendwie wirkt jede Kurve spannend. Was sich wohl dahinter verbirgt? Bei höheren Wasserständen kann der Bach sogar eine gewisse Sportlichkeit nicht verleugnen. Mit einer für hiesige Verhältnisse recht flotten Strömung von immerhin drei bis vier Stundenkilometern geht es um teils enge Kurven mit spritzigem Wasser, was bei längeren Kajaks und Canadiern ein wenig Bootsbeherrschung erforderlich macht.

Viel zu schnell ist die Mündung der Bünzau erreicht, nur noch knapp zwei Kilometer trennen uns vom Endpunkt der Tour in Willenscharen. Die Stör ist nun etwas breiter und gemächlicher geworden, nur noch vereinzelt kräuselt sich die Wasseroberfläche. Der hinter uns liegende Abschnitt unserer persönlichen "Stör-Wildnis" erscheint schon fast wie ein Traum. Ein Traum, der jedoch hoffen lässt, irgendwann wieder überall eine naturnahe Flusslandschaft mit einem intakten Ökosystem erleben zu können.

Tour 2: Mittlere Stör - Barrierefrei

Die Einsatzstelle in Willenscharen trumpft mit einem kleinen Highlight auf, dessen Besichtigung man sich nicht entgehen lassen sollte. Die Wallburg in Willenscharen, direkt an der Stör gelegen, ist ein begehbares Naturdenkmal, welches von den Sachsen im 9./10. Jahrhundert zur Abwehr der Slawen erbaut wurde. Der sehr gut erhaltene Ringwall ermöglicht eindrucksvoll Rückschlüsse auf das ehemalige Bollwerk.

Eingebettet zwischen Wiesen und Wälder erreicht der Wasserwanderer auf dem langsamer gewordenen Fluss alsbald das erste, demontierte Wehr mit anschließendem kleinen, leicht zu befahrenden Schwall, im Gegensatz zum obigen Teilstück leider das einzige bewegte Wasser bis zum Zielpunkt der Etappe bei Rosdorf. Wenige Kilometer später lädt rechtsufrig ein Kanurastplatz mit einer weiteren Einstiegsmöglichkeit bei Rotensande zur Pause ein. Auch hier sind an der Wehranlage bereits die Schotten demontiert und ermöglichen sowohl dem Paddler als auch den Fischen ein barrierefreies weiterziehen. Auf der weiteren Fahrt warnt schon bald rechtsufrig eine Hinweistafel eindrucksvoll vor dem folgenden Wehr: "Achtung! Lebensgefahr!". Eine Warnung, die vor einigen Jahren sicherlich noch ihre Berechtigung hatte. Heute sind die schon arg in Mitleidenschaft gezogenen Schotten in paddlerfreundlicher Höhe fixiert und scheinen ihrer ursprünglichen Funktion beraubt. Dennoch hat die alte Wehranlage gerade bei trübem Wetter etwas Bedrohliches an sich und man fährt doch, gerade in Verbindung mit der nicht mehr relevanten Warntafel, mit einem mulmigen Gefühl unter den Schotten hindurch. Wie leicht der Mensch doch manipulierbar ist. Kurz hinter der Rosdorfer Straßenbrücke befindet sich dann auch der Ausstieg des letzten tidenunabhängigen Teilstücks der Stör, bevor wenige Kilometer flussab bei dem Pegel Rensing der Fluss zur Bundeswasserstraße wird, auf dem die entsprechenden Bestimmungen einzuhalten sind und sich der Tidenkalender zur Fahrtenplanung als unabdingbar erweist.

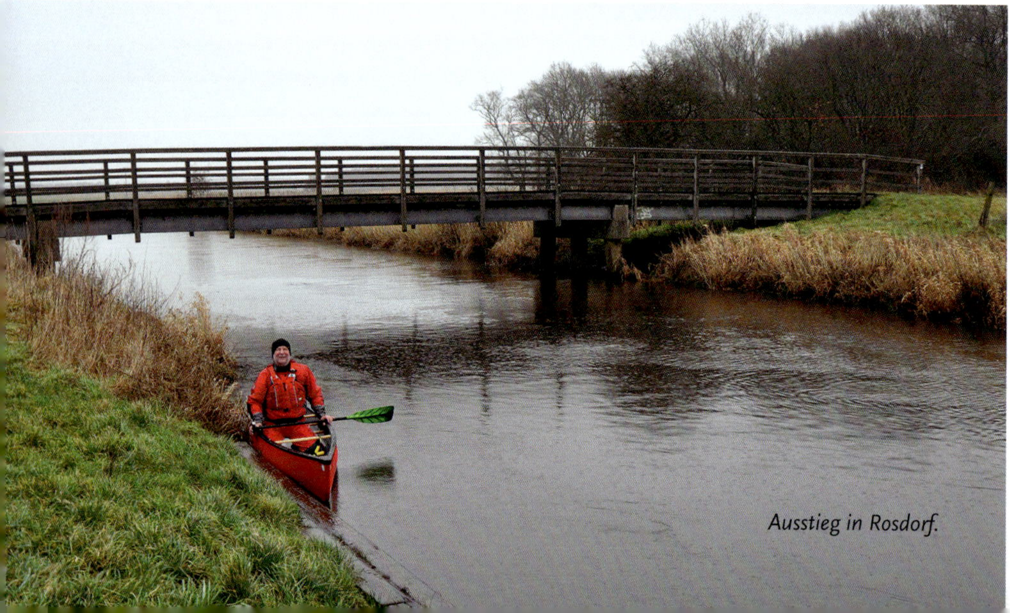

Ausstieg in Rosdorf.

Tour 3: Untere Stör - Tidentour

Der alte Hafen in Kellinghusen erinnert eindrucksvoll an eine Zeit, zu der die Stör noch ein viel genutzter Transportweg war. Heute verirrt sich jedoch statt irgendwelcher mit Waren befüllter Lastkähne höchstens mal ein Sportboot an diesen doch recht weit flussauf gelegenen Hafenstandort. Für uns Paddler bietet er allerdings einen perfekten Startpunkt zu einer schönen Tour, die uns bei passender Tide und einer entsprechenden Paddelgeschwindigkeit innerhalb weniger Stunden bis zur Elbe und eventuell noch weiter bringt. Des Weiteren sind hier im tidenabhängigen Bereich des Flusses bei geschickter Ausnutzung der Gezeiten viele Touren ohne lästiges Autoumsetzen möglich.

Bereits kurz nach dem Start in Kellinghusen ist die Stör eingedeicht, wobei die Uferregionen teilweise noch natürlichen Charakter besitzen und einzelne Sandbänke idyllische Pausenplätze bilden. Schon bald erreicht man die Mündung der Bramau und passiert den Wittenberger Getreidehafen. So langsam mausert sich die Stör, gemessen an dem Mittellauf, zu einer beachtlichen Flussbreite. In diesem Zusammenhang ist es durchaus sinnvoll, bei der Tourenplanung nicht nur auf den Tidenverlauf zu achten, sondern ebenfalls die Windvorhersage zu berücksichtigen, ansonsten kann aus der eher gemütlichen Fahrt schnell mal ein ansprechendes Konditionsprogramm werden. Mittlerweile fließt die Stör, von Binsengürteln gesäumt, durch eine einsame Wald- und Feldlandschaft weit ab jeglicher Siedlungen. Außerhalb der eigentlichen Saison ist es hier recht einsam und still, kein einziger Mensch, geschweige denn irgendein Boot lässt sich auf der ausgewiesenen Schifffahrtsstraße ausmachen. Erst die Brücke der "Breitenburger Fähre" mit angrenzendem Restaurant und rustikal anmutendem Angelhafen holen den Kanuten visuell in die Realität zurück. Am Horizont erkennt man nun bereits den Kirchturm und einige Hochhäuser von Itzehoe. Zuvor paddeln wir noch am Münsterdorfer Sporthafen und der mittlerweile geschlossenen Schleuse zum Breitenburger Kanal vorbei. Schon bald erblickt man das Bootshaus des Itzehoer Kanu Clubs, wo nach vorheriger Anmeldung auch Übernachtungsmöglichkeiten bestehen. Richtig städtisch wird es jedoch erst beim Erreichen des Hafens mit seinen mächtigen, ja fast schon überdimensioniert wirkenden Anlegern. Irgendwie ist man froh, mit dem Anblick des Gebäudes der Itzehoer Wasserwanderer, ebenfalls eine DKV-Stati-

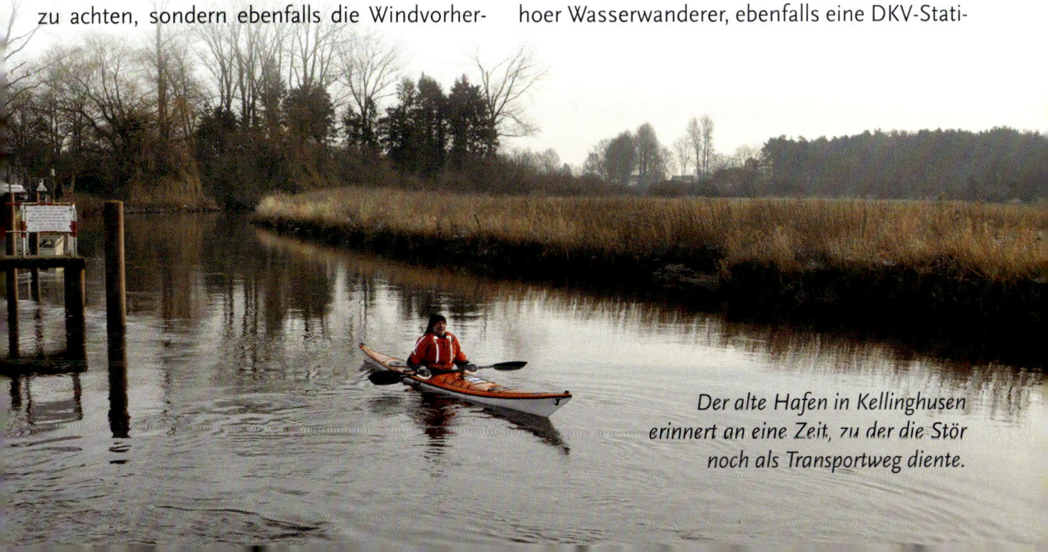

Der alte Hafen in Kellinghusen erinnert an eine Zeit, zu der die Stör noch als Transportweg diente.

on, den Spundwänden endgültig zu entrinnen und dem Auge erneut den Blick in die Natur zu gönnen. Nach kurzer Zeit erreichen wir Heiligenstedten und passieren die dortige interessante Klappbrücke. Rechter Hand entdecken wir alsbald die Bekaumündung und erreichen gut drei Kilometer weiter Kasenort. Hier, an der Mündung der Wilsterau bei einer antik anmutenden Schleuse, beenden wir zumeist nach 31 Kilometern den aus unserer Sicht schönsten Teil der Störer Tidentour.

Selbstverständlich lässt sich die Tour noch nach Belieben verlängern. An Beidenfleth mit seinen großen, schon von weitem erkennbaren Speichern vorbei (Vorsicht bei der Seilfähre!) geht es weiter bis nach Wewelsfleth, von wo aus wir nach zwei Kilometern das Hochwassersperrwerk erreichen. Das Sperrwerk wurde 1975 fertiggestellt und beendete so das Leidwesen der Marschbewohner, die bei vielen Sturmfluten Landunter melden mussten. Wenn nicht gerade eine Sturmflutkonstellation vorherrscht, steht das Sperrwerk offen und lässt sich problemlos durchfahren. Nimmersatte können nun ihre Exkursion auf der Elbe fortsetzen und beispielsweise noch bis zur Elbinsel Pagensand paddeln, wo per Dauerausnahmegenehmigung noch eine Nacht mitten im Strom gezeltet werden darf, oder nach Erreichen der Elbmündung einfach mal die Insel Neuwerk besuchen. Mit genügend Zeit und einem Zelt im Gepäck sind der Fantasie bezüglich der Tourenplanung fast keine Grenzen gesetzt.

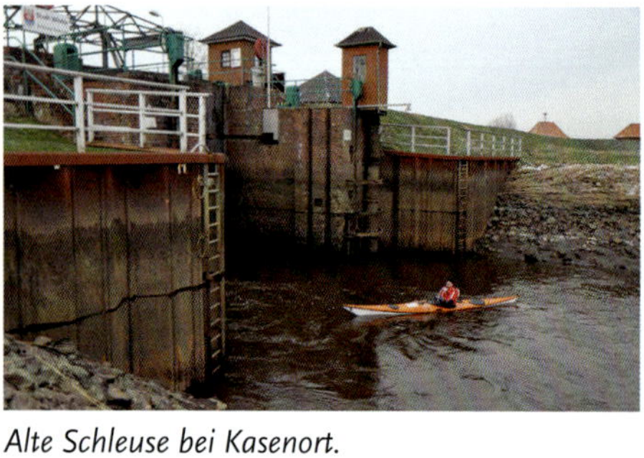

Alte Schleuse bei Kasenort.

KURZ-INFO STÖR

Rechter und zugleich größter Nebenfluss der Elbe in Schleswig-Holstein

Fahrstrecke Tour 1:
Arpsdorf – Willenscharen, ca. 6 km
Aufgrund der letzten Renaturierung der mittleren Stör in den Jahren 2020/2021 wird es wohl noch einige Zeit dauern, bis die Narben der Baumaßnahmen verheilt sind und dieser Abschnitt auf der gesamten Länge auch landschaftlich wieder lohnend ist.

Gefahren: Schnelle Strömung mit engen Kurven, verankertes Totholz sowie einige, flache Reisigzäune im Stromzug.
Oberhalb von Arpsdorf kann eine Kanutour je nach Wasserstand aufgrund vieler Steine schnell zu einer Materialschlacht ausarten und ist daher vor allem während der Sommermonate nicht zu empfehlen!

Fahrstrecke Tour 2:
Willenscharen – Rosdorf, ca. 7 km
Gefahren: Sohlgleite hinter dem ersten demontierten Wehr

Fahrstrecke Tour 3:
Tidentour: Kellinghusen – Wewelsfleth, ca. 46 km
Kürzere oder längere Abschnitte sind jederzeit möglich, unter geschickter Ausnutzung der Tide kann auch wieder zurückgepaddelt werden.
Gefahren: Motorboote, je nach Wetterlage Wind und Wellen, der Störunterlauf sowie der Elbbereich ist nur erfahrenen Paddlern zu empfehlen!

Nützliche Infos:
Auf der Internetseite der Itzehoer Wasserwanderer *(www.itzehoer-wasser-wanderer.de)* findet man einen äußerst praktischen Gezeitenrechner, der die Tourenplanung auf der Stör zum Kinderspiel macht!

Tour 4: Die Bramau

Die Bramau ist ein östlicher, linker Nebenfluss der Stör im Schleswig-Holsteiner Auenland. Die Länge der Au und die zugleich auch paddelbare Strecke beträgt ca. 15 Kilometer bei einem Höhenunterschied von zehn Metern, was zumindest für eine teils flotte Strömung reicht. Sie entsteht in Bad Bramstedt aus dem Zusammenfluss von Osterau und der hier Hudau genannten Schmalfelder Au. Die letzten zwei Kilometer im Unterlauf werden bereits durch die Gezeiten beeinflußt.

Gemütliche Au

Die selbst in besonders heißen und trockenen Sommern ausreichende Wassermenge macht das Gewässer für viele Paddler der Umgebung interessant. Deutlich breiter als seine beiden Quellflüsse und mit nur wenigen Baum- und Strauchhindernissen bestückt eignet sich der Fluss im Besonderen ab der Straßenbrücke Föhrden-Barl auch für Anfänger. Eine teilweise flotte Strömungsgeschwindigkeit befördert den Kanuten von einer anfangs hügeligen Waldlandschaft bei Bad Bramstedt vorbei an Wiesen und Feldern bis zum nördlichen Breitenburger Moor, um letztendlich die Stör zu erreichen. Obwohl die Bramau bereits zwischen den Jahren 1875 und 1905 begradigt wurde und daher leider nicht mehr so urwüchsig wie die Osterau ist, präsentiert sie sich mittlerweile wieder recht naturnah.

Äußerst interessant ist eine Befahrung der Bramau im Frühjahr und Frühsommer nach der Rückkehr der Störche. Nach und sogar schon während des Abmähens der umliegenden Wiesen lassen sich eine große Anzahl Störche bei

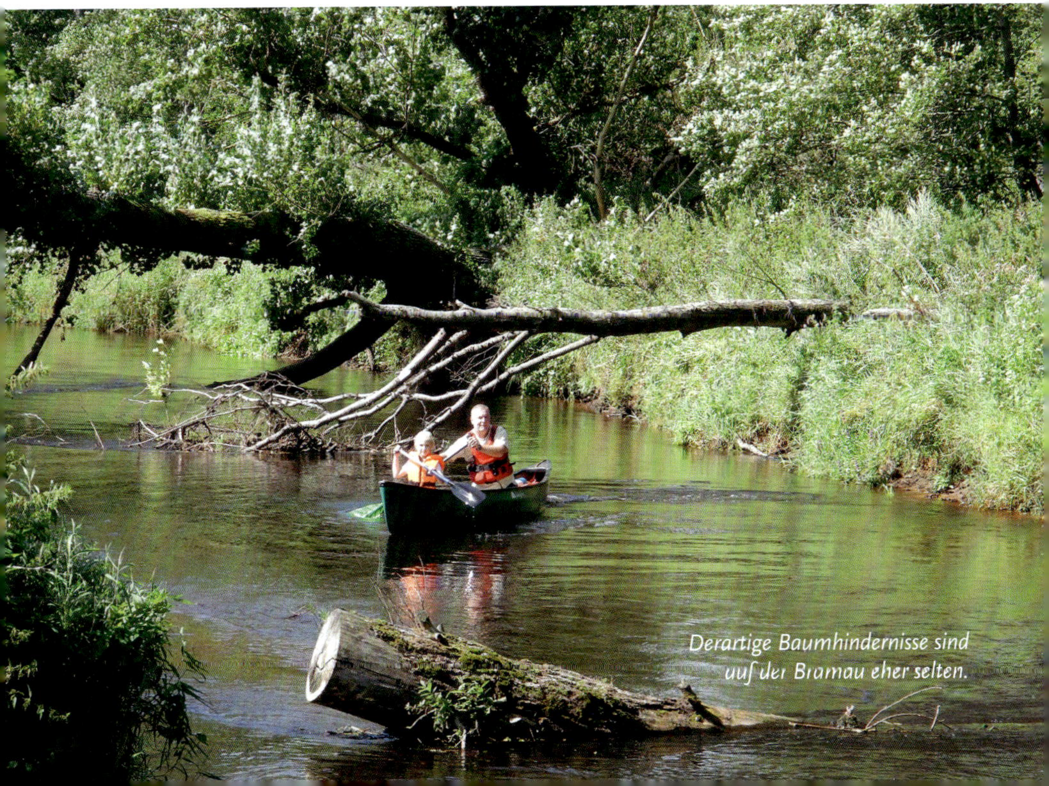

Derartige Baumhindernisse sind auf der Bramau eher selten.

KURZ-INFO BRAMAU

Linker, östlicher Nebenfluss der Stör

Befahrungszeit: Ganzjährig
Für die Befahrung der Bramau bieten sich zwei Einbootstellen an.
Zum einen an der letzten Brücke der Hudau in Bad Bramstedt, von hier sind bis zur Vereinigung mit der Osterau nur noch 100 Meter zu paddeln um letztendlich auf der Bramau zu treiben.
Eine andere Alternative findet man 2,6 km flussab an der Straßenbrücke bei Hitzhusen.
Die Gesamtstrecke nach der Vereinigung der Quellflüsse bis zur Mündung in die Stör beträgt 15,1 Kilometer, kürzere Teilstücke sind ebenfalls möglich.

Fahrstrecke: Bad Bramstedt – Wittenberger Störhafen, 15,5 km

Gefahren:
Vereinzelte Busch- und Baumhindernisse, zwei Sohlgleiten, jeweils auf der rechten Seite befahrbar. Ein Baumhindernis muss mit Hilfe einer provisorischen Treppe überhoben werden.

der Futtersuche beobachten. Mit Fernglas und Fotokamera bewaffnet gleicht eine ansonsten eher gemütliche Paddeltour schnell mal einer Expedition in das Tierreich.

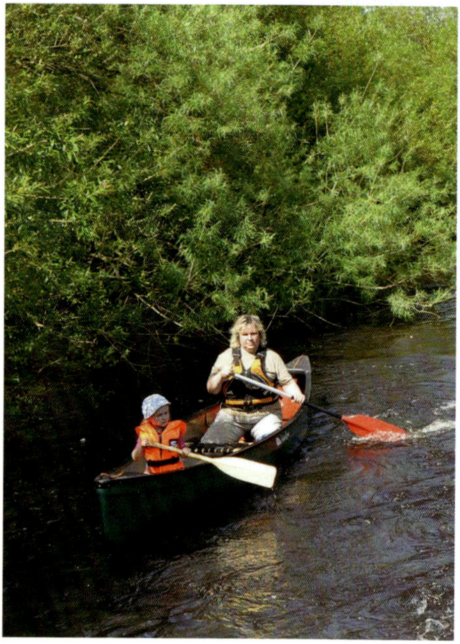

Der Fluss zeigt sich familienfreundlich.

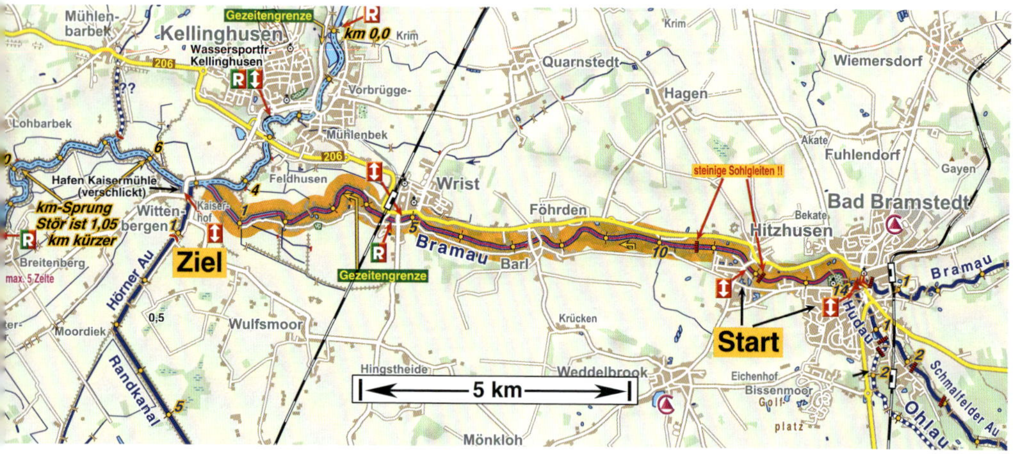

Tour 5: Die Osterau

Die Osterau zählt aufgrund ihres guten ökologischen Zustandes zu den schützenswertesten Fließgewässern in Deutschland. Sie hat ihren Ursprung bei der alten Wassermühle in Heidmühlen, wo sie durch den Zusammenfluss der Raderforder Au und der Rotenmühlenau entsteht. Nach 26,2 Kilometern vereinigt sie sich in Bad Bramstedt mit der Hudau (Schmalfelder Au nach der Mündung der Ohlau) zur Bramau, die bei Wittenbergen in die Stör mündet.

Perle der Natur

Im Gegensatz zu den meisten Bächen und Flüssen in Schleswig-Holstein wurde die Osterau früher nicht begradigt. Sie zeigt daher immer noch einen natürlichen, mäandrierenden Verlauf. Das markante, deutlich in die Geestlandschaft eingeschnittene Tal ist vielfältig gegliedert und zeichnet sich durch ein Nebeneinander naturnaher Lebensräume aus. Auffallend sind die dichten Teppiche flutender Wasserpflanzen, insbesondere des Wasserhahnenfußes.

In ihrem Verlaufs vermittelt die Osterau ein Gefühl von Wildnis und Ursprünglichkeit. Sie ist daher ein beliebtes Gewässer zum Wasserwandern. Das Befahren des Flusses stellt aber erhöhte Anforderungen an die Wendigkeit der Boote wie auch an die Kraft und Erfahrenheit der Kanuten.

Die Osterau ist ab Hof Weide/Bass flussab nahezu ganzjährig befahrbar, so lange der Farbpegel an der Brücke Grün anzeigt. Für den Abschnitt oberhalb, ab Heidmühlen, sind Befahrungsregeln vereinbart (s. Kurz-Info). Anfängern ist anzuraten, wegen der vielen Flachstellen, Steine, querliegenden Bäume, tiefhängenden Äste und alten Wehrteilen ihre Boote erst in Bimöhlen einzusetzen, ab hier führt die Au zudem ganzjährig immer genügend Wasser für eine Befahrung.

Liebeserklärung an einen der letzten Wildflüsse, die Osterau

„Die Osterau, der rechte Quellfluss der Bramau, bietet auf über fünfundzwanzig Flusskilometern ein urwüchsiges Wildflusserlebnis, da viele Abschnitte recht natürlich anmuten. Rein paddeltechnisch gesehen lässt sich der Bach locker an einem Tag befahren, doch der

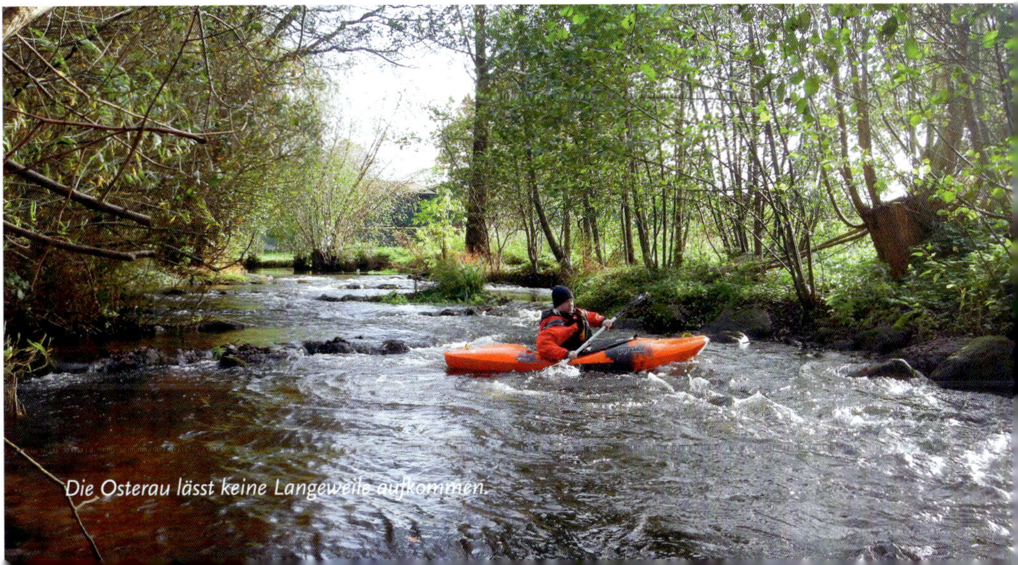

Die Osterau lässt keine Langeweile aufkommen.

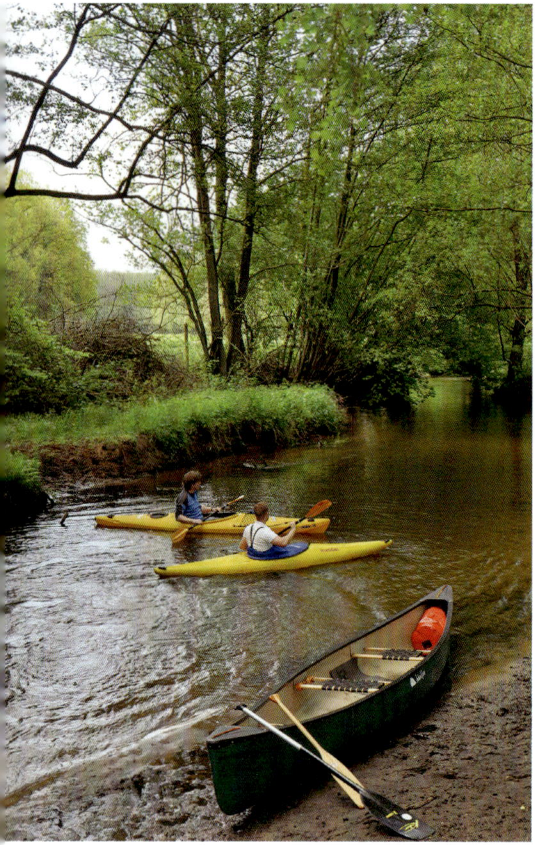

Unterhalb von Weide genießt man Natur pur.

Naturliebhaber und Genießer wird sich dieses Kleinod sicherlich in zwei bis drei Etappen einteilen. Unzählige, enge Kurven versperren die Sicht auf den weiteren Flussverlauf, mit jedem Paddelschlag wächst die Neugier, wie es wohl weitergeht, einige Baumhindernisse müssen trickreich über- oder unterfahren werden.

Ein Reh wechselt hektisch die Uferseiten und Eisvögel heben sich mit ihrem schillernden Federkleid vom dichten Grün der Pflanzenwelt ab. Hinter jeder Ecke wartet die Osterau mit einer neuen Überraschung auf, manchmal sogar mit einem kleinen Schwall, bedingt durch renaturierte Wehre. Irgendwie wird auch die unzähligste Fahrt, besonders auf dem Teilstück zwischen Weide und Bad Bramstedt, niemals uninteressant oder gar langweilig. Gerade im Wechsel der Jahreszeiten verändert sich das Erscheinungsbild des kleinen Wildflusses dramatisch und versetzt mich so in immer wieder neue Stimmungen.

Frühling

Die Tannen wiegen ihre hellgrünen Spitzen im lauen Frühlingswind, dichtes Grün der Ufervegetation greift in den Bach hinein, einige Luftwurzeln hängen von den Bäumen herab. An manchen Stellen liegt die Osterau trotz Sonnenschein im tiefen Schatten der üppigen, nach dem langen harten Winter förmlich explodierenden Pflanzenwelt. Überall summt und brummt es, jede noch so kleine Blüte ist fest in Insektenhand, und während wir nahezu lautlos das Kanu durch diese faszinierende Natur lenken, erwische ich mich unweigerlich dabei, nach Schlangen und Krokodilen Ausschau zu halten. In der Tat – es ist schon fast wie ein kleiner Dschungelbummel, der einen träumerisch in die Sümpfe Floridas oder den Costa Ricanischen Urwald entführt.

Sommer

Man ist mit der ganzen Familie unterwegs, der Duft von frisch gemähten Wiesen liegt in der Luft, Seerosen und Pflanzenteppiche wiegen sich in der sanften Strömung. Der Geruch von Grillgut zieht in die Nase, das Lachen badender und im Wasser tobender Kinder dringt unweit der Rastplätze an unsere Ohren. Es herrscht die betriebsamste Zeit auf dem Bach, die Stimmung ist unbeschwert und ausgelassen. An manchen Wochenenden wird es dann auch schon mal zu viel des Guten, wenn unzählige Kanuvermieter ihre Armada von Leihbooten auf den für diese Massen viel zu kleinen Bach entlassen. Doch zum späten Abend hin, wenn die Sonne glutrot durch die Stämme und Äste der Bäume scheint, wird der liebgewonnene Bach wieder zum ruhigen Idyll. Ein Hauch von Afrika scheint in dieser unwirklichen Dämmerung über den "Savannen" Bimöhlens zu liegen...

Herbst

Dichte Nebelschwaden liegen am frühen Morgen über dem plätschernden Bach, leicht fröstelnd machen wir die ersten Paddelschläge ins Nichts. Urplötzlich strecken sich uns Äste wie geisterhafte Arme entgegen, um die "störenden" Kanuten aus dem Boot zu ziehen. Noch eine Weile hält die gespenstische Szenerie an, bevor die Sonne das Wabern des Nebels zerschlägt. Ein letztes Aufbäumen der Natur vor dem herannahenden Winter zaubert eine unvergesslich schöne Landschaft vor unsere Augen. Der Geruch von brennendem Holz zieht zu uns herüber, in den Dörfern werden bereits die Öfen angezündet.
Die tiefstehende Sonne hüllt die Umgebung in ein unwirkliches Licht. Kein Bühnenbildner könnte ein Theaterstück besser in Szene setzen, als es der "goldene" Oktober vermag. Die bunten Blätter an den Bäumen lassen zaghaft los und treiben ein Stück auf dem glitzernden Moorwasser mit uns die Osterau hinab. Ein wenig Schwermut macht sich breit, dennoch laden wir am Ende der Tour zufrieden grinsend unser Boot auf das Autodach und machen uns imaginär auf den Weg zu unserer Blockhütte irgendwo in den Rocky Mountains.

Winter

Bizarre Schneeformationen säumen die Ufer des Baches, kleine Eiszapfen hängen wie durchsichtige Stalaktiten von den in das Wasser hereinreichenden Ästen hinab. Während der Schnee gnädig die Geräuschkulisse selbst in Autobahnnähe verschluckt, wirkt die Ruhe schon fast unheimlich. Das Farbenspiel der Natur reduziert sich auf ein schwarz-weißes

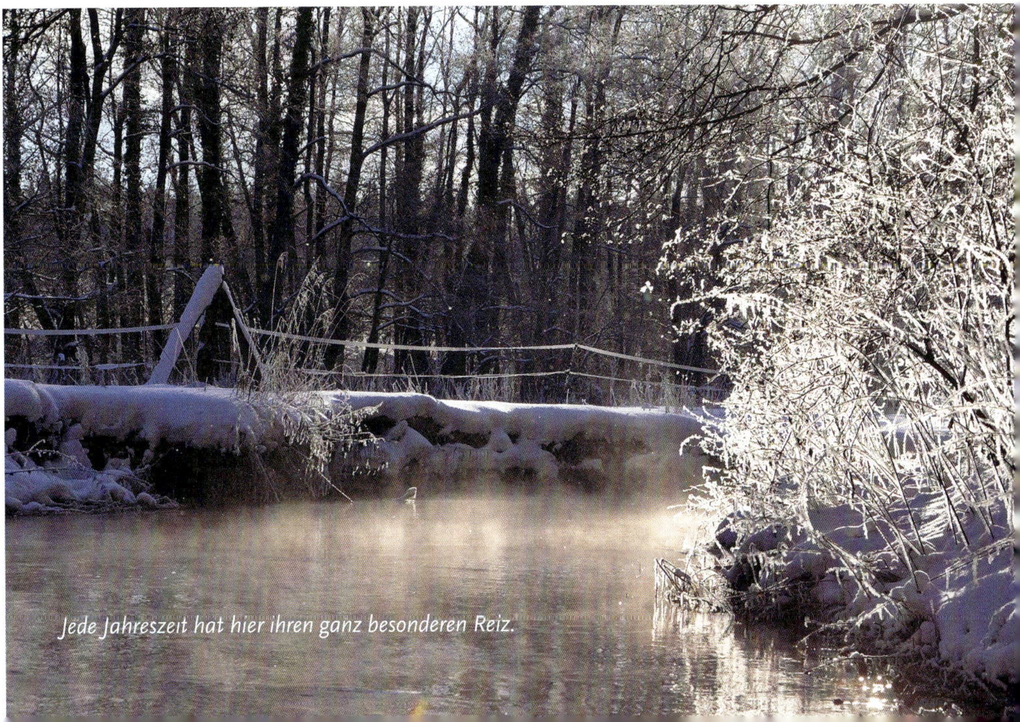

Jede Jahreszeit hat hier ihren ganz besonderen Reiz.

Raster und verbreitet, gerade wenn die dicken Schneeflocken auf dem Boden des Canadiers langsam zergehen, eine gewisse melancholische Stimmung. Bricht jedoch die Sonne aus den dunklen Wolken hervor, verwandelt sie diese surreale Szenerie in einen wie von tausenden Diamanten glitzernden Naturpalast – und mit jedem sonnigen Augenblick steigt die innere Stimmung. Der Winter bringt selbst hier in der Zivilisation, zumindest für den Paddler, ein Hauch von lappländischer Einsamkeit, der wir jedoch im Anschluss an die frostige Tour in der Saunenlandschaft der Holstentherme entgehen können.

Die mit den Hirschen paddeln

Die ersten Vorboten des Frühlings, die Krokusse, strecken zaghaft ihre Köpfe aus der immer dünner werdenden Schneedecke, während wir bereits voller Vorfreude auf den entsprechenden Wasserstand für eine ganz besondere Tour warten. Stimmt der Pegel in Heidmühlen (hier bitte unbedingt die Schilder mit den Befahrungsregeln beachten – siehe auch die entsprechende Kurz-Info), liegt ein ziemlich einzigartiges Erlebnis vor uns.

Gespannt paddeln wir Kurve um Kurve durch die ansprechende Wald- und Wiesenlandschaft der oberen Osterau. Endlich, nach knapp acht Kilometern Flussstrecke, befinden wir uns vor dem ersten Gatter des Wildparks Eekholt. Ein wenig aufgeregt schieben wir uns vorsichtig auf die andere Seite der Tiersperre. Jetzt sind wir in der Tat mitten drin, statt einfach nur dabei. Kein Gatter, Zaun oder Ähnliches stellt nunmehr eine Trennung zwischen Mensch und Tier dar (daher ist die Durchfahrt des Tierparks aus Sicherheitsgründen während der Brunftzeit untersagt). Beiderseits der Ufer weiden völlig unbeeindruckt von unserer Anwesenheit Hirsche und Rehe. Plötzlich, nur ein paar Meter entfernt, steht er vor uns, mitten im Bach, ein mächtiger Hirsch, der König der Wälder. Ich muss gestehen, dass ich mir in meiner sitzenden Position doch recht klein vorkomme. Nach einer Zeit des gegenseitigen Betrachtens zieht

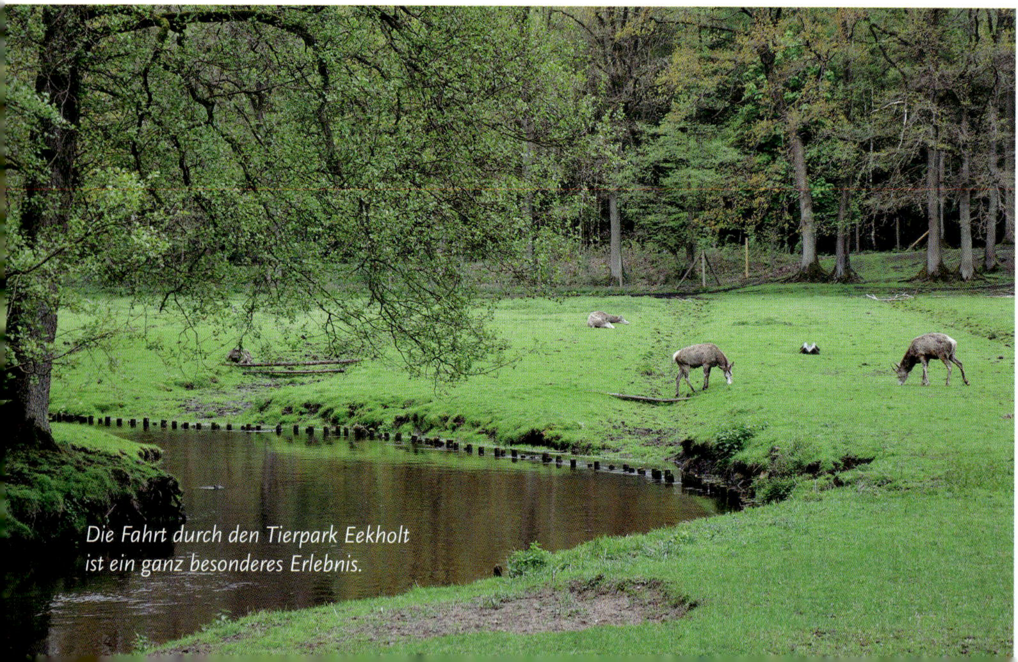

Die Fahrt durch den Tierpark Eekholt ist ein ganz besonderes Erlebnis.

sich der Herrscher des Rudels dezent zurück. Welch ein Erlebnis!
Langsam, vorsichtig und möglichst geräuschlos setzen wir unsere Fahrt fort. Ein angemessenes Verhalten hat hier sicherlich oberste Priorität, schließlich sind wir nur Gäste inmitten des Tierreichs und können uns ob der Duldung der Kanuten seitens der Parkleitung nur glücklich schätzen. Einige folgende Gatter, niedrige Stege und Brücken (diese Hindernisse sind nicht umtragbar, daher nie bei zu hohen Wasserständen paddeln) erfordern ein wenig Bootsbeherrschung. Immer wieder genießen wir herrliche Ausblicke auf die heimische Tierwelt, und erst nach dem letzten Wildparkgatter weicht ein wenig die Anspannung und lässt das zuvor Erlebte wie einen schönen Traum erscheinen.

Paddelalternativen

Nach Beendigung einer Osterau-Tour sollte man es nicht versäumen, dem Tierpark Eekholt einen Besuch abzustatten. Immerhin leben in dem Wildpark nahezu siebenhundert einheimische Tiere in über einhundert Arten auf einer Gesamtfläche von 67 Hektar. Besonders beeindruckend präsentieren sich die Greifvögelschauen sowie die Wolfs- und Otterfütterungen, während zwei große Abenteuerspielplätze für leuchtende Kinderaugen sorgen.

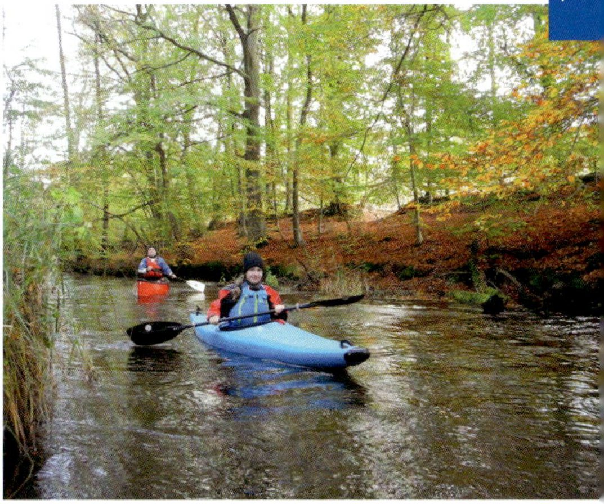

Zu allen Jahreszeiten vermittelt der Kleinfluss ein Gefühl von Wildnis und Ursprünglichkeit.

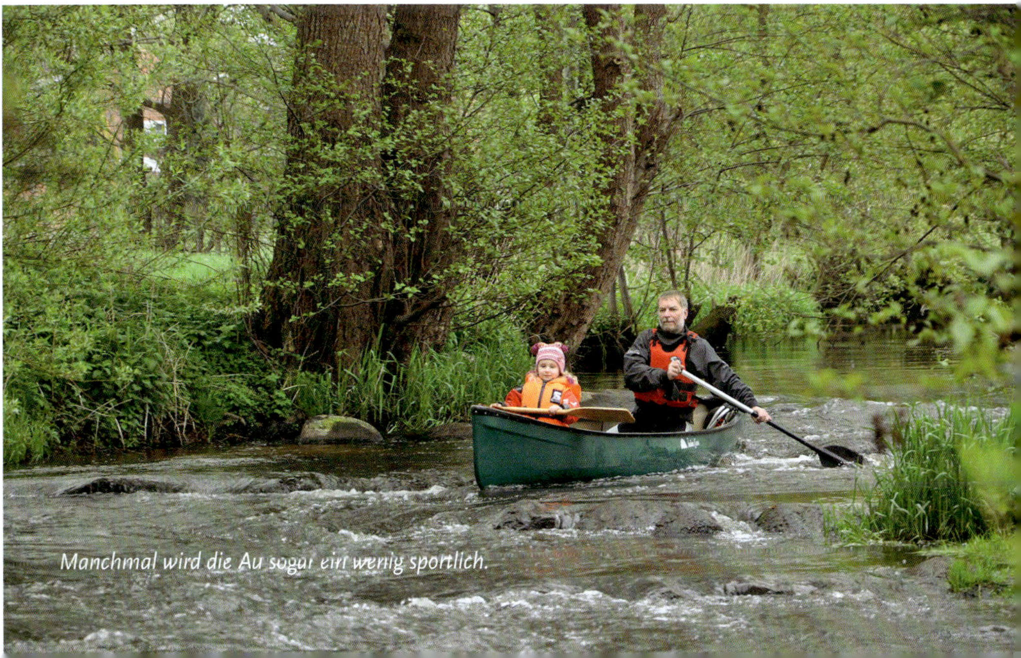

Manchmal wird die Au sogar ein wenig sportlich.

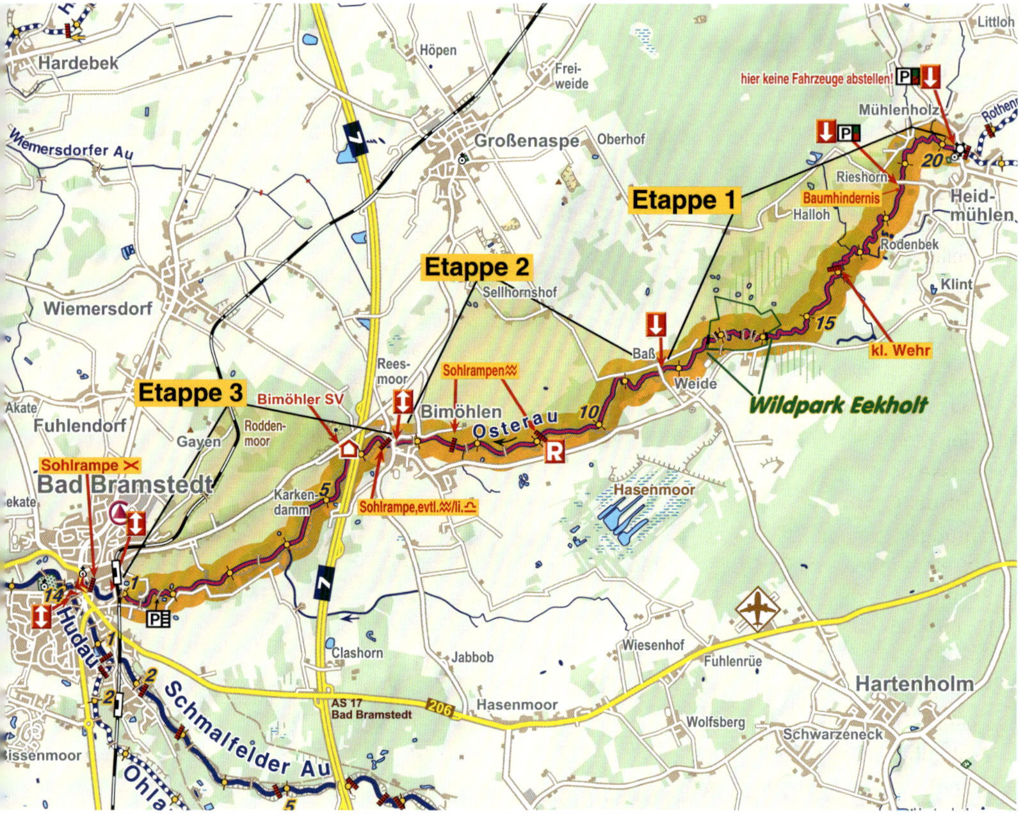

Für diejenigen unter uns, die es nicht wieder sofort auf den nächsten Bach zieht und noch ein paar historisch bedingte Landschaftseindrücke der Region mitnehmen wollen, bietet sich eine eindrucksvolle Wanderung durch das Hasenmoor (Königsmoor) unweit des gleichnamigen Ortes an. Durch die allgemeine Brennstoffknappheit der Nachkriegszeit wurde ab 1920 im Hasenmoor Torf abgebaut. Zu jener Zeit war das Hasenmoor ein Niederungs- Und Übergangsmoor mit einem relativ hohen Wasserstand. Mit Hilfe des Torffabrikanten Carl Hornung wählte das Elektrizitätswerk Neumünster das Hasenmoor für den Abbau aus. Eine Feldbahn von fast neun Kilometern Länge verband das Abbaugebiet mit der AKN (Eisenbahn-Gesellschaft Altona-Kaltenkirchen-Neumünster) in Großenaspe. Bis zum Jahr 1965 wurde mit unterschiedlichen Kapazitäten und Erfolgen Torf abgebaut. In den 70er und frühen 80er Jahren wurden die Abbauflächen dann renaturiert und die heutigen Seen angelegt. Dem interessierten Wanderer erschließt sich die heutige, wiedergewonnene Urwüchsigkeit der Moorlandschaft am ehesten aus der Höhe des Vogelbeobachtungsturmes.

KURZ-INFO OSTERAU
Rechter Quellfluss der Bramau

Befahrungszeit: Oberlauf ab Heidmühlen am besten im Winter, Frühjahr und Herbst.
Restliche Strecken unter Beachtung der jeweilige Farbpegel fast ganzjährig.

Etappe 1:
Heidmühlen – Straßenbrücke Weide-Bass, ca. 10 km
Die Durchfahrung der nicht umtragbaren Wildgatter im Tierpark erfordert eine gewisse Bootsbeherrschung. Dieses Teilstück der Osterau unterliegt einigen Befahrungsregeln: Vom 1. April bis zum 31. Mai eines jeden Jahres gilt ein komplettes Befahrungsverbot des Flussabschnitts. Im übrigen Zeitraum ist eine Befahrung erlaubt, sofern der Pegel in Heidmühlen grün anzeigt. Desweiteren sollte - zur eigenen Sicherheit! - in der Zeit vom 10. September bis zum 15. Oktober (Hirschbrunft) auf eine Befahrung verzichtet werden.

Etappe 2:
Straßenbrücke Weide-Bass – Bimöhlen ca. 7 km
Viele enge Kurven, Baum- und Strauchhindernisse, recht urwüchsig. Zeigt der Farbpegel an der Brücke "rot" an, bitte erst in Bimöhlen einsteigen, hier reicht der Wasserstand ganzjährig!

Etappe 3:
Bimöhlen – Bad Bramstedt, ca. 6 km
Etwas offener als das obige Teilstück, jedoch immer noch viele Baum- und Strauchhindernisse. Die schwerste Stelle befindet sich in Form einer Sohlgleite bereits 100 Meter nach dem Einstieg und lässt sich im Bedarfsfall leicht umtragen. Ist eine Weiterfahrt auf der Bramau geplant, muss die umgestaltete Wehranlage in Bad Bramstedt umtragen werden.

Gefahren: Tierparkdurchfahrt, Baum- und Strauchhindernisse

Kultur und Freizeit:

- Karl-May-Festspiele in Bad Segeberg (Juni-September)
  www.karl-may-spiele.de
- Kalkberghöhle in Bad Segeberg
  www.noctalis.de
- Wildpark Eekholt
  www.wildpark-eekholt.de
- Feldbahnfahrt auf der Schmalspurstrecke im Heilmoor mit Moorführungen
  www.kurbahn-bad-bramstedt.de
- Wanderung durch das naturhistorische Hasenmoor, *www.hasenmoor.net*
- Wanderung durch das Osterautal von Bass/Weide bis nach Bad Bramstedt
- Tandem-Fallschirmsprünge
  www.flugplatz-hartenholm.de
  www.my-skyworld.de
- Mountainbiketouren im Segeberger Forst
- Nordic Walking im Segeberger Forst und - besonders empfehlenswert - entlang von Osterau und Schmalfelder Au
- Erlebnisschwimmbad Holstentherme in Kaltenkirchen, *www.holstentherme.de*
- Hochseilgarten in Kaltenkirchen
  www.halimos.de

Kombitouren

Kombiniere Watson, ein Bach und ein Tag sind nicht genug! Kein Problem, denn auch interessante Mehrtagestouren sind im Holsteiner Auenland durchaus möglich. Unter dem Motto: "Vom Binnenland zur Waterkant" bieten sich zwei Touren ganz besonders an. Die eine Alternative führt uns als möglichen Endpunkt der Tour an den Nordseestrand, während uns Route zwei in die Landeshauptstadt Kiel und von dort aus in die Ostsee mit ihren unendlichen Kanu-Küstenwandermöglichkeiten bringt. Je nach Gusto, ob sportlich ambitioniert oder gemütlich geprägt, lassen sich die Strecken in drei bis sechs Tagen bewältigen. Unzählige Kanustationen, Biwak- und Campingplätze sowie wunderschöne, freie Übernachtungsplätze (nach Absprache mit dem Grundbesitzer) lassen eine individuelle Etappenplanung zu. So manch einer, der von Erlebnissen in fernen Ländern träumt, wird sich wundern, dass die kleinen Abenteuer direkt vor der Haustür liegen können. Manchmal braucht es eben keine anderen Länder, um etwas Neues zu entdecken, manchmal braucht man nur einen anderen Blickwinkel!

Tour 6: Von den Hirschen zu den Seehunden

Gestartet wird auf der Osterau, je nach Wasserstand an der Straßenbrücke Bass – Weide, kurz nach dem Tierpark Eeckholt oder in Bimöhlen. Auf dem urwüchsigen Wildbach geht es durch enge Kurven, gepaart mit Baum- und Strauchhindernissen, sowie über munter plätschernde, kleine Schwallstrecken bis nach Bad Bramstedt. Hier wird ein größeres renaturiertes, aber leider für Tourenboote unbefahrbares Wehr rechtsufrig umtragen. Kurze Zeit später mündet von links die Hudau (Schmalfelder Au nach Vereinigung mit der Ohlau), wodurch die Bramau entsteht. Durch anfangs hügelige Landschaft, unterbrochen von zwei Sohlgleiten, zieht die flotte Strömung Richtung Stör durch den Nordteil des Breitenburger Moores. Die letzten zwei Kilometer vor der Mündung sind bereits gezeitenabhängig. Auf der Stör angelangt, diktiert der Tidenkalender den Tagesablauf bis zur Elbe und weiter bis zur Nordsee. Erstmalig auf der Tour wird hier die endlose Weite des flachen, norddeutschen Tieflands sprichwörtlich. Nach der Mündung in die Elbe spürt man auf dem mächtigen Strom bereits den Hauch der großen weiten Welt in Form riesiger Frachter aus aller Herren Länder. Schneller als erwartet erreicht man das Wahrzeichen Cuxhavens, die Kugelbake an der Elbmündung in die Nordsee. Knapp 125 abwechslungsreiche Kilometer liegen zwischen den weidenden Hirschen des Tierparks Eekholt und den Robben der Nordsee. Kein anderes Transportmittel außer dem Kanu in jedweder Form bietet uns diese Möglichkeit des Reisens unter Nutzung der natürlichsten Verkehrswege, und wer einmal eine Mehrtagestour unternommen hat, weiß von dem Suchtpotential einer derartigen Unternehmung zu berichten.

KURZ-INFO KOMBITOUR 6

- **Fahrstrecke Osterau:**
  Straßenbrücke Bass-Weide bis zur Mündung der Hudau, 13,3 km
- **Fahrstrecke Bramau:**
  Zusammenfluss von Osterau und Hudau bis zur Mündung in die Stör 15,4 km
- **Fahrstrecke Stör:**
  Brücke bei Grönhude bis zur Mündung in die Elbe, 47,5 km
- **Fahrstrecke Elbe:**
  Mündung der Stör bis zur Kugelbake in Cuxhaven, 47,9 km

Gesamtlänge: 124,1 km

Tour 7: Vom Wildschwein zum Schweinswal

Bei dieser Variante führt uns die Tour auf dem kürzesten Weg zur Ostsee. Analog zur Nordseetour startet man ebenfalls auf der Osterau und gelangt auf der Bramau bis zur Stör. Bei Kasenort verlassen wir dann die Stör und begeben uns auf die Wilsterau. Dank der nicht vorhandenen Strömung gelangt man, eigentlich ja flussauf paddelnd, alsbald zum Nord-Ostsee -Kanal. Schon von weitem erkennt der Flusswanderer das skurrile Bild, welches einem, einmal erlebt, nicht wieder aus dem Kopf gehen will: Unwirklich anmutend gleiten weiße und gelbe Hochhäuser (in Form von riesigen Containerschiffen) über dem dunklen Grün der Tannenwipfel... Doch schneller als gedacht ist man mittendrin, statt einfach nur dabei, und kommt sich in Anbetracht der großen Frachter schon recht winzig vor. Entgegen der landläufigen Meinung stellt die Befahrung des NOK für die Kanuten, mal abgesehen von den üblichen Wellen und der Sogwirkung von Schiffen dieser Größenordnung, keine besondere Gefahr dar. Jedoch sollte man sich zuvor über die Befahrungsregeln für die Sportschifffahrt schlau machen (*www.wsa-brunsbuettel.wsv.de*), (*www.kiel-canal.org*), um letztendlich wohlbehalten Kiel zu erreichen und, wenn die Zeit es erlaubt, ist Dänemark eigentlich auch nicht so weit entfernt...

Kurz-Info Kombitour 7

- **Fahrstrecke Osterau:**
  Straßenbrücke Bass-Weide bis zur Mündung der Hudau
  13,3 km
- **Fahrstrecke Bramau:**
  Zusammenfluss von Osterau und Hudau bis zur Mündung in die Stör
  15,4 km
- **Fahrstrecke Stör:**
  Brücke bei Grönhude bis zur Mündung der Wilsterau bei Kasenort
  28,4 Kilometer
- **Fahrstrecke Wilsterau:**
  Kasenort bis zum NOK
  18 km
- **Fahrstrecke Nord-Ostsee Kanal:**
  Schöpfwerk der Wilster bis nach Kiel
  83,2 km

Gesamtlänge: 158,3 km

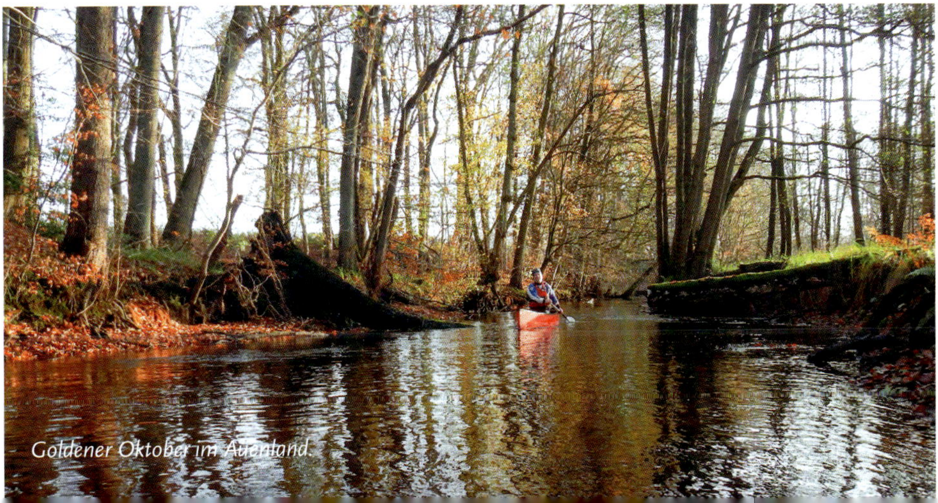

Goldener Oktober im Auenland.

Tour 8: Die Schmalfelder Au

Die Schmalfelder Au ist ein linker Quellfluss der Bramau. Sie bildet sich in einer Niederung nahe Stuvenborn und nimmt in Bad Bramstedt die Ohlau als linken Nebenfluss auf. Ab hier heißt die Schmalfelder Au bis zum Zusammenfluss mit der Osterau, dem rechten Quellfluss der Bramau, Hudau.

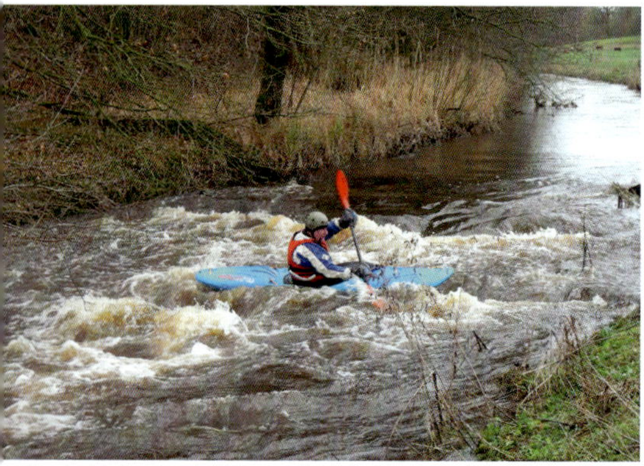

Nach langen, starken Regenfällen erwacht die Schmalfelder Au aus ihrem Dornröschenschlaf.

Kleinod mit sportlichem Flair

Die Schmalfelder Au bietet, einen entsprechenden Wasserstand vorausgesetzt, auf fünfzehn Kilometern Paddelspaß. Leider ist die Au über längere Strecken begradigt und wartet daher nicht mit einem so urwüchsigen Charme wie die Osterau auf. Eingebettet in eine ansprechende Moor- und Heidelandschaft ist der Bach dennoch für den Paddler interessant. Der besondere Reiz einer Befahrung liegt jedoch in der Vielzahl renaturierter Wehre in Form von kleinen Blockstrecken. Bei höheren Wasserständen, wenn die Blöcke gut überronnen sind, nimmt die sonst eher gemütlich daher kommende Schmalfelder Au hier und da sogar sportliche Züge an. Aufgrund der hohen Fließgeschwindigkeit, gepaart mit plötzlich auftretenden Baumhindernissen, ist dann schon eine gehörige Portion Bootsbeherrschung vonnöten, um eine gefahrlose Befahrung zu gewährleisten.

Selbst bei normalen Wasserständen stellt der Bach einen gewissen sportlichen Anspruch an

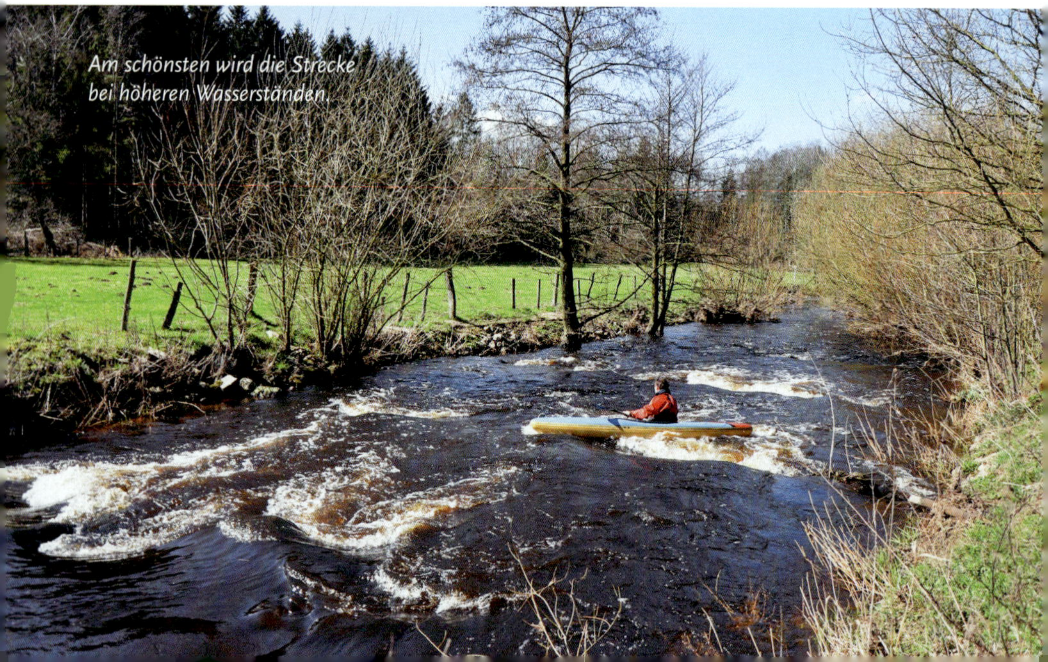

Am schönsten wird die Strecke bei höheren Wasserständen.

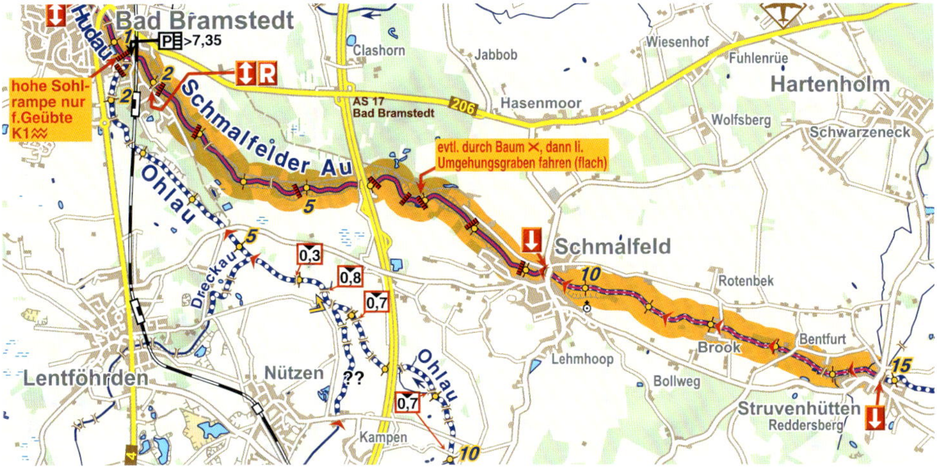

seine Befahrer, denn oftmals (je nach Länge und Robustheit des Bootes) müssen die Blockstrecken getreidelt oder umhoben werden, was an heißen Sommertagen ein spaßiges, aber auch anstrengendes Unterfangen darstellt. Die Schmalfelder Au ist sicherlich kein Bach für den gemütlichen Wanderfahrer, aber die Entdecker unter uns werden ihre Freude an diesem Kleinod haben.

Zwischen Schmalfeld, dem üblichen Einsatzort (bei höheren Wasserständen bietet sich Struvenhütten an), mit seiner sehenswerten Königsbrücke und Bad Bramstedt wird der Bach von einem wunderschönen Wanderweg begleitet, der den Naturliebhaber durch Wälder, Felder, Heide und Moor führt. Diese landschaftliche Vielfalt auf so kleinem Raum wird natürlich gerade an schönen Wochenenden von diversen Outdoorbegeisterten geschätzt. Aus dem sonst so einsamen und abgelegenen Gebiet wird dann ein Eldorado für Wanderer, Radfahrer, Jogger und Nordic Walker. Für uns Bootfahrer bietet sich der Wanderweg als herrliche Alternative des Autoumstellens an, erlebt man zu Fuß die gepaddelte Strecke doch mal aus einem anderen Blickwinkel.

KURZ-INFO SCHMALFELDER AU

Linker Quellfluss der Bramau

Befahrungszeit: Fast ganzjährig, mit Ausnahme extrem heißer Sommer.
Bei guten Wasserständen neben der Bünzau sicherlich die sportlichste Tour im Holsteiner Auenland. Im Sommer bei niedrigen Wasserständen muss an mehreren Blockstellen getreidelt oder umtragen werden, man sollte dann genügend Zeit einplanen!

Etappe 1: Bei guten Wasserständen
Struvenhütten – Schmalfeld, ca. 6 km

Etappe 2: Standardstrecke
Schmalfeld – Bad, Bramstedt, ca. 9 km

Gefahren: Plötzlich auftretende Baumhindernisse! Bei höheren Wasserständen deutlich erhöhte Fließgeschwindigkeit, kleinste Kehrwasser sollten dann sicher erwischt werden!
Ab ca. 10°C Außentemperatur besteht bei den Umtragungen erhöhter Zeckenalarm.

Tour 9: Die Ohlau

Die Ohlau ist ein linker Nebenfluss der Schmalfelder Au und mündet nach fünfzehn Kilometern Fließstrecke bei Bad Bramstedt, wodurch die Schmalfelder Au zur Hudau wird.

Unbekannt und einsam

Die Ohlau ist sicherlich einer der unbekanntesten Bäche im Holsteiner Auenland. Für die einen ist er vielleicht nur ein breiter Straßengraben, für andere wiederum eine Oase der Ruhe. Aber, wie so oft im Leben, liegt die Schönheit im Auge des Betrachters. Eines ist allerdings gewiss: Auf der Ohlau ist die Stille und Einsamkeit der norddeutschen Moorlandschaften quasi sprichwörtlich. Am höchstmöglichen Einstieg, an der Straßenbrücke Schmalfeld-Kaltenkirchen, kommt die Au gerade mal bootsbreit daher und stellt eine Herausforderung an die "Dschungelkämpfer" unter uns dar. Bis kurz vor der Mündung tangiert der Bach keinerlei Ortschaften, nur die Unterfahrung der Autobahn trübt kurzfristig das Idyll. Wer jedoch den obigen, extremen Kleinfluss-Schwierigkeiten entgehen möchte, bootet am besten erst bei der Straßenbrücke Schmalfeld-Lentföhrden ein und nutzt die Ohlau als interessante Vorfahrt für eine Bramau-Tour. Paddelbar wird die Au erst bei leichtem Hochwasser, zumeist im Spätherbst oder Winter. Zu dieser Jahreszeit versprüht der Bach auch seinen ganz besonderen Charme. An so manchem trüben und tristen Wintertag überkommt einen hier schnell das Gefühl, der erste Paddler überhaupt zu sein, und ein wenig gedankenverloren träumt so mancher vom großen Abenteuer...

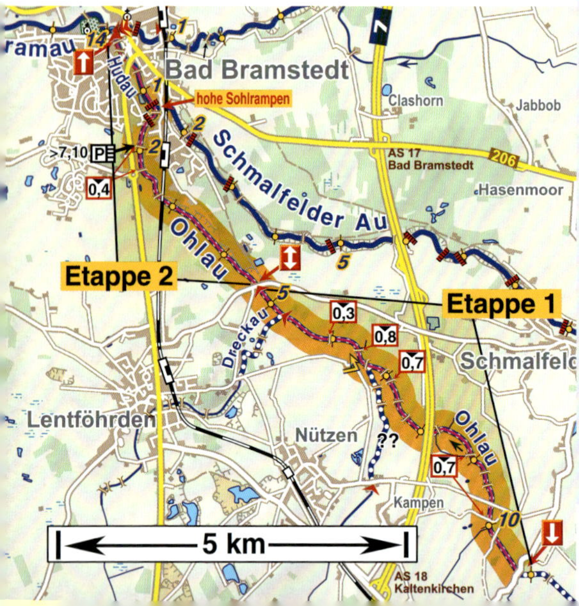

KURZ-INFO OHLAU
Linker Nebenfluss der Schmalfelder Au

Befahrungszeit: Zumeist Spätherbst und Winter oder nach starken Regenfällen.

Etappe 1:
Straßenbrücke Schmalfeld-Kaltenkirchen – Straßenbrücke Schmalfeld-Lentföhrden, ca. 6 km
Dieser Abschnitt ist aufgrund zahlreicher Busch- und Baumhindernisse nicht für jedermann empfehlenswert!

Etappe 2:
Straßenbrücke Schmalfeld – Lentföhrden, zum Ausstieg der Schmalfelder Au/Hudau, ca. 5 km
Dieser Abschnitt ist gerade als alternative Vorfahrt für eine Bramau-Tour empfehlenswert.

Gefahren: Im Oberlauf extremste Verklausung. Plötzlich auftauchende einzelne Baumhindernisse bei hoher Fließgeschwindigkeit. Sohlgleite in Bad Bramstedt. Niedrige Brücke kurz vor der Mündung in Schmalfelder Au/Hudau.

Tour 10: Die Bünzau

Die Bünzau (Bünzener Au) ist ein rechter Nebenfluss der Stör. Sie entsteht nördlich von Innien aus dem Zusammenfluss von Buckener Au und Fuhlenau. Die Bünzau ist ein sandgeprägter Niederungsbach und neben der Schmalfelder Au der sportlichste Vertreter der Auenland Gewässer.

Schleswig-Holstein gilt aufgrund seiner vielen befahrbaren Gewässer nicht unbegründet als Eldorado für Paddler. Doch gerade die große Anzahl der kleinen, kanutechnisch interessanten Bäche (Auen) machen den besonderen Reiz des Nordens aus. Bei einem derartig reichhaltigen Angebot übersieht man schnell einmal eine Perle der Natur, ganz besonders, wenn viel bekanntere und häufiger befahrene Flüsse, wie in diesem Fall die Stör, von solchen Kleinoden immer wieder ablenken. Mehr durch Zufall als geplant stößt man auf der Suche nach weiteren Befahrungsalternativen auf die Bünzau, einen rechten, nördlichen Nebenfluss der Stör. Einige Bilder im Internet zeigen eine interessante Landschaft mit teilweise renaturierten Wehren, doch irgendwie erscheint einem der abgelichtete Wasserstand stets ein wenig zu niedrig, schließlich wollen diese Stellen doch befahren und nicht getreidelt werden.

Gebremster Vorwärtsdrang

Die anfänglich von offenen Wiesen und Feldern begrenzten Ufer wechseln alsbald mit dem Anblick der Eisenbahnbrücke in einen Busch- und Baumdschungel, der den Bach förmlich verschlingt. Ein paar Radler winken uns noch kurz zu, bevor uns ein schöner Schwall direkt in die Bünzauer Buschhölle befördert. Die doch recht kräftige Strömung, bedingt durch den gewählten hohen Wasserstand, erfordert eine gewisse Fahrpraxis, um rechtzeitig vor Baumhindernissen anlanden zu können. Reflexartig retten wir uns in ein linkes Kehrwasser, um den mittig in den Ausläufern des Eisenbahnschwalles liegenden Verhau mit anschließender Geästversperrung zu umheben. Da beginnt auch schon das nächste Problem. Links und rechts bewachen wehrhafte Stacheldrahtzäune die Ufer der Au

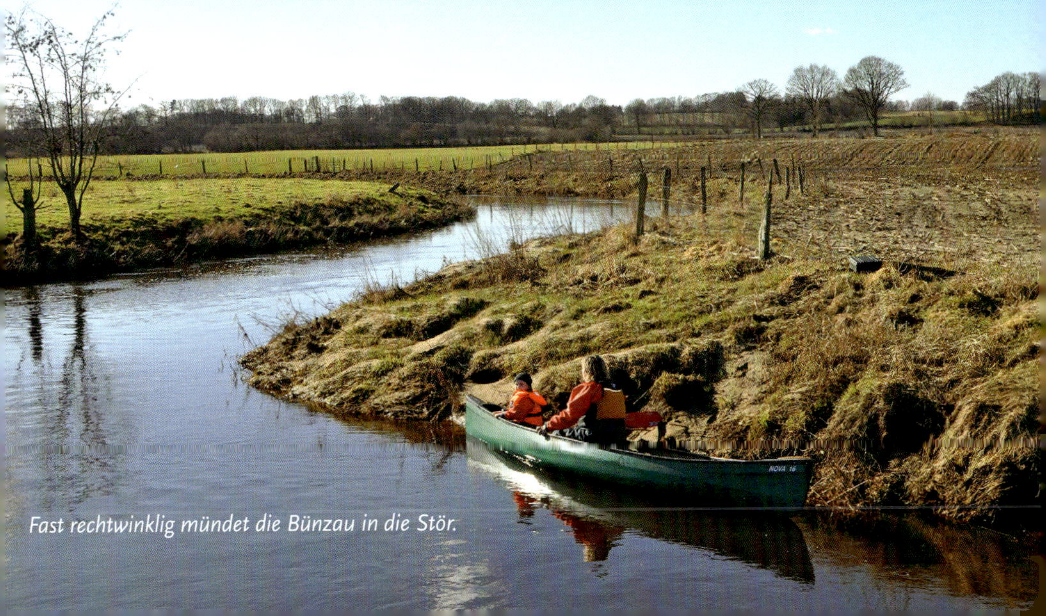

Fast rechtwinklig mündet die Bünzau in die Stör.

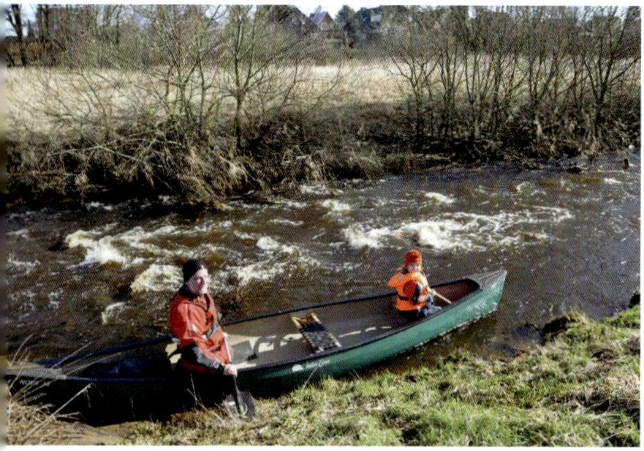

Diverse Sohlgleiten sorgen für Spannung.

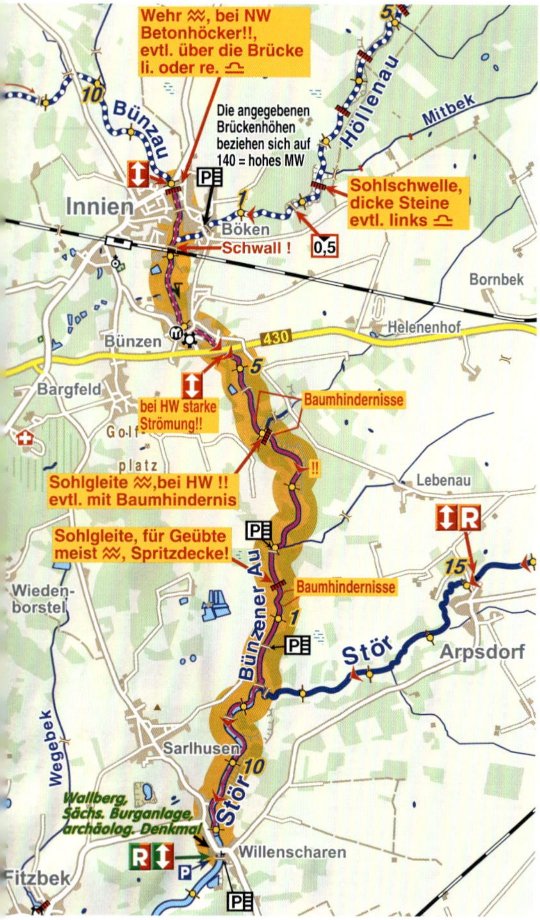

und es obliegt unserer Fantasie, diese nun trickreich und ohne Beschädigung fremden Eigentums oder unserer kostbaren Ausrüstung zu umgehen. Kurze Zeit später befinden wir uns wieder im Canadier und weiter geht es, na ja, nicht wirklich weiter, aber immerhin bis zum nächsten Baumhindernis. Also erneut aus dem Boot steigen, umheben und weiter paddeln – und das Ganze noch ein drittes Mal. Gefühlt sollten wir jetzt schon ein Stück Bach geschafft haben, doch ein Blick zurück zur immer noch greifbar nahen Eisenbahnbrücke belehrt uns eines Besseren.

Recht plötzlich, als ob die Bünzau unsere Wünsche erhört hätte, weiten sich die Ufer ein wenig, das Buschwerk tritt zurück und wechselt sich mit schattigen Waldgebieten nebst kleineren Lehmwänden ab.

Rauschend zur Stör

Mittlerweile prägen Moorwiesen das Landschaftsbild, hier und da starten verschreckte Gänsekolonien in die Lüfte. Nur noch selten müssen wir in die Kleinflussfahrertrickkiste greifen, um als Paddler den ergreifenden Buschhindernissen zu entgehen. Einige renaturierte Wehre geben der Tour ein wenig Spritzigkeit. Ein besonderes Highlight bildet jedoch die letzte Sohlgleite der Bünzau. Schon von weitem sieht man das Wasser wild hochspritzen und vermutet aufgrund des Gefälles gar ein gefährliches Wehr (welches vor den Renaturierungsmaßnahmen hier tatsächlich existent war). Langsam tasten wir uns an die vermeintliche Abbruchkante heran. Traversierenderweise erkunden wir die wohl beste Route zwischen den teils tückisch überronnenen Findlingen. Scharf rechts, an dem im linken Flussdrittel liegenden größeren Brocken vorbei, befindet sich die beste Anfahrt. Anschließend den Bug schnell wieder leicht nach rechts gedreht und das Schlimmste ist geschafft. Allerdings ist Vorsicht vor den fiesen, kleineren Steinen gebo-

ten, die noch im Auslauf des Schwalles lauern. Hier ist schon so mancher ob seiner Unachtsamkeit mit einem unfreiwilligen Bad bestraft worden. Wem es hier zu wild zugeht, kann diese Stelle auch leicht umtragen, was bei wenig Wasser sowieso vonnöten ist.
Langsam öffnet sich die Landschaft und fast rechtwinklig vereint sich nun die wirklich interessante und abwechselungsreiche Bünzau mit der gemächlich dahinströmenden Stör, die dann schon eher dem eigentlich erwarteten Eindruck eines norddeutschen Gewässers, eingebettet in einer nicht enden wollenden Weite des flachen Landes, entspricht.

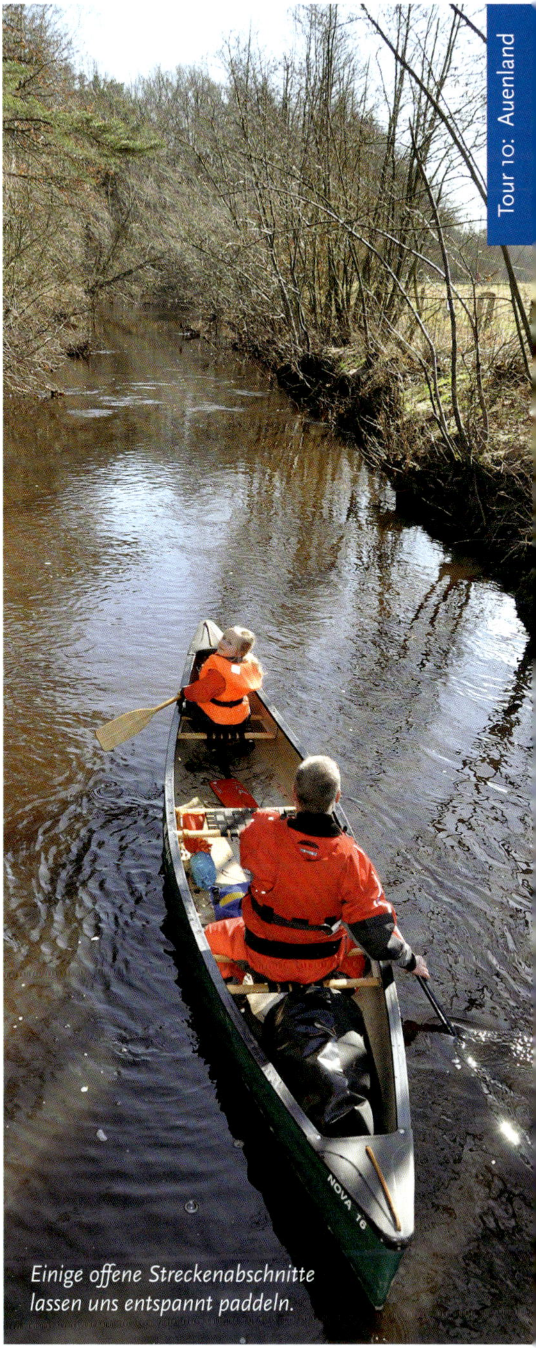

Einige offene Streckenabschnitte lassen uns entspannt paddeln.

KURZ-INFO BÜNZAU

Rechter, nördlicher Nebenfluss der Stör

Befahrungszeit:
Fast ganzjährig, bei leicht erhöhten Wasserständen besonders reizvoll.
Eine Befahrung der Bünzau ist bereits ab Bucken möglich, jedoch in dem nur drei Meter breiten Flussbett mit vielen flachen Stellen nicht besonders empfehlenswert.

Fahrstrecke:
Straßenbrücke bei Innien – Willenscharen an der Stör, ca. 10 km

Pegel: Im Internet unter:
www.diestoer.de/stoer_pegel.htm,
Nr. 3: Pegel Sarlhusen an der Bünzau. Ein schöner, leicht erhöhter Wasserstand liegt bei einem Pegelwert um die 530 cm vor.

Gefahren:
Bei erhöhten Wasserständen teils kräftige Strömung, Busch- und Baumhindernisse, fünf Schwallstrecken, wobei die letzte recht zünftig werden kann.

Tour 11: Die Bekau

Die Bekau ist ein rechter, nördlicher Nebenfluss der Stör im Kreis Steinburg. Sie entspringt nahe Christinenthal. Zuerst fließt sie in südliche Richtung nach Looft, beschreibt danach einen Bogen in westliche Richtung und fließt anschließend nach Süden zwischen Dragerborn und Drage hindurch, in südwestlicher Richtung geht es an der ehemaligen Kaaksburg vorbei, wo sie wenig später die A23 unterquert. Von Eversdorf aus, ab hier wird die Bekau für uns Kanuten zumeist befahrbar, geht es nach Krummendiek, von wo die Au in südwestlicher Richtung durch Bekdorf fließt und schließlich bei Bekmünde über das Hauptschöpfwerk in die Stör mündet. Der Verlauf der Bekau bei Bekmünde ist begradigt, ursprünglich mäanderte der Fluss südlich um Bekmünde herum und mündete einen halben Kilometer weiter östlich in die Stör. Die Bekau war in früheren Zeiten mindestens bis zur Kaaksburg schiffbar und wurde bis zu ihrer Eindeichung von den Gezeiten beeinflusst. Heute wird das Gewässer durch das Hauptschöpfwerk Bekmünde reguliert.

Energie und Natur

Wie bei fast allen norddeutschen Bächen sinkt die Anzahl der Befahrungen, so auch auf der Bekau, Richtung Winter fast gegen Null. Erstaunte Blicke und neugierige Fragen erwarten den frosterprobten Kanuten beim Einstieg an der historischen Fischmaulbrücke in Eversdorf. Den ganzen Sommer hindurch gehören die Paddler quasi zum Erscheinungsbild des Ortes, ab dem eine Befahrung fast ganzjährig möglich ist, doch in der kalten Jahreszeit zählt man hier zur eher seltenen Spezies. Die geringe Strömung, die zur Mündung hin fast ganz verebbt, macht die hindernisfreie Bekau während der warmen Hauptsaison zu einem sehr beliebten Anfängerbach. Doch je näher sich das Jahr dem Ende neigt, umso ruhiger und beschaulicher wird es auf der ansonsten recht betriebsamen

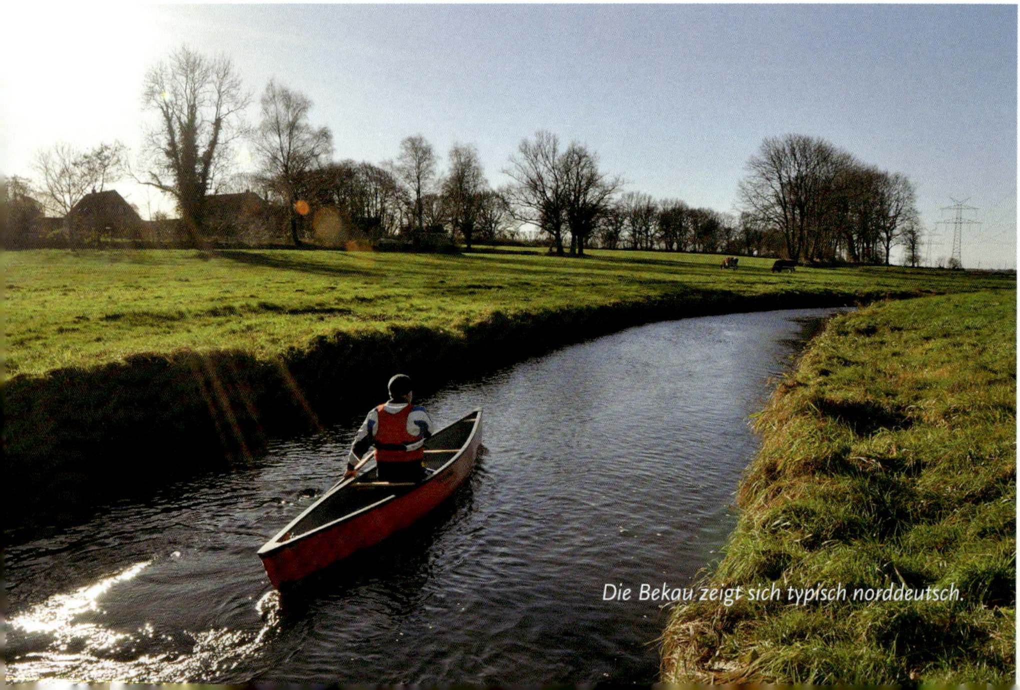

Die Bekau zeigt sich typisch norddeutsch.

Au. Anfänglich durchzieht der Bach in sanften Kurven eine ansprechende, offene Wiesenlandschaft, die zuletzt von eingedeichten, begradigten Abschnitten abgelöst wird. Allgegenwärtige Begleiter der Tour sind die den Horizont definierenden Strommasten und Windräder. Doch was optisch zunächst als störend wirkt, wird alsbald nicht mehr wahrgenommen, liegt doch der eigentliche Reiz einer Bekau-Tour deutlich mehr im Nahbereich des Betrachters. Unzählige Schwäne, einige Rehe und sogar vereinzelt auftretende Eisvögel sind, einmal abgesehen vom Wind, die einzigen Begleiter während einer Flussbefahrung. Doch gerade zum Ende der Tour, wenn sich die Bekau bereits weit und offen präsentiert, kann sich der Wind, besonders im Kanu, je nach Richtung und Stärke durchaus als unangenehmer Reisekamerad entpuppen, daher ist es zu empfehlen, die Tour bei Starkwind bereits in Krummendiek zu beenden.

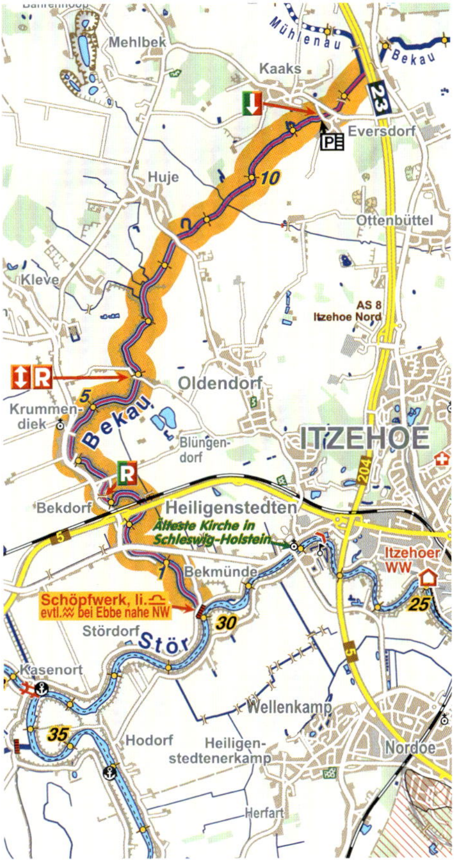

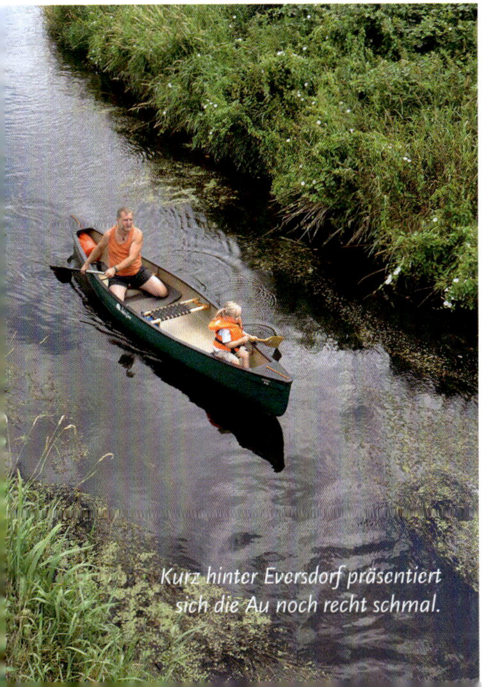
Kurz hinter Eversdorf präsentiert sich die Au noch recht schmal.

KURZ-INFO BEKAU

Rechter, nördlicher Nebenfluss der Stör

Befahrungszeit: Fast ganzjährig

Fahrstrecke:
Eversdorf bei der Fischbauchbrücke – Hauptschöpfwerk in Bekmünde, 10,8 km
Geringe bis keine Strömung vorhanden, kaum Buschhindernisse, im Unterlauf windanfällig.

Gefahren: Keine

Tour 12: Die Wilsterau

Die Wilsterau ist ein rechter Nebenfluss der Stör. Von der Stör bis zum Nord-Ostsee-Kanal breitet sich die Wilster Marsch aus. An Stelle der Haufendörfer der Geest findet man viele Wurthäuser, an Stelle der Saatfelder der Kremper Marsch grünes Wiesenland. Seit der Entwässerung ist das Land ständig gesunken und liegt nunmehr unter dem Elbspiegel. Die Entwässerung bietet daher große Schwierigkeiten, mit Windmühlen und Pumpanlagen wird das Wasser in die eingedeichten, höher gelegenen Wasseradern geleitet.

Der Wind bestimmt die Richtung

Nicht weit vom Nord-Ostsee-Kanal entfernt befindet sich die Einbootstelle zur Befahrung der Wilsterau. Sofern man bei der Au überhaupt von Ein- und Ausbootpunkten reden kann, da aufgrund der fehlenden Strömung die Befahrungsrichtung unerheblich ist. Durch den damaligen Bau des Nord-Ostsee-Kanals wurde die Wilsterau von ihrem ehemaligen Quelllauf bei Burg abgeschnitten und ist seitdem mit dem Kanal über ein Schöpfwerk verbunden. Eine weitere sehenswerte alte Schleuse befindet sich bei der Mündung in die Stör bei Kasenort, somit wurde aus dem Fluss quasi ein "Steh". Einzig bei Öffnung der unteren Schleuse bei Ebbe ist ein Hauch von Tidenhub erkennbar. Aufgrund der umliegenden weiten, offenen Flächen macht es somit durchaus Sinn, die Tour nach der vorherrschenden Windrichtung zu planen.

Die Au durchfließt die durch das Kernkraftwerk Brokdorf zu überregionaler Bekanntheit gelangte Wilstermarsch. Im zwölften und sechzehnten Jahrhundert kamen niederländische Siedler in die Marsch und führten die Milchwirtschaft nebst der Käseproduktion ein. Auch noch heute ist der Wilstermarschkäse ein bekanntes und beliebtes Produkt der Region. Mit Hilfe der niederländischen Einwanderer wurden unzählige Entwässerungsmühlen gebaut, um das weitgehend unter dem Meeresspiegel liegende Land zu entwässern. Immerhin befindet sich bei Neuendorf-Sachsenbande mit 3,54 m unter Normalnull die tiefste begehbare Stelle Deutschlands.

Weites Land

Der Blick auf die Wilsterau ist schon ein wenig gewöhnungsbedürftig. Wo geht es jetzt eigent-

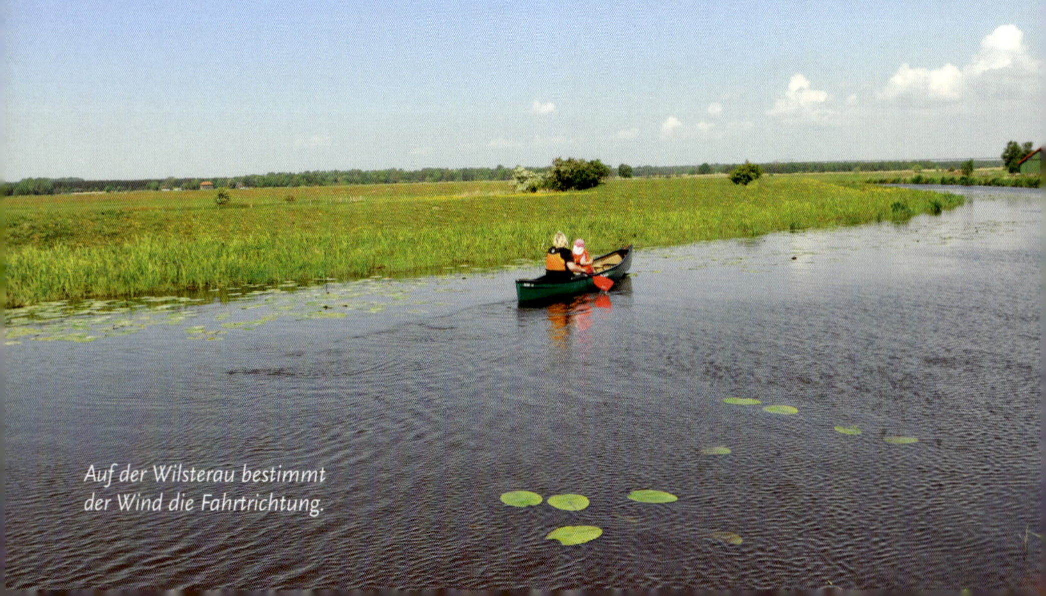

Auf der Wilsterau bestimmt der Wind die Fahrtrichtung.

lich lang? Nach rechts oder nach links? Die ansonsten immer präsente Strömung eines Baches fehlt hier ja gänzlich. Doch mit einem gewissen Orientierungssinn ausgestattet ist auch diese Frage schnell geklärt. Richtung Südosten mit einem später folgenden, größeren Bogen gen Süden trägt uns die Au dank kräftiger Paddelschläge in eine weite, unverbaute Landschaft. Offene, unendlich wirkende Wiesenlandschaften bieten dem Auge des Betrachters kaum einen Halt. Der Blick verliert sich in der Weite der Marsch. Ganz hinten am Horizont sind die Brücken über den Nord-Ostsee-Kanal erkennbar. Hier und da weiden einige Kuh- und Schafherden, selten bleibt der Blick an einem der schmucken, wie eine Bastion im Nichts liegenden einzelnen Bauernhöfe hängen. Diese an sich ja unspektakuläre, typisch norddeutsche Landschaft ist Balsam für die Seele. Kein Stress, keine Hektik, keine Termine... Eine angenehme, innere Ruhe macht sich breit. Das laute Bellen eines Hofhundes holt uns schließlich aus unseren Tagträumen zurück auf die Au.

Sichere Alternative

Wenn in heißen Sommern die meisten Pegel der nördlichen Kleinflüsse unter die Spaßgrenze gesunken sind, stellt die Wilsterau eine sichere Befahrungsalternative dar. Sie besitzt zwar so gut wie keine relevanten natürlichen Zuflüsse mehr, sondern entwässert das 3.500 Hektar große Einzugsgebiet ausschließlich über Schöpfwerke. An einigen Stellen des Flusses lässt sich sehr schön der Höhenunterschied erkennen, der überwunden werden muss, um die Marsch über die Wilsterau zu entwässern. Dank der Schleusen am Anfang und Ende der befahrbaren Strecke der Au haben wir Kanuten immer ausreichend Wasser unter dem Kiel. Rein hypothetisch stellt sich jedoch die Frage: Wie lange noch? Denn durch die fehlende natürliche Fließgeschwindigkeit

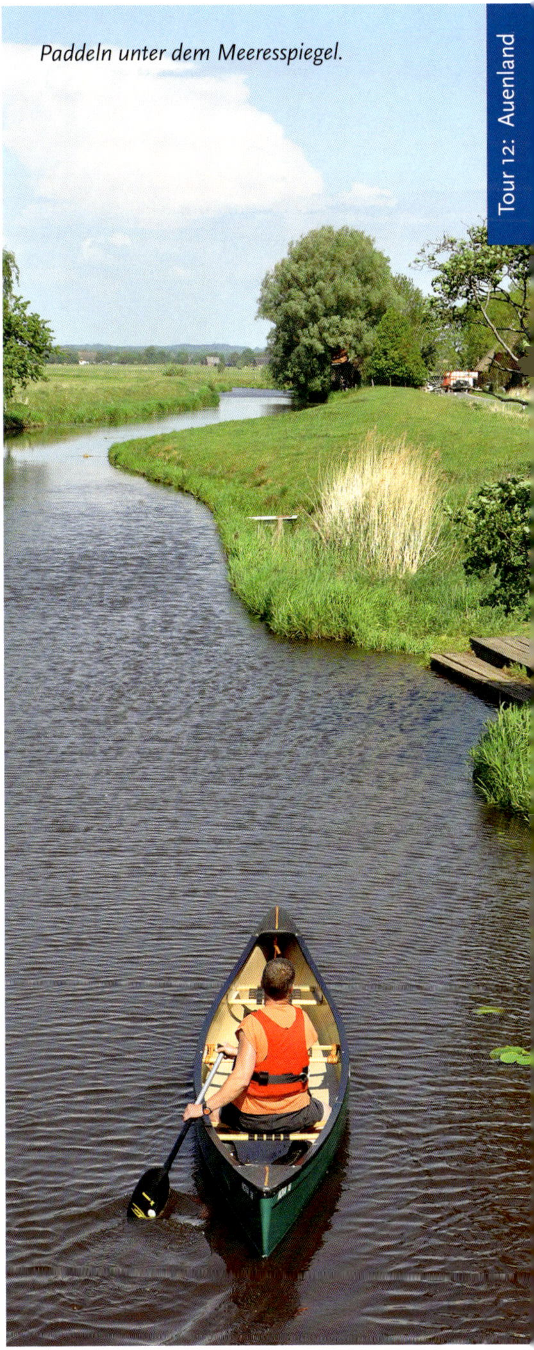

Paddeln unter dem Meeresspiegel.

und die damit verbundene fehlende Spülwirkung unterliegt die Au einer nicht unerheblichen Verschlickung. Umso erstaunlicher ist, dass die Wilsterau unter Anglern zu den besten Friedfischgewässern Norddeutschlands zählt.
Wem nun die gesamte Tour von immerhin achtzehn Kilometern zu lang erscheint, erreicht an vielen Plätzen per PKW den Bach und kann sich seine Fahrt oder sein Lieblingsstück individuell zusammenstellen. Wer nun noch ein wenig für die Umwelt tun will, verzichtet gänzlich auf das Umstellen der Fahrzeuge und paddelt einfach zum Startpunkt zurück. Schon von weitem bietet sich dem Betrachter dann wieder das gleiche skurrile Bild, welches einem, einmal erlebt, nicht mehr aus dem Kopf gehen will: "Unwirklich anmutend gleiten weiße und gelbe Hochhäuser (in Form von riesigen Containerschiffen) über dem dunklen Grün der Tannenwipfel..."

KURZ-INFO WILSTERAU
Rechter Nebenfluss der Stör

Befahrungszeit:
außer in kalten Wintern ganzjährig

Fahrstrecke:
Nord-Ostsee-Kanal – Kasenort bei der Störmündung oder umgekehrt, je nach Windverhältnissen. Keine nennenswerte Strömung vorhanden, ca. 18 km (kürzere Strecken sind möglich).

Gefahren: Keine

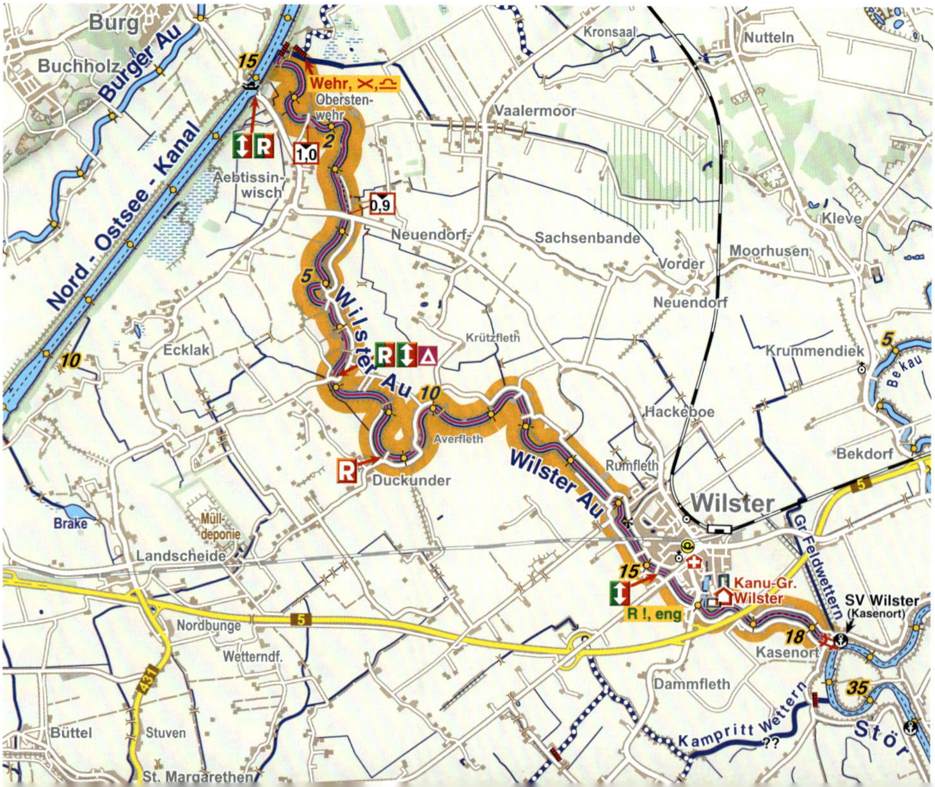

Tour 13: Die Burger Au

Die Burger Au ist ein ca. 8 000 Jahre altes Fließgewässer, welches vor dem Bau des Nord-Ostsee-Kanals mit der Wilster Au verbunden war und zu damaliger Zeit einen beachtlichen Handelsweg darstellte. Die Burger Schiffer gelangten mit ihren Kähnen über Burger Au, Wilster Au und Stör in die Elbe bis nach Hamburg. In der heutigen Zeit ist die Au nur noch von touristischer Bedeutung. Zwischen den Monaten April und September finden hier Kahnfahrten statt. Einmalig in Schleswig-Holstein werden gestakte Kahnfahrten in original Spreewaldkähnen unterhalb von Burg durch das Buchholzer Moor angeboten.

Die getrennten Geschwister

Die Burger Au ist das nördlichste Gewässer des Auenlandes und liegt als einzige Tour des Gebietes "jenseits" des Kanals. Zwölf Fähren an vierzehn verschiedenen Anlegern (in Schacht-Audorf sind zwei Fähren in Betrieb) gestalten die Überfahrt jedoch recht problemlos, zumal die Querung der meistbefahrensten Schifffahrtsstraße der Welt für den querenden Verkehr kostenlos ist (*www.kiel-canal.org*).

Der versteckt liegende Einstieg am Kattenstieg, inmitten von nirgendwo, unweit der Gemeinde Burg wird über einen unscheinbaren Agrarweg erreicht. Erst der Bootssteg am schmalen Bachverlauf gibt dem Suchenden eine erste Sicherheit bezüglich seines Handelns. Am Horizont dominiert die beeindruckende Eisenbahnhochbrücke von Hochdonn, die bereits zwischen 1913 und 1920 erbaut wurde und die alte Drehbrücke über den Kanal ersetzte. Mit einer Länge von über 2 200 Metern und einer Höhe von gut 56 Metern bietet sie den Fahrgästen der Marschbahn sicherlich einen einmaligen Landschaftsgenuss.

Genau genommen beginnt man die Tour auch

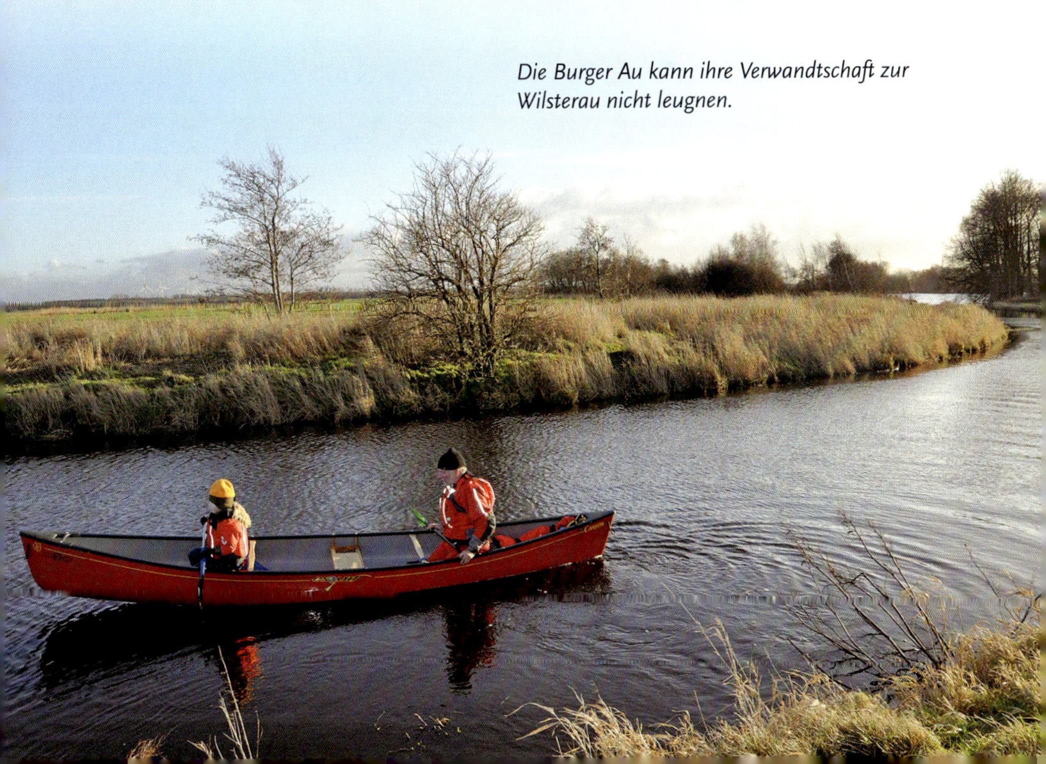

Die Burger Au kann ihre Verwandtschaft zur Wilsterau nicht leugnen.

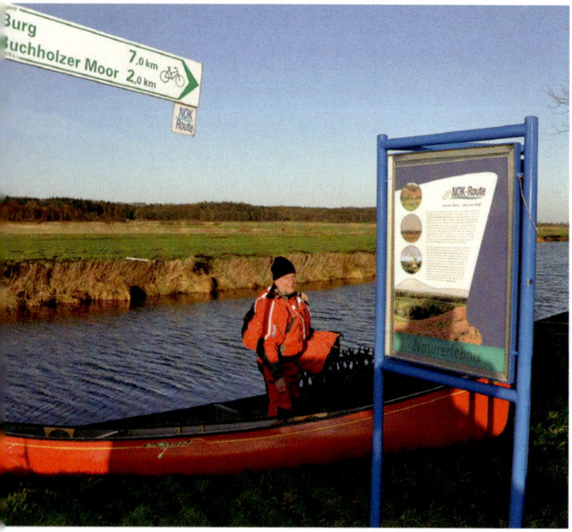

Der Ausstieg kurz vor dem Kudensee ist Schnittpunkt für viele Unternehmungen rund um den NOK.

nicht auf der Burger Au, sondern setzt seinen schwimmbaren Untersatz auf dem Helmscher Bach ein. Kurz nach der Unterquerung einer kleinen Brücke knickt der Bach links ab und fließt nun fast rechtwinkelig auf den NOK zu. Ähnlich wie auf der Wilster Au bereits erlebt sieht man auch hier, wie sich gigantische Schiffsaufbauten über den Wipfel der Bäume fast lautlos vorbeischieben. Bei einer vorgeschriebenen Mindesthöhe von 42 Metern für Kanalbrücken lassen sich die Dimensionen der Ozeanriesen leicht erahnen. Bereits wenige hundert Meter weiter macht der Flussverlauf eine markante Rechtskurve, die gleichzeitig die wahrscheinliche Schnittstelle des ehemaligen Gesamtflussverlaufs von Wilster Au und Burger Au markiert. Ab hier befindet man sich auch auf dem eigentlichen Objekt der Begierde, der Bur-

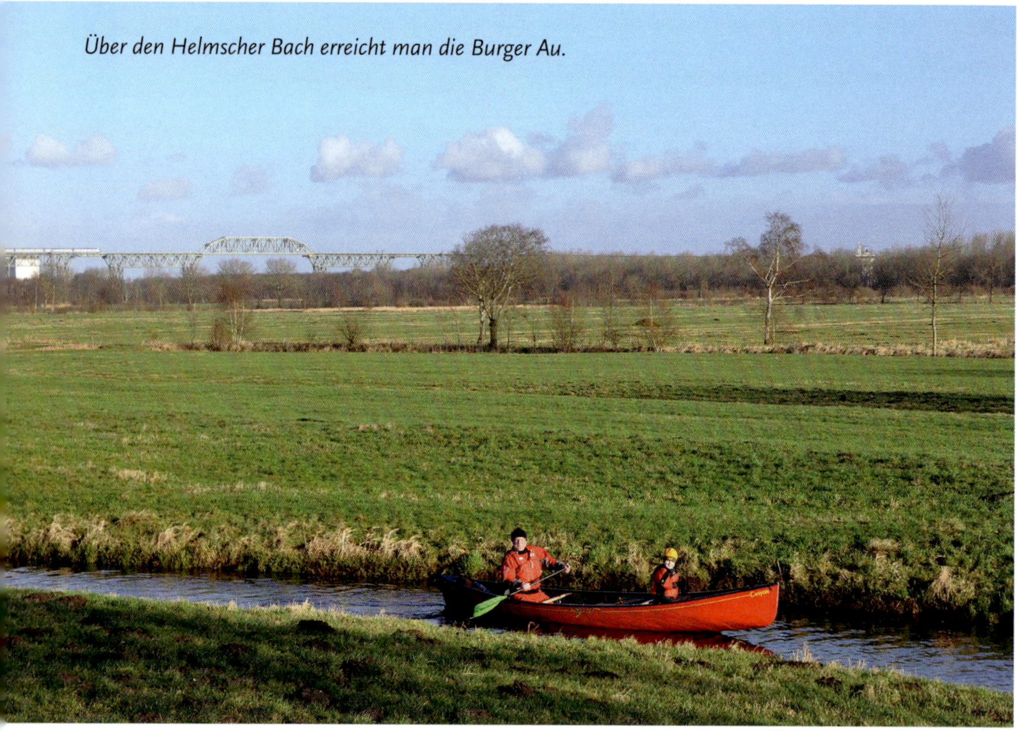

Über den Helmscher Bach erreicht man die Burger Au.

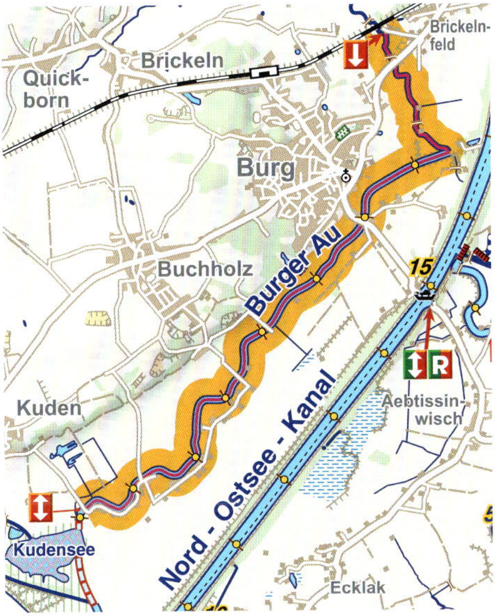

ger Au, und paddelt von nun an parallel zum Kanal. Spätestens, wenn der Wind stark von vorn bläst, erkennt man die Gemeinsamkeit zum Schwesternbach, denn auch hier empfiehlt es sich, aufgrund der unerheblichen Strömung die Tour nach der vorherrschenden Windrichtung zu planen. Überraschenderweise wird die Landschaft auf der rechten Gewässerseite vielfach von Höhenzügen gesäumt, die man im eher flachen Marschland so nicht vermutet hätte. Unzählige "geräuberte" Flussmuscheln glitzern am Auenrand in der Sonne, während wir uns weiterhin gegen den Wind kräftig ins Zeug legen. Warum hört man eigentlich nicht auf seine eigenen Tipps? Kurze Stichkanäle laden zur windgeschützten Rast und zum Verschnaufen ein. Langsam zieht sich die hügelige Waldlandschaft zurück und schafft Raum für weitflächige Gemüseanbaugebiete und Weideflächen. Einige verstreute Gehöfte signalisieren das baldige Ende der Tour im "Kahnhafen" von Kudensee. Es lohnt sich jedoch, noch ein kurzes Stücken weiter zu paddeln und einen Blick auf den See zu werfen. Es handelt sich hier um den größten Marschsee im Kreis Dithmarschen. Die Ufer des Gewässers sind umrahmt von Röhrichtzonen, Bruchwaldbeständen sowie Weidebüschen und bieten somit ideale Bedingungen für viele Tierarten. Aufgrund seiner Bedeutung für die Vogelwelt steht der See nebst seiner Umgebung mittlerweile unter Naturschutz. Daher empfiehlt es sich auch, wieder zurück zum Kahnhafen zu paddeln und die Fahrt dort zu beenden, statt durch den See hindurch über den Büttlerkanal das Schöpfwerk am NOK zu erreichen.

KURZ-INFO BURGER AU

Parallelgewässer zum NOK

Befahrungszeit: ganzjährig, abgesehen von harten Wintern

Fahrstrecke:
Kattenstieg – Kudensee (oder umgekehrt)
ca. 8 km
Aufgrund der unerheblichen Strömung empfiehlt es sich, die Tour entsprechend der Windrichtung zu planen.

Gefahren: Keine

Kultur und Freizeit:

- Radtouren entlang des NOK oder im Umland auf zahlreichen interessanten, gut ausgeschilderten Radwegen.
- Kleines, aber feines Museum mit den Bereichen Gewerbe, Apotheke und Schifffahrt *(www.burger-museum.de)*
- Gemütliche Kahntouren mit Kaffee und Kuchen für die ganze Familie auf der Burger Au zwischen Burg und Kudensee *(www.dithmarscher-kahnfahrten.de)*

Tour 14: Die Kremper Au

Die Kremper Au, vielfach auch Krempau genannt, ist ein linker Nebenfluss der Stör und zugleich auch deren letzter Zufluss vor der Mündung in die Elbe. Ihre Quelle befindet sich südlich von Brande Hörnerkirchen. Die Au hat eine Gesamtlänge einschließlich der unterirdisch verlaufenden Teilstücke von 25,3 Kilometer. Namentlich besteht durchaus eine Verwechslungsgefahr mit der Kremper in Ostholstein, die des Öfteren auch den Beinamen "Au" trägt. Bis ca. 1936 wurde die Kremper Au noch als Transportweg genutzt. Die Auswirkungen des Krieges und vor allem die stetig fortschreitende Verschlickung sorgten letztendlich für die Einstellung des Schifffahrtsverkehrs. Die Kremper Au ist auf den letzten Kilometern ähnlich wie die Bramau von der Tide beeinflusst. Vor zu hohen Wasserständen und Sturmfluten wird die Krempermarsch durch das Borsflether Sperrwerk kurz vor der Störmündung geschützt.

Mittendrin und doch weit weg

Die Krempau lässt sich bereits ab der Straßenbrücke Lägerdorf-Hohenfelde befahren, doch der schmale, zumeist begradigte Flussverlauf lädt hier nicht gerade zum Paddeln ein. Einige Kilometer flussab, in der Nähe von Süderau beim Hof Süderauerdorf, sieht die Szenerie bereits viel ansprechender aus. Eine gepflegte Wiese mit Unterstellmöglichkeit und ein kleiner Schwimmsteg laden förmlich zur Kanutour ein. Bereits ab dem Einstieg ist die Au eingedeicht. Was zuerst den gewohnten Blick über den Tellerrand bzw. auf die umliegende Landschaft verwehrt, hat auch durchaus seine Vorteile. Zum einen ist man windgeschützt unterwegs, zum

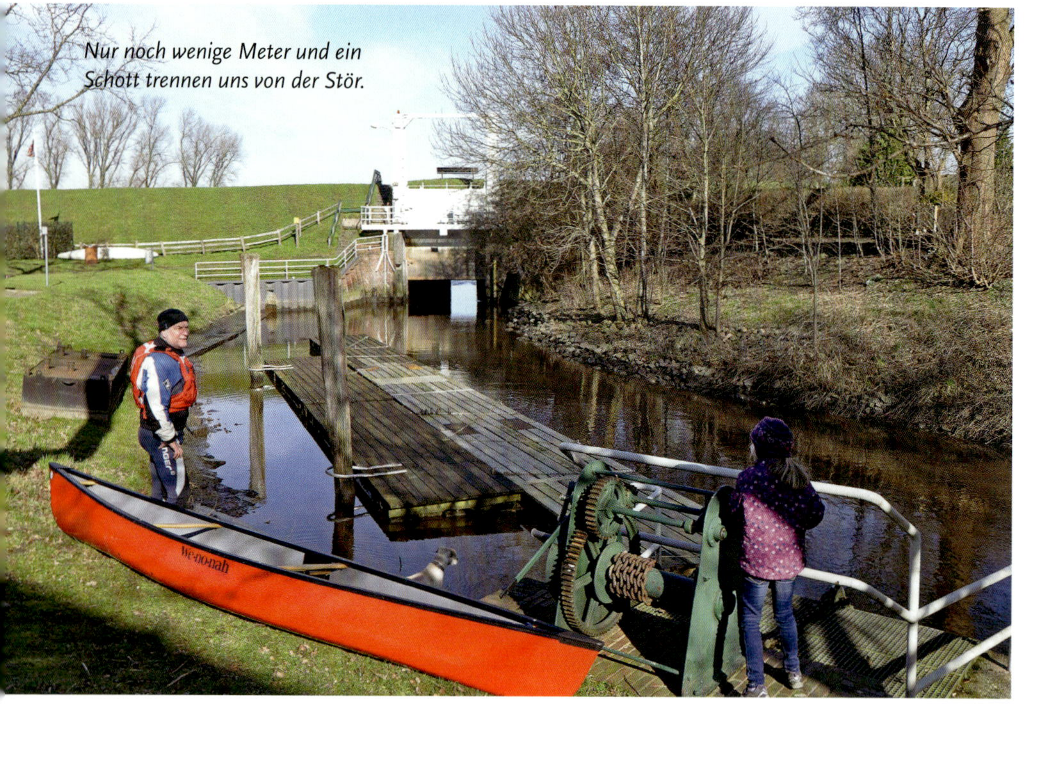

Nur noch wenige Meter und ein Schott trennen uns von der Stör.

anderen bekommt man von der zumeist parallel verlaufenden Straße recht wenig mit. Obwohl man permanent inmitten der Zivilisation unterwegs ist, hat man doch des Öfteren das Gefühl, in weit entfernten Gefilden zu reisen.

Schon bald kündigt der weithin sichtbare, charakteristische Kirchturm der St. Peterkirche den kleinen Ort Krempe an. Die anfänglich idyllische Ortsdurchfahrt bekommt jedoch in Bahnhofsnähe einen düsteren Touch in Form von dunklen Brückendurchfahrten und einengenden Spundwänden mit Industriekanalflair. Doch so schnell der Spuk begonnen hat, ist er schon wieder vorbei, und man gleitet wie gewohnt durch eine idyllische Marschlandschaft, geprägt durch Ackerland, Wiesen und einzelne hübsche Katen. Riesige Binsen säumen die Ufer in dem recht naturbelassenen Bereich bei Krempdorf, wo alsbald auch ein romantischer Kanurastplatz im Schatten von uralten Bäumen unweit eines großen Gehöfts zum Verweilen einlädt.

Ab der Straßenbrücke Krempdorf – Neuenkirchen macht sich die Tide bereits bemerkbar. Es empfiehlt sich durchaus, im Rahmen der Tourenplanung zuvor einen Blick auf den Tidenkalender der Stör zu werfen, um die Fließrichtung auch optimal zu nutzen. Kurz vor Borsfleth erinnern überdimensionierte Schiffsanleger an längst vergangene Tage, an denen die Au noch als Transportweg diente. In der heutigen Zeit mit einem gigantischen Schienen- und Straßennetz ist diese Art des Warenverkehrs auf derartig kleinen Gewässern kaum noch nachvollziehbar. Auf der Suche nach weiteren Relikten aus der alten Zeit erreicht man schneller als gedacht die Brücke der Dorfstraße in Borsfleth.

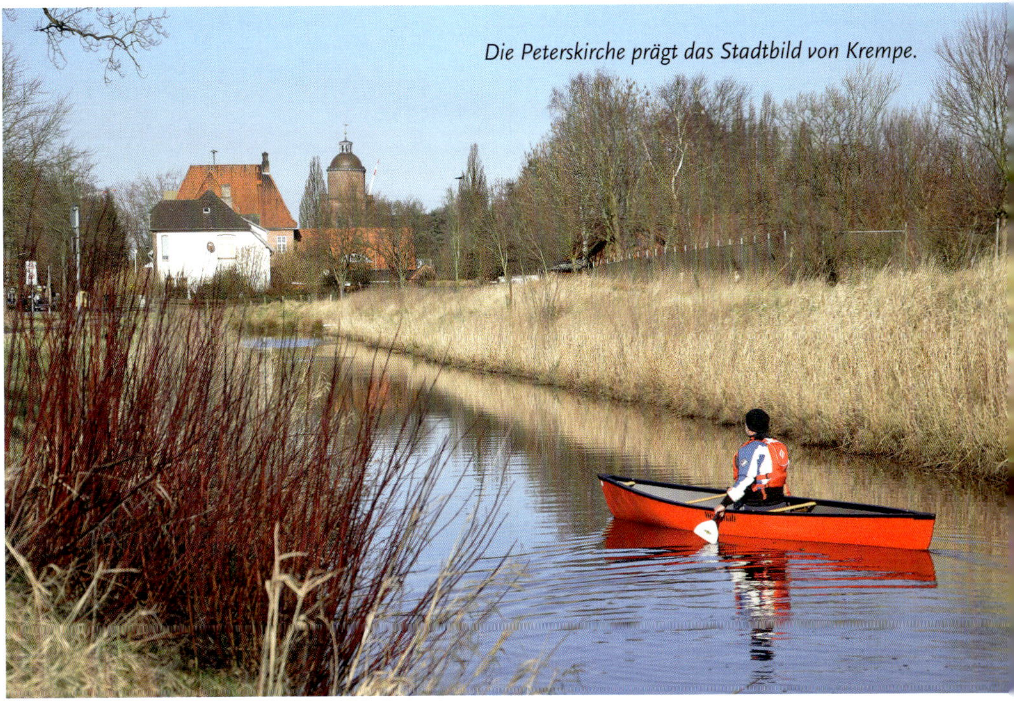

Die Peterskirche prägt das Stadtbild von Krempe.

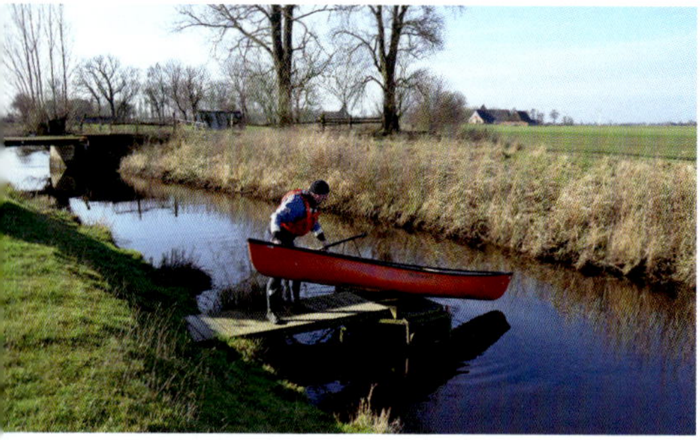

Einstieg bei Süderau.

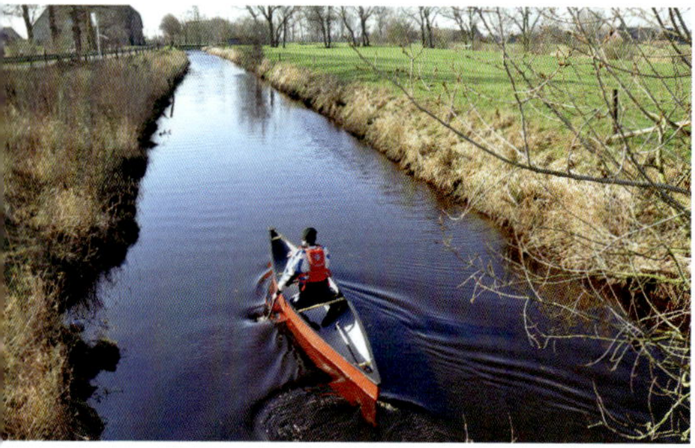

Paddeln bis zum Horizont.

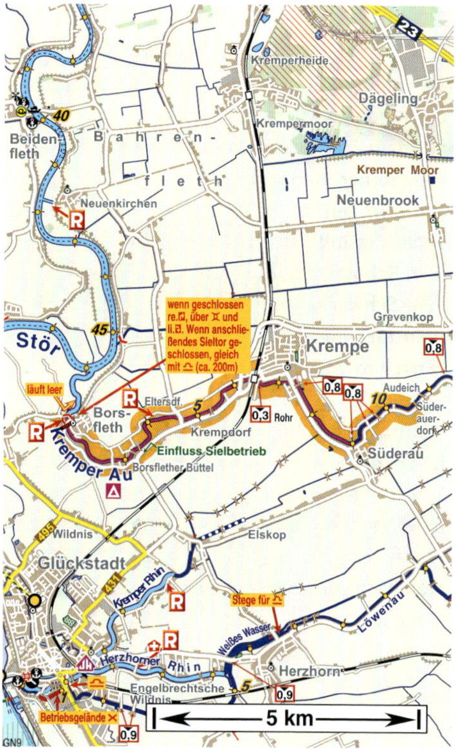

Im Normalfall paddelt man unter der Schottbrücke hindurch und beendet die Fahrt an dem Kanurastplatz kurz vor dem Hochwassersperrschott zur Stör. Interessant wird die Stelle jedoch bei fast geschlossenem, nicht passierbaren Schott (zumeist in den Wintermonaten). Ohne eine gewisse Bootsbeherrschung, gepaart mit entsprechender Gelenkigkeit, ist eine Umtragung (es empfiehlt sich die rechte Flussseite) nicht möglich. Traut man sich diese Aktion im Besonderen bei ablaufendem Wasser nicht zu, bleibt nur der Rückzug gegen den Strom bis zur nächsten Brücke. Den Normalfall vorausgesetzt, lässt sich die Tour nach Durchfahrung bzw. Portage des eigentlichen Hochwassersperrschotts auf der Stör noch beliebig fortsetzen, je nach Tidenströmung auch flussauf.

Kurz-Info Kremper Au (Krempau)

Linker, letzter Nebenfluss der Stör vor deren Mündung in die Elbe

Befahrungszeit: ganzjährig

Fahrstrecke:
Hof Süderauerdorf – Borsfleth
ca. 9,4 km

Besonderheiten: Tideneinfluss ab der Straßenbrücke Krempdorf-Neuenkirchen

Gefahren:
Das Schott an der Brücke der Dorfstraße in Borsfleth. Vor Fahrtantritt besichtigen.

Tour 15: Herzhorner Rhin

Der Rhin ist ein rechter Nebenfluss der Elbe in der Kremper Marsch. Er entsteht in Glückstadt aus dem Zusammenfluss von Kremper Rhin und Herzhorner Rhin, wobei er so einen großen Teil des dortigen Marschlandes entwässert. Letztendlich mündet er über zwei Schleusen nebst einem Schöpfwerk in die Elbe. In Verbindung mit dem Schwarzwasser bietet sich der Herzhorner Rhin für eine interessante Rundtour durch die "Engelbrechtsche Wildnis" an.

Rhin-Expedition

Reist man aus den östlichen Landesteilen Schleswig-Holsteins Richtung Glückstadt, sollte man "expeditionserprobt" sein. Über das Fegefeuer geht es direkt durch Grönland nach Herzhorn, um schließlich in der Engelbrechtschen Wildnis zu landen, und das alles binnen kürzester Zeit. Im Auenland muss man halt nicht weit reisen, um die Welt zu entdecken, beginnen die "kleinen Fluchten" doch direkt vor der Tür!

Die Rhin-Schwarzwasserrunde lässt sich von mehreren Orten aus beginnen. Von West nach Ost wären das der Sporthafen in Glückstadt, der Lidl-Markt in Glückstadt, die Gaststätte "Poppenhus" am Herzhorner Rhin, wobei hier die Parkplätze am Wochenende äußerst rar gesät sind, und letztendlich ganz im Osten der Parkplatz in der Nähe des Friedhofs bei Herzhorn, den wir als Startpunkt wählen. Hier liegen die Gewässer von Rhin und Schwarzwasser ganz dicht beieinander. Wie herum man die Rundtour bewältigt, ist nahezu unerheblich, da so gut wie keine Strömung vorhanden ist. Wir entscheiden uns spontan dafür, mit dem Herzhorner Rhin zu beginnen und den urwüchsigeren Schwarzwasser für die Rückfahrt zu nutzen. Kaum eingebootet umheben wir also, gerade einmal eine Canadierlänge weit, in den gegenüber liegenden Rhin. Schnell erreicht man die "Engelbrechtsche Wildnis", die sich jedoch als recht kultivierte Flächengemeinde mit hübschen Häusern und Grundstücken bis zum Rhin herunter entpuppt, auf denen das obligatorische Kanu nicht fehlen darf. An dem alten, schön restaurierten Gasthaus "Poppenhus" vorbei (die Betonung liegt hier auf vorbei, denn ist man erst einmal eingekehrt, steht die Weiterfahrt in ernsthafter Konkurrenz mit der guten Küche), geht es gemächlich weiter Richtung Elbe.

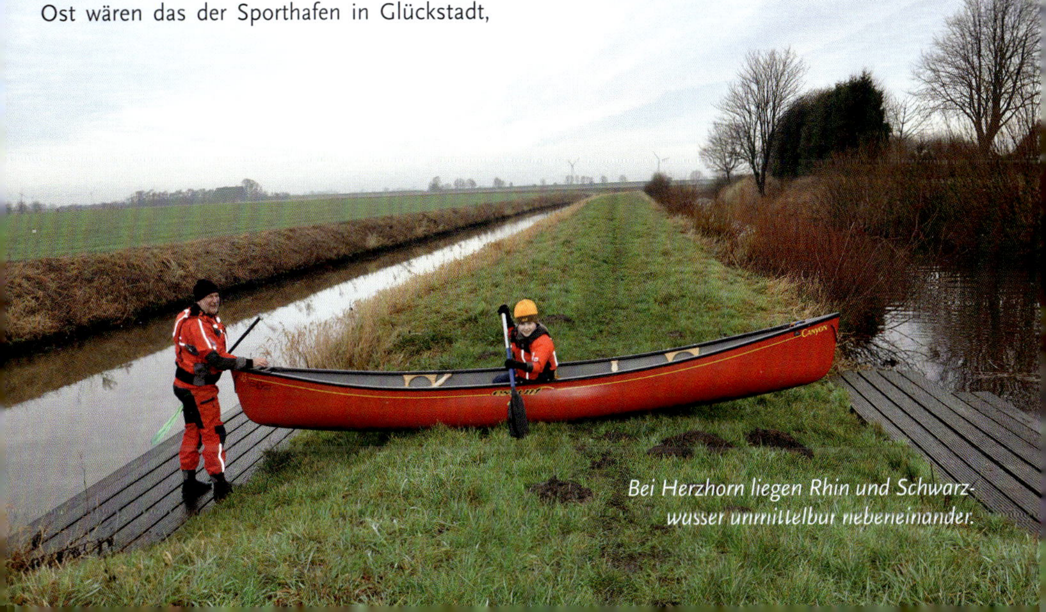

Bei Herzhorn liegen Rhin und Schwarzwasser unmittelbar nebeneinander.

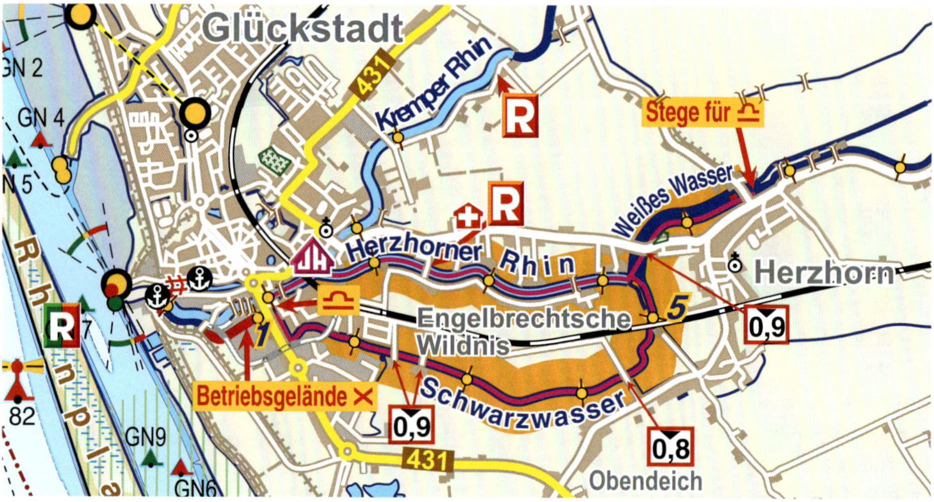

Großflächiger Gemüseanbau in Form von Freilandnutzung und riesige Gewächshäuser begleiten uns bis zur rechtsseitigen Mündung des Kremper Rhins im nun beginnenden Stadtgebiet. Kurz nach dem Unterqueren einer Eisenbahnbrücke kommt schon bald die Stadtstraße in Sicht. An einem Steg booten wir linksufrig aus, um nach kurzem Landgang an einem weiteren Holzsteg nebst bequemer Bootsrutsche das Kanu erneut in den Schwarzwasser einzusetzen. Kaum hat man das Stadtgebiet wieder verlassen, wird es hier auf der Rückseite des Rhins deutlich naturbelassener als auf der Hinrunde. Wälder und Felder prägen die Landschaft, deren Idyll nur selten von einzelnen Gehöften unterbrochen wird. In dieser Urwüchsigkeit gelingt es uns auch erstmalig, eine echte Wildkatze zu beobachten, was in unserer Region schon eine kleine Sensation darstellt, gilt die europäische Wildkatze doch als recht selten und vor allem als sehr scheu. Zwei flache Brücken und ein kleinerer Baumverhau fordern noch einmal kurz vor dem Ende der Tour die Gelenkigkeit der Bootsmannschaft heraus, bevor endgültig wieder der Startpunkt dieser schönen Rundtour erreicht ist.

KURZ-INFO HERZHORNER RHIN (SCHWARZWASSER-RUNDE)

Rhin, rechter Nebenfluss der Elbe bei Glückstadt

Befahrungszeit: Fast ganzjährig, abgesehen von strengen Wintern

Rundtour:
von West nach Ost aufgelistete
Ein- bzw. Aussatzmöglichkeiten:

- Sporthafen in Glückstadt, der Lidl-Markt in Glückstadt
- Gaststätte "Poppenhus" am Herzhorner Rhin
- Der Parkplatz beim Friedhof unweit von Herzhorn.

Umhebestellen in die jeweiligen Gewässer der Rundtour befinden sich mit den entsprechenden Bootsstegen am Friedhof und an der Stadtstraße in Glückstadt.
Die Gesamtlänge der Tour beträgt ca. 8 km.

Gefahren: Keine

Tour 16: Der Breitenburger Kanal

Von 1877 bis ca. 1974 diente der Breitenburger Schifffahrtkanal als Transportweg für diverse Güter, im Besonderen Ton, Torf, Kreide und Zement zwischen Münsterdorf an der Stör und den Fabriken bei Lägerdorf.

Statt der erwarteten, kanaltypischen Spundwände an den Ufern und dem wie mit einem Lineal gezogenen Gewässerverlauf überrascht der Wasserweg jedoch mit seiner natürlichen Umrahmung. Eingebettet zwischen Feldern und Wäldern besitzt der Kanal einen gewissen Charme, den man so sicherlich nicht erwartet. Entgegen landläufiger Befürchtungen wird die Sicht auf die Umgebung nicht durch die Ufer behindert. Ganz im Gegenteil: Aus dem Kanu heraus hat man einen wunderbar freien Blick über den "Tellerrand" hinaus auf das offene Land. Auf der Strecke von Moordiek hoch zum Deich der Hörner Au passiert man alsbald das harmonisch in die Landschaft integrierte Pumpenhaus, und einige folgende recht flache Brücken verlangen eine tiefe Verbeugung, wenn man sich das Umtragen ersparen will. Die Mündung der Alten Hörner Au signalisiert uns Halbzeit auf der "Expedition" zum Entstehungspunkt des Kanals. Ein Blick kanalaufwärts lässt mittlerweile den Deich der Hörner Au erahnen. Die anfänglich sehr schwache Strömung des Gewässers wird kurz vor Erreichen des Endpunktes deutlich kräftiger, zumal sich der Wasserweg hier zunehmend verengt. Relativ unspektakulär sprudelt nun das Wasser der Hörner Au über einen Betonsockel in den Kanal, somit wäre das erste Etappenziel erreicht. Obwohl man sich die Entstehung des Breitenburger Kanals sicherlich dramatischer vorstellt, lohnt sich der Abstecher zu dem Ursprung des Gewässers allemal.

Gütertransport

Beim heutigen Anblick des Breitenburger Kanals lässt sich nur sehr schwer die ehemalige wirtschaftliche Bedeutung des Bauwerks erahnen. Die Anlegung des Kanals unter Kuno Graf

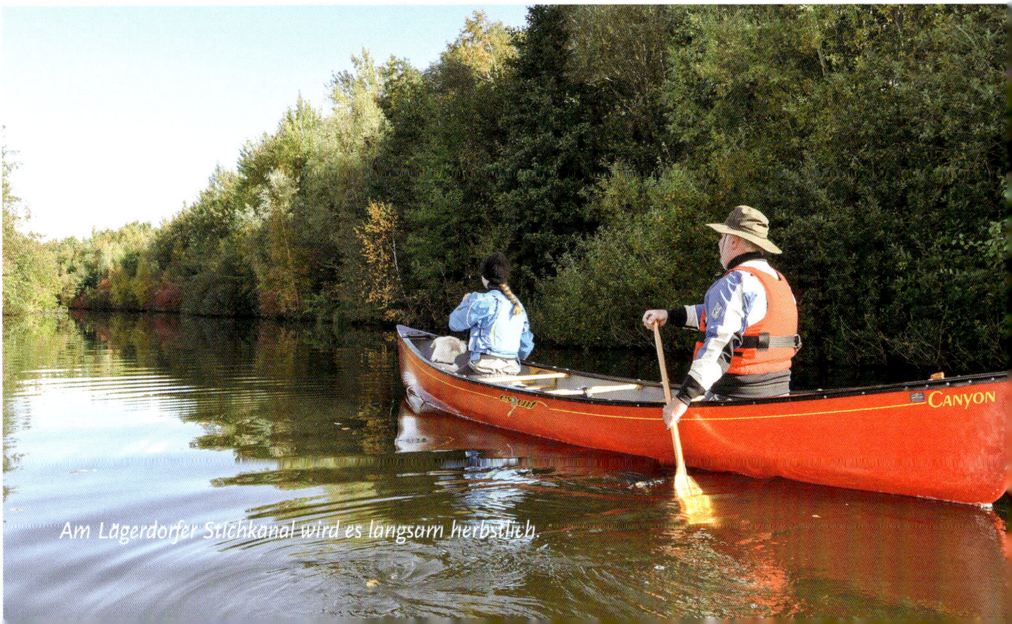

Am Lägerdorfer Stichkanal wird es langsam herbstlich.

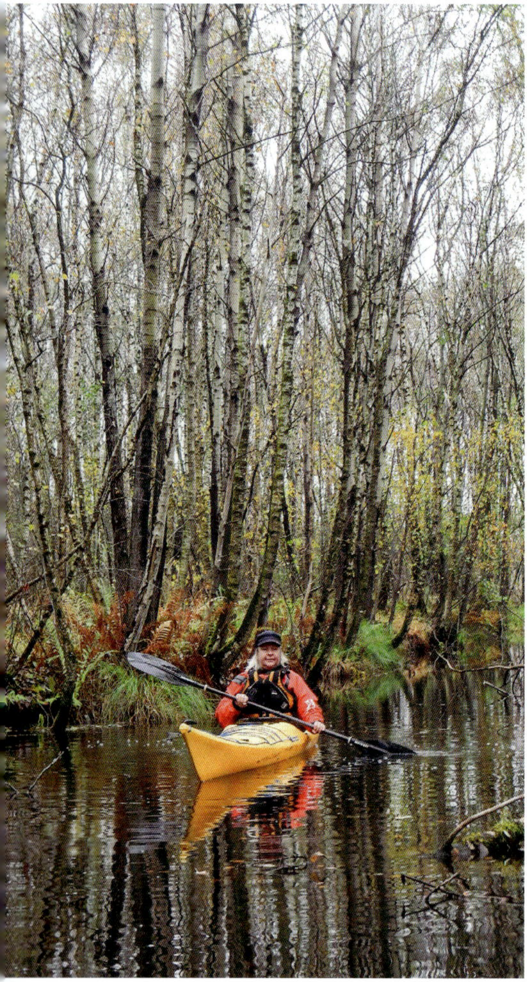

Der kurze, verwunschene Moorkanal ist immer ein kleines Abenteuer.

zu Rantzau in den Jahren 1875 bis 1877 mit einem Kostenaufwand von damaligen 200 000 Reichsmark brachte jedoch eine rentable Verbindung von Lägerdorf mit der Stör zustande. Somit konnte zum einen der im Breitenburger Moor gestochene Torf einfacher nach Hamburg transportiert werden und zum anderen, wirtschaftlich gesehen sicherlich noch interessanter, Kreide und Ton von der Stör aus zu den Zementfabriken in Lägerdorf geschaffen werden, von wo aus der fertige Zement wiederum zur Stör verschifft werden konnte. Wie notwendig der Kanal war, belegen allein schon die Schiffszahlen. Bis zur endgültigen Fertigstellung hatten ihn schon 570 Schiffe passiert. Im weiteren Verlauf steigerte sich die Schiffsfrequenz des Kanals auf über 3000 Schiffe jährlich. Anfänglich wurden diese Boote durch Menschenhand und später per Pferdekraft mit Hilfe des begleitenden Leinpfades durch den "Breitenburger Schifffahrtskanal" getreidelt. Ab 1927 gab es dann die ersten Motorschiffe. Durch diverse Erweiterungsbauten der Schleusenanlagen an der Stör behielt der Kanal lange Zeit seine wirtschaftliche Bedeutung. Erst 1974 wurde die Kanalschifffahrt endgültig eingestellt.
Von dieser geschichtsträchtigen Vergangenheit lässt sich hier im landschaftlichen Idyll von Moordiek allerdings nichts erahnen.

Zeitzeugen

Auf dem Weg nach Münsterdorf, am anderen Ende der Wasserstraße gelegen, zwingt uns, kaum dass wir im Boot sitzen, eine alte Wehranlage aufgrund eines zu niedrigen Schotts zur ersten und einzigen Umtragung der Tour. Unterhalb des Wehres ändert sich das Landschaftsbild schlagartig. Die anfänglich dominierenden Felder weichen nun immer häufiger dichter Bewaldung. Kurz nach den Abzweigungen eines kleinen, recht verwunschenen Kanals und dem Lägerdorfer Stichkanal, die beide zu einer lohnenden Erkundung mit dem Kanu einladen, fühlt man sich vom Landschaftsbild sogar ein wenig nach Skandinavien versetzt.
Das Gefieder eines Eisvogels schillert prächtig in der Sonne. Um uns herum ist es völlig ruhig, weit und breit ist kein Mensch auszumachen. Wir lassen uns treiben und genießen die Stille. Aus dieser Idylle heraus ist es kaum vorstellbar, welche Betriebsamkeit hier Anfang 1900 herrschte. Wie hart musste die Arbeit wohl ge-

wesen sein, mit reiner Muskelkraft die Schiffe auf dem Leinpfad zu ihrem Bestimmungsort zu ziehen? Zu damaliger Zeit hätte sich wohl niemand vorstellen können, freiwillig und nur zum Vergnügen ein Gewässer mit dem Kanu zu befahren.

Nur wenige, dafür jedoch teils recht beeindruckende Zeitzeugen erinnern an die wirtschaftliche Bedeutung des Wasserweges. Unübersehbar überspannt ein altes Kreideförderband unweit der Straßenbrücke, die Lägerdorf mit Breitenburg verbindet, den Kanal. Das Relikt aus längst vergangenen Zeiten trotzt mit seiner mächtigen Stahlkonstruktion und den armdicken Transportrollen dem Zahn der Zeit und scheint für die Ewigkeit gebaut zu sein. Direkt unterhalb dieses altehrwürdigen Bauwerks befindet sich ein kleiner Parkplatz, der auch sehr gut als Ein- und Ausstiegsort geeignet ist. Von hier aus bietet sich eine schöne Wanderung auf dem ehemaligen Leinpfad entlang des Kanals an. Bereits nach kurzer Zeit erreicht man mehrere Aussichtspunkte auf die Kreidegruben bei Lägerdorf. Die Dimensionen der Gruben sind beachtlich und lassen einen gewissen Rückschluss auf die beschwerliche Arbeit vergangener Tage zu. In der heutigen Zeit werden Führungen (*www.laegerdorf.de*) in den ansonsten geschlossenen Gruben angeboten, bei denen man auf spannende Fossiliensuche von Seeigeln und Donnerkeilen gehen kann.

KURZ-INFO BREITENBURGER KANAL

Befahrungszeit: Ganzjährig außer in sehr kalten Wintermonaten

Fahrstrecke:
Der Kanal (vom Wehr im Deich der Hörner Au bis nach Münsterdorf) hat eine Gesamtlänge von ca. 10 km, ist im Durchschnitt um die 10-12 Meter breit und bis zu drei Meter tief.
Gute Einsatzstellen befinden sich bei der Straßenbrücke Moordiek – Westerhorn, am Kreideförderband bei Lägerdorf, sowie bei Münsterdorf. Für welche Einbootstelle man sich letztendlich entscheidet ist unerheblich, man befindet sich schließlich auf einem Kanal und kann somit gemütlich in beide Richtungen lospaddeln.
Nur zwischen dem Pumpenhaus Alte Hörner Au und dem Beginn des Kanals, beim Wehr im Deich der Hörner Au, ist eine leichte Strömung feststellbar, die eine Weiterfahrt jedoch nicht ernsthaft beeinträchtigt.

Gefahren: Keine

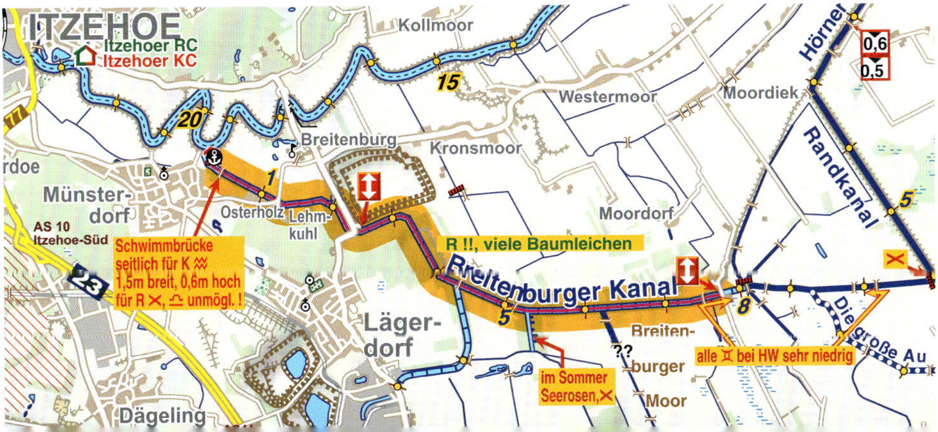

KANUREVIER LAUENBURGISCHE SEEN – TRAVE

Das im Südosten Schleswig-Holsteins gelegene Gebiet erstreckt sich über achtzig Kilometer von Bad Segeberg über Lübeck bis hin zum Schaalsee entlang der ehemaligen deutsch-deutschen Grenze. Romantische Wasserläufe, idyllische Seen, bewaldete Ufer und ein prachtvoller Dom, so präsentiert sich das Kanurevier Lauenburgische Seen.

Vom Pipersee und dem Salemer See weiter über den Schaalseekanal mit seinem glasklaren Wasser gelangt man auf einer erlebnisreichen Tour nach kurzer Umtragung am Ende des Kanals in den Küchensee vor die Tore Ratzeburgs. Liebhaber großer Gewässer werden den nun folgenden Ratzeburger See zu schätzen wissen. Bei Rothenhusen ist das Nordufer des Sees erreicht und es beginnt der "Amazonas des Nordens". Die Wakenitz mit ihren urwüchsigen Ufern und seeartigen Erweiterungen führt bis in das Herz der prachtvollen Hansestadt Lübeck hinein, wo in die Trave umgesetzt werden kann.
Auch die Trave, einst Teil des Limes Saxoniae und Lübecker Stadtbefestigung, ist ein Paradies für Wasserwanderer. Zwischen Warderbrück und Bad Oldesloe ist der Fluss eine willkommene Herausforderung für erfahrene Kanuten. Hier und da nimmt die Trave sogar Wildflusscharakter an. Ab dem Kloster Nütschau wird der Fluss zunehmend gemächlicher und vereint sich letztendlich kurz vor Lübeck mit dem Elbe-Lübeck-Kanal.
Der Nationalpark Lauenburgische Seen ist eine Landschaft, die man mit allen Sinnen erleben kann. Mit seinen über vierzig Seen nebst der benachbarten Trave bietet er beste Voraussetzungen für Aktivitäten im und am Wasser. Die üppige Flora und Fauna der Region lädt immer wieder zu neuen Erkundungen ein.

Für die leichte Orientierung auf dem Wasser und an Land sorgt im Kanurevier Lauenburgische Seen-Trave die "Gelbe Welle". Dieses Symbol signalisiert Anlegestellen und gibt Auskunft über ihre Ausstattung sowie über Sehenswürdigkeiten in der Umgebung.

Gewässer

Die Region im Lauenburgischen bietet Paddelmöglichkeiten für jeden Geschmack von wild bis mild, vom idyllischen, kleinen See bis hin zum Großgewässer. Ein Kanal (Schaalseekanal), zahlreiche Seen (Pipersee, Salemer See, Ratzeburger See) und zwei Flüsse (Trave und Wakenitz) warten mit Tourenmöglichkeiten auf einer Gesamtlänge von über 130 Kilometern Länge auf ihre Entdeckung.

Kanuvermietungen

- Funkajaks Outdoor-und Kanusport
  Wiesengrund 22, 23795 Mözen
  Tel. 04551/8824860
  info@funkajaks.de, www.funkajaks.de
  Kanurevier: Trave

- Kanu-Gantzer, Glückstädter Str. 2
  24576 Mönkloh, Tel. 04192/3405
  www.kanu-gantzer.de
  Kanurevier: Trave

- Kanu-Verleih Britta und Thomas Meins
  Schmiedekoppel 21, 23843 Travenbrück/
  Schlamersdorf bei Bad Oldesloe
  Tel. 0163/9194496
  mail@kanu-badoldesloe.de
  www.ferienwohnung-badoldesloe.de/kanus/
  Kanurevier: Trave

- Kanu-Zentrale Lübeck
  Geniner Str. 2, 23560 Lübeck
  Tel. 0451/71333
  kanuzentraleluebeck@gmail.com
  www.kanu-zentrale.de
  Kanureviere: Lauenburgische Seen, Trave

- Kanu-Center Lothar Krebs
  Grinauer Weg 23b, 23847 Siebenbäumen
  Tel. 04501/412
  info@kanu-center.de, www.kanu-center.de
  Kanureviere: Lauenburgische Seen, Trave

- Wassersport Morgenroth
  Am Jägerdenkmal 1, 23909 Ratzeburg
  Tel. 04541/83200
  info@segelschulemorgenroth.com
  www.kanu-kanu.de
  Kanurevier: Lauenburgische Seen

- Schiff und Boot Morgenroth
  Am Stadtsee, 23879 Mölln
  Tel. 04542/3888
  kontakt@bootsvermietung-moelln.de
  www.schiffundboot.de
  Kanurevier: Lauenburgische Seen

Unterkünfte, Übernachtungsmöglichkeiten

Campingplätze

- Schaalsee-Camp, Sterleyer Heide 2
  An der Piperseebrücke
  23883 Sterley-Pipersee
  Tel. 04501/412
  info@kanu-center.de
  www.schaalsee-camp.de

- Naturcampingplatz Salemer See
  Seestr. 33, 23911 Salem, Tel. 04541/82554
  info@camping-salem.de
  www.camping-salem.de

- Campingplatz Schwalkenberg, Dorfstr. 32a
  23909 Römnitz, Tel. 04541/803726
  schwalkenbergcamping@gmx.de
  www.campingplatz-schwalkenberg.de

- Campingplatz "Zur schönen Aussicht"
  Dorfstraße 3, 23909 Römnitz
  Tel. 04541/3348
  kanu@camping-ratzeburg.de
  www.camping-ratzeburg.de

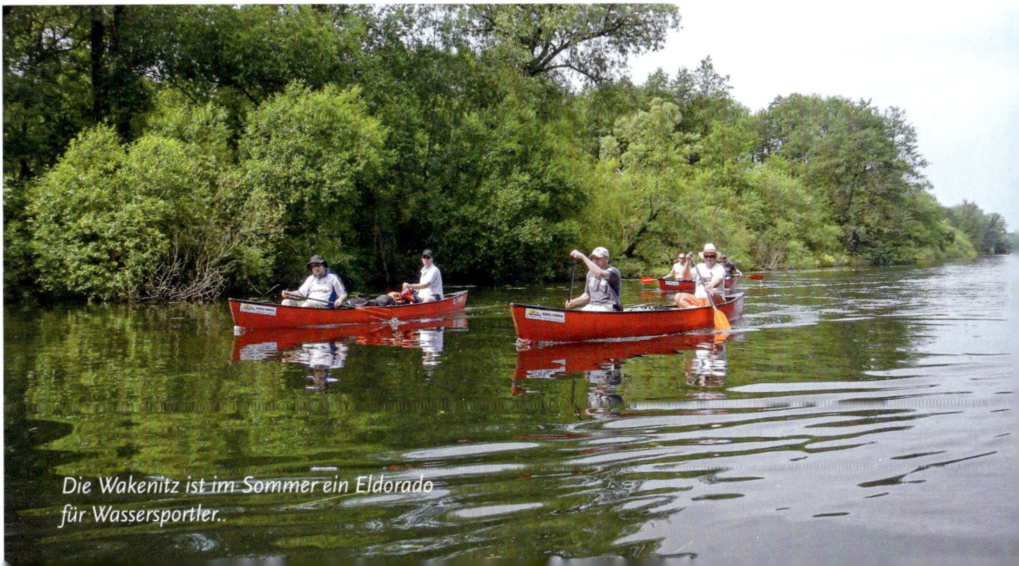

Die Wakenitz ist im Sommer ein Eldorado für Wassersportler.

- Naturcamping Buchholz
  Am Campingplatz 1, 23911 Buchholz
  Tel. 04541/4255
  office@naturcampingbuchholz.de
  www.naturcampingbuchholz.de

Jugendherbergen

- Jugendherberge Ratzeburg, Reeperbahn 6-14
  23909 Ratzeburg, Tel. 04541/3707
  ratzeburg@jugendherberge.de
  www.jugendherberge-ratzeburg.de

- Jugendherberge Lübeck, Vor dem Burgtor
  Am Gertrudenkirchhof 4, 23568 Lübeck
  Tel. 0451/33433
  Jh-luebeck@djh.de
  www.jugendherberge.de/jh/luebeck.jh
- Jugendherberge Bad Segeberg
  Kastanienweg 1, 23795 Bad Segeberg
  Tel. 04551/2531
  Jh-badsegeberg@djh.de
  www.jugendherberge.de/jh/segeberg

- Jugendherberge Bad Oldesloe
  Konrad-Adenauer-Ring 2
  23843 Bad Oldesloe, Tel. 04531/5945
  Jh-badoldesloe@djh.de
  www.jugendherberge.de/jh/oldesloe

Wohnmobilstellplätze

- Bad Oldesloe, Am Bürgerpark (an der Stormarnhalle), 23843Bad Oldesloe, kostenfrei

- Ratzeburg, Mechower Str. 56
  23909 Ratzeburg, kostenfrei

- Lübeck, Ziegelstr. 232,
  23556 Lübeck-Buntekuh, kostenfrei

Informationsstellen

- Tourist-Info Bad Segeberg
  Oldesloer Str. 20, 23795 Bad Segeberg
  Tel. 04551/9649-0
  Tourist-info@badsegeberg.de
  www.badsegeberg.de

- Stadt Bad Oldesloe, Der Bürgermeister
  Markt 5, 23843 Bad Oldesloe
  Tel. 04531/5040
  info@badoldesloe.de
  www.badoldesloe.de

- Lübeck und Travemünde Marketing GmbH
  Holstentorplatz 1, 23552 Lübeck
  Tel. 0451/8899700
  info@luebeck-tourismus.de
  www.luebeck-tourismus.de

- Erlebnisreich, das Tourismus- und Naturzentrum, Hauptstr. 150, 23879 Mölln
  Tel. 04542/856860
  erlebnisreich@hlms.de
  www.hlms.de

- Tourist-Information Ratzeburg, Rathaus
  Unter den Linden 1, 23909 Ratzeburg
  Tel. 04541/8000-886
  info@ratzeburg.de
  www.tourismus-ratzeburg.de

- Touristinformation Kurverwaltung Mölln
  Am Markt 12, 23879 Mölln
  Tel. 04542/7090
  ferien@moelln.de
  www.moelln-tourismus.de

- Tourismusmanagment Stormarn
  Tel. 04531/160395
  info@tourismus-stormarn.de
  www.tourismus-stormarn.de

Die Trave

Der Reiz der Trave liegt in ihrer Vielseitigkeit. Sie entspringt im Gebiet der holsteinischen Seen südlich von Eutin und ist durch die Berliner Au und einige kleinere Seen mit dem Großen Plöner See verbunden. Vom Warder See, der sich in Privatbesitz befindet, führt die Trave in großem Bogen nach Bad Segeberg. Sanfte Hügel auf beiden Seiten des Flusses leiten in die charakteristische Travelandschaft über. Nach Bad Oldesloe weitet sich das Tal der Trave. Noch führt die Trave guten Strom, erst kurz vor Lübeck verlangsamt er sich, als wolle er zu einer gemütlichen Betrachtung der Stadt einladen, deren Türme die Landschaft weithin beherrschen. Eine Fahrt durch die Häfen und Stadtgräben dieser alten, urtümlichen Hansestadt mit Speichern und Giebelhäusern bietet ein geschlossenes Stadtbild. Danach beginnt der Seeverkehr. Die seenartig erweiterte untere Trave ist von Industrieanlagen geprägt. Zwischendurch, wo sich tiefe Buchten zeigen, ist schöner Wald mit einladenden, weißen Sandufern. Die großen Haffs, das Pötentzer Wiek und der Dassower See (leider nur für Anlieger befahrbar) bilden den Abschluss der Trave. Jenseits des Wieks schon fast zum Greifen nahe liegt das alte Fischerdorf Travemünde.

Tour 17: Ein Sommertag auf der Trave

Erdrückend lastet die Hitze über dem flachen Land. Der in Schleswig-Holstein vielgepriesene Blick auf den weiten Horizont verliert sich im Flimmern der sengenden Sonne. Die Luft scheint förmlich zu stehen, kein Windhauch ist zu erahnen.

Eine fast unnatürliche Stille umgibt uns am Einbootpunkt der Trave bei Warderbrück. Einzig das Summen unzähliger Insekten malt ein Klangbild in den stahlblauen Himmel. Glitzernd blinken Flussmuscheln vom Bachgrund durch das glasklare Wasser. Der Farbpegel schwappt im grünen Bereich und signalisiert uns eine "freie Fahrt" an einem außergewöhnlichen Sommertag.

Wasser oder Teppich?

Sachte trägt uns die Strömung durch eine offene, typisch norddeutsche Landschaft. Sanfte, teils bewaldete Hügel wechseln sich mit offenen Wiesen- und Weideflächen entlang des Flusses ab. Jeder schattenspendende Busch oder Baum im Uferbereich wird dankend angesteuert. Die anfänglich recht flotte Fahrt gerät

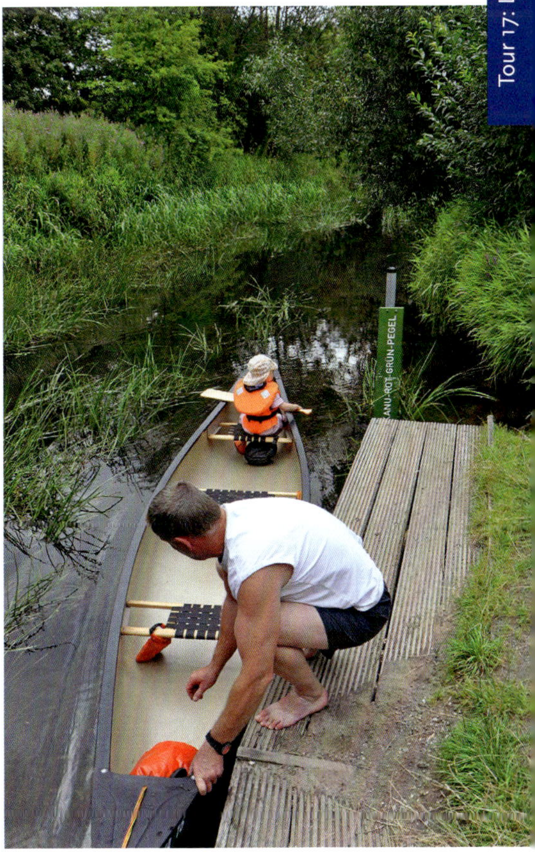

Einbooten unterhalb des Warder Sees.

jedoch bereits nach kurzer Zeit ins Stocken. Immer dichter werden die grünen Teppiche der nicht enden wollenden Wasserpflanzen. Kaum mehr ist noch eine freie Rinne erkennbar, durch welche wir unseren Canadier lenken können. Das gewohnte Paddeln mutiert immer mehr zu einem doch recht schweißtreibenden Staken, dessen Geschwindigkeit, zumindest gefühlt, stark gegen Null tendiert. Doch mit der entsprechenden Einstellung hat diese Neuentdeckung der Langsamkeit auch durchaus ihre positiven Seiten. Die Details dieser üppigen, sommerlichen Flusslandschaft werden einfach intensiver als bisher wahrgenommen. Hier und da schnappt ein Fisch nach den tieffliegenden Insekten, Seerosen strecken stolz ihre Blüten zum Himmel und versuchen sich in ihrer Pracht zu übertrumpfen. Libellen in allen Farben und Größen umschwirren unser Boot, manche lassen sich sogar auf dem Süllrand nieder und scheinen es fast zu genießen, beobachtet zu werden. Diverse Schmetterlingsarten umgarnen nahezu alles, was irgendwie eine leuchtende Farbe aufweist, selbst Schwimmwesten scheinen auf sie eine magische Anziehungskraft auszuüben. Majestätisch erhebt sich ein Seeadler aus dem entfernteren Uferbereich und entschwebt stolz mit seiner Beute in den blauen Himmel. Wir schauen noch lange fasziniert in die Lüfte, bis er als kleiner Punkt am Horizont unseren Blicken entschwindet. Mittlerweile wechseln sich verkrautete Abschnitte mit offenen Gewässerstücken ab. Ja, die frei fließenden Bereiche nehmen sogar Überhand, das "Schlimmste" scheint geschafft. Eine wohltuende Pause im Schatten einer großen Pappel mit den Füßen im Wasser baumelnd lässt die anstrengenden Wasserteppiche schnell in Vergessenheit geraten, und am Endpunkt der Tour bei Herrenmühle sind bereits nur noch die schönen Erinnerungen an die Naturerlebnisse im Gedächtnis gespeichert.

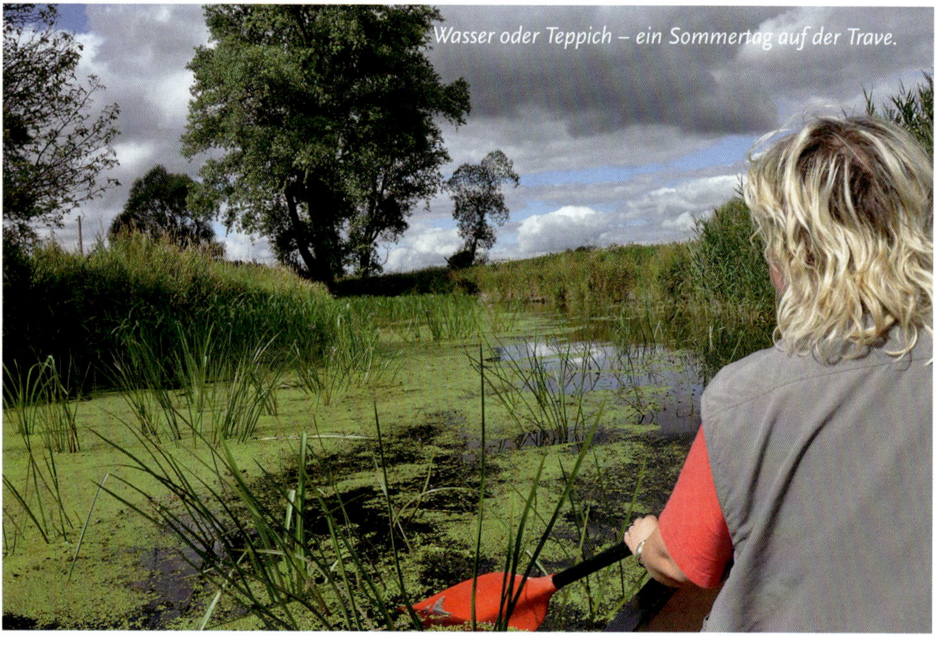

Wasser oder Teppich – ein Sommertag auf der Trave.

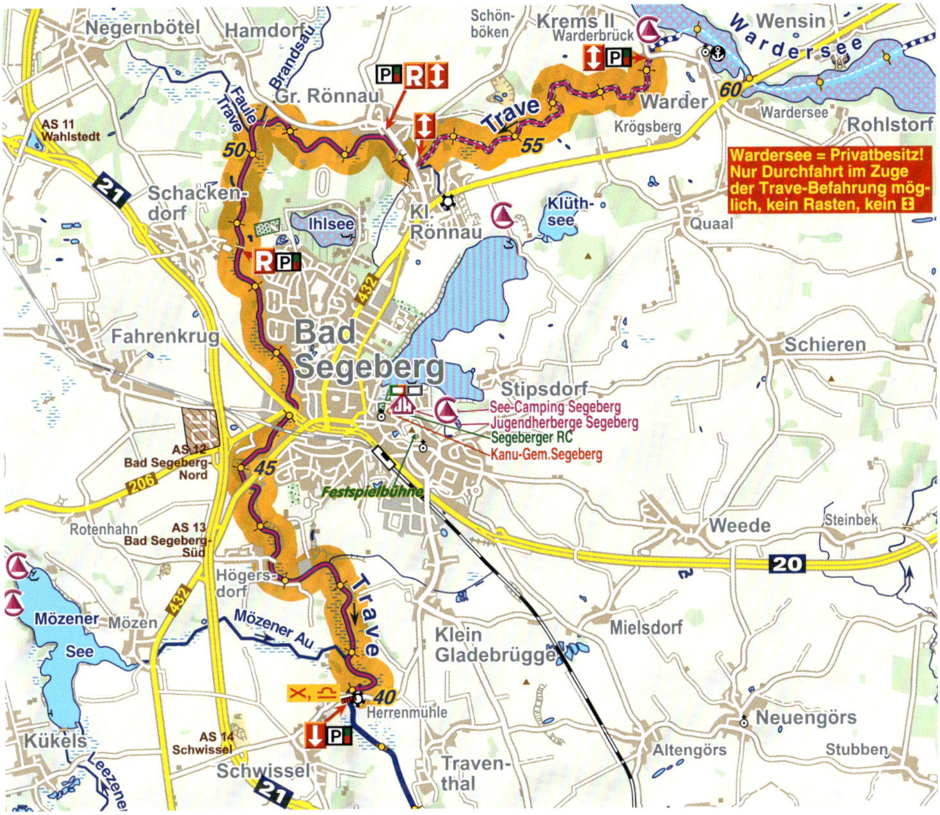

KURZ-INFO TRAVE (ETAPPE 1)

Befahrungszeit: fast ganzjährig, außer in trockenen Sommern

Fahrstrecke:
Straßenbrücke Krems-Warderbrück – Herrenmühle, ca. 18,5 km

Besonderheit: Bitte die Pegelregelung am Einstieg beachten!
Eine Befahrung der Trave oberhalb dieser Teilstrecke ist nicht möglich, da sich der Warder See in Privatbesitz befindet.

Gefahren: Keine

Kultur und Freizeit:

- Karl-May-Festspiele in Bad Segeberg (Juni-September)
  www.karl-may-spiele.de
- Kalkberghöhle in Bad Segeberg
  www.noctalis.de
- Wildpark Eekholt
  www.wildpark-eekholt.de

Tour 18: Trave
Abwechselung garantiert

Bootet man an der Herrenmühle ein, so gleitet man bei mäßiger Strömung zwischen saftigen Wiesen dahin. Das Auge kann die Weite der Landschaft genießen. Doch schon nach kurzer Zeit ändert sich das Landschaftsbild, und der Bach windet sich durch einen kleinen, bewaldeten Höhenzug. Gerade an heißen Sommertagen ist es eine Wohltat, durch den Schatten spendenden Wald zu paddeln. Die Sonnenstrahlen brechen sich in den Bäumen und zaubern die schönsten Stimmungsbilder. Kaum lichtet sich der Auwald, erreicht man die einzige Umtragestelle dieses Traveabschnitts. Eine Hinweistafel warnt den unachtsamen Paddler vor der Weiterfahrt. Man passiert ein rechtsliegendes Schott und umträgt kurz danach das eigentliche Wehr rechtsufrig. Von einer Befahrung sollte aufgrund des unsauberen Unterwassers jedoch Abstand genommen werden. Der Wiedereinstieg erfolgt in dem gumpenartigen Auslauf des Wehres. Dieser Platz ist allerdings so idyllisch gelegen, dass es sich empfiehlt, hier eine Rast einzulegen und die Szenerie zu genießen. Der Blick flussabwärts erfüllt uns indes schon mit Vorfreude. Auf gut hundert Metern wird die ansonsten eher gemächliche Trave etwas sportlicher. Mehrere kleine Schwälle, Kehrwasser und einige Baumhindernisse charakterisieren diesen wohl urwüchsigsten Teilabschnitt des Flusses, welcher immer viel zu schnell passiert ist.

Mittlerweile tritt die Trave wieder in offenes Wiesengelände hinaus. Eine kleine Sohlschwelle sorgt für Abwechslung und lässt sich leicht befahren, wobei sogar ein Steg für eine eventuelle Portage vorhanden ist. Der nach einiger Zeit am Horizont auftauchende Buchenwald kündigt dann auch schon das baldige Ende der Tour in unmittelbarer Nähe des Klosters Nütschau an, dessen Besichtigung man nicht versäumen sollte.

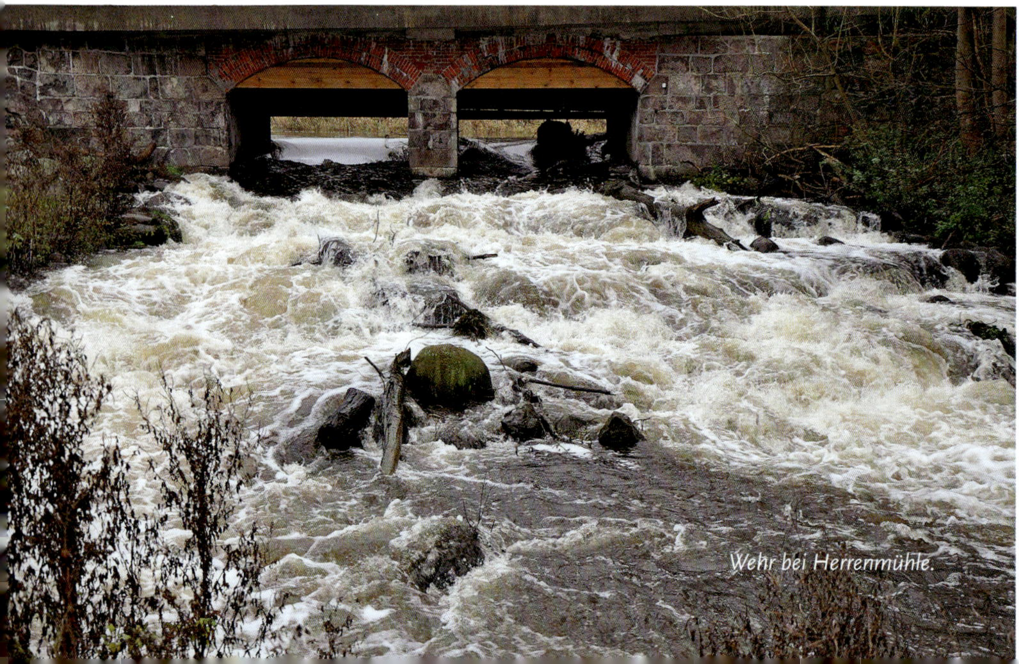

Wehr bei Herrenmühle.

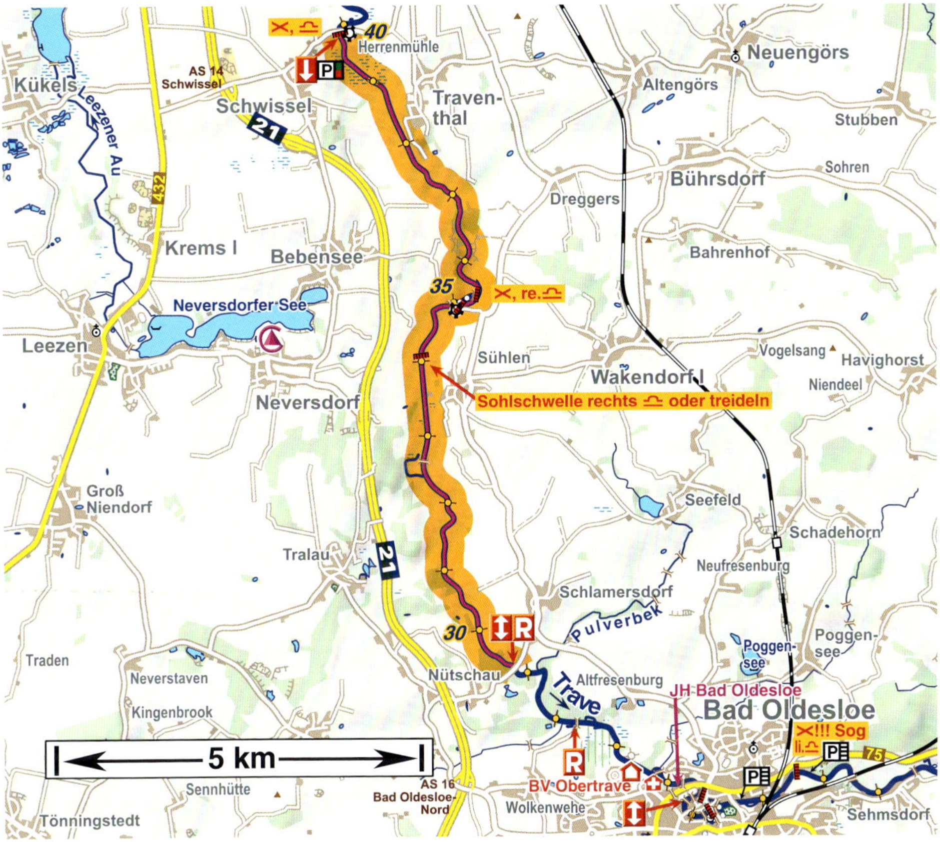

KURZ-INFO TRAVE (ETAPPE 2)

Befahrungszeit: fast ganzjährig, außer in trockenen Sommern

Fahrstrecke:
Herrenmühle – Nütschau, ca. 12,5 km

Besonderheit: Bitte die Pegelregelung am Einstieg beachten!

Gefahren: Das Wehr bei der Zettler Mühle unbedingt umtragen! Die folgenden 200 m sind recht sportlich und können bei Bedarf ebenfalls rechtsufrig umlaufen werden. Eine später folgende Sohlschwelle (auch als Treppenwehr bekannt) ist zu einer Sohlgleite umgebaut worden und kann bequem umgangen werden.

Optionen: Eine Weiterfahrt durch Bad Oldesloe ist mit einigen Umtragungen verbunden möglich.

Kultur und Freizeit:

- Besichtigung des Klosters Nütschau
  www.kloster-nuetschau.de

Tour 19: Trave - Verbindungsweg

Will man die Umtragestellen im Stadtgebiet von Bad Oldesloe vermeiden, bootet man idealer Weise bei der Sohlgleite am Ortsende ein. Hier mag nun jeder für sich entscheiden, ob er lieber oberhalb oder unterhalb des Schwalles seine Tour beginnt. Sportlich ambitionierte Paddler nutzen sicherlich den Auslauf der Sohlgleite als Kehrwasser- und Seilfährentrainingsstelle. Die Uferwände sind nun im Gegensatz zu den oberen Teilstücken zwar befestigt, jedoch mittlerweile recht verwachsen und somit kaum störend. Bis zum endgültigen Verlassen der städtischen Ausläufer begleitet uns der viel genutzte Trave-Wanderweg. Mit weiterhin recht zügiger Strömung, die leider zum Ende der Tour hin immer schwächer wird, geleitet uns die Trave durch eine hügelige Wiesenlandschaft mit einigen Waldbeständen bis nach Lübeck und bildet somit eine alternative Städteverbindung. Der ausgewiesene Kanu-Rastplatz bei Meddewade kurz vor der Brücke der A1 bildet zugleich den Auftakt für den schönsten Teil der äußerst familienfreundlichen Tour. In dieser urwüchsigen Wildflusslandschaft lassen sich oftmals Bisamratten und Eisvögel beobachten. Nur wenige Berührungspunkte mit einigen kleineren Ortschaften stören kurzfristig das Idyll. Erst im Bereich der Eisenbahnbrücke endet das "Sahnestückchen" der Tour. Die Trave wird nun breiter und gemächlicher. Einige Renaturierungsmaßnahmen an den begradigten Ufern versuchen den natürlichen Verlauf des Flusses wieder herzustellen (ähnlich wie an der Stör). Ab Klein-Wesenberg ist zudem die Befahrung des Gewässers mit Motorbooten erlaubt, was in der Praxis jedoch eher wenig genutzt wird. Die linksufrig gelegene Kanu-Station signalisiert uns bereits die Nähe zu Hamberge vor den Toren Lübecks, dem Endpunkt dieser genüsslichen Familienfahrt.

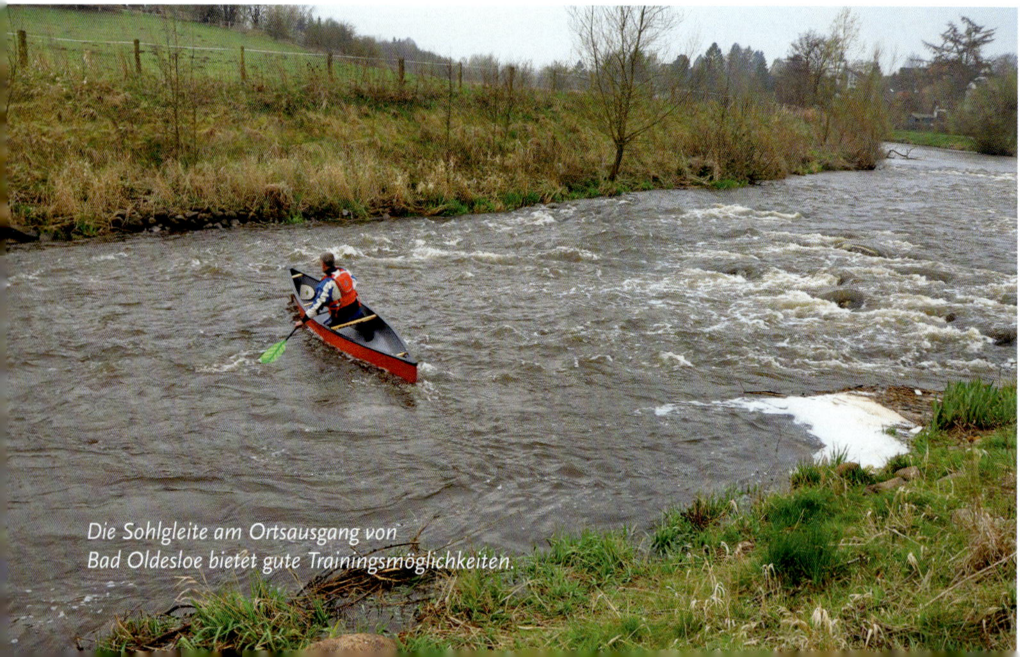

Die Sohlgleite am Ortsausgang von Bad Oldesloe bietet gute Trainingsmöglichkeiten.

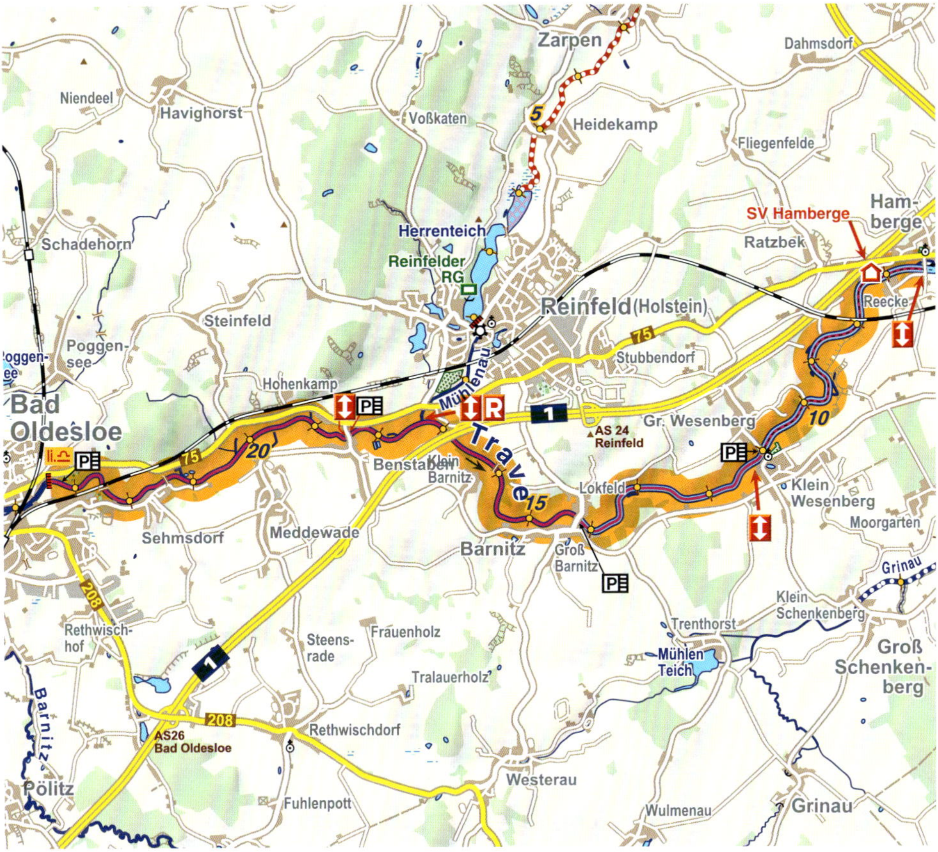

KURZ-INFO TRAVE (ETAPPE 3)

Befahrungszeit: fast ganzjährig

Fahrstrecke: Sohlgleite am Ortsende von Bad Oldesloe (Lübeckerstr. gegenüber vom Steinfeldredder) – Hamberge ca. 17,5 km

Besonderheit: In Teilstücken windanfällig! Ab Klein-Wesenberg Motorboote möglich.

Gefahren: Keine

Optionen:
Verlängerung der Tour bis nach Lübeck, Klughafen gegenüber der Wakenitz.

Kultur und Freizeit:

- Stadtbesichtigung der altehrwürdigen Handelsstadt Lübeck

Tour 20: Trave – Mehr als nur Marzipan – Ein Altstadtbummel durch Lübeck per Kanu

Die altehrwürdige Hansestadt besticht vor allem durch ihre mittelalterliche Altstadt, welche ein Teil des UNESCO-Weltkulturerbes darstellt. Zwischen Stadttrave und dem Elbe-Lübeck-Kanal (Kanaltrave) gelegen, wird die historische Insel von Resten der mittelalterlichen Stadtmauern und den erhaltenen Stadttoren Burgtor und Holstentor sowie der frühneuzeitlichen Befestigungswerke und Hafenanlagen des 19. Jahrhunderts umgeben. Die Ansicht der Altstadt wird maßgeblich von den weithin sichtbaren sieben Türmen, von denen wir einige auch während unserer Rundtour fast zum Greifen nahe erleben können, geprägt. Bereits seit Jahrhunderten sind die Türme der backsteingotischen Kirchen St. Jacobi, St. Marien, St.Petri, St. Aegidien und des Lübecker Doms, nebst dem Holstentor ein Wahrzeichen Lübecks.

Am Parkplatz der Umtragestelle von der Wakenitz in die Trave, direkt an der Falkenstraße gelegen, startet die Tour. Ob man die Rundfahrt nun mit oder gegen den Uhrzeigersinn unternimmt, ist völlig unerheblich und reine Geschmacksache. Allerdings sollte im Vorwege klar sein, ob man sich für die größere oder die kleine Stadtrundfahrt entscheidet. Die längere Tour dauert 2 - 2,5 Stunden und führt über den Stadtgraben entlang der äußeren Altstadt. Empfehlenswerter ist jedoch die kürzere 1,5-2 Stunden dauernde Lübecktour, da man auf dieser Route durch den interessanten Museumshafen der Hansestadt und anschließend mitten durch die wunderschöne Altstadt mit ihrem einzigartigen Flair paddeln kann.

Wir entscheiden uns für die kleinere Runde und biegen bereits kurze Zeit nach dem Einbooten

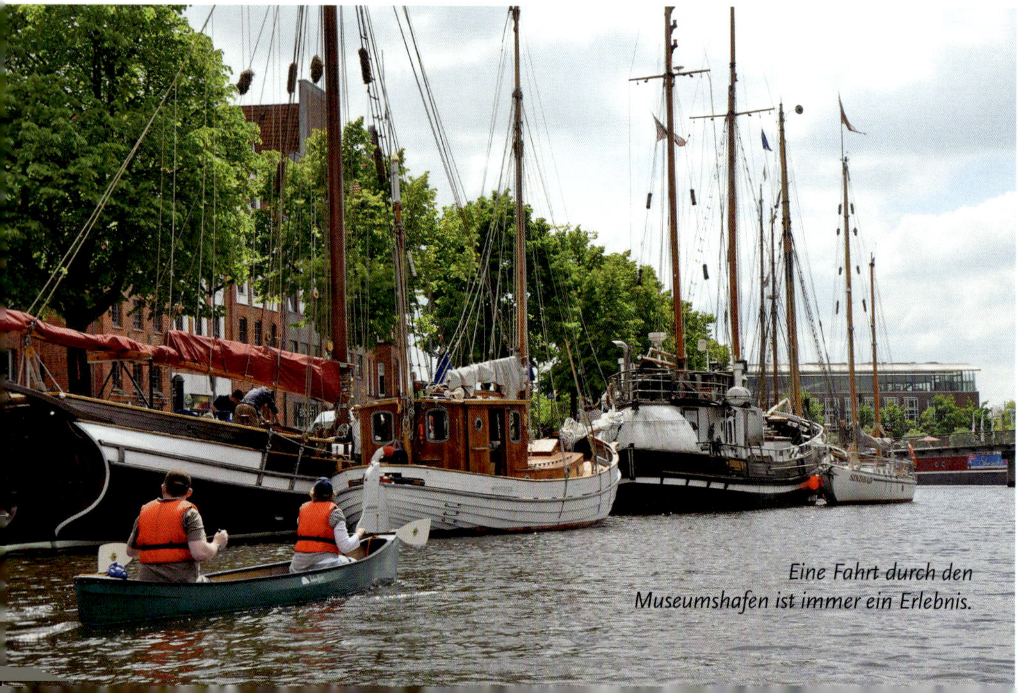

Eine Fahrt durch den Museumshafen ist immer ein Erlebnis.

links in den Museumshafen ein. Hier am nordwestlichen Altstadtrand zwischen der denkmalgeschützten Drehbrücke und der Musikhalle liegen viele interessante historische Schiffe. Neben mehreren alten typischen Ostseeseglern gehören auch ein Baggerschiff, ein Schlepper sowie ein Feuerschiff zum Bestand. Besonders beeindruckend ist jedoch gleich zu Beginn des Hafens der Kraweelnachbau "Lisa von Lübeck". Bei aller Euphorie im Hinblick auf die faszinierende Umrahmung der Tour sollte man trotzdem ein Auge auf andere "Verkehrsteilnehmer" haben. Eine nicht unerhebliche Anzahl von Ausflugsbooten bringt seine Passagiere ebenfalls in den Genuss, die Hansestadt vom Wasser aus zu erleben. Da im gesamten Stadtgebiet jedoch eine Höchstgeschwindigkeit festgelegt ist, hält sich die Wellenbildung aller Motorboote im anfängerfreundlichen Rahmen. Im Bereich der Altstadt tobt das moderne Leben zwischen beeindruckenden Fassaden einer längst vergangenen Zeit. Nur selten stören rechtsufrig einige Neubauten das Idyll, bevor wir schließlich viel zu schnell im grünen Außenbereich der Stadt ankommen. Wir erhaschen noch einen Blick die Trave aufwärts, bevor wir eine kleine Inselspitze umrunden und weit weniger spektakulär auf der Kanaltrave Richtung Ausgangspunkt weiterpaddeln.

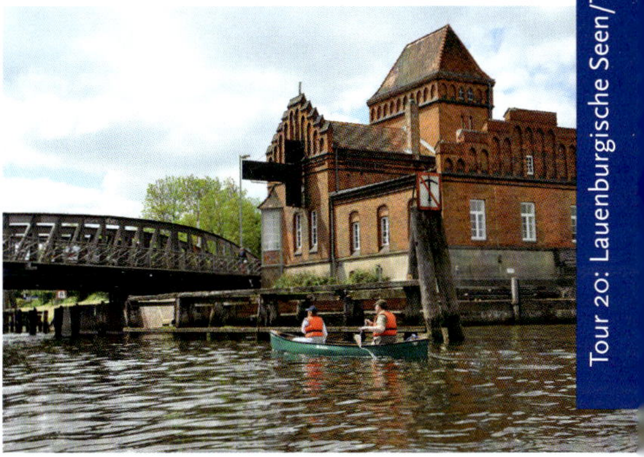

Einfahrt in den Museumshafen

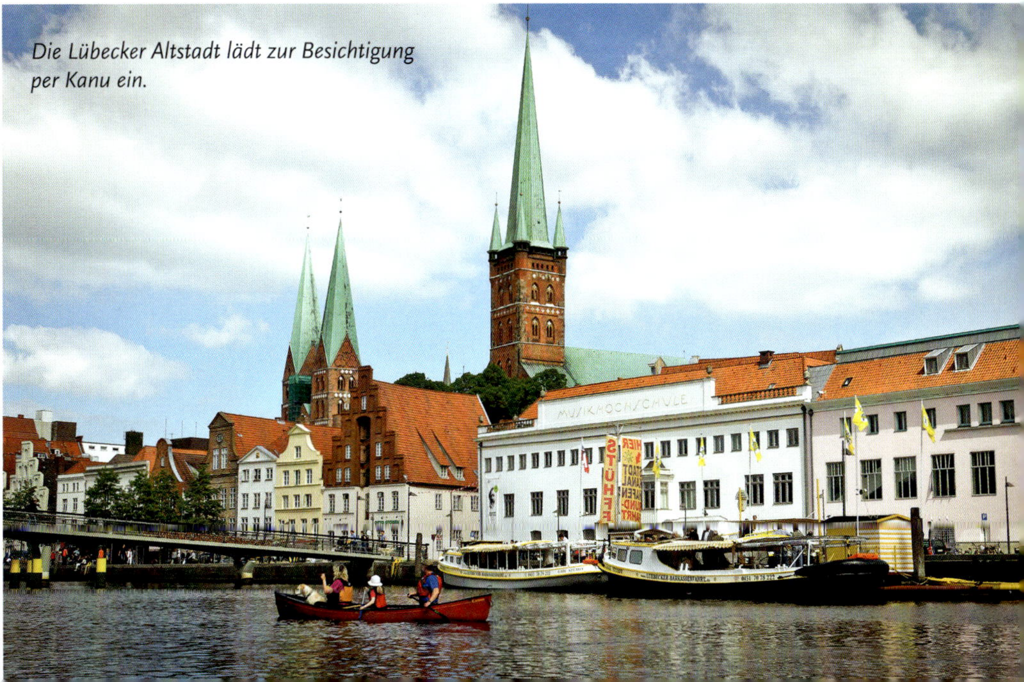

Die Lübecker Altstadt lädt zur Besichtigung per Kanu ein.

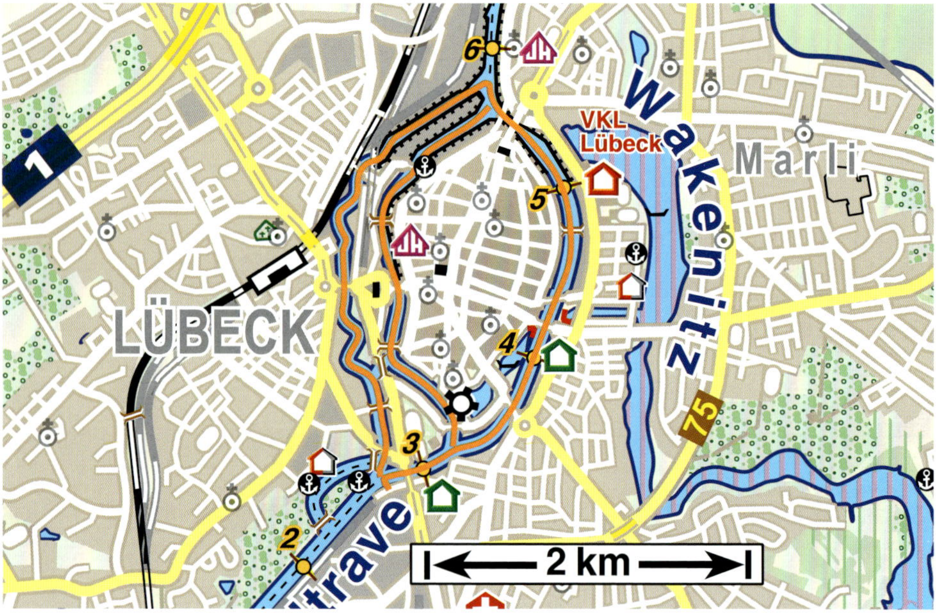

KURZ-INFO TRAVE (ETAPPE 4)

Befahrungszeit: fast ganzjährig

Fahrstrecke:

- Kleine Altstadtrundtour (Ausgangspunkt Falkenstraße) ca. 6 km
- Große Altstadtrundtour, (Ausgangspunkt Falkenstraße) ca. 7 km

Gefahren:
Größeres Verkehrsaufkommen auf dem Wasser. Ausflugsboote, Motorboote und Ruderer gehören mit zum Stadtbild. Die Höchstgeschwindigkeit der Motorboote ist begrenzt, wodurch sich die Wellenbildung im Rahmen hält. Teilweise hohe Ufermauern, die bei einer evtl. Kenterung eine Bootsbergung erschweren.

Optionen: Von Lübeck aus bieten sich auch weiterführende Touren an, was die Vielseitigkeit der Trave noch unterstreicht. So kann man durchaus über den Elbe-Lübeck-Kanal zur Elbe kommen, um von dort aus mit der passenden Tide die Stör aufwärts zu paddeln. Weiter geht es über die Wilsterau zum Nord-Ostsee-Kanal, um auf selbigen schließlich wieder die Ostsee zu erreichen. Entlang der Küste Richtung Süden, an der Insel Fehmarn vorbei, gelangt man wieder zur Lübecker Bucht. Von dort aus ist es ohne nennenswerte Gegenströmung nur noch ein "Katzensprung" zum Ausgangspunkt der Tour.

Kultur und Freizeit:

- Ein Altstadtbummel zu Fuß ist als Ergänzung zur Kanutour sehr empfehlenswert!

Tour 21: Der Schaalseekanal

Der Schaalseekanal ist ein künstlicher Wasserlauf, der das Gebiet des Schaalsees mit dem Ratzeburger See verbindet. Er dient bereits seit dem Jahre 1925 als Kraftwerkskanal für das Wasserkraftwerk Farchau. Mit dem Bau des Kanals wurde die Wasserscheide zwischen Nord- und Ostsee künstlich verändert. Der Schaalsee entwässert nun über den Ratzeburger See, die Wakenitz und Trave in die Ostsee.

Glasklare Verbindung

Um die umfangreichen Befahrungsregelungen (gepaart mit einer entsprechenden Gebührenverordnung, die mit einer Fahrt auf dem Schaalsee verbunden sind) zu umgehen, wird zumeist an der Straßenbrücke Pipersee eingebootet. Unweit einer idyllischen Badestelle befindet sich die offiziell ausgewiesene Kanu-Einsatzstelle. Bereits nach wenigen Paddelschlägen auf dem urigen See lässt sich der Ausfluss in den folgenden, deutlich größeren Salemer See erkennen. Sanfte Hügel umrahmen die Gewässer, deren Ufer vielfach von Binsen "bewacht" werden. Trotz des begleitenden Wanderwegs genießt man gerade in der Vor- und Nachsaison eine angenehme Ruhe. Am Ende des Salemer Sees befindet sich rechtsufrig eine weitere beliebte Badestelle, während linksufrig der verwunschene, schmale Schaalseekanal abzweigt. Aufgrund der geringen Strömung kann der Kanal in beide Richtungen befahren werden. Glasklares Wasser gibt den Blick bis auf den Grund frei. Anfangs führt der Verbindungsweg zum Ratzeburger See durch schattiges Waldgebiet, welches kurz nach einer kleinen Wehranlage zunehmend Wiesen und Feldern weicht.

Die im März 2014 umgebaute Wehranlage ist auf einen automatischen Betrieb umgestellt worden und somit zumeist auf gleichem Wasserniveau in beiden Richtungen problemlos passierbar. Bei einem seltenen Hochfahren der Wehrkante sollte die Anlage aus Sicherheitsgründen rechtsufrig, unter zu Hilfenahme eines kleinen Steges umtragen werden.

Tour 20/21: Lauenburgische Seen/Trave

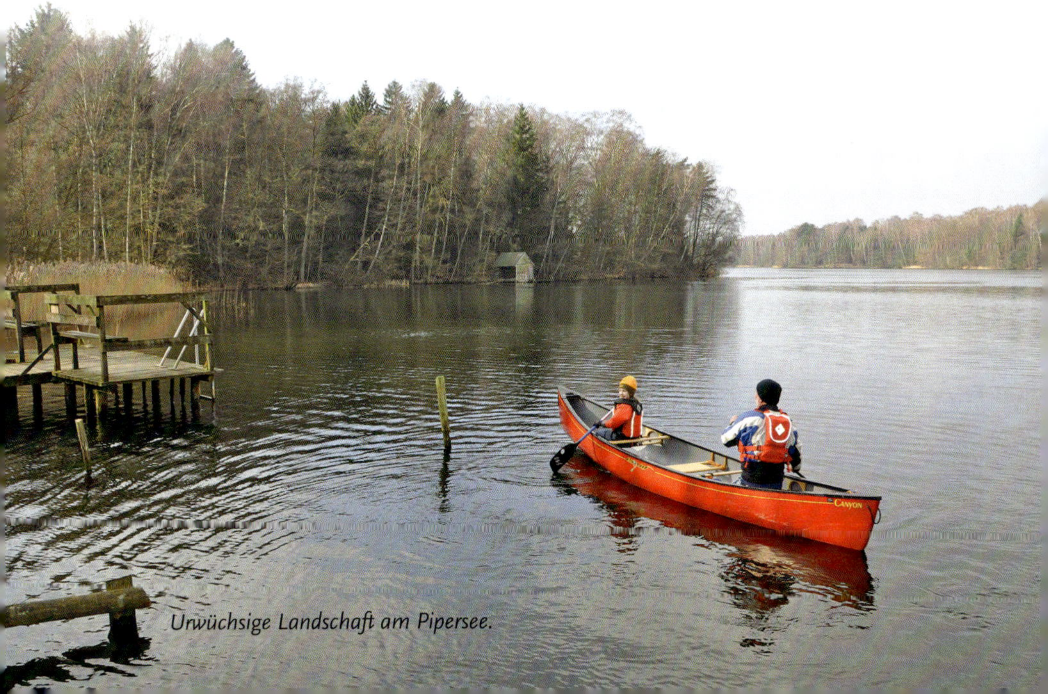

Urwüchsige Landschaft am Pipersee.

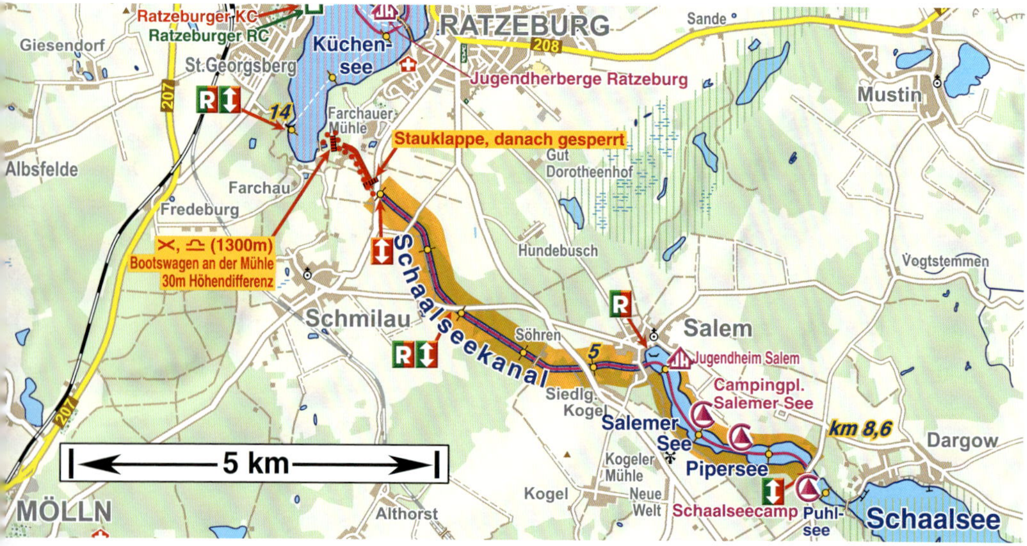

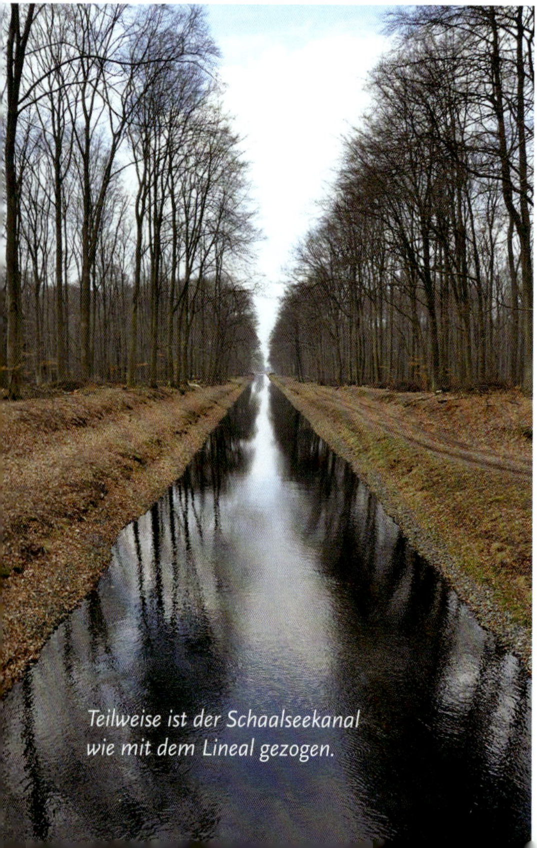
Teilweise ist der Schaalseekanal wie mit dem Lineal gezogen.

Kurzfristig wirkt der Kanal wie mit dem Lineal gezogen, ohne jedoch an Attraktivität einzubüßen. Einige schöne Rastplätze laden auf der verbleibenden Strecke bis zur Schmilauer Brücke zum Verweilen ein. An jener Brücke endet nun der Schaalseekanal und gibt dem Kanuten somit zwei Optionen frei. Zum einen gelangt man mit Hilfe des Bootswagens über einen Wirtschaftsweg nach ca. einem Kilometer Fußmarsch zur Farchauer Mühle und somit zum Südzipfel des Ratzeburger Sees, der hier Küchensee genannt wird. Einer Weiterfahrt nach Ratzeburg oder sogar noch weiter über den See bis zur Wakenitz steht nun nichts mehr im Weg. Zum anderen kann man durchaus zurück zur Piperseebrücke paddeln und somit die Tour zweimal genießen, ohne das Auto zu bemühen.

Schaalsee:

Die Befahrung des Schaalsees wird durch zwei Landesverordnungen (Schleswig-Holstein und Mecklenburg-Vorpommern) sowie durch privatrechtliche Bestimmungen geregelt. Grundsätzlich ist das Befahren des Schaalsees mit

KURZ-INFO SCHAALSEEKANAL
Verbindungsweg zwischen Schaalsee und Ratzeburger See

Befahrungszeit: fast ganzjährig

Fahrstrecke:
Piperseebrücke – Schmilauer Brücke
ca. 7,5 km

Gefahren: Automatische Wehranlage bei Söhren. Zumeist außer Betrieb und somit problemlos in beiden Richtungen befahrbar. Bei hochgefahrener Wehrkannte aus Sicherheitsgründen rechtsufrig umtragen. Eine gewisse Vorsicht ist in diesem Bereich weiterhin anzuraten!

Optionen: Von der Schmilauer Brücke mit dem Bootswagen zur Farchauer Mühle karren und in den Küchensee einbooten.

Fahrstrecke:
Piperseebrücke – Ratzeburg, ca. 10,5 km

muskelbetriebenen Wasserfahrzeugen aus Naturschutzgründen verboten. In der Landesverordnung von Schleswig-Holstein ist jedoch eine Ausnahme vorgesehen, die es den Seebesitzern gestattet, über ein gewisses Kontingent an Befahrungserlaubnissen zu verfügen. Diese werden in der Regel gegen ein Entgeld ausgestellt. Auf dieser Grundlage ist es möglich, den Schaalsee vom 01.05. – 15.10. jeden Jahres zu befahren. Allerdings dürfen nur bestimmte Seeteile im schleswig-holsteinischen Teil befahren werden. Zum Ufer ist grundsätzlich ein Abstand von 50 Metern einzuhalten. Die kostenpflichtigen Tagesgenehmigungen können beim Schaalsee-Camp erworben werden:

Schaalsee-Camp, Sterleyer Heide 2
23883 Sterley-Pipersee,
Tel. 04501/412 · *info@kanu-center.de*

Weitere Auskünfte erteilt die Untere Naturschutzbehörde des Kreises Herzogtum Lauenburg , Tel. 04541/888-464

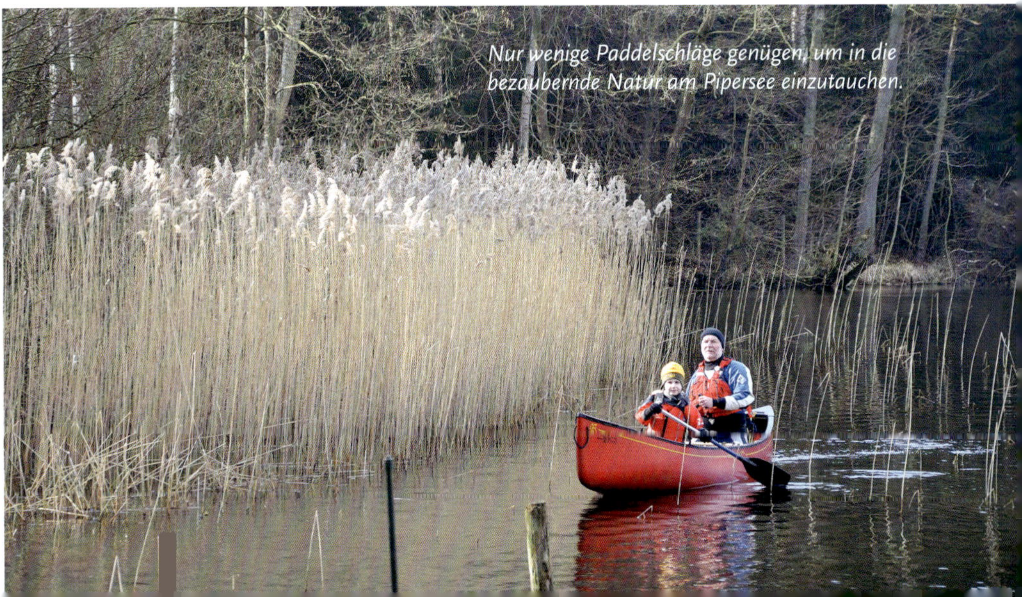

Nur wenige Paddelschläge genügen, um in die bezaubernde Natur am Pipersee einzutauchen.

Tour 22: Der Ratzeburger See

Der Ratzeburger See weicht wesentlich im Landschaftsbild von den übrigen, holsteinischen Seen ab. Er ist eingebettet zwischen beträchtlichen Hügeln, auf denen sich Wälder, Ortschaften und Mühlen zeigen. Von hier oben bietet sich ein herrlicher Panoramablick über den See. Die idyllische Stadt Ratzeburg mit ihrem prachtvollen Dom liegt auf einer Insel im See und ist über Dämme vom Festland aus erreichbar, wodurch das Seegebiet in mehrere Seen aufgeteilt wird. Die historisch älteste Verbindung mit der Inselstadt ist der westlich gelegene "Lüneburger Damm", der Ratzeburg mit der "alten Salzstraße" als bedeutender Handelsweg verband. Insgesamt ist der Ratzeburgersee in folgende kleinere Seen unterteilt: Großer Küchensee, Kleiner Küchensee (auch Stadtsee genannt), Domsee und zu guter Letzt der bis an die Nordspitze bei Rothenhusen reichende Große Ratzeburger See.

Große Weite

Wenn man nicht gerade über den Schaalseekanal in den Küchensee umsetzt, bietet sich als Startpunkt einer Seeumrundung die Einbootstelle der Wakenitz bei Rothenhusen an. Be-

KURZ-INFO RATZEBURGER SEE

See im Südosten Schleswig-Holsteins im Gebiet des Naturparks Lauenburgische Seen

Befahrungszeit: fast ganzjährig

Fahrstrecke:
Rothenhusen – Ratzeburg, ca. 10 km
Umrundungen können je nach Routenplanung bis auf ca. 30 km ausgedehnt werden

Gefahren: Der Ratzeburger See ist ein echtes Großgewässer und nur mit der entsprechenden Vorsicht zu befahren, das gilt im Besonderen bei starkem Wind!

Optionen: Städtetour
Ratzeburg – Lübeck, ca. 25 km
Einbooten bei Ratzeburg, Durchquerung des Ratzeburger Sees mit anschließender Weiterfahrt auf der Wakenitz, welche den See am Nordzipfel bei Rothenhusen entwässert, bis in die Hansestadt Lübeck hinein.

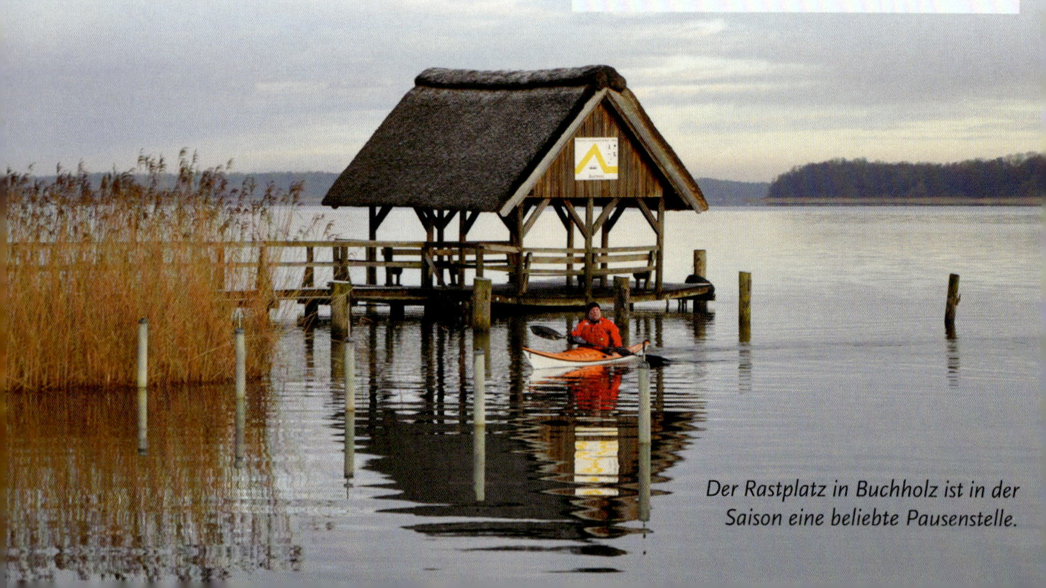

Der Rastplatz in Buchholz ist in der Saison eine beliebte Pausenstelle.

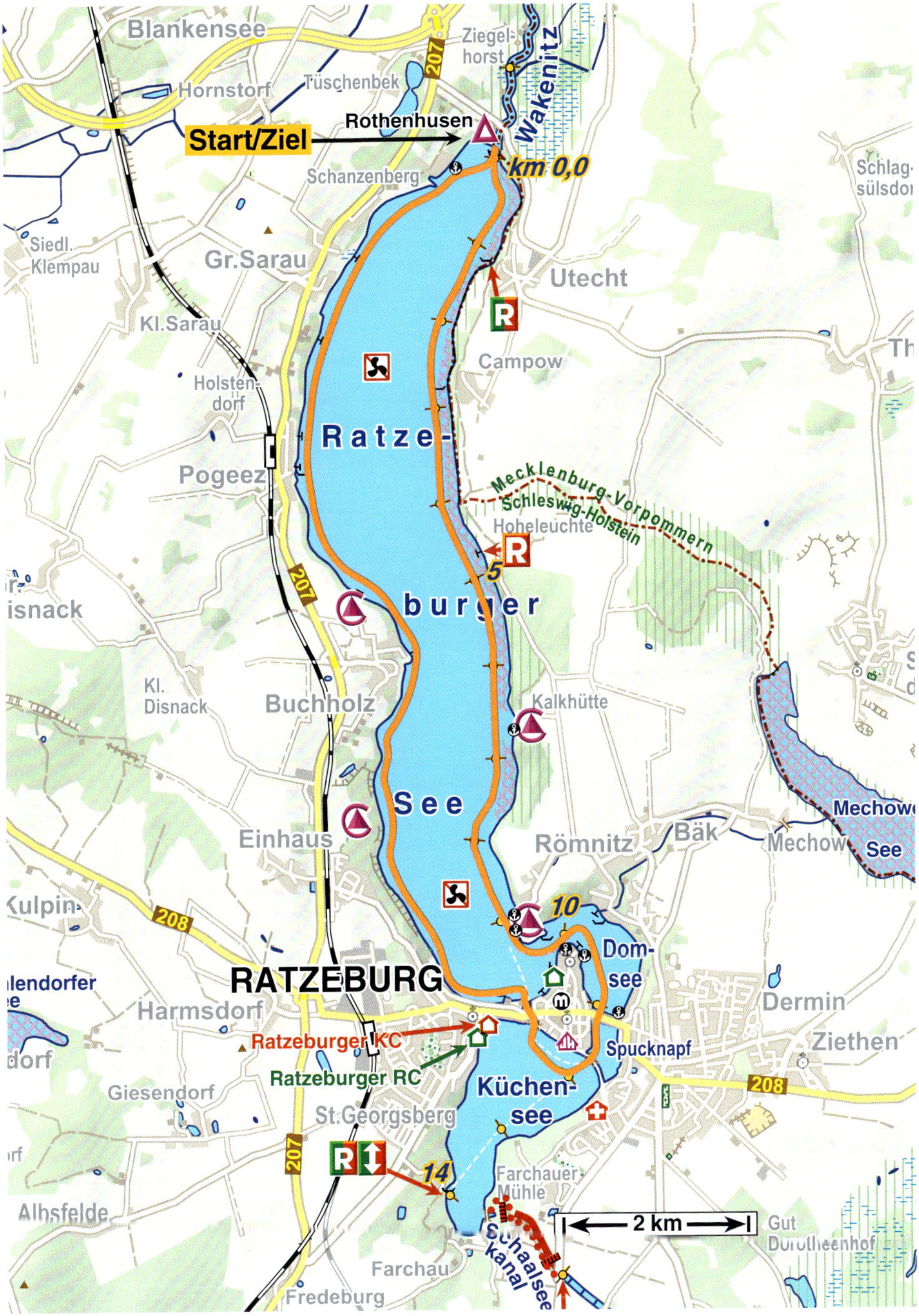

Tour 22: Lauenburgische Seen/Trave

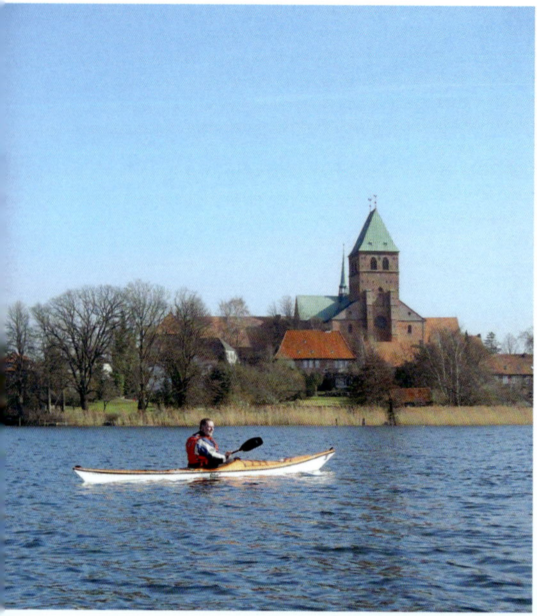

Der Dom dominiert das Stadtbild von Ratzeburg.

reits nach wenigen Paddelschlägen weicht die "Enge" der Wakenitz einer unendlichen Weite des Ratzeburger Sees. Liebhaber von Großgewässern fühlen sich hier auf Anhieb wohl. Doch wie bei jedem Großgewässer gelten auch hier die entsprechenden Vorsichtsmaßnahmen, und besonders bei starkem Wind ist der See ein nicht zu unterschätzendes Revier. Für weniger geübte Kanuten empfiehlt es sich, die Hin- und Rücktour in der Nähe des westlichen Ufers zu planen. Auf dieser Seite des Gewässers befinden sich vielerorts Anlandemöglichkeiten und eine Kanuraststation. Das östliche, naturbelassenere Ufer ist hingegen bedingt durch die ehemalige Grenzlage recht dünn besiedelt und bietet nur spärlichen Kontakt zu den Ortschaften. Im Idealfall nutzt man bei der Umrundung jedoch beide Seeseiten und gelangt so in den Genuss von Natur und Kultur, die hier besonders eng miteinander verbunden sind. Gerade der prachtvolle Dom der Inselstadt ist immer wieder ein lohnendes Ziel und ein gern gesehenes Hintergrundmotiv auf den Tourfotos. Da alle Dämme, die Ratzeburg mit dem Umland verbinden, für Wassersportler passierbar sind, bietet sich zugleich eine interessante Stadtrundfahrt der besonderen Art an, vielleicht sogar gepaart mit einer kurzen Pause in einem der einladenden Biergärten.

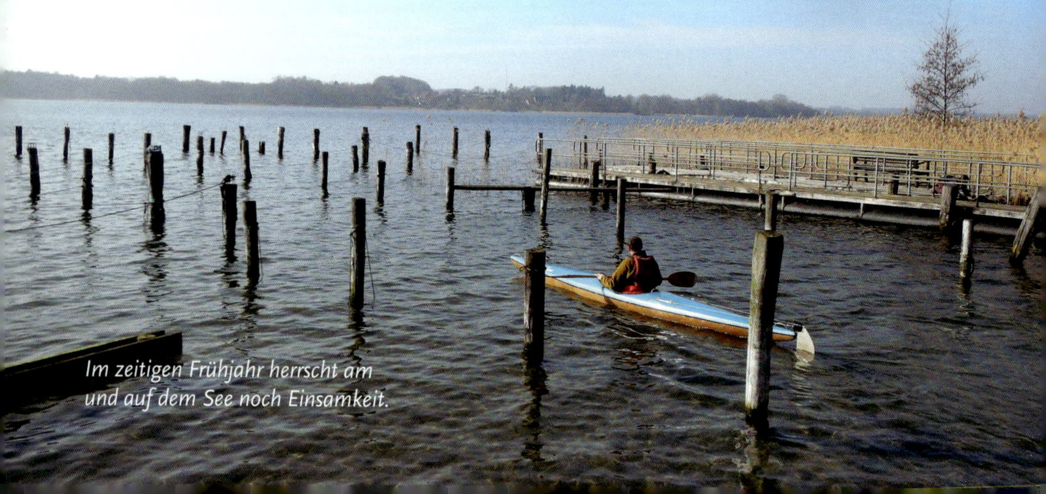

Im zeitigen Frühjahr herrscht am und auf dem See noch Einsamkeit.

Tour 23: Die Wakenitz

Die Wakenitz ist der natürliche Abfluss des Ratzeburger Sees, welchen sie am nördlichsten Punkt verlässt. Bruchlandschaft, Wiesen, Weiden und Hecken sowie einzelne alte Gehöfte mit Seitenkanälen, verschilfte, seeartige Erweiterungen mit üppiger Flora und Fauna beschreiben das Landschaftsbild des Flusses. Über weite Strecken bildet die Wakenitz, deren Name aus dem Slawischen stammt und "Barschfluss" bedeutet (ein Synonym für sauberes Wasser), die Grenze zwischen Schleswig-Holstein und Mecklenburg-Vorpommern. Aufgrund seiner Urwüchsigkeit, die auch durch die Abgeschiedenheit an der ehemaligen, innerdeutschen Grenze bedingt war, wird das Gewässer auch vielfach "Amazonas des Nordens" genannt.

Ganz allein zum Amazonas?

So abenteuerlich wie auf Herbert Rittlingers Amazonas Expedition mit dem Faltboot geht es auf der Wakenitz sicherlich nicht zu, und alleine sind wir besonders an schönen Wochenenden auch nicht, dafür ist diese letzte naturnahe Landschaft Lübecks unter Wassersportlern viel zu beliebt. Tret- und Luftbootfahrer, Ruderer, Kanuten aller Sparten nebst Stand Up Paddlern, sie alle suchen hier die kleinen Fluchten aus dem Alltag. Dennoch stellt eine Tour auf dem "Amazonas des Nordens", übrigens ein beliebter Beiname, den die Peene, weiter im Osten gelegen, ebenfalls für sich beansprucht, etwas Besonderes dar.

Ob man die Tour in Lübeck oder bei Rothenhusen startet, ist aufgrund der kaum vorhandenen Strömung eigentlich egal und reine Geschmacksache. Will man aus der Zivilisation flüchten, startet man am besten in der Hansestadt. Möchte man jedoch lieber aus dem "Dschungel" heraus wieder in die Annehmlichkeiten des modernen Lebens vordringen, wählt man den Ausfluss des Ratzeburger Sees an der Rothenhusener Insel als Einbootstelle.

Wir wählen die Variante der natürlichen "Fließrichtung" und starten kurz hinter dem Ausfluss der Wakenitz aus dem Ratzeburger See. Dass wir hier in einer einzigartigen Landschaft unter-

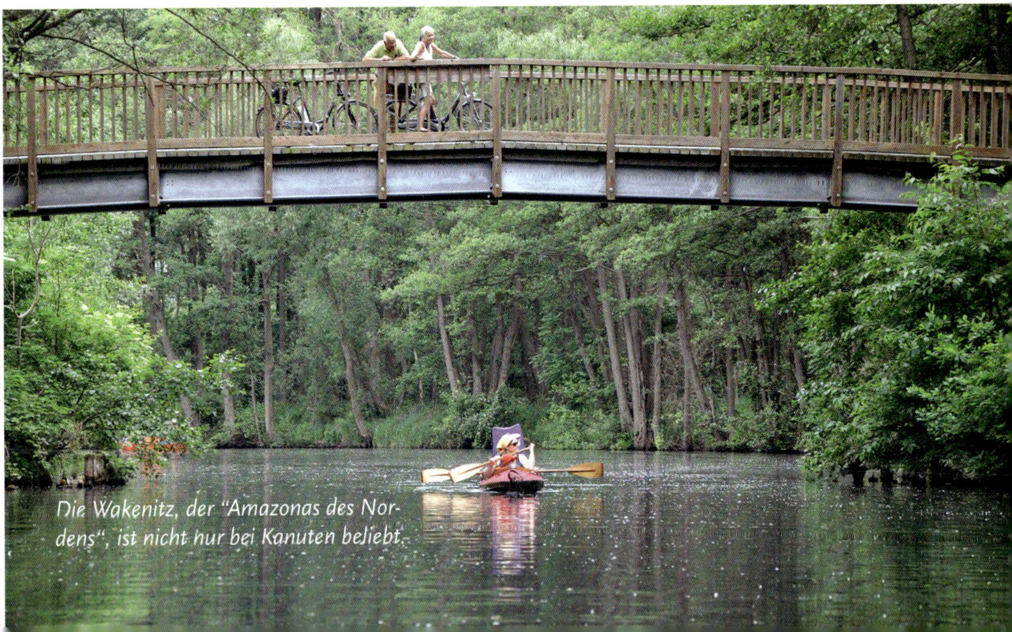

Die Wakenitz, der "Amazonas des Nordens", ist nicht nur bei Kanuten beliebt.

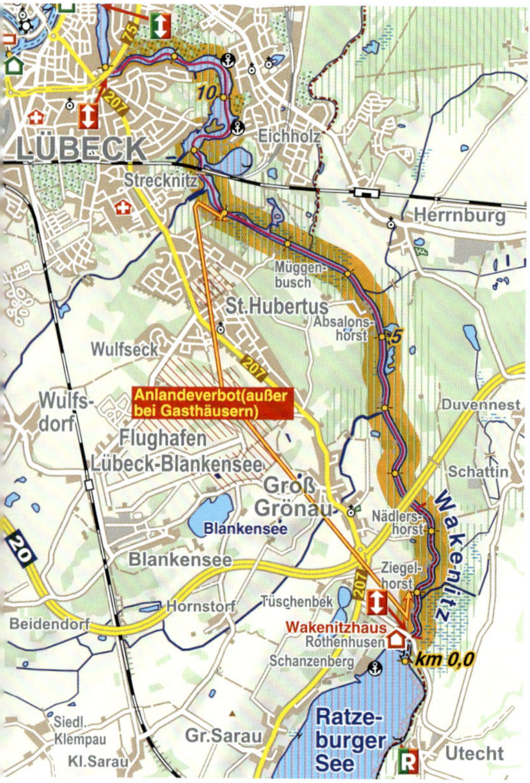

wegs sind, zeigt uns bereits ein seltenes Verkehrszeichen unweit des Abladeplatzes: "Achtung, Otterwechsel!" Der geringe Parkraum unweit der Einbootbrücke dient hauptsächlich nur zum Be- und Entladen der Sportgeräte. Geparkt wird schließlich auf einem Waldparkplatz in einigen hundert Metern Entfernung.

Erste Paddelschläge entfernen uns vom geschäftigen Treiben der Erholungssuchenden und bringen uns zügig in eine grüne Oase der Ruhe. Erlenbruchwälder begleiten unsere Fahrt. Teilweise rücken die Ufer ein wenig zusammen und man fühlt sich wie auf einer Fluss-Allee, die einen, gepaart mit den unendlichen Spiegelungen an der Gewässeroberfläche, oftmals zweifeln lässt, ob nun die Pflanzen aus dem Wasser oder von oben hinein wachsen. Kurzfristig wird das Idyll durch die umstrittene Autobahnbrücke der A20 getrübt, bevor man weiter in die üppige Vegetation vordringt. Die seitlich liegenden, abgeschiedenen Seen dürfen nicht befahren werden und dienen als Rückzugsgebiet vieler seltener Tierarten. Zwar trifft man hier nicht wie bei dem südamerikanischen Original auf Anacondas und Krokodile,

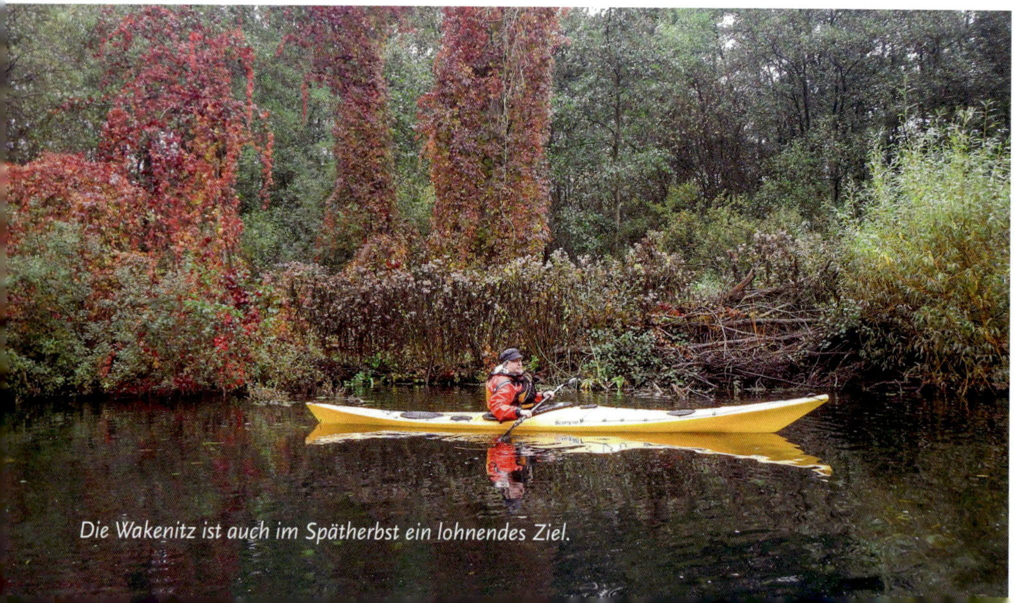

Die Wakenitz ist auch im Spätherbst ein lohnendes Ziel.

aber mit ein wenig Umsicht entdeckt man Ringelnattern, Rotbauchunken, Sumpfohreulen, Schwarzspechte, Graureiher, Eisvögel und als Höhepunkt vielleicht sogar einen Otter.
Vor und nach der Eisenbahnbrücke bieten sich einige, schöne Rastplätze für eine Pausenzeit an. Anschließend wird die Wakenitz deutlich breiter und bildet Richtung Lübeck seenartige Erweiterungen. Die nun sichtbare Insel Spieringshorst ist ein Vogelschutzgebiet und darf nur auf der westlichen Seite passiert werden. Langsam nähern wir uns dem Lübecker Stadtgebiet. In der Ferne werden die ersten Kirchturmspitzen sichtbar, einige Gärten reichen bereits bis an das Wasser. Bootshäuser und Anleger säumen die Ufer, und ausgelassenes Toben aus den beiden Lübecker Flussfreibädern dringt an unsere Ohren. Schon bald erreichen wir den Verein für Kanusport in Lübeck an der Falkenstraße kurz vor dem Übergang zur Trave, wo wir es den Badegästen gleichtun und unseren "Amazonas" für ein ausgiebiges Bad nutzen, ohne die Befürchtung, in einen Schwarm Piranhas zu geraten.

KURZ-INFO WAKENITZ

Die Wakenitz entwässert den Ratzeburger See und mündet bei Lübeck ohne direkte Verbindung in die Trave. Aufgrund seiner Urwüchsigkeit, bedingt durch die Abgeschiedenheit an der ehemaligen innerdeutschen Grenze, wird das Gewässer auch vielfach als "Amazonas des Nordens" bezeichnet.

Befahrungszeit: fast ganzjährig

Fahrstrecke:
Rothenhusen – Lübeck (Falkenstraße)
ca. 14,5 km
Aufgrund der fehlenden Strömung lässt sich die Tour in beliebiger Richtung durchführen. Die Rückholung der Autos kann hier alternativ auch mit den Fahrgastschiffen der Reederei Quandt erfolgen.

Besonderheiten: Auf der gesamten Fahrstrecke gilt ein ganzjähriges Uferbetretungsverbot, außer an gekennzeichneten Stellen. Die Befahrung ist von dreißig Minuten vor Sonnenaufgang bis dreißig Minuten nach Sonnenuntergang erlaubt.

Gefahren: Abgesehen von einigen, langsamen Fahrgastschiffen und wenigen Motorbooten sind keine Gefahren zu erwarten.

Optionen: Freunde längerer und anspruchsvoller Wanderstrecken können bereits auf der Trave am Ausfluss des Wardersees einbooten und in Lübeck auf die Wakenitz umsetzen. Von dort aus geht es bis nach Rothenhusen. Ab hier durchfährt man den Ratzeburger See bis zur Südspitze, wo man in den Schaalseekanal umkarrt, um einige Zeit später bis zum Pipersee unweit des Schaalsees zu gelangen (Details findet man unter den entsprechenden Gewässerbeschreibungen innerhalb des Buches). Auf dieser interessanten, über 60 Kilometer langen Wanderfahrt durchquert man fast das komplette Paddelrevier Lauenburgische Seen/Trave, wobei die Tour durch eine entsprechende Routenwahl, z.B. die Umrundung Ratzeburgs, noch entsprechend verlängert werden kann.
Eine Verknüpfung mit anderen Tour-Alternativen im Lübecker Umland ist ebenfalls möglich (siehe hierzu auch Trave – Lübecker Altstadttour).

HOLSTEINISCHE SCHWEIZ

Das in der letzten Eiszeit entstandene, östliche Hügelland Holsteins befindet sich zu großen Teilen in den Kreisen Ostholstein und Plön und reicht bis zur Ostseeküste. Diese geografisch nicht genau begrenzte Region erhält ihren Reiz aus der abwechslungsreichen Landschaft. Waldgebiete wechseln sich mit strukturierten Ackerflächen und einer Vielzahl von Seen, eingebettet in einer von sanften Hügeln geprägten Landschaft, ab. Die höchste Erhebung ist der Bungsberg bei Schönwalde. Mit dem einzigen Skilift Schleswig-Holsteins und 168 Metern über NN ist er auch gleichzeitig der höchste Berg des Bundeslandes.

Die Bezeichnung "Holsteinische Schweiz" geht im Übrigen auf das 19. Jahrhundert zurück, in dem bei den gut betuchten Landsleuten Reisen in die Schweiz sehr beliebt waren. Um vom guten Image der Eidgenossen zu profitieren, waren viele Regionen Deutschlands bestrebt, sich den Namenszusatz "Schweiz" mehr oder weniger zu verleihen. Bereits 1885 wurde am Kellersee das Hotel "Holsteinische Schweiz" eröffnet, welches sich rasch großer Beliebtheit erfreute. Alsbald wurde der erfolgversprechende Namen auf den Bahnhof und wenig später auf die gesamte Region übertragen.
Klare Seen, sanfte Hügel, weite Wiesen, ein aktiver Naturpark und historische Orte prägen das Revier Holsteinische Schweiz, eine Landschaft wie geschaffen für naturnahe Aktivitäten im Freien, ob zu Fuß, per Fahrrad oder aber im Kanu. Egal, ob für eine Stunde oder gleich für mehrere Tage, hier kommt jeder Naturliebhaber auf seine Kosten.

Gewässer

Gut 50 Kilometer ist er lang, der "Heilige Fluss", so zumindest lautet die Übersetzung aus dem Slawischen für die Schwentine. Der wohl schönste Wasserwanderweg Schleswig-Holsteins führt von Eutin bis vor die Tore Kiels durch 17 verschiedene Seen, von denen die meisten selbst schon ein lohnendes Ziel darstellen. Willkommen in einer Region, die immer wieder zu begeistern vermag!

Kanuvermietungen

- Boote Keusen, Sielbecker Landstr. 17
  23701 Eutin, Tel. 04521/4201
  www.boote-keuse.de

- Kanucenter Malente, Godenbergstr. 7b
  23714 Bad Malente, Verleih nur an Gruppen!
  Tel. 04523/7389
  www.kanucenter-malente.de

- Wassersportzentrum, Segelschule Plön
  Ascheberger Straße 70, 24306 Plön
  Tel. 04522/4111
  www.kanuvermietungploen.de

- Schwentine – Erlebnistouren
  Kanucenter Preetz/Plön, Mietstation: Preetz
  Kahlbrook 25a (Campingplatz), 24211 Preetz
  Tel. 04342/309549
  www.kanucenter-preetz-ploe.de

- Schwentinentalfahrt, An der Holsatiamühle
  24149 Kiel, Tel. 0431/722428
  www.schwentinentalfahrt.de

Unterkünfte, Übernachtungsmöglichkeiten

Campingplätze

- Naturpark-Camping Prinzenholz, Eutin
  Tel. 04521/5281, *www.nc-prinzenholz.de*

- Camping an der Schwentine, Bad Malente
  Tel. 04523/4327, *www.camping-bad-malente.de*

- Naturcamping Spitzenort
  Plön, Tel. 04522/2769, *www. spitzenort.de*

- Campingpark Augstfelde
  Plön, 04522/8128, *www.augstfelde.de*

- Campingpark Gut Ruhleben, Plön/Bösdorf
  Tel. 04522/8347, *www. camp-ruhleben.de*

- Campingplatz Pehmer Hörn, Nehmten
  Tel. 0455/1035, *www.camping-bruene.de*

- Campingplatz Musbergwiese, Ascheberg
  Tel. 04526/445, *www. camp-musbergwiese.de*

- Campingplatz Seeblick, Dersau
  Tel. 04526/1211, *www. camping-dersau.de*

- Camp Lanker See, Preetz, Tel. 04342/81513
  www.campingplatz-am-lanker-see.de

- Naturcamping Kirchsee, Preetz
  Tel. 04342/309549
  www.kanucenter-preetz-ploen.de

Jugendherbergen

- Jugendherberge Malente, Tel. 04523/1723
- Jugendherberge Plön, Tel. 04522/2576
- Jugendherberge Kiel, Tel. 0431/731488

Alle Jugendherbergen unter:
www.jugendherberge.de/nordmark

Wohnmobilstellplätze

- Festplatz an der Kerntangente
  Schützenweg, 23701 Eutin

- Bahnhof-Eutin, Elisabethstr., 23701 Eutin

- Dat-Gröne-Huus, Stadtbeker Str. 97
  23715 Bosau, *www.dat-groene-huus.de*

- WOMO-STOP Plön, Ascheberger Str.
  24306 Plön, *info@spitzenort.de*

Informationsstellen

- Tourist-Info Eutin
  Markt 19, 23701 Eutin, Tel. 04521/70970
  www.eutin.de, touristinfo@eutin.de

- Tourismus-Service Malente, Bahnhofstr. 3
  23714 Bad Malente-Gremsmühlen
  Tel. 04523/98990
  touristinfo@bad-malente.de
  www.bad-malente.de

- Tourist-Info Plön, Bahnhofstr. 5
  24306 Plön, Tel. 04522/50950
  touristinfo@ploen.de
  www.touristinfo-ploen.de,

- Tourist-Info Bosau
  Bischof-Vicelin-Damm 11, 23715 Bosau
  Tel. 04527/907044
  info@luftkurort-bosau.de
  www.luftkurort-bosau.de

- Tourist-Info Dersau, Dorfstr. 67
  24326 Dersau, Tel. 04526/680
  fw.dersau@t-online.de, www.dersau.de

- Tourist-Info Preetz, Kirchenstr.9
  24211 Preetz, Tel. 04342/2207
  www.preetz-tourismus.de
  info@preetz-tourismus.de

Die Schwentine

Die Schwentine entspringt am Bungsberg, dem höchsten Punkt des Bundeslandes Schleswig-Holstein. Sie verbindet während ihres Verlaufs die Gewässerkette der Holsteinischen Seen. Auf gut 50 km Länge, davon 20 km Fluss, 28,5 km Seen und 1,5 km Landweg bietet sie die Möglichkeit, mit dem Boot von Eutin bis nach Kiel zu gelangen. Aufgrund der zumeist geringen Strömung kann die Tour, wenn auch etwas beschwerlicher, ebenfalls entgegengesetzt unternommen werden. Es sind dabei sechs Umtragestellen zu meistern, wobei zwei davon einen Bootswagen erforderlich machen. Die ostholsteinische Seenplatte, entstanden in der Spätzeit der letzten Vereisung, wird auch "Holsteinische Schweiz" genannt und ist eine beliebte Touristenregion. Der größte See im Verlauf der Schwentine ist der Große Plöner See, der für sich selbst schon ein lohnenswertes Paddelziel darstellt. Die vielfach auftretenden, weiten Wasserflächen während einer Schwentinetour sind teilweise extrem windanfällig und können gerade im Canadier schnell grenzwertig werden, daher empfiehlt es sich, vor dem Start einen Blick auf die aktuelle Wettersituation zu werfen.

Tour 24: Schwentine - Sechs auf einen Streich

Ähnlich wie beim "Tapferen Schneiderlein" verhält es sich bei der Befahrung der ersten Schwentine-Etappe. Zwar handelt es sich nicht um die berühmten sieben Fliegen, dafür jedoch um sechs wunderschöne, wie an eine Perlenkette gereihte Seen der Holsteinischen Schweiz. Eutiner See, Keller See, Dieksee, Langensee, Behler See und Höftsee sind die stillen Protagonisten dieses Naturschauspiels.
Beginn der Tour ist in der Rosenstadt Eutin (unweit des Schwimmbades), die ihren Beinamen bereits vor langer Zeit erhielt. Als der

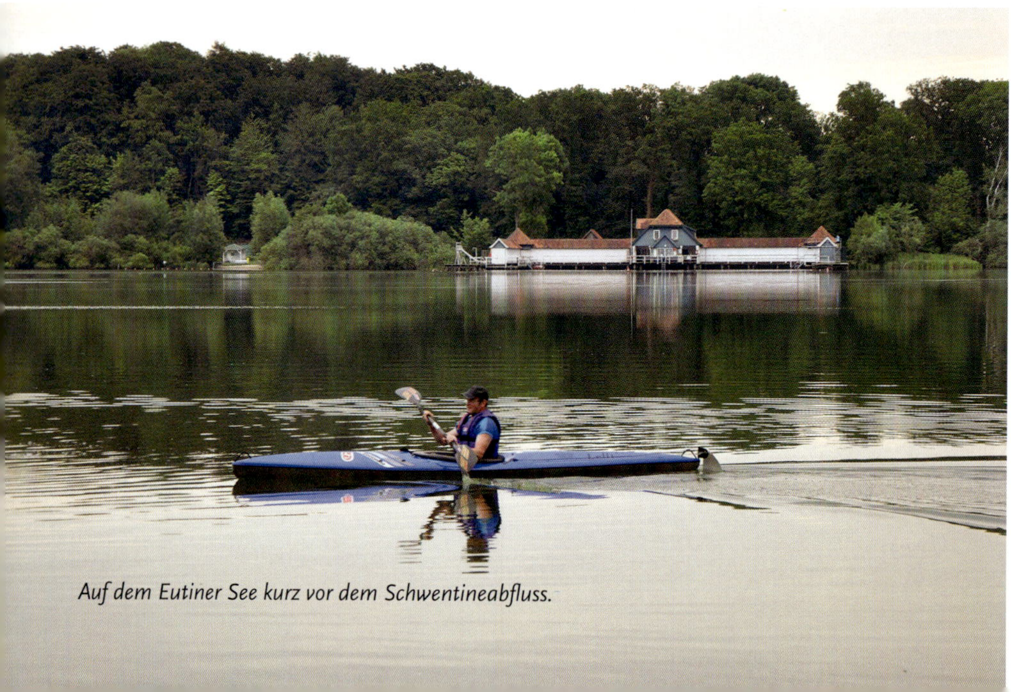

Auf dem Eutiner See kurz vor dem Schwentineabfluss.

beliebte Herzog von Oldenburg 1811 vor Napoleon ins Exil flüchten musste, überlegte man nach dem Sieg über die Napoleonischen Truppen und der bald erwarteten Rückkehr des Herzogs, wie man die Stadt schmücken könne. Da der Zeitpunkt der Rückkehr jedoch recht unbestimmt war, entschied man sich für die Bepflanzung mit Rosensträuchern, deren Blüten besonders lang und prachtvoll blühen. Noch heute, wenn man durch die Gassen des "Weimar des Nordens" (eine weitere, gern genutzte Umschreibung der Stadt) schlendert, entdeckt man all überall wunderschöne Rosensträucher und Ranken. Doch auch der Beiname "Weimar des Nordens" ist nicht so weit hergeholt, weilte doch hier am kleinen Hofe so manch große Persönlichkeit. Die Atmosphäre jener Zeit lässt sich noch heute rund um das Schloss und in der Altstadt mit seinem Marktplatz und den zahlreichen historischen Fassaden unterschiedlicher Stilrichtungen nachempfinden. Das Eutiner Schloss ist neben dem Gottorfer und dem Glücksburger Schloss eines der bedeutesten weltlichen, höfischen Bauten Schleswig-Holsteins. Die vierflügelige Anlage ging aus einer mittelalterlichen Burg hervor und wurde über Jahrhunderte zur Residenz ausgebaut. Bis in das 20. Jahrhundert hinein war der Komplex durchgehend bewohnt. Heute beherbergt das Gebäude ein Museum und ist der Öffentlichkeit im Sommerhalbjahr zugänglich. Der ehemalige Barockgarten wurde in einen Landschaftspark umgestaltet und ist zugleich alljährlicher Austragungsort der Eutiner Festspiele.

Paddelt man nun in nördliche Richtung direkt auf das gegenüberliegende Ufer zu, erreicht man die Einmündung der Schwentine, deren Befahrung zumeist nicht möglich wäre und zudem aus Naturschutzgründen auch untersagt ist. Ein wenig nach links versetzt befindet sich der bereits deutlich breitere Ausfluss der Schwentine aus dem Eutiner See. Flach, verwunschen und glasklar führt uns das Flüsschen zur Fissauer Mühle, der ersten Umtragestelle

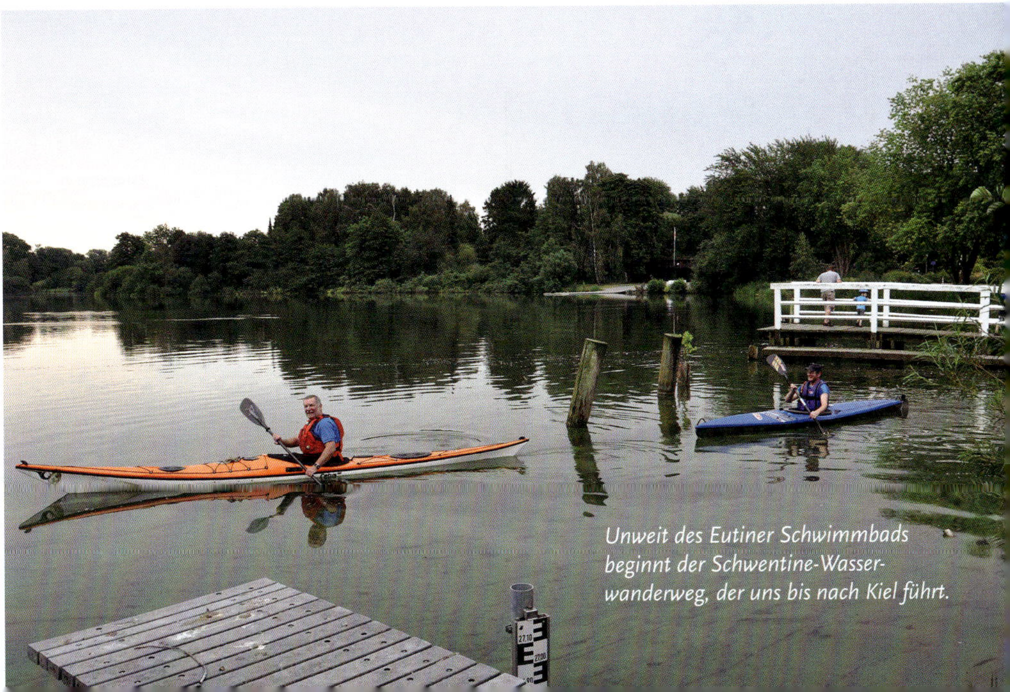

Unweit des Eutiner Schwimmbads beginnt der Schwentine-Wasserwanderweg, der uns bis nach Kiel führt.

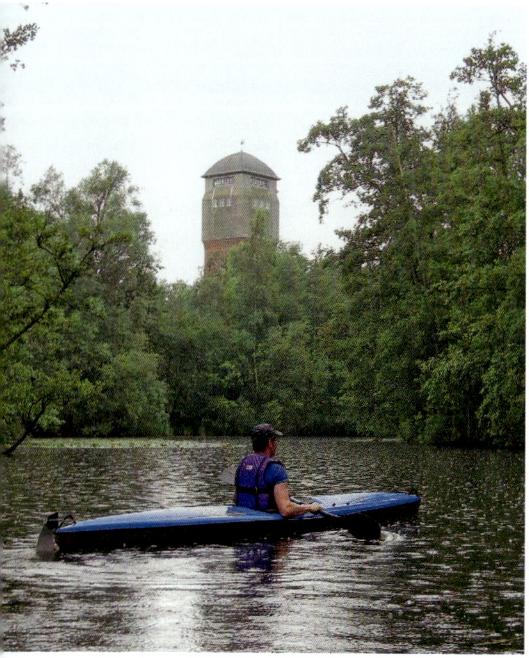

Der alte Wasserturm zeigt mit seiner Präsenz die Nähe zur Zivilisation.

der Tour. Mit unbeladenen Booten stellt der ca. 100 m lange Landweg kein Problem dar, ansonsten wäre ein Bootswagen schon recht hilfreich. Der Wiedereinstieg hinter der Mühle legt kurzfristig die Vermutung nahe, in einem unwirklich schönen Quelltopf inmitten des Urwalds zu starten. Auch wenn andere Kanuten einen schnell aus den Träumen reißen, hat das Fließstück bis hin zur Mündung in den Kellersee seinen ganz spezifischen Reiz. Besonders deutlich wird dies bei trüben Wetter und erhöhter Luftfeuchtigkeit in Form von Nebel oder Regen. Im Dunkel des Blätterwaldes scheint die Wildnis des Dschungels oft zum Greifen nahe.

Kurzfristig müssen sich die Augen an die ungewohnte Lichtintensität der offenen, weiten Seefläche gewöhnen. Ungeübtere Kanuten sollten sich hier eher in Ufernähe aufhalten, denn wie alle großen Seen der Holsteinischen Schweiz ist hier auch mit plötzlichen Fallwinden zu rechnen. Die Verbindung zum Dieksee am Ende des Westufers ist ein Fall für Entdecker, hält sich der

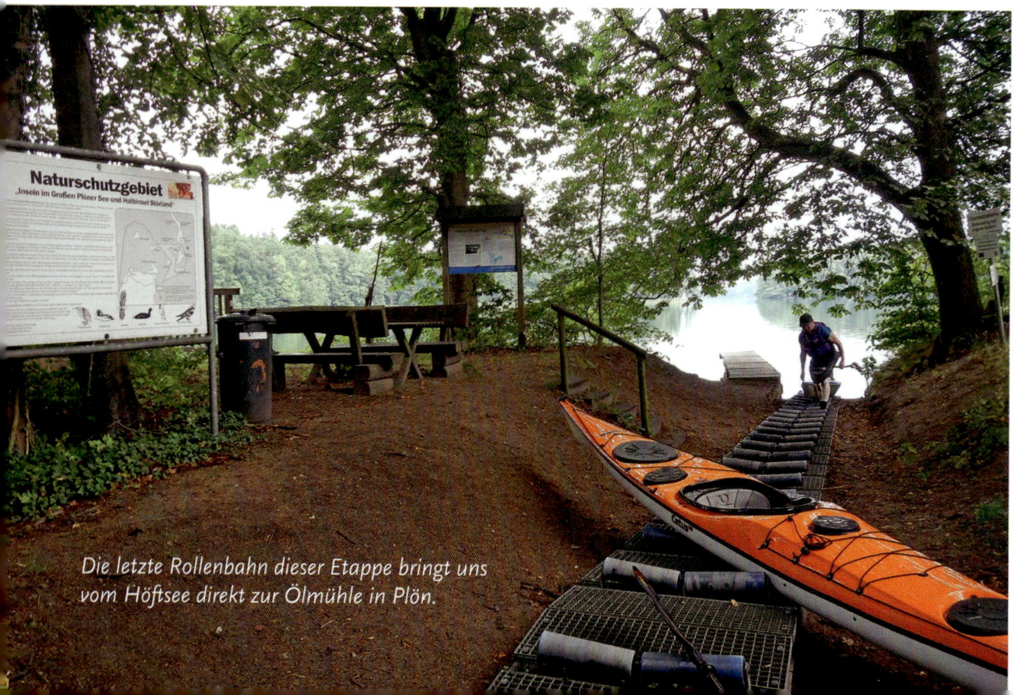

Die letzte Rollenbahn dieser Etappe bringt uns vom Höftsee direkt zur Ölmühle in Plön.

Fluss doch geschickt vom Schilf verdeckt, versteckt. Obwohl man sich nun in unmittelbarer Nähe zu dem Kurort Malente im Herzen der nordischen Schweiz befindet, bekommt man auf diesem für die Schwentine außergewöhnlich langen Fließabschnitt in idyllischer Umrahmung kaum etwas vom städtischen Treiben mit. Einzig der unter Denkmalschutz stehende Wasserturm mit seinen stattlichen 38 Metern Höhe zeigt mit seiner unübersehbaren Präsenz die Nähe zur Zivilisation.

Ein kleiner Stau kündigt die Gremsmühle an. Bereits seit 1280 drehte sich hier das Mühlrad, angetrieben durch die Schwentine. Im Jahre 1956 wurde die Kornmühle aus Mangel an Arbeit unwirtschaftlich und stillgelegt. Das nach und nach zerfallene Mühlrad wurde dann in den 80er Jahren durch eine unbewegliche Attrappe ausgetauscht. Im Jahr 2003 wurde schließlich das alte Wehr durch die heutige Sohlgleite ersetzt. Im Zuge dessen setzte sich ein Interessenverband erfolgreich dafür ein, das Mühlrad, welches schließlich ein echtes Wahrzeichen Malentes darstellt, wieder in Bewegung zu setzen. Somit dreht sich nun seit dem November 2006 das neue Mühlrad an der Gremsmühle wie zu alten Zeiten, als noch kein Restaurant in dem historischen Gebäude untergebracht war. Als Paddler kann man inzwischen bequem über eine Rollenbahn die Sohlgleite umgehen und die urige Szenerie, die eher an den Schwarzwald erinnert, auf sich wirken lassen. Je nach Wasserstand werden am Ende der Rollenbahn ein paar Meter Treideln fällig, bevor man nun wieder im Boot sitzend den Dieksee erreicht. Wenn es die Wetterverhältnisse erlauben, kann man wie mit dem Lineal gezogen die gut drei Kilometer lange Querung des Sees zum gegenüberliegenden Ufer vornehmen. Wenn man nun den Kurs ungefähr eingehalten hat, erkennt man schon von weitem die Durchfahrtsbrücke mit Pausenplatz zum Behler See.

Hier wird es bedingt durch die Insel "Großer Warder" kurzfristig ein wenig unübersichtlich,

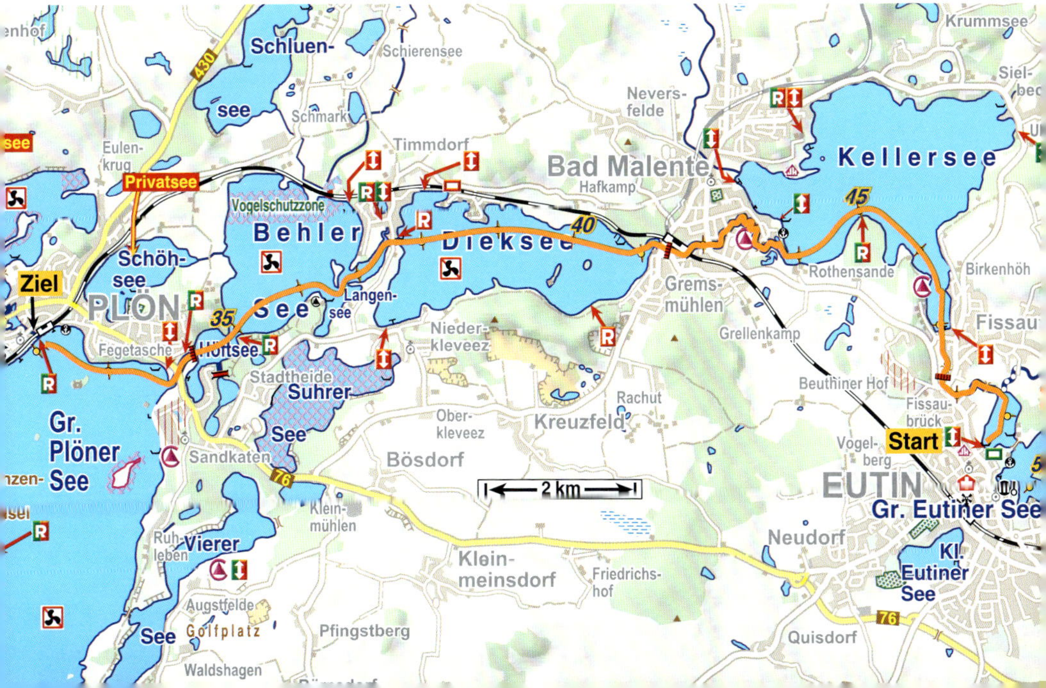

weiß man doch auf Anhieb nicht so wirklich, wie und wo es weiter geht. Fehlt inmitten der Ausbuchtungen und kleinen Seen ein wenig der Orientierungssinn oder eine Karte, peilt man am besten das einzige sichtbare Hochhaus von Plön an, welches sich in unmittelbarer Nähe des Ausstiegsparkplatzes befindet. Derartig geleitet erreicht man automatisch den Höftsee, an dessen Ende die letzte Umtragestelle netterweise erneut in Form einer praktischen Rollenbahn auf uns wartet. Am Ende der so umgangenen Sohlgleite lohnt es sich kaum mehr, die Spritzdecke zu schließen, bis man den nahegelegenen Steg bei der Kreisjägerschaft erreicht.

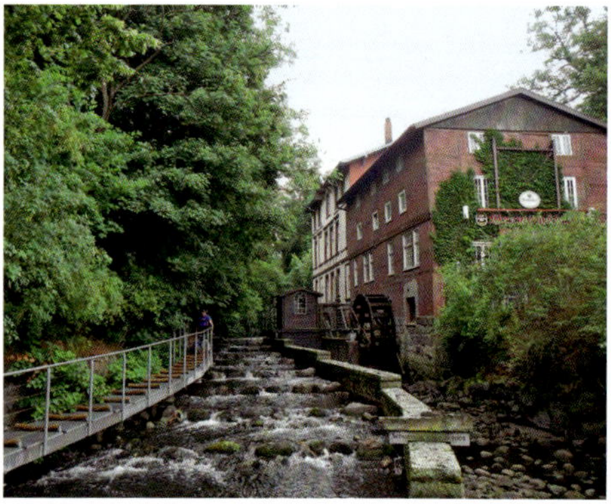

Die alte Mühle in Malente lässt Schwarzwaldgefühle aufkommen.

KURZ-INFO SCHWENTINE (ETAPPE 1)

Befahrungszeit: fast ganzjährig

Fahrstrecke:
Eutin (Schwimmbad) – Plön (Ölmühle)
ca. 16 km

Besonderheiten: Auf der ersten Schwentine-Etappe sind drei Umtragungen zu meistern.
1. Fissauer Mühle: Rechtsufrige ca.100 m lange Umtragung auf gutem Schotterweg. Wiedereinstieg am Steg oder am flachen Ufer. Für beladene Boote empfiehlt sich ein Bootswagen.
2. Gremsmühle in Malente: Bequemes Umsetzen über eine Rollenbahn neben der Sohlgleite in uriger Umrahmung. Nach dem Wiedereinstieg ist es auf wenigen Metern sehr flach. Je nach Wasserstand ist ein kurzfristiges Treideln nötig.
3. Ölmühle in Plön: Am Ausfluss aus dem Höftsee befindet sich eine bequeme Rollenbahn mit Steg zum Wiedereinstieg.
Karten der Region erleichtern die Orientierung auf dem Wasser.

Gefahren: Die großen Wasserflächen der Seen sind sehr windanfällig, vor Fahrtantritt unbedingt den Wetterbericht abrufen. Besonders bei starken Böen ist von Querungen der Seen dringend abzuraten.

Optionen: Als Vorfahrt zur eigentlichen Schwentinetour empfiehlt sich eine Rundfahrt um den Großen Eutiner See
ca. 9 km

Kultur und Freizeit:
- Besichtigung der Eutiner Altstadt und des Eutiner Schlosses inkl. Museumsbesuch. *www.schloss-eutin.de*
- Wanderung rund um den Großen Eutiner See, ca. 9 Kilometer.
- Schiffsfahrten auf der Holsteinischen Seenplatte: Für alle Nichtpaddler bieten diverse Ausflugsschiffe die Möglichkeit, in die einzigartige Natur der Holsteinischen Schweiz vorzudringen. *www.5-seen-fahrt.de*

Tour 25: Schwentine - Ein Fluss mit vielen Gesichtern

Die Paddelstrecke zwischen Plön und Preetz zeigt auf sechzehn abwechselungsreichen Kilometern den kompletten Facettenreichtum der Schwentine. Weite Seenlandschaften wechseln sich mit kurzen, schmalen Flussabschnitten, die hier und da sogar ein wenig Strömung aufweisen, ab. Offene Wasserflächen und versteckte Fließe bilden ein harmonisches Bild inmitten einer von sanften Hügeln geprägten Landschaft.

Flussmuscheln blinken in dem glasklaren Wasser zu uns herauf, und unzählige Fische lassen sich in dem sonnenumfluteten Nass beobachten, während wir an dem kleinen Steg unweit der alten Ölmühle in Plön unsere Boote zu Wasser lassen. Nur wenige hundert Meter währt das "Urwaldidyll", bevor ein Fahrgastschiff die Weiterfahrt fast blockiert. Es ist schon erstaunlich, wie gering der Tiefgang der hier vor Reede liegenden Ausflugsschiffe ist. Völlig überraschend liegt nun der Große Plöner See vor uns. Rechter Hand erkennen wir den über vierzig Meter hohen Backsteinbau des Wasserturms, während der Horizont vom Plöner Schloss dominiert wird. Dieses Bauwerk zählt zu den größten Schlössern Schleswig-Holsteins und wurde bereits im 17. Jahrhundert errichtet. Seitdem erlebte der Komplex eine wechselhafte Geschichte, in der die Gemäuer unter anderem auch als Kadettenschule und Internat dienten. Bis zum Jahr 2002 gehörte das Schloss dem Land Schleswig-Holstein, welches die anstehenden Renovierungsmaßnahmen jedoch nicht tragen konnte und somit die Gebäude an die Fielmann-Akademie verkaufte. Nach aufwendigen Umbaumaßnahmen dient das Schloss heute als Ausbildungs- und Qualifizierungsstätte der Augenoptiker-Branche und ist zu einem gewissen Teil auch für Besucher zugänglich. Linksseitig überwiegt die Natur, weite Wasserflächen, gespickt mit einigen Inseln, wähnen uns fast in Schweden. Je näher wir auf das Schloss zufahren, je deutlicher hebt sich rechts unter der Bahnlinie der gesuchte Durchlass zum Kleinen Plöner See ab. Die "Gelbe Welle" gibt uns Gewissheit, auf der richtigen Route zu sein. Bereits kurze Zeit später umtragen wir ein kleines Wehr mit Hilfe einer prakti-

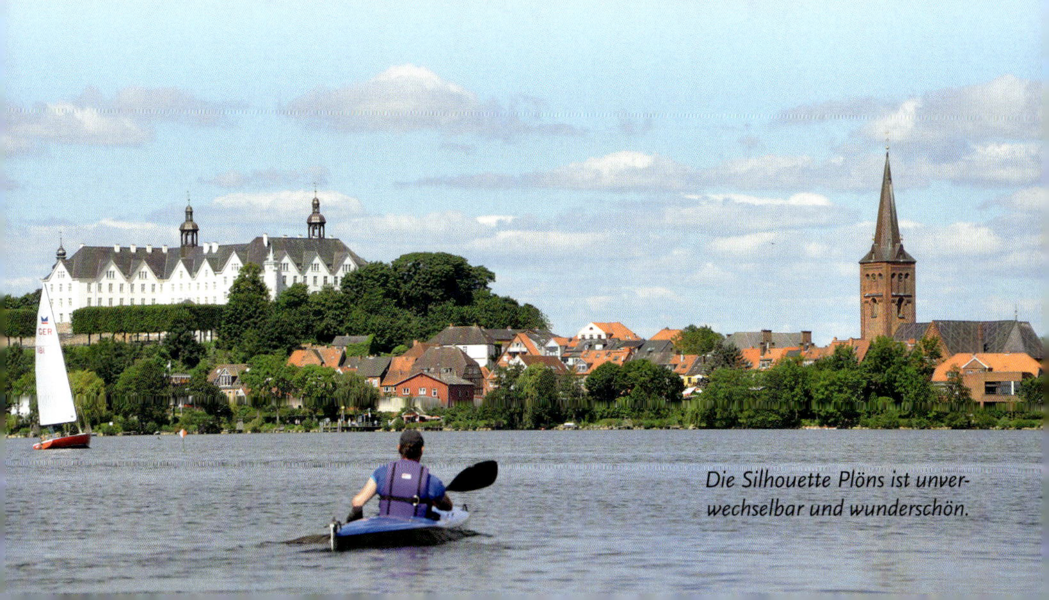

Die Silhouette Plöns ist unverwechselbar und wunderschön.

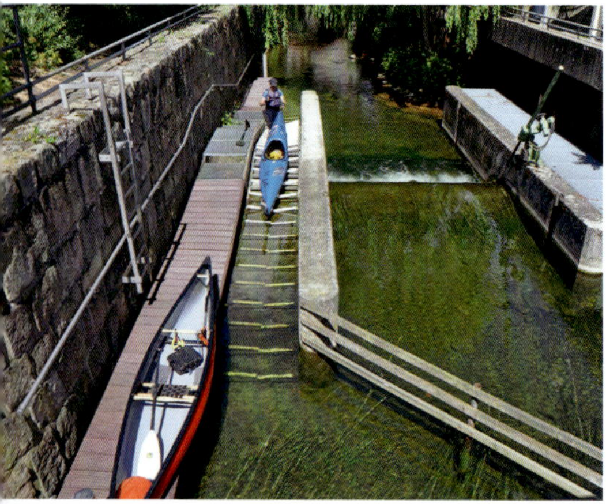

Umtragung in die Stadt – Schwentine.

schen Rollenbahn, die jedoch dringend einmal geölt werden müsste. Die Stadt Schwentine empfängt uns kurzfristig mit flotter Strömung und kleinen Schwällen, bevor sie uns in den Schwanensee entlässt. Von nun an halten wir uns immer linksseitig, um den richtigen Abzweig zuerst in den Stadtsee und von dort aus in den Kleinen Plöner See zu erwischen.

Ab hier lässt die Kennzeichnung des Wasserwanderwegs Schwentine sehr zu wünschen übrig. Ohne zumindest grobe Karten dürfte es für den ortsunkundigen Kanuten recht schwer werden, die Verbindungswege zwischen den Seen zu finden. Eine entsprechende Betonnung wäre, auch wenn es den Entdeckergeist

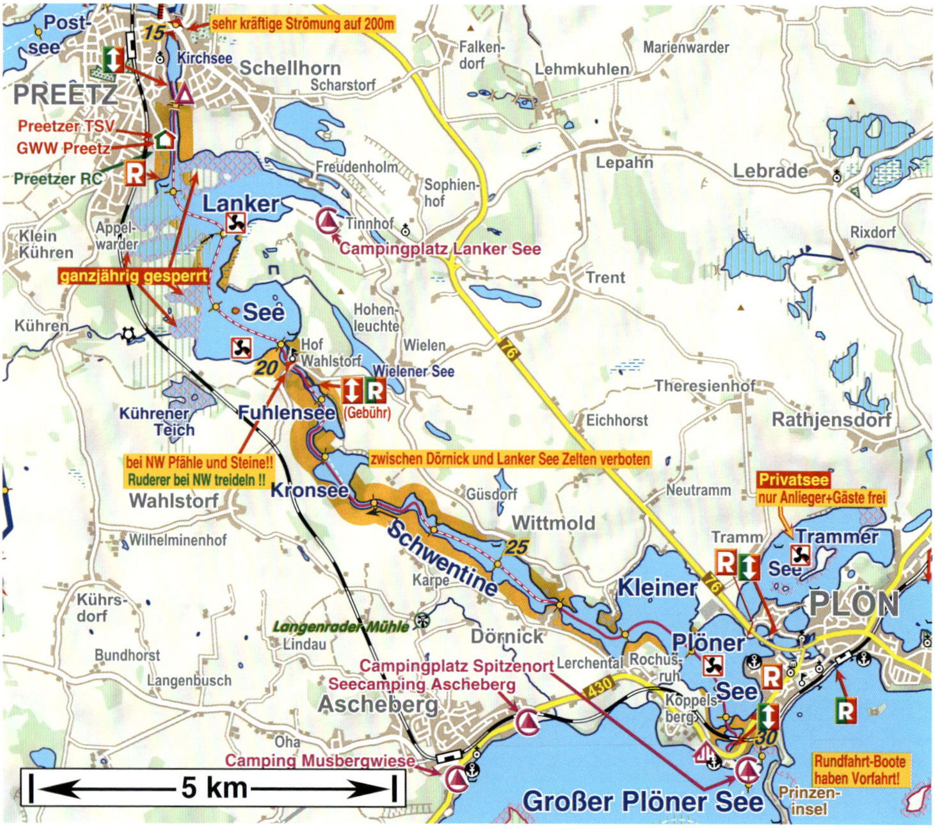

vielleicht ein wenig stört, doch recht hilfreich. Nach der Durchquerung des Kleinen Pöner Sees, der gar nicht mal so klein ist, verengt sich die Schwentine wieder ein wenig, um letztendlich nach dem Ausfluss aus dem Kronensee und dem Fuhlensee kurzfristig zu einem verwunschenen Fluss zu werden. Wald- und Schilfbestände säumen die Ufer, und der sich im klaren Wasser wiegende, von unzähligen blauen Libellen überflogene, flutende Hahnenfuß gibt der Szenerie ihren ganz besonderen Reiz. Kurz bevor wir den Lanker See erreichen, passieren wir rechtsufrig das imposante Gut Wahlsdorf, dessen Gründung als Wasserburg in das 15. Jahrhundert zurückreicht. Hier befindet sich am gegenüberliegenden Ufer, schon fast an den Gestaden des Sees, eine wunderschöne Pausenstelle.

Je nach Windrichtung kann es auf dem Lanker See schon mal zu beachtlicher Wellenbildung kommen, wobei es sich dann unbedingt empfiehlt, in Ufernähe zu bleiben und nicht wie üblich abkürzend die Seefläche zu queren. Dazu halten wir uns dicht am östlichen Ufer, da der westliche Uferbereich mit seinen ausgeprägten Buchten bereits seit 1955 als Naturschutzgebiet ausgewiesen ist. Insgesamt gibt es zehn Inseln im Lanker See, wobei die größte und bekannteste von ihnen sicherlich Probstenwerder ist. Sobald der nördliche Teil des Sees richtig breit wird, nehmen wir Kurs auf eben diese Insel, die den meisten eher als "Möweninsel" geläufig sein wird. Lachmöwen, Sturmmöwen, Silbermöwen, Flussseeschwalben und diverse Entenarten brüten hier auf diesem Eiland und dokumentieren dies auch mit lautstarkem Geschrei. Zwischen der "Möweninsel" rechtsseitig und dem Preetzer Freibad linker Hand verlässt die Schwentine nun den Lanker See Richtung Kirchsee im Stadtgebiet von Preetz, wo die Fahrt am Kanurastplatz "Brunnenweg" beendet wird.

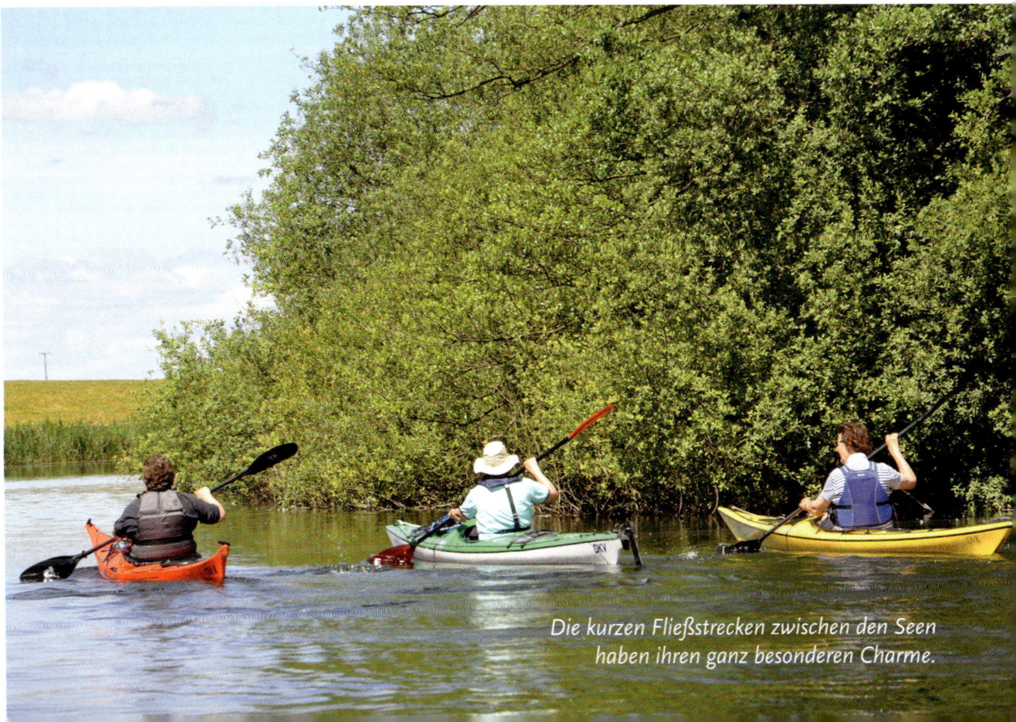

Die kurzen Fließstrecken zwischen den Seen haben ihren ganz besonderen Charme.

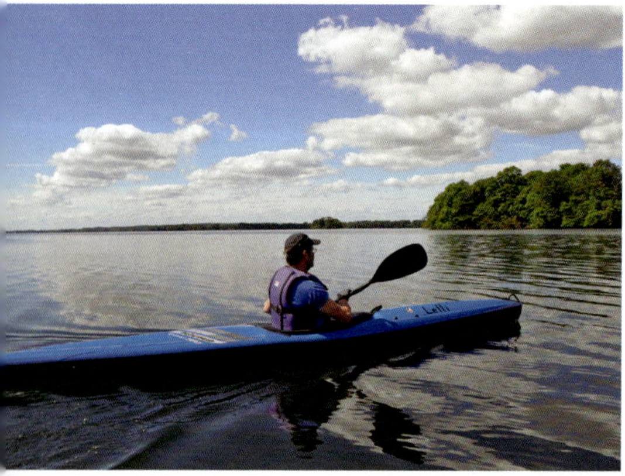

Diverse Inseln im Plöner See geben dem Gewässer einen skandinavischen Touch.

KURZ-INFO SCHWENTINE (ETAPPE 2)

Befahrungszeit: fast ganzjährig

Fahrstrecke:
Plön (Ölmühle) – Preetz (Brunnenweg) ca. 16 km

Besonderheiten: Umtragestellen vom Großen Plöner See zum Kleinen Plöner See. Karten der Region erleichtern die Orientierung auf dem Wasser.
Um vom Plöner See in den Kleinen Plöner See zu gelangen, gibt es zwei Umtragemöglichkeiten.
Die kürzere Variante führt über die Stadtschwentine unweit des Plöner Schlosses unter der Eisenbrücke hindurch. Hier kann man mit Hilfe einer kurzen Rollenbahn relativ leicht umtragen und befindet sich alsbald im Schwanensee, von wo aus es über den Stadtsee letztendlich zur Weiterfahrt in den Kleinen Plöner See geht. Etwas länger wird die Fahrtstrecke von der Ölmühle kommend, wenn man die Prinzeninsel umfährt, um in Plön-Spitzenort über die Bürstenpass-Bootsgasse in den Mühlensee zu gelangen, über den man anschließend ebenfalls den Kleinen Plöner See erreicht.
Für die westlichen Buchten und die Halbinsel des Lankersees (km 19,5 – 17), sowie die Sonneninsel besteht ein ganzjähriges Uferbetretungsverbot.

Gefahren: Die großen Wasserflächen vom Plöner See, Kleinen Plöner See und vom Lankersee sind sehr windanfällig, vor Fahrtantritt unbedingt die Wettervorhersage abrufen. Besonders bei starken Böen ist von Querungen der Seen dringend abzuraten!

Optionen: Die obige Besonderheit der zwei Umtragestellen in Plön ermöglicht eine empfehlenswerte Rundtour. Start und Ziel ist die Ölmühle in Plön. Von hier geht es über den Großen Plöner See Richtung Schloss. Am gekennzeichneten Durchlass unter der Eisenbahnbrücke setzt man in die Stadtschwentine um. Über Schwanensee und Stadtsee erreicht man den Kleinen Plöner See. Hält man sich nun linker Hand, gelangt man zum Mühlensee, wo man mit Hilfe der Bootsgasse in Spitzenort wieder den Großen Plöner See erreicht. Je nachdem, ob die Prinzeninsel komplett umrundet wird oder der kurze Stichkanal zur Abkürzung genutzt wird, um wieder Kurs auf den Startpunkt der Rundfahrt zu nehmen, variiert die Streckenlänge zwischen 7 und 10 Kilometer.

Tour 26: Schwentine
Der urwüchsigste Teil des "Heiligen Flusses"

Der Einstieg in Preetz am Brunnenweg unweit des Ausflusses der Schwentine aus dem Kirchsee ist der Startpunkt zu einer außergewöhnlichen Etappe des wohl schönsten Wasserwanderwegs Schleswig-Holsteins. Während uns die meisten Abschnitte der Schwentine zumeist durch kleine und große Seen führen und nur äußerst selten einen tatsächlichen Flusscharakter an den Tag legen, erleben wir hier genau das Gegenteil. Ungewöhnlich flott nimmt uns der Fluss nach dem Verlassen des Kirchsees mit auf die Reise durch eine abwechslungsreiche Region.

Auf klarem Wasser mit anfänglichem Gegenverkehr von überdimensionierten Ruderbooten geht es zuerst durch das gepflegte Stadtgebiet von Preetz, bevor wir relativ schnell in eine naturbelassene Wildflusslandschaft eintauchen. Wiesen, Sümpfe, Waldstücke und abschnittsweise hügeliges, ja bisweilen fast steiles Gelände begleiten uns auf dieser Tour. Eisvögel, Wildgänse, Stockenten und viele andere Tiere sind hier beheimatet und verlangen eine entsprechende Rücksichtnahme.

Beeindruckend hebt sich rechtsufrig Gut Rasdorf aus dem dichten Grün des Waldes ab. Der Gutsbetrieb basiert auf einem Rittersitz mit Wasserburg und ist seit dem 14. Jahrhundert im Besitz der Familie Rantzau. Nach dem Bau eines Gutsbetriebes mit Herrenhaus im 16. Jahrhundert, welche jedoch einem Brand zum Opfer fielen, erfolgte der Neubau einer geschlossenen Hofanlage zwischen 1723 und 1729 sowie einige Umbauten zwischen 1803 bis 1806. Diverse Beschädigungen während des Zweiten Weltkriegs machten eine Renovierung aller Gebäude notwendig. Mittlerweile steht das komplette Ensemble mit Torhaus, Scheu-

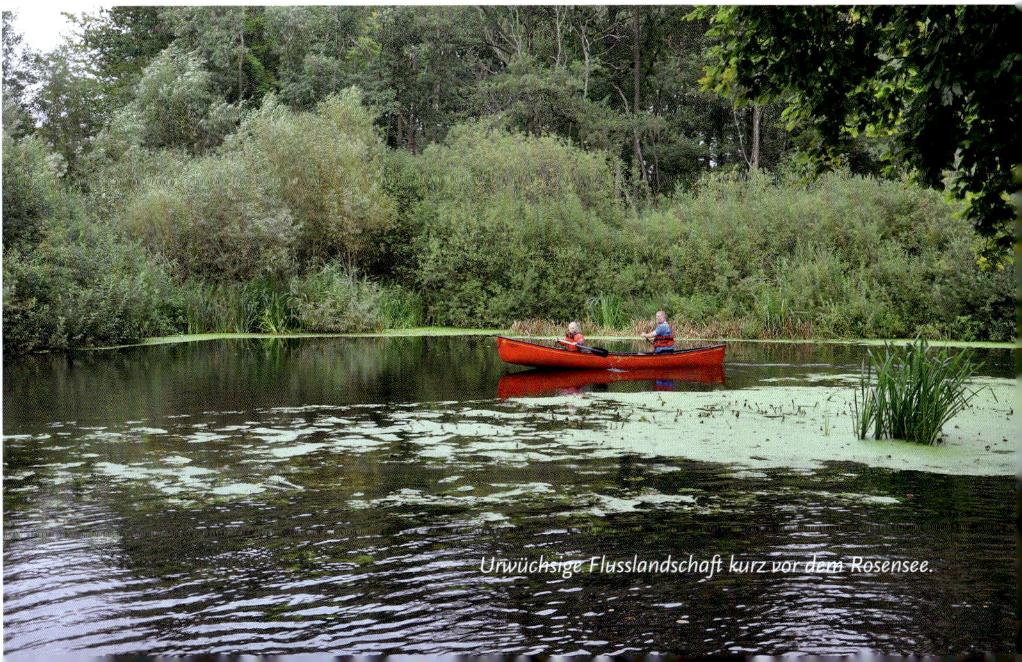

Urwüchsige Flusslandschaft kurz vor dem Rosensee.

ne, Kuhhaus, Reitstall, Bedienstetenhaus und Herrenhaus unter Denkmalschutz.

Nun beginnt unser schönstes Stückchen Schwentine. Das fast geschlossene Blätterdach lässt nur wenige Sonnenstrahlen zu uns durch, alte Baumbestände säumen die Ufer und knorrige Äste zeigen auf uns Eindringlinge. Wir lassen uns treiben, machen so wenig Geräusche wie möglich und genießen diese faszinierende, urwaldähnliche Szenerie. Alsbald gabelt sich der Fluss, ein Schild verweist auf den linken Arm, dem man aus Naturschutzgründen auch folgen sollte. Langsam öffnet sich die Schwentine und gibt wieder Blicke auf die umliegende Landschaft frei. Linksufrig befindet sich die idyllische Halbinsel "Am Weinberg" und lädt zur Rast ein. Gestärkt erreichen wir kurze Zeit später den Rosensee. Er entstand auf künstlichem Wege bereits im Jahre 1908 im Zuge des Aufbaus der Schwentinekraftwerke. Die bereits sichtbare Straßenbrücke der B202 signalisiert das baldige Ende der Tour. Ein bequemer Steg und ausreichend Parkraum machen diese Stelle auch als Startpunkt für die letzte Schwentineetappe bis zur Landeshauptstadt Kiel interessant.

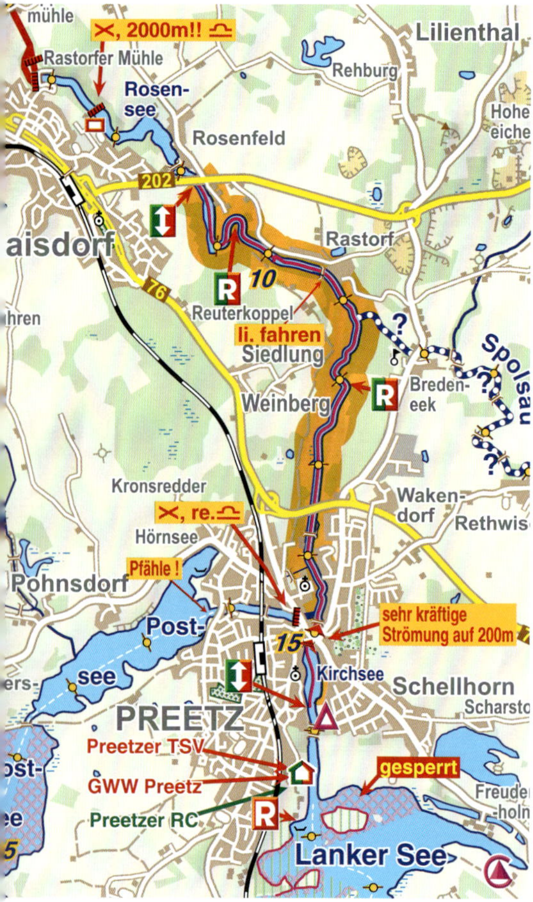

KURZ-INFO SCHWENTINE (ETAPPE 3)

Befahrungszeit: fast ganzjährig

Fahrstrecke:
Preetz (Brunnenweg) – Straßenbrücke B202
ca. 8,1 km

Besonderheiten: Etappe 3 ist am wenigsten windanfällig und bietet sich immer dann als Alternative an, wenn es für die anderen Etappen zu sehr windet!

Gefahren: keine

Tour 27: Schwentine - Von Schildkröten und Ringelnattern ...unterwegs in den Kieler Everglades

Schnell weicht der Umgebungslärm der Bundesstraße B202, dem Startpunkt der letzten Schwentine Etappe, den aufgeregten Schreien der Möwen über dem Rosensee. Einiges an Totholz ragt in das Wasser und verleiht, gepaart mit dem lichten Nebel am frühen Morgen, der Szenerie einen leicht gespenstischen Eindruck. Bereits nach kurzer Zeit, man ist kaum warmgepaddelt, blockiert das erste der beiden nah beieinander liegenden Kraftwerke die Weiterfahrt. Eine große, linksufrige Steganlage erleichtert den Ausstieg und bietet genügend Platz, um die nötigen Vorkehrungen für die längste Portage des Schwentine Wasserwanderwegs zu treffen. Immerhin müssen knapp zwei Kilometer Wegstrecke zurückgelegt werden, was ohne Bootswagen schon in eine schweißtreibende Angelegenheit ausarten kann. Ehe man sich versieht, bekommt das Kanuwandern nun eine völlig neue Bedeutung und man erntet so manch skeptischen Blick, während man sich bootsrollenderweise unter die sonntägliche Gesellschaft mischt. Ein ganz besonderes Flair bekommt die Kanuwanderung jedoch anhand der außergewöhnlichen Streckenführung mitten durch den Schwentinepark, dessen Herzstück ein kostenfreier Wildpark mit heimischen Wildtieren bildet. Unter den wachsamen Augen von Wildschwein und Co. kommt man sich mit einem Kanu auf Rädern schon ein wenig deplatziert vor. Interessanterweise hält dieser Zustand auch eine gewisse Zeit an, da entgegen einiger Flussbeschreibungen der Umtrageweg nicht ausgeschildert ist. Gerade nach dem Verlassen des Tierparks bedarf es schon eines gewissen Orientierungssinns, den richtigen Weg zum Wiedereinstieg an der Oppendorfer Mühle zu finden. Hat man die Rastorfer Mühle

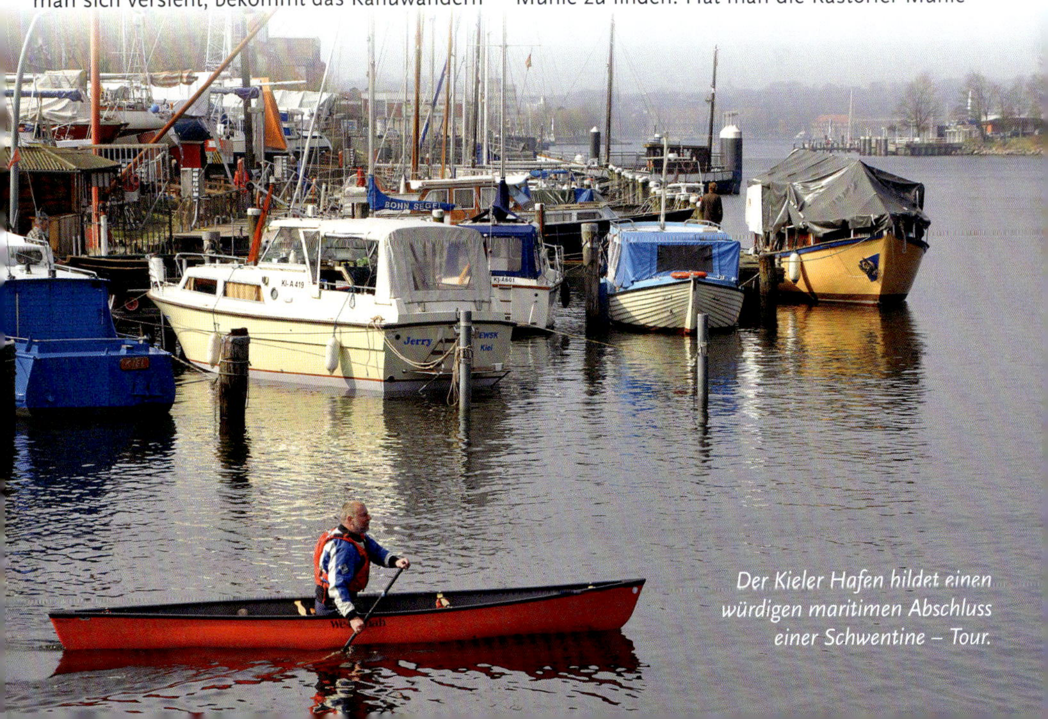

Der Kieler Hafen bildet einen würdigen maritimen Abschluss einer Schwentine – Tour.

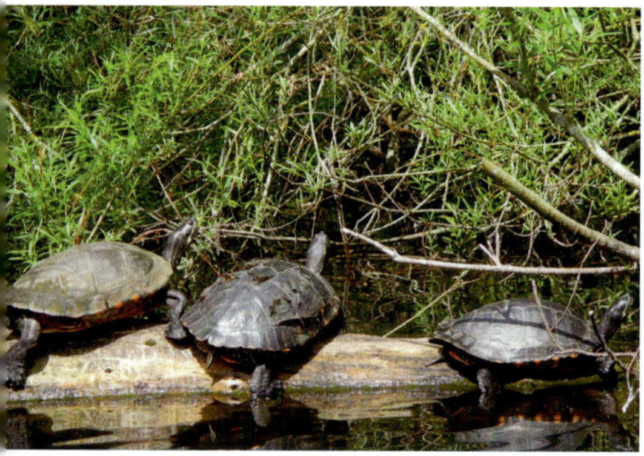

Die Schildkröten sind die wohl bekanntesten Bewohner der Kieler Schwentine.

hinter sich gelassen, überquert man vor dem zweiten Kraftwerk die Schwentine und gelangt so auf einen Wanderweg, der letztendlich zum Objekt der Begierde führt. Doch ganz bis zur Oppendorfer Mühle, so wie es früher üblich war, muss man heutzutage nicht mehr karren. Ein paar hundert Meter zuvor führt ein kleiner Wanderweg, mit einem entsprechenden Hinweis für Kanufahrer versehen, zu einem versteckt liegenden Holzsteg. Zügig strömt die Schwentine unter der schnell erreichten Mühlenbrücke, sogar einen kleinen Schwall bildend, durch ein wunderschönes Durchbruchstal. Viel zu früh öffnet sich das Tal und mit der nun folgenden Eisenbahnbrücke weicht die Natur gepflegten Gärten und Bootshauswiesen. Für das Ganzheitserlebnis des Schwentine –Wasserwanderwegs empfiehlt es sich jedoch, nicht direkt unter der Brücke der Bundesstraße B502 auszubooten, sondern das kurze Stück bis zur Wehranlage weiter zu paddeln, um letztendlich unter Nutzung der Bootsgasse in den Kieler Hafen zu gelangen, der sicherlich einen würdigen Rahmen am Ende einer unvergesslichen Tour auf dem "Heiligen Fluss" darstellt.

Wer sich jedoch den Mühen der doch recht langen Umtragestrecke am Ende des Rosensees entziehen möchte, kann die Tour auch in umgekehrter Richtung ganz bequem von Kiel aus starten und erspart sich zudem noch das Umsetzen mit dem Auto.

Denkt man an Kiel, fallen einem spontan die Förde, Segeln und diverse, bunte Festivitäten wie die Kieler Woche ein, doch die Schleswig-Holsteinische Landeshauptstadt kann auch ganz anders sein.

Der neu gestaltete Parkplatz unter der Brücke der B502 direkt am Fluss gelegen, bietet sich als Start-und Zielort einer erlebnisreichen Naturtour an, die in einer urbanen Peripherie deutschlandweit wohl einzigartig sein dürfte. Bereits nach wenigen Paddelschlägen gegen den kräftigen Wind, der die tatsächliche Temperatur dieses Vorfrühlingstages deutlich kühler erscheinen lässt, weicht der Stadtlärm einer wohltuenden Ruhe. Die schnell erreichte, alte Eisenbahnbrücke bildet eine letzte Schnittstelle zum hektischen Treiben der Großstadt, bevor uns die Schwentine zusehends tiefer in die Natur entführt. Die begleitenden Ufer sind urwüchsig, sumpfig und vereinzelt auch von Steilufern geprägt, einzigartige Voraussetzungen für eine vielfältige Fauna. Röhricht schiebt sich weit in das Gewässer hinein und verhindert somit allzu neugierige Blicke auf versteckte Altwassergebiete und Nistplätze. Gerade die Blässhühner, mit ihrem charakteristischen weißen Hornschild über dem Schnabel, nutzen diesem Bereich zur Aufzucht ihrer Jungen. Diverse "Baumleichen" prägen das weitere Gewässerbild und schaffen einen Freiraum für die Fantasie des Naturliebhabers, der in den stummen und starren Formationen die interessantesten Kreaturen entdeckt. In seiner Gesamtheit betrachtet befinden wir uns inmitten einer Landschaftssymbiose, die eher an die Everglades in Florida als an ein Naherholungsgebiet vor Kiel erinnert.

Langsam paddeln wir gegen die schwache Strömung an, die Wegebrücke bei Kiel-Oppendorf liegt bereits hinter uns und wir steuern mittlerweile auf die Schwentineinsel bei Klausdorf zu, als wir versteckt zwischen einigen Äste eine Verdickung auf einem Baumstamm im Wasser ausmachen, die in der Form da wohl nicht hingehört. Als wir uns vorsichtig nähern, entpuppt sich dieser halbrunde Baumpilz als höchst lebendige Schildkröte beim Sonnenbad. Ehe wir unsere Beobachtung so wirklich realisieren, wird es der Schildkröte wohl zu kritisch und sie verschwindet, kurzzeitig ihren hübschen gelben Bauchpanzer präsentierend, mit einen leisen Platsch in das sichere Nass des Flusses. Was für ein Erlebnis! Von nun an sind die Sinne noch mehr geschärft und die Paddeltour wandelt sich langsam in eine Expedition in das Tierreich.

Ein schmaler, knorriger Ast inmitten der Schwentine wird bei unserer Ankunft sehr agil und sucht mit perfekten, schlängelnden Schwimmbewegungen das Weite. Bei diesen Temperaturen hatten wir eigentlich noch keine Ringelnatter erwartet, so dass wir mit der Kamera natürlich viel zu langsam sind. Deutlich erkennbar war bei dieser, für den Menschen völlig ungefährlichen Schlange, jedoch der namensgebende "Halsring", der letztlich in den typischen gelben Nackenflecken endet. Schaut man sich diese eleganten Bewegungen im Wasser genauer an, wundert es nicht, dass ältere Bezeichnungen der Ringelnatter auf die Angepasstheit im Wasser hinzielen. Schwimmnatter oder Wassernatter waren die ursprünglichen Bezeichnungen des Reptils. Ein besonderes Phänomen der Ringelnatter, die ehemals sogar den Status einer Hausschlange besaß, ist die positive Darstellung in diversen Geschichten. Im Gegensatz zu allen anderen Schlangenarten, die durchweg das Böse verkörpern, steht die Ringelnatter in den Mythen und Märchen in dem Ruf Glück und Segen zu bringen.

Bei der Klausdorfer Schwentineinsel entschei-

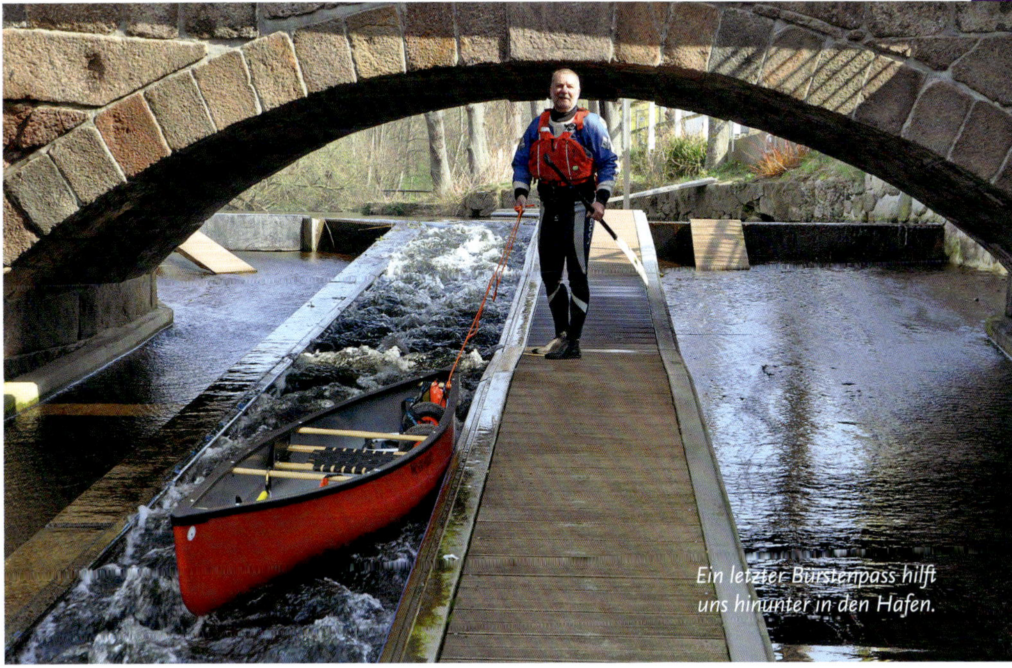

Ein letzter Bürstenpass hilft uns hinunter in den Hafen.

den wir uns für den schmaleren, etwas urwüchsigeren orographisch gesehen, rechten Arm. Unzählige Kanadagänse, die ihren eigentlichen Ursprung in Nordamerika haben, bevölkern das sumpfige Eiland nebst den angrenzenden Wiesen, die sie unermüdlich beweiden. Mittlerweile ist diese Gänseart europaweit vertreten und stellt weltweit die höchste Population. Für uns ist es zugleich auch die größte Gänseart, die wir in unserer Heimat in freier Wildbahn beobachten können.

Mittlerweile schieben sich einige Steilufer bis zum Fluss heran und formen ein Landschaftsbild, was so gar nicht zu einem Bundesland wie Schleswig-Holstein, das eher von der Weite und unendlich erscheinenden Horizonten geprägt ist, passen will. Die Strömung wird, bedingt durch die Flussverengung, zusehends kräftiger. Seilfährentechnik, gepaart mit der Ausnutzung kleinerer links-und rechtsufriger Kehrwasser, bringt uns dennoch bis kurz vor die Oppendorfer Mühle. Während wir uns in den Sommermonaten in diesem beliebten Ausflugslokal gerne auf der Terrasse verwöhnen lassen, entscheiden wir uns heute in Anbetracht von Neopren und Trockenanzügen doch lieber für ein schönes Plätzchen in der Natur.

Flussab gesehen, entdecken wir kurz vor dem Anleger der Schwentine Schifffahrt einen Pausenplatz wie aus dem Outdoor Katalog. Eine kleine Sandbank erleichtert das Anlanden. Die Sonnenstrahlen treiben hier ein interessantes Spiel mit Licht und Schatten, während die einladende Lichtung, welche von einem quirligen Bach durchflossen wird von alten, mächtigen Baumbeständen schützend umringt ist.

Mahnend klopft in unmittelbarer Umgebung ein Buntspecht auf der Suche nach Nahrung an den Stamm und erinnert uns quasi als natürlicher Wecker zum Aufbruch von diesem paradiesischen Plätzchen, von dem man sich kaum losreißen möchte.

Leuchtend Blau und von vollendeter Schönheit glitzert das Federkleid des Eisvogels, als er aufgeregt von seiner Sitzwarte abhebt und sich schnell unseren Blicken entzieht. Die Steiluferregionen mit den lehmigen Wänden sind ein ideales Revier für den schnellen Jäger, der seine Beute, zumeist kleinere Fische, durch Stoßtauchen erbeutet. Bringt man etwas Zeit mit und legt ein ruhiges Verhalten an den Tag, sind hier die entsprechenden Begegnungen fast garantiert.

Dank der leichten Strömung gestaltet sich der Rückweg deutlich angenehmer und es bleibt mehr Zeit zur Naturbeobachtung, was in beeindruckender Form bereits kurze Zeit später belohnt wird.

Fast gleichzeitig entdecken wir, völlig frei von störendem Buschwerk, auf einem schmaleren Ast, der schräg aus dem Wasser ragt, eine weitere sonnenbadende Schildkröte. Wie ein versteinerter Großmeister des Yogas streckt das Reptil den Hals, bei gleichzeitig abgespreiztem Hinterbein hervor und genießt unbeeindruckt von unserer Anwesenheit die wärmenden Strahlen. Ganz dicht kommen wir an die Schildkröte heran und erkennen an den hübschen, gelblichen Zeichnungen am Kopf, dass es sich um eine Gelbwangenschildkröte handelt. Ursprünglich ist diese Gattung im Süden der USA beheimatet und kommt in Europa freilebend nicht vor. Die Ausnahme bildet jedoch die untere Schwentine, wo diese Tiere vor mehr als zwanzig Jahren ausgesetzt wurden und nun dort beheimatet sind. Da die europäische Sumpfschildkröte in Deutschland als ausgestorben gilt, bleibt als einzige, freilebende Gattung die Gelbwangenschildkröte, die eigentlich gar nicht hier sein dürfte. Dennoch verleiht die Anwesenheit der Schildkröten dem Kieler Nahbereich einen Hauch von Florida und in Verbindung mit einem Stück intakter Natur einen Erlebniswert, der auf knapp zehn Kilometer Paddelstrecke sicherlich seines gleichen sucht!

KURZ-INFO SCHWENTINE (ETAPPE 4)

Befahrungszeit: fast ganzjährig

Fahrstrecke: Straßenbrücke B202 (Raisdorf) – Straßenbrücke B502 (Kiel), ca. 9 km. Alternativ bietet sich aufgrund der geringen Strömung auch die Möglichkeit von dem Parkplatz unter der Straßenbrücke der B502 – Scharweg 7 in Kiel bis zur Oppendorfer Mühle (dem Ende der Umtragestrecke) und zurück zu paddeln, ca. 10 Km

Besonderheiten: Bis in den Kieler Hafen zwei Umtragestellen, bis zur Brücke B502 eine Umtragestelle!
Die Umtragestelle der beiden Kraftwerke zwischen Raisdorf und der Oppendorfer Mühle ist mit ca.1,5 km Länge die weiteste Portage des gesamten Wasserwanderweges und macht einen Bootswagen zwingend notwendig. Entgegen vieler Beschreibungen ist der Umsetzweg nicht ausgeschildert. Um den Einbootpunkt zu erreichen, folgt man nach dem linksufrigen Ausbooten vor dem Kraftwerk dem Wanderweg hoch zur Straße, welche unvermittelt in den Schwentinepark übergeht. Im Park selbst hält man sich immer auf dem höher gelegenen Weg (man muss nicht zum Fluss hinab), bis man den Ausgang des Parks erreicht. Nun passiert man die Rastorfer Mühle und quert anschließend vor dem zweiten Kraftwerk die Schwentine. Etwas versteckt, hinter dem Kraftwerk gelegen, befindet sich der Wanderweg, der letztendlich zur Oppendorfer Mühle führt. Ziemlich überraschend taucht später der Hinweis zur Kanueinsatzstelle mit dem versteckten Bootssteg auf. Diese Tatsache verkürzt den Weg von ehemals 1,9 Kilometer auf immerhin nur noch 1,5 Kilometer.

Zwischen Kilometer 5,8 (Ausfluss der Schwentine aus dem zweiten Kraftwerk) und Kilometer 5,0 (Straßenbrücke Oppendorfer Mühle) besteht ein ganzjähriges Uferbetretungsverbot. Der kleine Holzsteg bei Kilometer 5,3 darf genutzt werden!

Die zweite Umtragestelle in Kiel besteht aus einer "Bürsten-Bootsgasse" mit begleitendem Steg, so dass das Boot bequem getreidelt werden kann. Eine Befahrung der Bootsgasse ist leider nicht erlaubt!

Gefahren: Die Annährung an die Wehranlage im Kieler Hafen sollte nur linksufrig im Bereich der Bootsgasse erfolgen, im rechten Wehrteil befinden sich ungesicherte Abläufe! In der Saison geringer Linien-Bootsverkehr zwischen Kiel und der Oppendorfer Mühle.

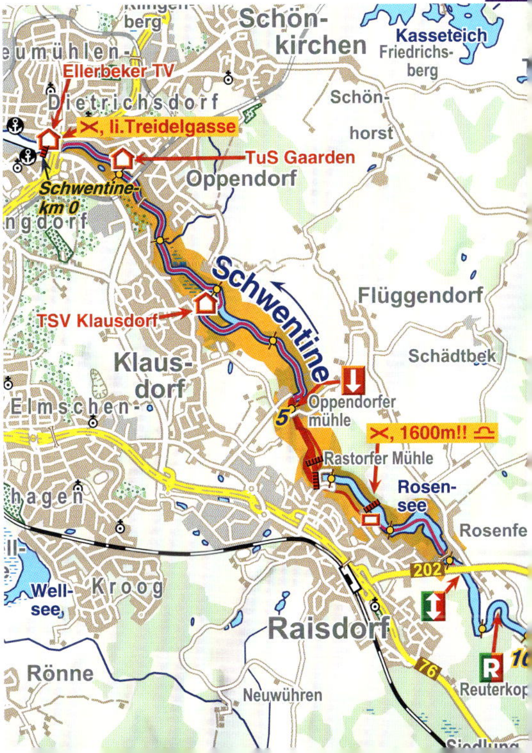

Tour 28: Der Plöner See

Mit 28 Quadratkilometern Wasserfläche und einer maximalen Tiefe von 56 Metern ist der vollständig im Naturpark Holsteinische Schweiz gelegene See der größte und tiefste in Schleswig-Holstein. Am Nordufer liegt die Kreisstadt Plön mit dem Wahrzeichen des Sees, dem Plöner Schloss. Der östliche Teil ist mit dem westlichen Teil des Sees durch einen Flachwasserbereich verbunden, der seit 1992 als Naturschutzgebiet ausgewiesen ist. In diesem Bereich des Gewässers befinden sich auch die meisten Inseln, die vielen verschiedenen Vogelarten störungsarme und windgeschützte Brutplätze bieten.

Perle der Holsteinischen Schweiz

Auf dem Parkplatz bei Bosau machen wir uns startklar, kein Surfer, kein Schlauchbootfahrer oder Badegast ist zu sehen. Vereinzelt machen sich Bootseigner daran, ihre kleinen Segelschiffe für die anstehende Saison rauszuputzen. Spiegelglatt, im Sonnenlicht glänzend, liegt der See vor uns. Fast lautlos gleiten die Boote ins Wasser, die ersten Paddelschläge entfernen uns rasch vom Ufer, und wir genießen die unendliche Ruhe, die nicht einmal vom Lärm irgendeines Motorbootes zerrissen wird. Nur die Stimmen der unzähligen Vogelarten, die hier ihr zu Hause haben, dringen an unsere Ohren. Besonders Möwen und startende Schwäne stellen sich in den Vordergrund.

Wir entscheiden uns, den See gegen den Uhrzeigersinn zu befahren und haben so das Plöner Schloss vor Augen, welches langsam aber sicher immer mehr an Konturen annimmt, auch die zu Füßen liegende Altstadt zeichnet sich in ihren Strukturen mehr und mehr vom verschwommenen Horizont ab. Zu nahe wollen wir jedoch nicht an Plön heranfahren. Wir wollen weiterhin die Stille genießen und queren die Wasserfläche zu den vielen kleinen Inseln mitten im See. Man kommt sich vor wie in den Gefilden Skandinaviens. Unendlich viele Vögel bevölkern diese Eilande. Das Betreten der Inseln ist jedoch mit Ausnahme der Insel Langeswarder (tagsüber) verboten. Ein Befahrungsverbot gilt in diesem Gebiet auch für die Umfahrt der Halbinsel Störland. Dahingehend sollte man sich vor Fahrtantritt über den zu meidenden sensiblen Teil des Gewässers informieren, damit noch viele andere Bootfahrer die Mög-

Majestätisch thront das Plöner Schloss über der Stadt.

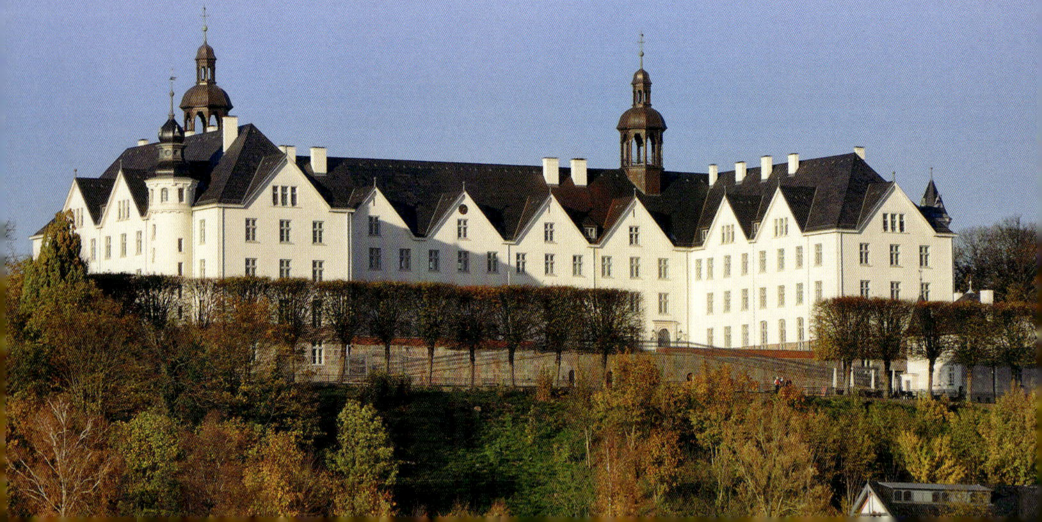

lichkeit haben, diese einzigartige, jungeiszeitliche Moränenlandschaft der Holsteinischen Schweiz zu bestaunen.

Wir paddeln noch eine größere Runde durch den Seeteil von Ascheberg, bevor wir die Inselgruppe erneut passieren, um letztendlich Kurs auf den Südzipfel des Plöner Sees zu nehmen. Das spiegelglatte Gewässer verschmilzt am Horizont mit dem satten Gelb der Rapsfelder, deren süßlichen Geruch man schon förmlich in der Nase spürt.

Von den an manchen Tagen vorherrschenden "Ententeich-Bedingungen" des Plöner Sees sollte man sich allerdings nicht täuschen lassen. Hier können Wind und Wetter auch schnell für andere Bedingungen sorgen, und plötzlich auftretende Fallwinde setzen dann ein entsprechendes Maß an Bootsbeherrschung voraus. Entsprechend sollte auch die Ausrüstung gewählt werden. Gerade bei Querungen des Sees erkennt man immer wieder die tatsächliche Größe des Gewässers, und eine Kenterung ohne Rollenkenntnis und mit mangelnder Ausrüstung (besonders, wenn die Wassertemperaturen außerhalb der sommerlichen Hauptsaison alles andere als warm sind) könnte fatale Folgen haben.

Langsam verschwindet das Sonnenlicht hinter bedrohlich schwarzen Wolken, hier und da brechen spotartig einzelne Sonnenstrahlen durch die Wolkendecke und tauchen die Szenerie in ein gespenstisches, schaurig-schönes Licht. Unsere Paddelschläge werden zunehmend schneller und wir kreuzen den See deutlich eher Richtung Bosau als geplant, um dem Regen zu entkommen. Kurz bevor die Boote auf den kleinen Sandstrand am Zielort rauschen, erreichen uns doch noch schwere, dicke Regentropfen.

Schnell laden wir die Kajaks auf das Autodach und verlassen fluchtartig die Gestade, an denen wir kurz zuvor noch so viel Freude hatten. Mittlerweile haben wir den Plöner See richtig ins Herz geschlossen und besuchen ihn jährlich mehrfach.

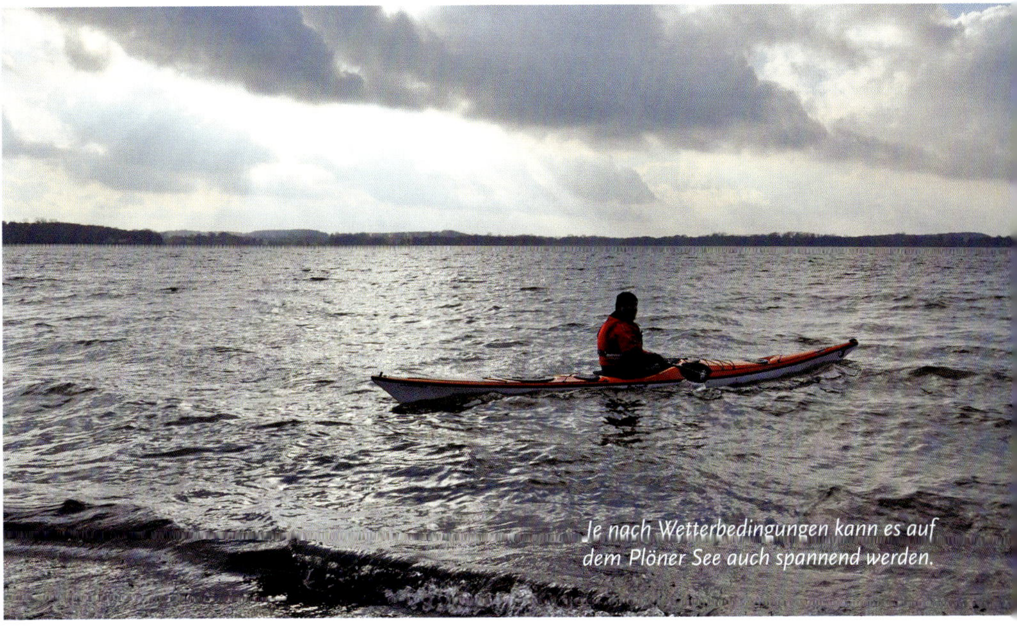

Je nach Wetterbedingungen kann es auf dem Plöner See auch spannend werden.

KURZ-INFO PLÖNER SEE
Im östlichen Schleswig-Holstein gelegener größter und tiefster See des nördlichsten Bundeslandes

Befahrungszeit: fast ganzjährig

Fahrstrecke:
Beliebig, je nach Streckenführung sind Touren bis zu 30 Kilometer möglich.

Besonderheiten: Ganzjähriges Uferbetretungsverbot auf fast allen Inseln mit der Ausnahme von Langeswarder tagsüber! Es gilt ein ganzjähriges Befahrungsverbot für die Störland-Umfahrt

Gefahren: Der Plöner See ist ein echtes Großgewässer und nur mit der entsprechenden Vorsicht zu befahren, dies gilt im Besonderen bei starkem Wind!

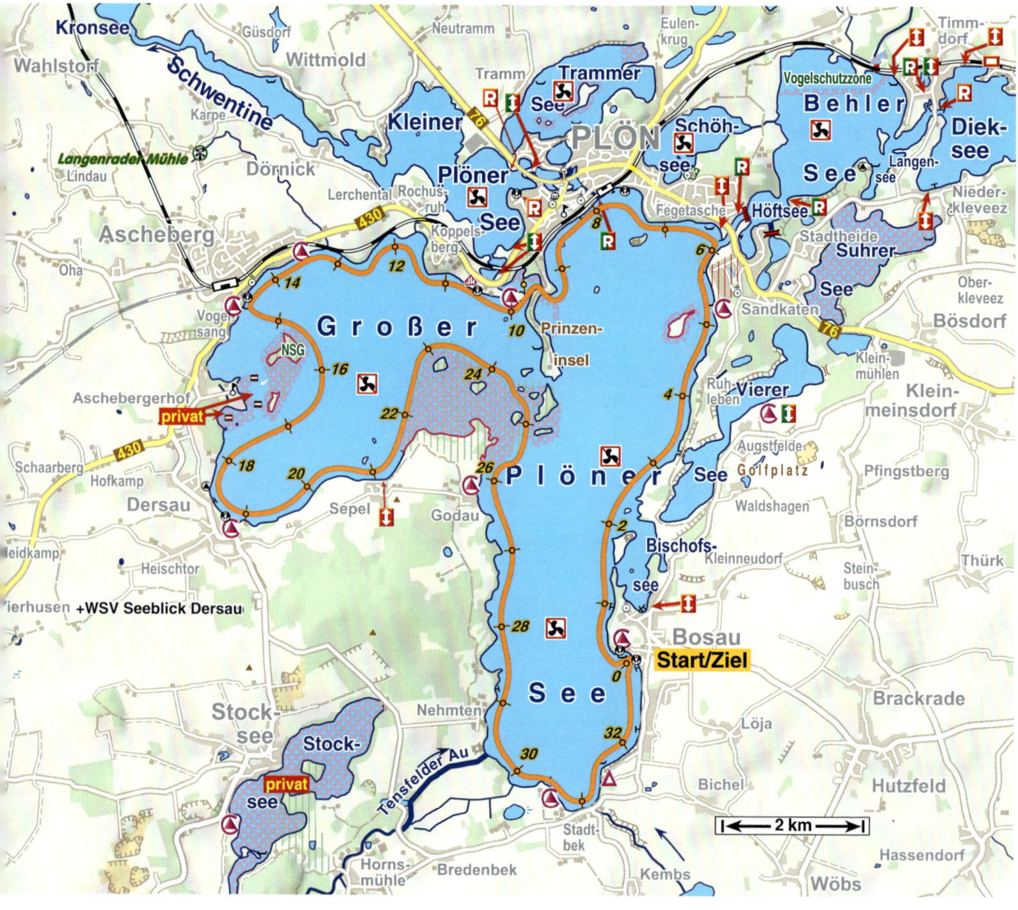

SCHLEI - LOITER AU

Das Kanurevier Schlei - Loiter Au liegt inmitten des nördlichsten Naturparks Schleswig-Holsteins. Vierundvierzig Gemeinden und Städte mit insgesamt 50 000 Hektar Fläche umfassen den Park auf beiden Seiten des Fjords. Als Herzstück des Naturparks zeichnet sich die Schlei durch ihre reizvolle Umgebung und besondere Naturschönheit aus. Sanfte Hügel, sattgrüne Wälder, idyllische Knicklandschaften und leuchtende Rapsfelder laden ebenso wie Sandstrände und Badebuchten zum Entdecken entlang der uralten Lebensader Schlei ein. Der Wechsel vom Salzwasser zum Brackwasser bietet einen Lebensraum für die unterschiedlichsten Tierarten. Die strömungsberuhigten Wasserflächen der Schlei stellen Brut-, Rast- und Überwinterungsgebiete zahlreicher gefährdeter Vogelarten dar.

Das Gebiet des Naturparks gehört zu den am frühesten besiedelten Gebieten Schleswig-Holsteins. Archäologische Funde belegen die Anwesenheit von Menschen bereits für den Zeitraum um 7 000 v.Chr. Zur Zeit der Wikinger war die Schleiregion eine hochentwickelte maritime Kulturlandschaft. Der Handelsplatz Haithabu war Dreh- und Angelpunkt vieler kaufmännischer Beziehungen zu den Nachbarländern und galt als eine der bedeutendsten Siedlungen Nordeuropas. Im Wikingermuseum Haithabu ist die damalige Zeit noch heute erlebbar.
Historisch gesehen hat auch die römische Kaiserzeit, die Barockzeit und nicht zuletzt die Fischerei ihre Spuren hinterlassen. Von imposanten Herrenhäusern und Gutsanlagen über verträumte Dorfkirchen bis hin zum pompösen Dom, die Schleiregion ist in ihrer Vielfältigkeit, die sich am besten vom Wasser aus erleben lässt, kaum zu überbieten und lockt mit ihrem maritimen Charme immer wieder auf's Neue.

Gewässer

Mit rund vierzig Kilometern ist die Schlei die längste Ostseeförde. Eigentlich paddelt man hier auch keinen Fluss, sondern befindet sich auf einem Meeresarm, was man an einigen Engstellen allerdings kaum glauben mag. Andere Bereiche sind jedoch so breit, dass man an dunstigen Tagen kaum mehr das gegenüberliegende Ufer erkennen kann. Die Schlei ist ein Revier mit vielen Gesichtern, und wenn die Wogen aufgrund des kräftigen Windes hier einmal zu hoch schlagen sollten, bietet sich die urige, nördlich einmündende Loiter Au (Füsinger Au) als lohnende Alternative an. Zahlreiche Tourenmöglichkeiten lassen in diesem Revier den geplanten Urlaub schnell einmal zu kurz werden.

Kanuvermietungen

- lebendig und draußen, Strandweg 2
  24864 Brodersby, Tel. 04622/180765
  www.lebendigunddraussen.de

- Kanuverleih/Urlaubstagungshaus Feldmann
  Teichstr. 2, 24864 Goltoft, Tel. 04622/2620
  www.feldmann-goltoft.de

- Fahrrad- und Kanuverleih Seemann
  Dorfstr. 20b, 24398 Winnemark
  Tel. 04644/1065
  www.fahrradverleih-seemann.de

- Eventnature Kanuvermietung Schlei
  Mühlenberg 2-4, 24398 Sundsacker
  Tel. 04644/9737170, *www.eventnature.de*
  www.kanuvermietung-schlei.de

Unterkünfte, Übernachtungsmöglichkeiten

Campingplätze

- Campingpark Schlei-Karschau, Karschau 56
  24407 Rabenkirchen-Faulück
  Tel. 04642/920820
  www.campingpark-schlei.de

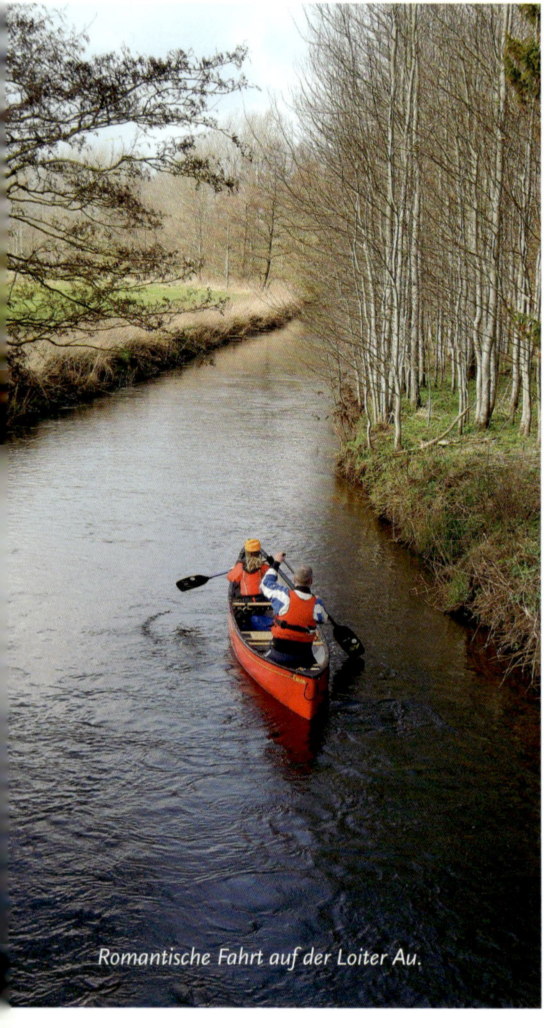

Romantische Fahrt auf der Loiter Au.

- Campingplatz Lindaunis, Schleistr. 1
  24392 Boren, Tel. 04641/7317
  www.camping-lindaunis.de

- Campingplatz Wees am Ostseefjord Schlei
  An de Wees 16, 24354 Kosel, Tel. 04354/98430
  www.camping-schlei.de

Jugendherbergen

- Jugendherberge Borgwedel, Kreisstraße 17
  24857 Borgwedel, Tel. 04354/219
  www.jugendherberge.de/jh/borgwedel
  (auch Kanuverleih)

Wohnmobilstellplätze (kostenlos)

- Wohnmobilstellplatz: Wittgenstein 2 (Autohof Wikingerland), 24866 Busdorf

- Wohnmobilstellplatz: Eckernförder Str. (Aral Autohof), 24376 Kappeln OT Ellenberg

Informationsstellen

- Tourist-Information Schleswig, Plessenstr. 7
  24837 Schleswig, Tel. 04621/850056
  touristinformation@schleswig.de
  www.ostseefjordschlei.de

- Tourist-Information Schönhagen, Strandstr. 13
  24398 Ostseebad Schönhagen
  Tel. 0800/2020240 (kostenlos a. d. dt. Festnetz), *info@schoenhagen-ostsee.de*
  www.schoenhagen.de

- Naturpark Schlei e.V., Amisser Str. 12
  24407 Rabenkirchen-Faulück
  Tel. 04642/183-33, *info@naturparkschlei.de*

Die Schlei

Die Schlei ist ein Nebenarm der Ostsee zwischen Schleswig und Schleimünde, allerdings glaubt man eher, sie sei eine Seenlandschaft, die durch flussartige Abschnitte verbunden ist. Zahlreiche kleinere Auen münden in die Schlei, so dass ein Gemisch aus Süß- und Salzwasser, dem sogenannten Brackwasser, entsteht. Je näher man zur Küste kommt, desto salziger wird es. Die Schlei trennt zwei Landschaften, Angeln im Norden und Schwansen südlich gelegen. Im 10. Jahrhundert hatte der Fluss als Wasserweg sehr große Bedeutung. Um bei den Fahrten zwischen Nord- und Ostsee den gefürchteten Weg durch das Kattegat und über dass Skagerrak zu vermeiden, befuhren die Wikinger die Schlei und errichteten in der Nähe des heutigen Schleswig ihre Handelsstadt Haithabu. Von hier aus gelangten sie nach der Überbrückung eines ca. 15 Kilometer langen Landweges in das Flusssystem von Treene und Eider, also somit auch zur Nordsee. Heute hat die Schlei als Wasserwirtschaftsweg keine größere Bedeutung mehr, dafür gewinnt die Region jedoch stetig an touristischer Akzeptanz. Dennoch besteht entlang der gesamten Schlei eine betonnte Fahrrinne, so dass auch größere Segeljachten und mittlere Küstenfrachter den Ostseefjord befahren können. Die Schlei ist ein idyllisches Revier für Kanuten, auch die Befahrung der Buchten und Noore ist sehr lohnend. Allerdings kann die Schlei bei kräftigem Wind auch recht rau werden, es entstehen hier sehr kurze und relativ hohe Wellen, so dass der Wetterbericht zum Pflichtprogramm einer Schleitour gehört.

Tour 29: Schlei - Auf den Spuren der Wikinger

Die ehrwürdige Stadt Schleswig, deren Namen aus dem Altnordischen stammt und soviel wie

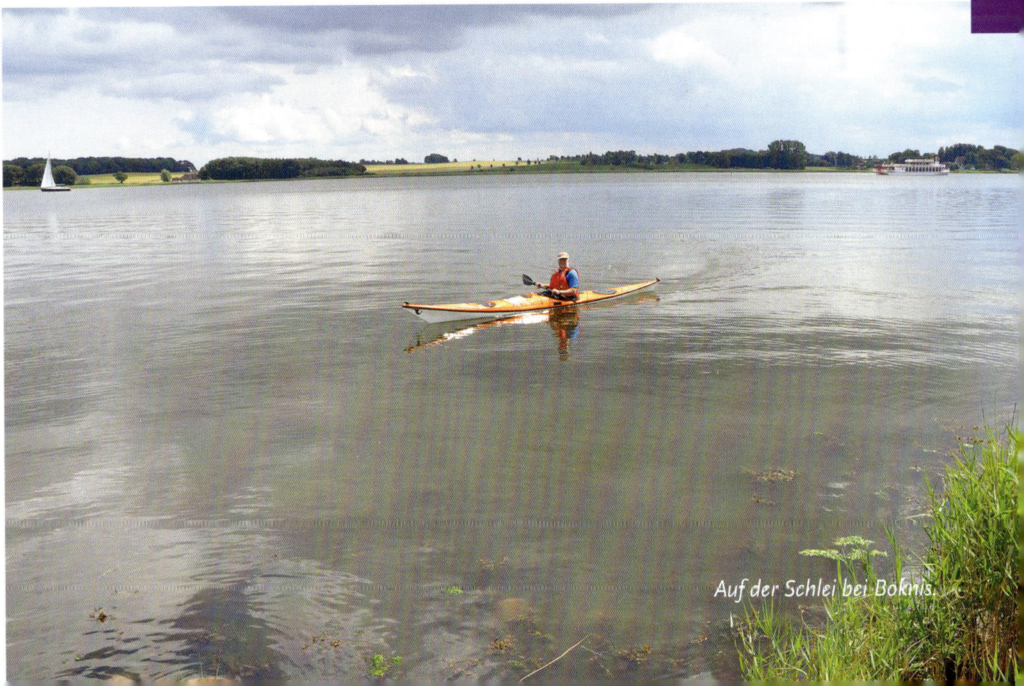

Auf der Schlei bei Boknis.

"Hafen an der Schlei" bedeutet, ist zumeist Startplatz einer Kanutour auf dem Ostseefjord. Der weithin sichtbare Turm des St. Petri Doms und das imposante Schloss Gottorf bestimmen maßgeblich das Stadtbild. Das Schloss ist eines der bedeutendsten Bauwerke des Landes Schleswig-Holstein und wurde während seiner 800-jährigen Geschichte mehrfach umgebaut und erweitert, dabei wandelte sich das Gemäuer von einer ehemaligen mittelalterlichen Burg über eine Renaissancefestung bis hin zum Barockschloss. Ähnlich dem Plöner Schloss unterlag der Komplex unterschiedlichsten Nutzungen. Vom Sitz des dänischen Stadthalters über eine Kaserne bis zur Nutzung als Landesmuseum hatte das Schloss eine bewegte Geschichte. Heute beherbergt das Gebäude gleich zwei Museen. Zum einen das Museum für Kunst- und Kulturgeschichte und zum anderen das Archäologische Landesmuseum mit seiner über die Grenzen hinaus bekannten Außenstelle Haithabu.

Als Vorfahrt zur Schleitour bietet sich eine kleine Rundfahrt auf dem Haddeyer Noor an. Der heutige Binnensee ist durch zwei Abläufe mit der Schlei verbunden, an seinem Westufer lag einst die Wikingersiedlung Haithabu. Etwas nördlicher gelegen finden wir den kleinen Ort Haddeby, in dem auch das Wikingermuseum untergebracht ist. Neben dem Museum gibt es an dem Ufer des Noors ein historisches Freilichtgelände mit sieben Wikingerhäusern und eine Landebrücke. Zurück auf der Schlei wenden wir uns Richtung Osten. Rechtsseitig passieren wir Fährdorf und blicken nun bereits auf die voraus liegende "Stexwiger Enge". Linksseitig liegt die Ausbuchtung "Kleine Breite", in welche die Füsinger Au mündet. An der schmalsten Stelle des Fjords wechseln wir auf die andere Uferseite. Einige Bojen und Hinweisschilder führen uns nun in gebührendem Abstand am Naturschutzgebiet der Halbinsel Reesholm vorbei, unzählige Gänse bevölkern diesen urwüchsigen Ort. Der Lärm eines vor-

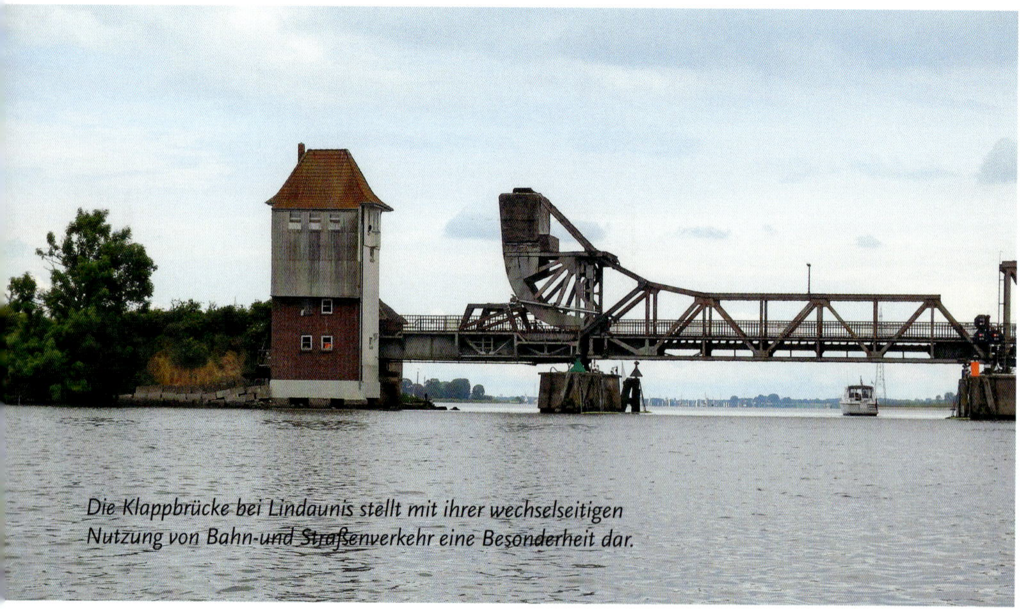

Die Klappbrücke bei Lindaunis stellt mit ihrer wechselseitigen Nutzung von Bahn-und Straßenverkehr eine Besonderheit dar.

beifahrenden Motorbootes versetzt die Kolonie in Alarmbereitschaft, und ein lautes Kreischen, gepaart mit den Flügelschlägen aufsteigender Vögel, zerreißt kurzfristig die Stille. Schnell beruhigt sich die Szenerie wieder und die gewohnte Ruhe kehrt zurück. Allerdings sind wir mittlerweile in Alarmbereitschaft, denn mit derartig hohen Wellen von achtern, verursacht durch das schon längst aus den Augen verlorene Motorboot, hatten wir nicht gerechnet.

Wie ein riesiger See, gespickt mit vielen weißen Dreiecken der Segelboote, öffnet sich die "Große Breite" der Schlei vor uns. Wer nicht sattelfest im Boot sitzt, sollte sich nun in der Nähe des nördlichen Ufers bewegen. Der kürzere Weg führt mit einer langen Querung, die schon deutlich an das Kanu-Küstenwandern erinnert, direkt auf das gegenüberliegende, kaum erkennbare Ufer zu. Die Betonnung der Fahrrinne erleichtert die Orientierung enorm und führt uns sicher Richtung Missunde. Der Namen des Fährortes ist aus dem dänischen Mysunde abgeleitet und bedeutet treffenderweise "schmale Schleienge". Der im 18. und 19. Jahrhundert oft umkämpfte, strategisch wichtige Ort kämpft heutzutage eher um die touristische Gunst in der idyllischen Region.

Schon von weitem lässt sich die Schleibrücke von Lindaunis am Horizont ausmachen. Einige stärkere Böen zwingen uns jedoch, die nun folgenden größeren Buchten mehr oder weniger auszufahren, wodurch wir die Brücke wieder aus den Augen verlieren. Die Fjordlandschaft ist nun sehr abwechslungsreich. Sanfte Hügel mit fruchtbarem Acker- und Weideland, vereinzelte Waldabschnitte und sogar kurze Steilküstenabschnitte umschmeicheln den Ostseearm. Immer wieder laden kleine aber feine, versteckt liegende Sandstrände zum Baden ein. Kurz, nachdem wir die letzte Landzunge des Gunnebyer Noors bei Ulsnis umrunden, ist die Schleibrücke bereits zum Greifen nahe. Die beeindruckende Konstruktion ist ein Relikt aus den 20er Jahren und seit 1997 denk-

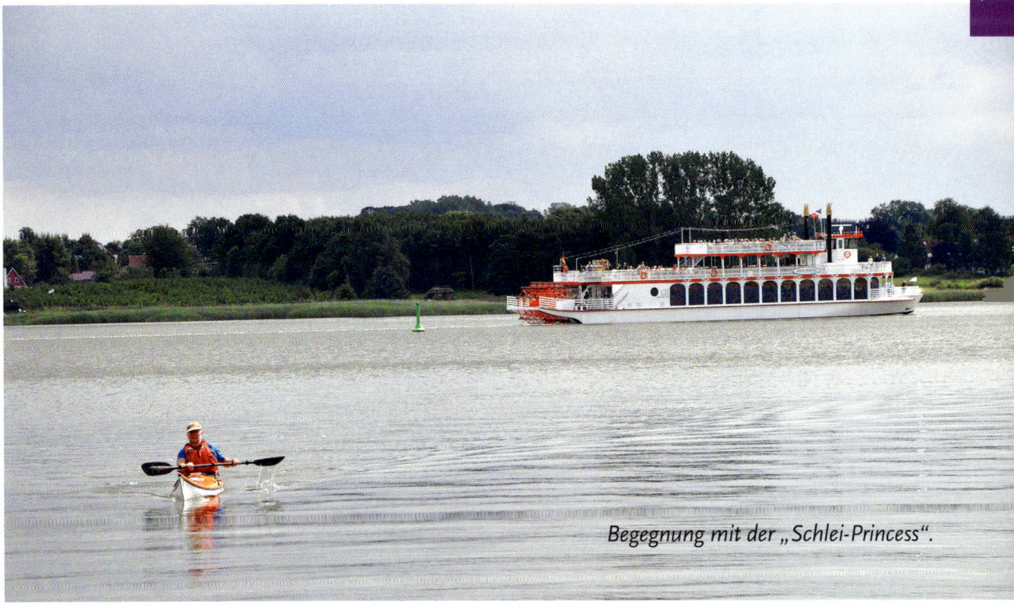

Begegnung mit der „Schlei-Princess“.

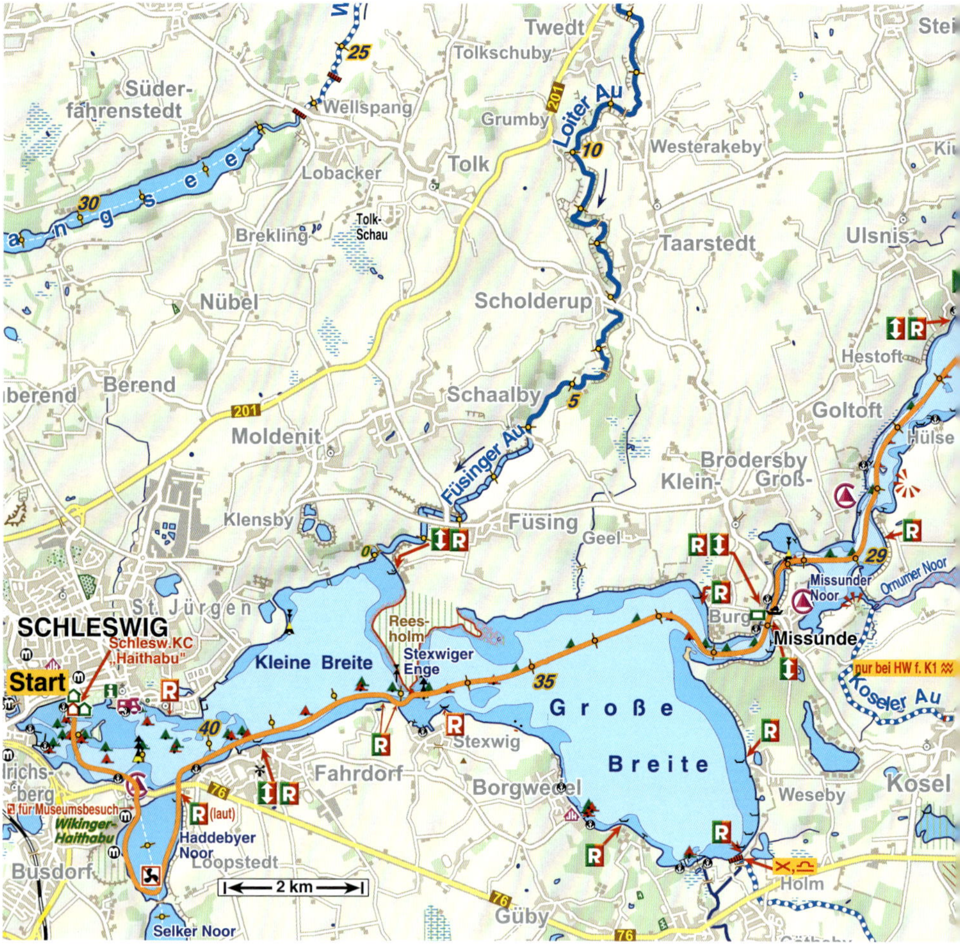

malgeschützt. Ähnlich wie die Schleibrücke in Kappeln öffnet sich die Klappbrücke jeweils zur vollen Stunde plus 45 Minuten. In den Sommermonaten (1.4.-31.10) geschieht dies täglich zwischen 5.45 Uhr und 21.45 Uhr. Während der Wintermonate (1.11.-31.3), öffnet sich die Brücke zwischen 7.45 Uhr und 17.45 Uhr. Die Besonderheit der Lindaunisbrücke liegt jedoch in der wechselseitigen Nutzung durch die Regionalbahn, die zwischen Kiel und Flensburg verkehrt, und den Straßenverkehr. Berühmtheit erlangte dieses einzigartige Bauwerk auch durch die ZDF-Serie "Der Landarzt".

Kurz nach der Brücke verengen links und rechts zwei kleinere Halbinseln, sogenannte Haken, den Fjord, und schon bald erkennen wir den am Südufer gelegenen alten Fischerort Sieseby. Schräg gegenüber am Nordufer befinden sich nur ein paar vereinzelte Häuser von Boknis, unweit derer der versteckt liegende urige Pausenplatz "Sieben Eichen" mit kleinem Sandstrand das Ende der Tour markiert.

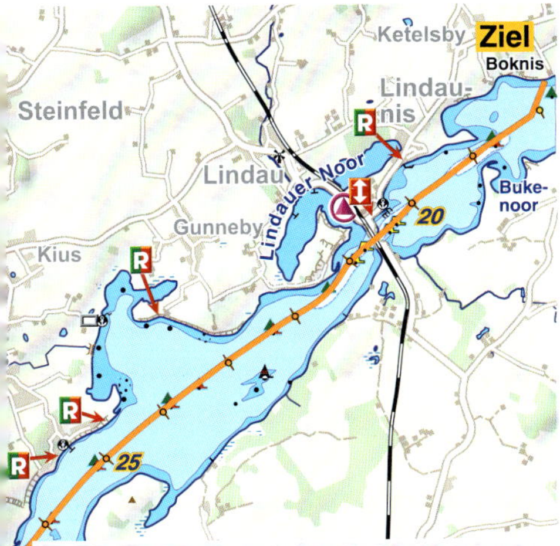

KURZ-INFO OSTSEEFJORD SCHLEI (ETAPPE 1)

Befahrungszeit: fast ganzjährig

Fahrstrecke:
Schleswig – Boknis (Sieben Eichen) am Nordufer bzw. Sieseby (Alte Fähre) am Südufer, ca. 23 km

Besonderheiten: Auf der gesamten Schlei gelten mehrere, ganzjährige Uferbetretungs- und Befahrungsverbote, die zumeist auch entsprechend gekennzeichnet sind.
Zusammengefasst sind folgende Bereiche betroffen:

- Möwenberg bei km 42,9
- Halbinsel Reesholm bei km 38
- Insel Heestholm bei km 36,3
- NSG Schleimündung bei km 0,0

(Die Kanuwiese zur Übernachtung bei der Lotseninsel liegt außerhalb des NSG und darf genutzt werden)

Gefahren:
Die Schlei ist ein Großgewässer und macht eine wettertechnische Vorplanung notwendig. Bei entsprechend starkem Wind können Touren auf der Schlei sehr anspruchsvoll bis gefährlich werden. Ebenfalls muss mit kräftigen Wellen seitens der Motorboote gerechnet werden.

Optionen:
Als Vorfahrt zur Schleitour bietet sich eine Umrundung des Haddebyer Noors mit Blick auf die anhand von Ausgrabungen nachgebaute Winkingersiedlung des Freilichtmuseums an.

Kultur und Freizeit:

- Schloss Gottorf: Zwei Landesmuseen unter einem Dach. Das Museum für Kunst und Kulturgeschichte präsentiert eine umfangreiche Sammlung vom Hohen Mittelalter bis zur Kunst der Gegenwart. Die Archäologie hingegen ist ein Archiv für 120 000 Jahre Landesgeschichte und Schaufenster der aktuellen Forschung.
  www.schloss-gottorf.de
- Wikinger Museum Haithabu: Kaum ein anderer Ort in Europa präsentiert die Wikingerkultur so modern und vielseitig wie das Museum vor den Toren Schleswigs. Zusätzlich gewährt das historische Freigelände mit sieben Wikingerhäusern und einer Landebrücke Eindrücke aus einer längst vergangenen Zeit.
  www.schloss-gottorf.de/haithabu
- Schiffsfahrten auf der Schlei: Für alle Nichtpaddler bieten diverse Ausflugsschiffe die Möglichkeit, in die einzigartige Natur des Ostseefjords vorzudringen.
- Besonders interessant ist eine Fahrt mit dem Raddampfer "Schlei Princess" inklusive Mississippifeeling. (*www.schleiraddampfer.de*)

Tour 30: Schlei
Den Heringen entgegen

Beim urigen Fischerdorf Sieseby direkt an der alten Fähre setzen wir unsere Kajaks ein und nehmen Kurs Richtung Ostsee. Doch bevor sich die Schlei bei Arnis deutlich verengt, sind wir gerade bei stärkerem Ostwind auf dem zunächst ziemlich breiten Fjord nicht unerheblichen Wellen ausgesetzt. Unerfahrene Kanuten sollten sich dann unbedingt in Ufernähe aufhalten. Arnis selbst ist mit rund 300 Einwohnern und einer Fläche von 0,45 Quadratkilometern sowohl von der Einwohnerzahl als auch von der Fläche her die kleinste Stadt Deutschlands. Der idyllische Fährort wartet mit einem geschützten Hafen und einem Kanuverleih auf. Ein wenig abseits entdecken wir die bereits seit längerem außer Dienst gestellte "Schlei Princess 1", die Vorgängerin des zur Zeit auf dem Fjord verkehrenden Raddampfers. Kaum liegt die engste Stelle des Gewässers, die immerhin auch noch um die 300 m misst, hinter uns, erkennen wir in der Ferne bereits die Umrisse von Kappeln.

Die Gemeinde Kappeln ist wohl der bekannteste Ort der Region. Der Name leitet sich von "Kapelle" (kleine Kirche) ab, da hier auf dem hohem Schleiufer bereits im 14. Jahrhundert eine Kapelle stand, um die herum sich schließlich der Jahrhunderte alte Fischerort entwickelte. Seit dem Ende der 50er Jahre lebte der Ort hauptsächlich von dem damals neu eingerichteten Marinestützpunkt Olpenitz und den damit verbundenen Einrichtungen der deutschen Marine. Heute hat Kappeln als "Hauptstadt" der östlichen Schleiregion hauptsächlich touristische Bedeutung. Einen überregionalen Bekanntheitsrang erlangte Kappeln in dieser Hinsicht besonders durch die "Heringstage". Dieses in Norddeutschland sehr bekannte Volksfest zu Christi Himmelfahrt erinnert an den Heringszaun, ein Denkmal für eine Art der Fischerei, wie sie heute wirtschaftlich nicht

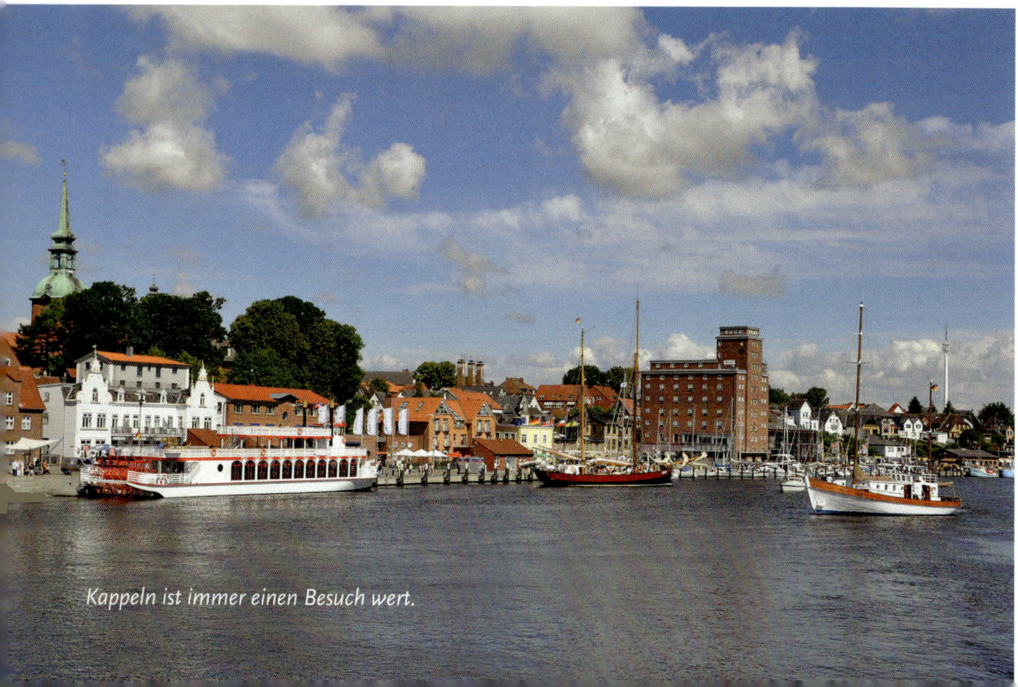

Kappeln ist immer einen Besuch wert.

mehr genutzt wird. Im Mittelpunkt des bunten Treibens steht die Heringswette. Es gilt, den aktuellen Fang des Tages am Heringszaun zu schätzen. Der- oder diejenige mit dem genauesten Tipp wird für ein Jahr lang Heringskönig oder - Königin.

Kurz nach dem Unterfahren der Klappbrücke, von deren Öffnungszeiten (jeweils 15 Minuten vor der vollen Stunde) wir aufgrund unserer geringen Höhe unabhängig sind, haben wir die Qual der Wahl, für welche Uferseite wir uns entscheiden. Rechterhand lockt naturbelassene Landschaft, während linksseitig das maritime Leben steppt. Einen Kompromiss kann man hier übrigens nicht eingehen, denn inmitten der Schlei versperrt ein Relikt aus längst vergangenen Tagen die Weiterfahrt. Der mittlerweile in Europa einzigartige Heringszaun aus dem 15. Jahrhundert besteht aus Pfählen, welche in den Fördegrund gerammt und mit Flechtwerk verbunden sind. Der Heringszaun verengt sich vergleichbar einer großen Reuse trichterförmig und leitet die im zeitigen Frühjahr zum Laichen die Schlei aufwärts ziehenden Heringe in ein Netz, welches sich am Ende des Zaunes befindet. Wir passieren diesen Zeitzeugen auf der linken Seite und lassen das pralle Leben Kappelns im Vorbeipaddeln auf uns wirken. Bunte Fischerboote, Ausflugsdampfer, Yachten und Segelboote nebst einer quirligen Hafenmeile geben dem Ort ein gewisses Flair und laden zum anschließenden Landgang ein.

Sobald sich die moderne Klappbrücke öffnet, welche die bereits 1927 in Betrieb genommene Drehbrücke im Jahre 2002 ersetzte, strömt an schönen Tagen eine Armada von Segelbooten in allen Varianten und Größen wie überdimensionierte Perlen aneinandergereiht Richtung Ostsee. Kurz nach Rabelsund, der letzten Engstelle des Fjords mit schönen Pausenplätzen am Südufer, verteilt sich der Seglerreigen jedoch wieder auf der nunmehr recht breiten Schlei. Kurz vor Beendigung der Schleitour verliert sich der Blick bereits in der Weite des Ostsee-

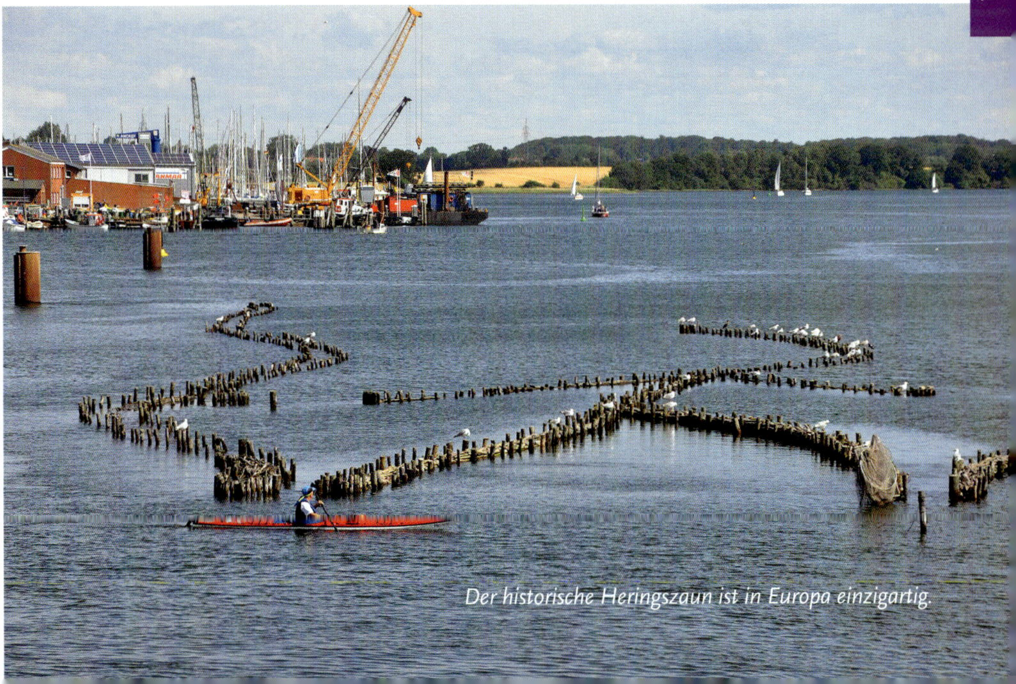

Der historische Heringszaun ist in Europa einzigartig.

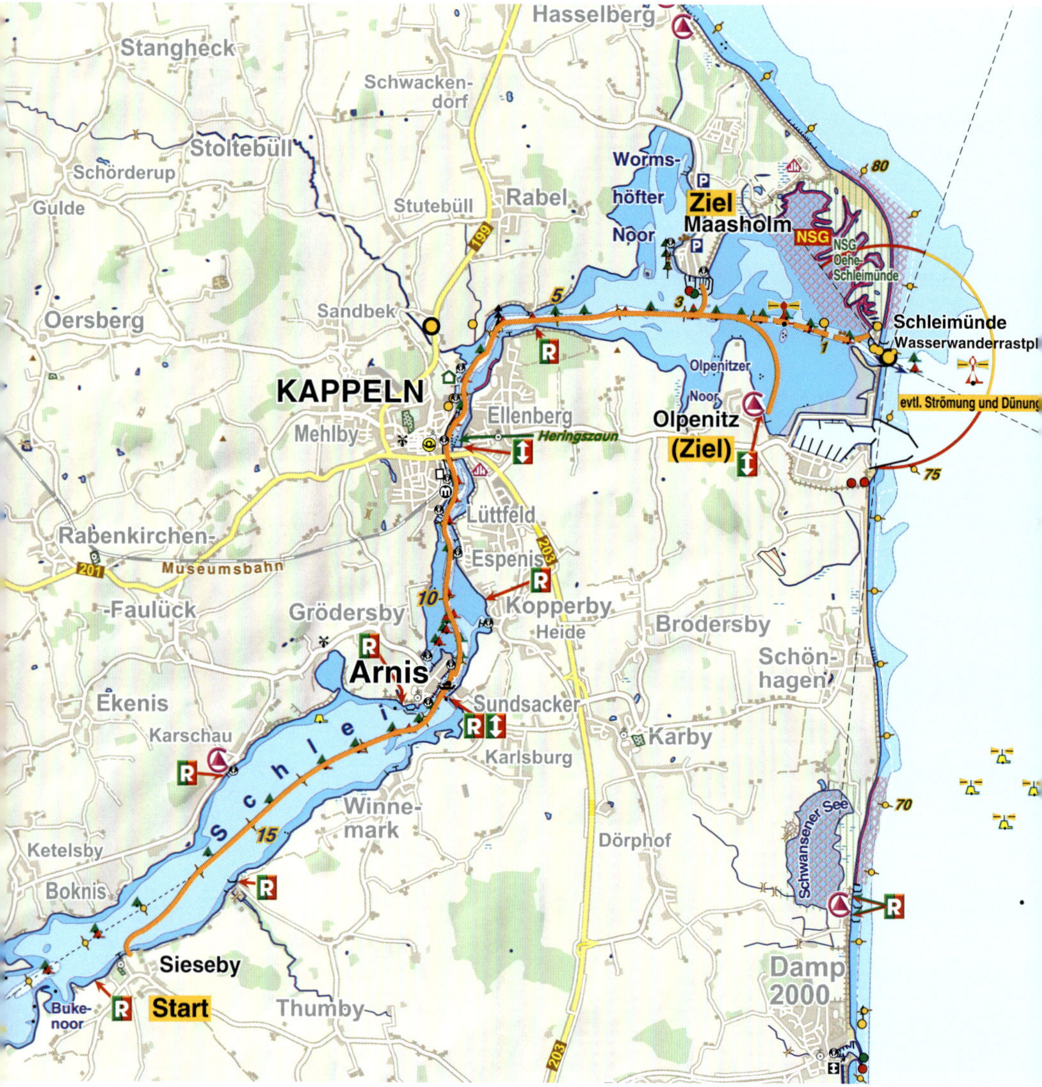

Horizonts. Nördlich, nach dem Überqueren des Höfter Noores, bietet sich Maasholm mit seinem Strand auf der Ostseite der Halbinsel als Endpunkt der Fahrt an, während wahlweise eine Beendigung der Etappe am Südufer beim Campingplatz in Olpenitz ebenfalls möglich ist. Alternativ kann man es jedoch durchaus mit Udo Lindenberg halten: "Hinterm Horizont gehts weiter!", über die Ostsee nach Flensburg oder vielleicht bis nach Dänemark, mit genügend Zeit in den Gepäckluken lassen sich die verblassten Spuren der Wikinger sicherlich noch weiter verfolgen...

KURZ-INFO OSTSEEFJORD SCHLEI (ETAPPE 2)

Befahrungszeit: fast ganzjährig

Fahrstrecke:
Wahlweise Sieseby (Alte Fähre) am Südufer oder Boknis (Sieben Eichen) am Nordufer – Olpenitz beim Campingplatz (hier nur wenige Parkplätze vorhanden) oder bis Maasholm am Ende des Ulewegs am Strand, ca. 16 km

Besonderheiten: Auf der gesamten Schlei gelten mehrere ganzjährige Uferbetretungs- und Befahrungsverbote, die zumeist auch entsprechend gekennzeichnet sind.
Zusammengefasst sind folgende Bereiche betroffen:

- Möwenberg bei km 42,9
- Halbinsel Reesholm bei km 38
- Insel Heestholm bei km 36,3
- NSG Schleimündung bei km 0,0 (Die Kanuwiese zur Übernachtung bei der Lotseninsel liegt außerhalb des NSG und darf genutzt werden.)
- Heringszaun bei Kappeln inmitten der Schlei, eine Weiterfahrt in Fahrrinnennähe ist ebenso möglich wie ein Passieren dicht am rechten Ufer entlang.

Gefahren: Die Schlei ist ein Großgewässer und macht eine wettertechnische Vorplanung notwendig. Bei entsprechend starkem Wind können Touren auf der Schlei sehr anspruchsvoll bis gefährlich werden. Ebenfalls muss mit kräftigen Wellen seitens der Motorboote gerechnet werden. Der Übergang zur Ostsee kann je nach Windverhältnissen mitunter sehr rau werden!

Optionen: Weiterfahrt auf der Ostsee als Mehrtagestour z.B. bis nach Flensburg.

Kultur und Freizeit:

- Lohnenswerter Stadtbummel durch Kappeln, *www.kappeln.de*
- Schiffsfahrten auf der Schlei: Für alle Nichtpaddler bieten diverse Ausflugsschiffe die Möglichkeit, in die einzigartige Natur des Ostseefjords vorzudringen.
- Besonders interessant ist eine Fahrt mit dem Raddampfer "Schlei Princess" inklusive Mississippi-feeling *www.schleirraddampfer.de*

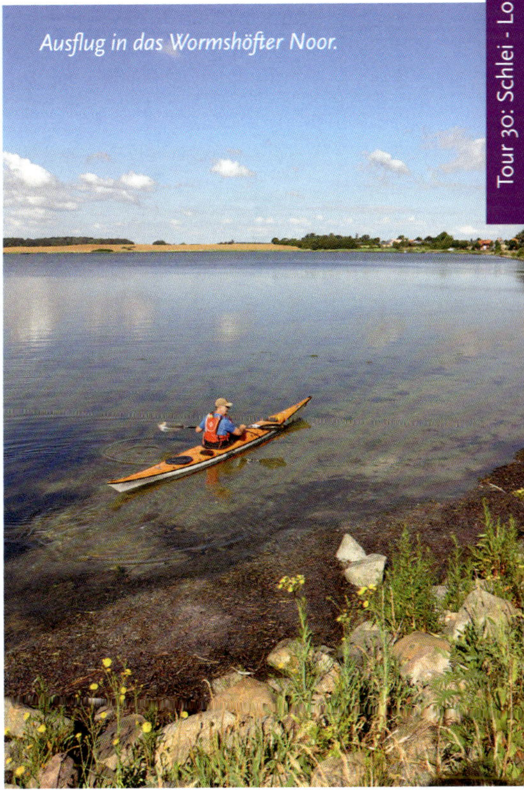
Ausflug in das Wormshöfter Noor.

Loiter Au - Füsinger Au

Die Loiter Au ist ein kleines, unter Paddlern eher unbekanntes Gewässer, das nördlich von Schleswig aus dem Langsee als Wellspanger Au entsteht. Auwaldufer und mit Mischwald bestandene Anhöhen vermitteln dem Kanusportler noch den Eindruck einer unberührten Landschaft. Ab Loit ist der Fluss fast ganzjährig befahrbar und wird bis zur Mündung in die Schlei von abwechslungsreichen Landschaftsbildern geprägt. Auf den letzten knapp sechs Kilometern zwischen der Brücke Scholderup-Taarstedt und der Straßenbrücke Schleswig-Füsing wartet der schönste Teil der Tour auf den Naturliebhaber, wobei dieser Abschnitt bereits Füsinger Au genannt wird.

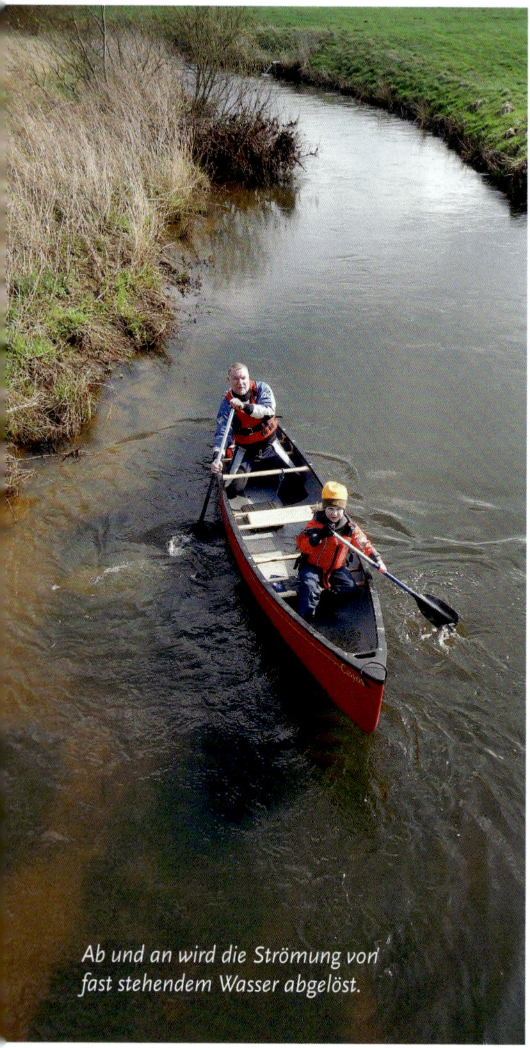

Ab und an wird die Strömung von fast stehendem Wasser abgelöst.

Tour 31: Loiter Au - Füsinger Au Expedition ins Tierreich

Bereits die Einbootstelle in Loit, beim Buswendeplatz direkt an der B201 gelegen, gibt den Charakter der Folgestrecke preis. Eine flotte Strömung trägt uns im tief eingeschnittenen Flussbett gesäumt von befestigten Ufern Richtung Scholderup. Ab und an wird die angenehme Strömung von ruhigeren, fast stehenden Abschnitten unterbrochen. Das Landschaftsbild bleibt zusehend spannend, diverse, in unmittelbarer Nähe zur Ostsee kaum vermutete Höhenzüge begleiten uns zumindest auf einer Uferseite während der ganzen Tour und suggerieren vom Weitem die kommende Einfahrt in eine tiefe Schlucht. Einige Findlinge und Baumhindernisse lassen paddeltechnisch gesehen die Fahrt nicht langweilig werden. Während der Vegetationszeit wartet auf uns jedoch noch ein weiteres Hindernis in Form des "Flutenden Hahnenfusses". Diese während der Blütezeit eigentlich recht hübsch anzusehende, bis zu sechs Meter lange Wasserpflanze kann den gewünschten Vorwärtsdrang auf diesem Teilstück der Loiter Au in den Sommermonaten enorm bremsen. Besonders interessant ist auf dieser Tour jedoch die Tiervielfalt. Neben Rehen, Hirschen, Fasane, und Gänsen sind Bisamratten sowie Ringelnattern keine Seltenheit. Mit dem entsprechenden Verhalten und einem gewissen

Zeitrahmen versehen gleicht hier eine Kanutour schon fast der "Expedition ins Tierreich". Auf etwas mehr als der Hälfte der Strecke befindet sich eine relativ neu errichtete Pegelanlage mit einem ansprechenden Rastplatz, der auch als Einstiegsstelle genutzt werden kann, jedoch nicht direkt mit dem Auto erreichbar ist. Auch weiterhin ändert die Loiter Au ihren einmal gezeigten Charakter bis zum Ausstieg nicht. Ein letztes Baumhindernis will überwunden werden, bevor die Brücken von Scholderup den Fluss überspannen. Die einladende, zwischen den beiden Brücken gelegene, mit Sitzbänken ausgestatte Kanuraststation ist zugleich Endpunkt der Tour bzw. Startpunkt der Tour 32, die uns bis in die Schlei führt.

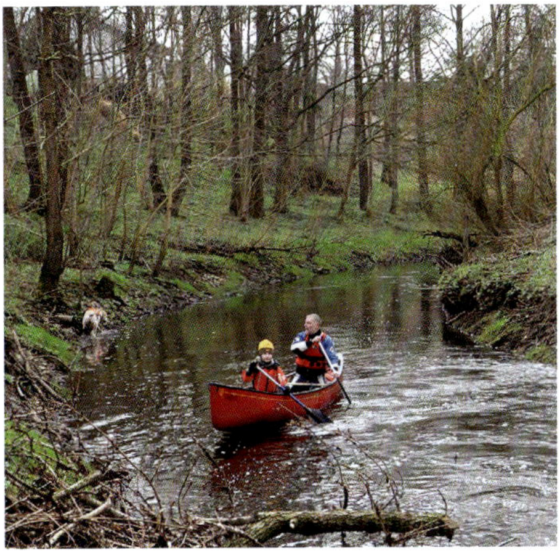

Auf der Loiter Au bleibt das Landschaftsbild abwechslungsreich und spannend.

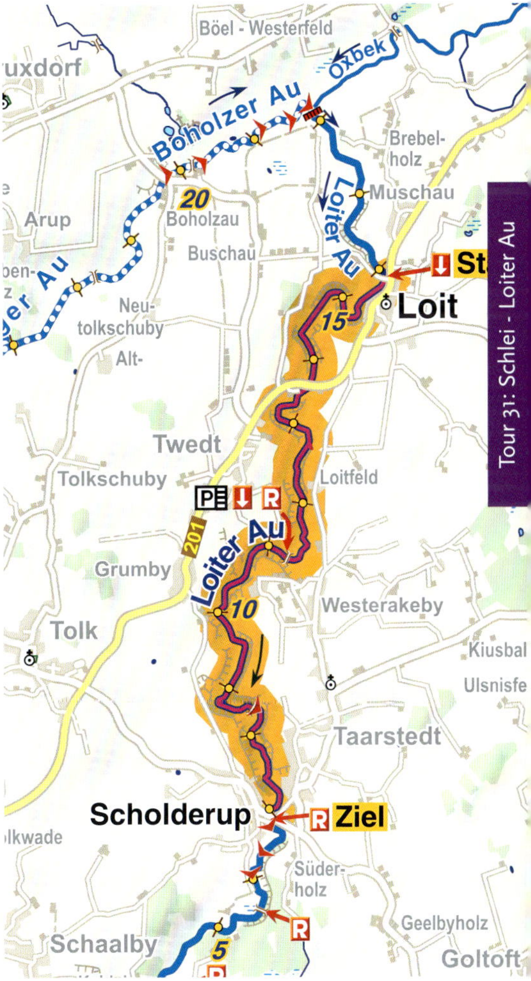

KURZ-INFO LOITER AU / FÜSINGER AU
Nördlicher Zufluss der Schlei

Befahrungszeit: fast ganzjährig

Fahrstrecke:
Loit (Buswendeplatz an der B201) – Straßenbrücke Scholderup-Taarstedt
ca. 9,3 km

Besonderheiten: In der Vegetationszeit erschwertes Paddeln durch Wasserpflanzenteppiche.

Gefahren: Vereinzelte Baumhindernisse in teils recht flotter Strömung

Tour 32: Loiter Au/Füsinger Au - Charakterwandel

Ein kleiner Schwall bildet den Auftakt zum zweiten Teil der Loiter Au Tour. Nach geraumer Zeit kommt linksufrig ein ansprechender Pausenplatz am Waldesrand in Sicht, der auch bei einer Bergfahrt vom Alternativstartpunkt Winningmay erreicht werden kann. Ab hier ändert sich nicht nur der bisherige Flusscharakter mit befestigten Ufern nebst einer flotten Strömung, sondern zugleich auch der Name des Gewässers. Kurz nach der kleinen Fußgängerbrücke an dem beliebten Rastplatz ist man nunmehr auf der Füsinger Au unterwegs. Zunehmend werden die Ufer natürlich, Waldbestand wechselt sich mit Wiesen und Feldern ab, während die Strömung stets geringer wird und letztendlich kaum mehr spürbar ist. Langsam weicht die naturbelassene Umgebung den ersten Anzeichen der Zivilisation. Die ehemaligen fotogenen Wahrzeichen Kahlebys, die schrägen Pappeln, sind mittlerweile der Motorsäge zum Opfer gefallen, so dass man sich optisch nur noch an der malerischen Kirche des Ortes erfreuen kann.

Je weiter man zur Schleimündung vorstößt, desto breiter wird die Au. Der Wind hat ein entsprechend leichtes Spiel und kann sogar dafür sorgen, den zuvor gewählten Ausstieg nochmals zu überdenken. Üppige Binsengürtel säumen die Uferzonen der mittlerweile maritim anmutenden Landschaft. Ein gewisser Hauch von Küste liegt bereits in der Luft, wenn man die kleine weiße Fußgängerbrücke kurz vor der Mündung in die Schlei passiert, obwohl die "echte" Ostsee noch gut dreißig Kilometer entfernt ist. Nur noch eine langgestreckte Flussbiegung weiter, und man befindet sich auf den schier unendlich erscheinenden Wasserflächen der Schlei. Spielen die Wetterverhältnisse mit, ist es nun ein Leichtes, die Badestelle bei Winningmay zu erreichen, ansonsten hilft nur der sichere Rückzug zur letzten Straßenbrücke, um das Naturerlebnis Loiter Au/Füsinger Au gefahrlos zu beenden.

Die Badestelle bei Winningmay bietet sich besonders außerhalb der Saison als idealer Start- und Endpunkt einer Füsinger Au-Tour an.

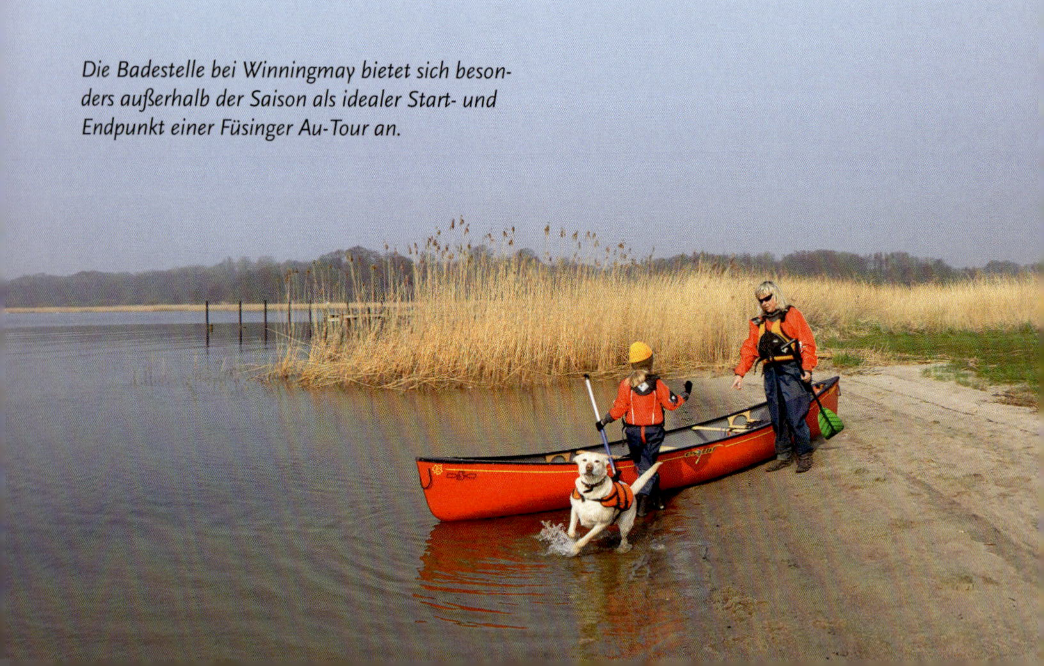

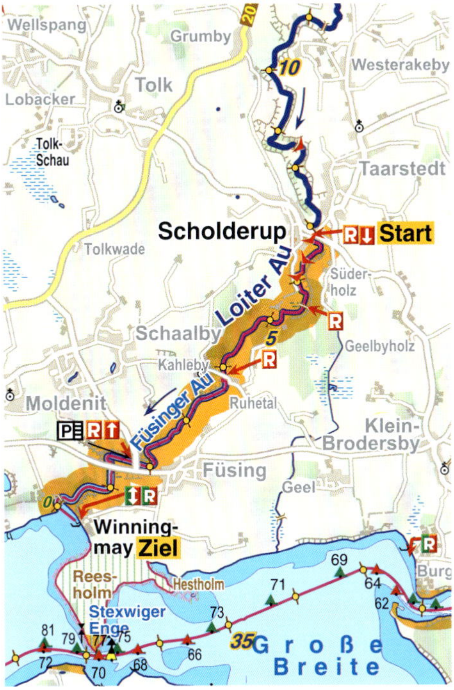

KURZ-INFO LOITER AU / FÜSINGER AU

Nördlicher Zufluss der Schlei

Befahrungszeit: fast ganzjährig

Fahrstrecke:
Straßenbrücke Scholderup-Taarstedt – Badestelle Winningmay an der Schlei ca. 7,5 km

Besonderheiten: Auf der Schlei darf die Halbinsel Reesholm (linksseitig der eigentlichen Ausstiegsstelle gelegen) zwischen dem 1. März und dem 1. September nicht betreten werden. Es ist ein Abstand von 50 Metern zum Ufer einzuhalten. Entsprechende Schilder sind aufgestellt.

Gefahren:
Je nach Wetterlage ist starker Wind mit entsprechender Wellenbildung auf der Schlei möglich. Im Zweifelsfall die Fahrt 1,5 Kilometer vor der Mündung an der Straßenbrücke Schleswig – Füsing beenden!

Optionen: Um das Autoumsetzen zu sparen, empfiehlt sich eine Picknick-Tour ab Winningmay an der Schlei, Au aufwärts bis zu einem schönen Pausenplatz am Waldrand kurz vor Scholderup und zurück. Eine anschließende sommerliche Badepause an der Schlei macht den Tag perfekt. (ca. 11 km)

Kultur und Freizeit:
- Freizeit-und Erlebnispark Tolk-Schau
  www.tolk-schau.de

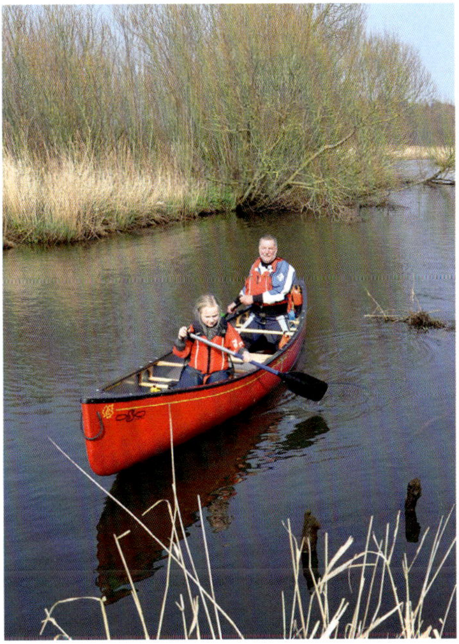

Geruhsame Fahrt kurz vor der Mündung in die Schlei.

EIDER - SORGE - TREENE

Das im Nordwesten gelegene "Dreistromland" ist die größte zusammenhängende Flusslandschaft Schleswig-Holsteins, umrahmt von den Städten Heide, Husum, Flensburg, Schleswig und Rendsburg. Sanft schlängeln sich die Flüsse durch eine einzigartige Kulturlandschaft mit reetgedeckten Häusern, weiten Wiesen und urigen Mooren. Die gute Zusammenarbeit von Landwirtschaft und Naturschutz formt die Region und sichert so vielen bedrohten Tierarten eine Rückzugsmöglichkeit. In dem größten Niederungsgebiet des nördlichsten Bundeslandes prägen stolzierende Störche, weidende Kühe, rufende Kiebitze und die seltenen Brachvögel ein kleines Stückchen Paradies.

Die Flusslandschaft Eider–Treene–Sorge bietet reizvolle Kanutouren von der Tagestour bis zur mehrtägigen Wanderfahrt in ländlicher Binnenregion. Ähnlich wie im Kanurevier Lauenburgische Seen–Trave signalisiert auch hier die "Gelbe Welle" den Kanuten ein "Herzliches Willkommen" und erleichtert die Orientierung an Land und auf dem Wasser. Außerdem informieren die Tafeln über Ausstattungen der Rastplätze sowie über Sehenswürdigkeiten der Region.

Gewässer

Die naturbelassene Treene mäandriert in unzähligen Windungen durch die Niederungen der Region und gilt als einer der schönsten Paddelflüsse des Nordens. Bei Friedrichstadt vereint sie sich mit der Eider, dem Hauptfluss des Kanureviers. Die Eider selbst hat ihren Ursprung sehr viel weiter östlich: Von der Quelle südlich von Kiel kommend durchquert sie Schleswig-Holstein und geht dabei zwischen Rendsburg und Kiel streckenweise in den Nord-Ostsee-Kanal auf. Durch diese Gegebenheit bedingt unterscheidet man zwischen Obereider (Flusslauf südlich des NOK) und Untereider (Flusslauf nördlich des NOK). In Höhe des Tielenhemmer Koogs mündet die Sorge als zweitgrößter Nebenfluss in die Eider. Mit über 300 möglichen Paddelkilometern, diversen Kombinationsmöglichkeiten und einer längeren Rundtour braucht es sicherlich mehr als nur einen Urlaub, um die Region in ihrer ganzen Vielfalt zu erleben.

Kanuvermietungen

- Eider und Treene Campingplatz
  Tönninger Str. 1, 25840 Friedrichstadt
  Tel. 04881/400
  info@treenecamp.de, www.treenecamp.de
  Flüsse: Treene, Eider

- Kanu-Kunterbunt, Lohgerberstr. 35
  258840 Friedrichstadt
  Tel. 0176/78768798, Tel. 04881/937778
  stefancorinth@yahoo.de
  www.kanu-kunterbunt.de
  Flüsse: Treene, Sorge, Eider

- Kanuverleih Petersen, Zur Treene 16
  24887 Silberstedt-Hünning
  Tel. 04625/7902
  info@kanu-treene.de, www.kanu-treene.de
  Flüsse: Treene

- Kanuvermietung Doms, An der B200 4
  24992 Jörl, Tel. 04607/1260
  info@kanu-doms.de, www.kanu-doms.de
  Flüsse: Treene

- Nordkanu, Am Lagedeich 25, 25813 Husum
  Tel. 04841/74352, Tel. 0172/9996543
  menz@nordkanu.de, www.nordkanu.de
  Flüsse: Treene, Sorge, Eider

- Bernd Falkenhagen, Hauptstr. 90
  24869 Dörpstedt-Bünge
  Tel. 0173/9004090
  info@ferien-und-kanu.de
  www.ferien-und-kanu.de
  Flüsse: Treene, Sorge, Eider

- Kanuvermietung Stapelholmer Heuherberge
  Süderende 7, 24799 Meggerdorf
  Tel. 04339/98895
  info@stapelholmer-heuherberge.de
  www.stapelholmer-heuherberge.de
  Flüsse: Treene, Sorge,Eider

- Kanu Point-Delve, Eiderstr. 20
  25788 Delve, Tel. 04803/1058
  Eidertal-Delve@t-online.de
  www.Eidertal-Camping.de
  Flüsse: Eider

Unterkünfte, Übernachtungsmöglichkeiten

Campingplätze

- Biwak-Rastplatz am Kanuverleih Petersen
  Zur Treene 16, 24887 Silberstedt-Hünning
  www.kanu-treene.de

- Treene Camp Horn, Dorfstr. 13
  24887 Esperstoft
  www.treene-camp-horn.de

- Erlebnis-Camp Oster-Ohrstedt
  Holzweg 7, 25885 Oster-Ohrstedt
  www.erlebniscamp-osterohrstedt.de

- Eider und Treenecampingplatz Friedrichstadt
  Tönninger Str. 1, 25840 Friedrichstadt
  www.treenecamp.de

- Camping und Ferienpark Eider,
  Horst 1, 25779 Hennstedt
  www. camping-und-ferienpark.de

- Campingplatz Eidertal
  Eiderstr. 20, 25788 Delve
  www.eidertal-camping.de

- Campingplatz Eidertal
  Fährstr. 1, 24797 Breiholz
  www.campingplatz-eidertal.de

Jugendherbergen, Lager

- Jugendherberge, Mühlenberg 45
  25794 Pahlen, Selbstversorgerhaus für
  Gruppen, *www.djh-nordmark.de*

- Stapelholmer Heuherberge, Süderende 7
  24799 Meggersdorf, Tel. 04339/98895
  www.stapelholmer-heuherberge.de

- Heuherberge Schütte, Sein 10
  24817 Tetenhusen, Tel. 04624/514
  www.heuherberge-schütte-tetenhusen.de

Wohnmobilstellplätze

- Heuherberge Schütte, Sein 10
  24817 Tetenhusen, Tel. 04624/514
  www.heuherberge-schütte-tetenhusen.de

WOMO – Plätze kostenfrei

- Wollersumer Str., 25774 Lunden-Wollersum
  Dorfstr. 28 (Gaststätte Jaegerstuben)
  25791 Barkum

- Tönninger Str. (Parkplatz P3, neben dem
  alten Hafen), 25840 Friedrichstadt

Informationsstellen

- Touristinformation
  Gebietsgemeinschaft Grünes Binnenland e.V.
  Dorfstr. 8, 24963 Tarp
  www.grünes-binnenland.de

- Fremdenverkehrsverein
  Ostenfeld-Wittbek-Winnert e.V.
  Ostenfelder Landstr. 15, 25872 Ostenfeld
  www.nordfriesland-ferien.info

- Treenetourismus Schwabstedt
  Kirchenstr. 10, 25876 Schwabstedt
  www.fw-schwabstedt.de

- Tourist-Information Friedrichstadt
  Am Markt 9, 25840 Friedrichstadt
  www.friedrichstadt.de

- Fremdenverkehrsverein Delve
  25788 Delve
  www.delve-de.npage/fremdenverkehrs-verein.html

- Eider-Treene-Sorge GmbH
  Eiderstr. 5, 24803 Erfde/Barge
  www.eider-treene-sorge.de

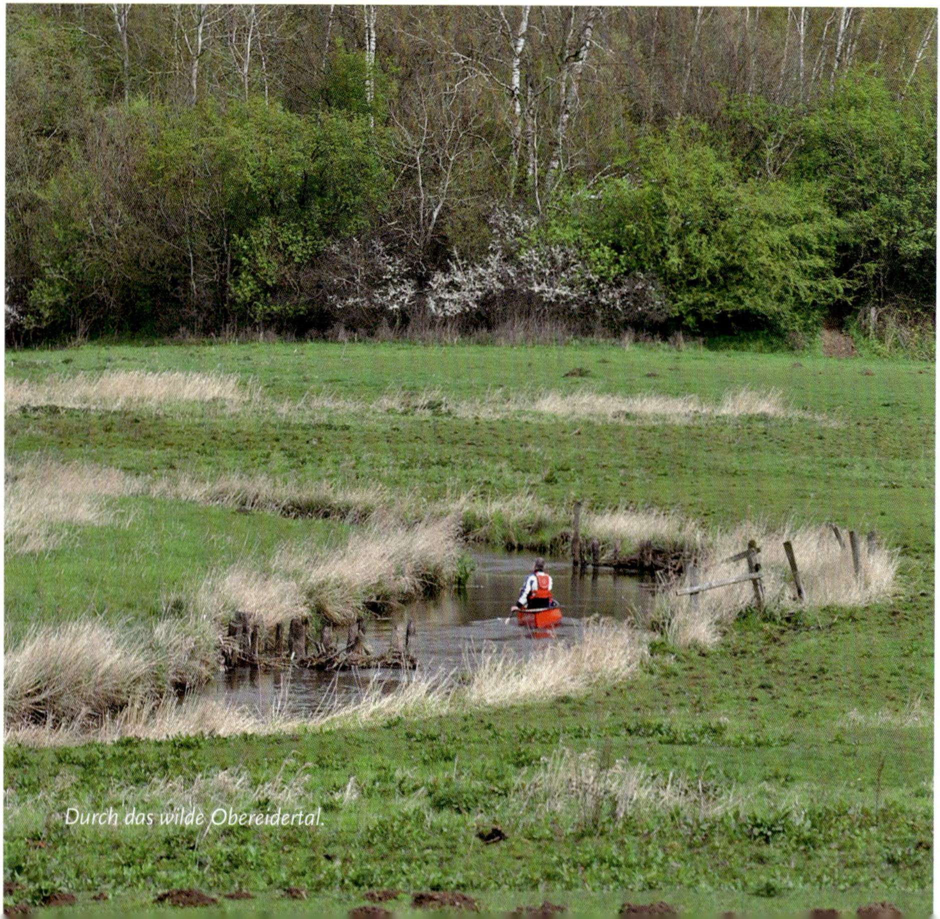

Durch das wilde Obereidertal.

Die Eider

Die Eider, deren Name sich wahrscheinlich von Egidor (Fluttor, Schreckenstor) ableitet, was wiederum eine Anspielung auf den Germanischen Meeresriesen Aegir darstellt, der für verheerende Fluten und den damit verbundenen Schrecken als verantwortlich galt, machte zu früheren Zeiten ihrem "schrecklichen" Namen wohl alle Ehre. Vor der Eindeichung bildeten die Niederungen von Eider, Sorge und Treene eine Einbuchtung des Nordsee-Wattenmeeres, wobei jede Flut das ganze Land links und rechts der Eider überschwemmte.

Obwohl die Eider weit im Osten Schleswig-Holsteins unweit von Kiel entspringt, gelingt ihr aufgrund des Hornheimer Riegels kein Durchbruch zur Ostsee. Im Gegenteil, der Flussverlauf wird durch das östliche Hügelland von der Ostsee weg gegen Westen Richtung Nordsee geleitet. Auf ihrem rund zweihundert Kilometer langen Weg durch das nördlichste Bundesland durchzieht sie drei verschiedene Landschaftszonen: das östliche Hügelland, die Geest und zu guter Letzt die Marsch im Westen.

Der Eiderlauf, anfänglich Dröge Eider (Trockene Eider) genannt, durchfließt alsbald den Bothkamper See, aus dem sie als Eider hervorgeht. Aufgrund der Unterbrechung des Flusses durch den Nord-Ostsee-Kanal zwischen der Schleuse Strohbrück und Rendsburg unterscheidet man zwischen Obereider (südlich des NOK) und Untereider (nördlich des NOK).

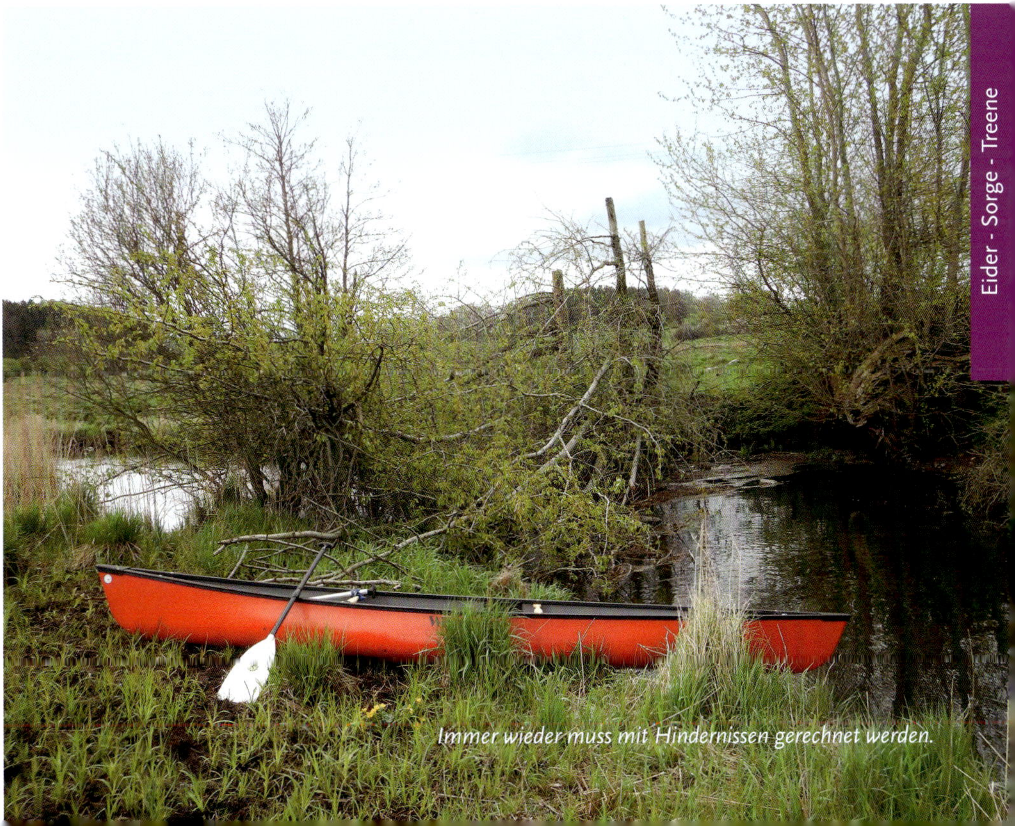

Immer wieder muss mit Hindernissen gerechnet werden.

Die Obereider

Die Eider südlich des Kanals liegt mit ihrem Oberlauf im östlichen Hügelland, welches in der letzten Eiszeit entstand und von Seenketten und Fjorden geprägt ist. Im Gegensatz zur Geest sind die Böden hier sehr fruchtbar und für die Landwirtschaft attraktiv. Der anfängliche Kleinflusscharakter der Eider im Oberlauf ändert sich zwar bis zum Verlassen des in Privatbesitz befindlichen Westensees, lässt aber diesseits des Kanals noch keine Rückschlüsse auf die beachtliche Breite im Bereich des Eidersperrwerks zu. Über den Achterwehrkanal gelangt man schließlich zum NOK. Die Weiterfahrt auf dem Kanal zur Fortsetzung der Eidertour ist möglich, jedoch kostenpflichtig.

Tour 33: Obereider - Durch das wilde Eidertal

Klar und zügig plätschert die Eider am Einstieg bei Schmalstede durch eine eigentlich typisch norddeutsche Landschaft. Noch weist nichts darauf hin, dass aus dem schmalen Bach kurz vor seiner Mündung in die Nordsee einmal ein breiter Strom wird. Während man im Bereich des Eidersperrwerks küstenspezifische Bedingungen mit einer starken Windanfälligkeit vorfindet, sind es hier südlich von Kiel anfänglich eher klassische Kleinflusshindernisse, mit denen man zu kämpfen hat. Der durch Pfähle und Kiesbänke eingeengte Flussverlauf (was erst kurzfristige Kurskorrekturen ermöglicht) erfordert auf dem ersten Kilometer schon ein

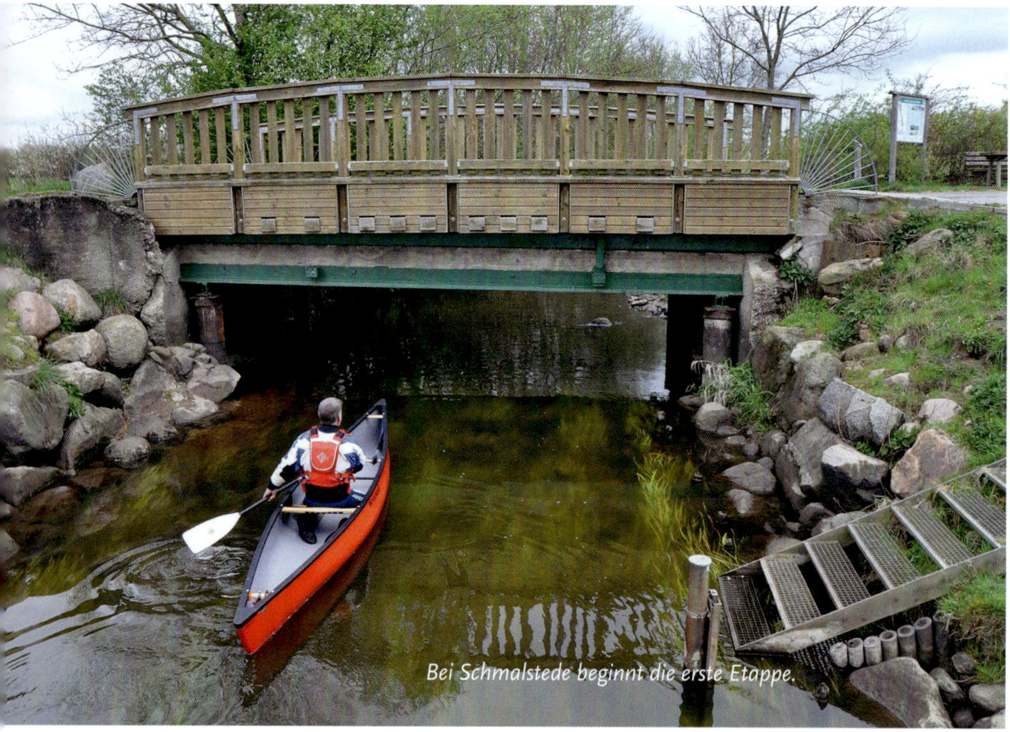

Bei Schmalstede beginnt die erste Etappe.

wenig Bootsbeherrschung. Trotz der bereits erwähnten typisch norddeutschen Landschaft ist es im oberen Eidertal ein wenig „wilder" und urwüchsiger als anderswo in Schleswig-Holstein. Polnische Konik-Wildpferde grasen auf den Weiden, und mächtige Heckrinder prägen statt der üblichen schwarzbunten Kühe das Landschaftsbild. Die rückgezüchteten Rinder bleiben das ganze Jahr hier draußen in der Natur und können sich weitgehend frei bewegen, was natürlich spannende Begegnungen zur Folge hat. Hier und da stellt man sich dann schon einmal die Frage, was man einem 900 Kilogramm schweren Bullen mit 80 cm langen Hörnern in nur knietiefem Wasser entgegenzusetzen hat. Glücklicherweise erübrigt sich die Antwort von selbst, da es sich um recht friedfertige Tiere handelt, die letztendlich das gleiche wollen wie wir: unsere Ruhe! Bis zur nächsten Ortschaft führt der Fluss nun durch eine völlig einsame, weitläufige Hügellandschaft ohne jegliche Bebauung. Einige Schutzhütten entlang des Eiderwanderwegs untermauern jedoch, dass noch andere Outdoorenthusiasten das Tal zu schätzen wissen.

Ein entferntes Rauschen kündigt den kleinen Schwall am Ortseingang von Flintbek an. Die folgende idyllische Ortsdurchfahrt macht neugierig auf mehr. Und richtig, ein kleiner Spaziergang durch Flintbek ist allein schon durch die bereits im Jahre 1223 erbaute Kirche und die über die Grenzen hinaus bekannte mehr als 1000 Jahre alte Eibe lohnend. Mit einem weiteren längeren Schwall lässt man den Ort genauso wie das bisher gewohnte Landschaftsbild hinter sich. Die Eider wird nun ein wenig breiter und verliert endgültig den anfänglichen Kleinflusscharakter. Wiesen und Weiden umsäumen den Fluss, und der bereits in der Ferne erkennbare Fernsehturm bleibt von nun an bis zum Schulensee unser ständiger Begleiter am Horizont. Unvermittelt streckt eine fachmännisch restaurierte Windmühle, halb vom Schilf verdeckt, ihre riesigen Flügel in den Himmel. Ein Indiz für das nahegelegene Freilichtmuseum Molfsee, welchem man unbedingt einen gesonderten Besuch abstatten sollte. Die verbleibende Paddelstrecke bis zum Schulensees

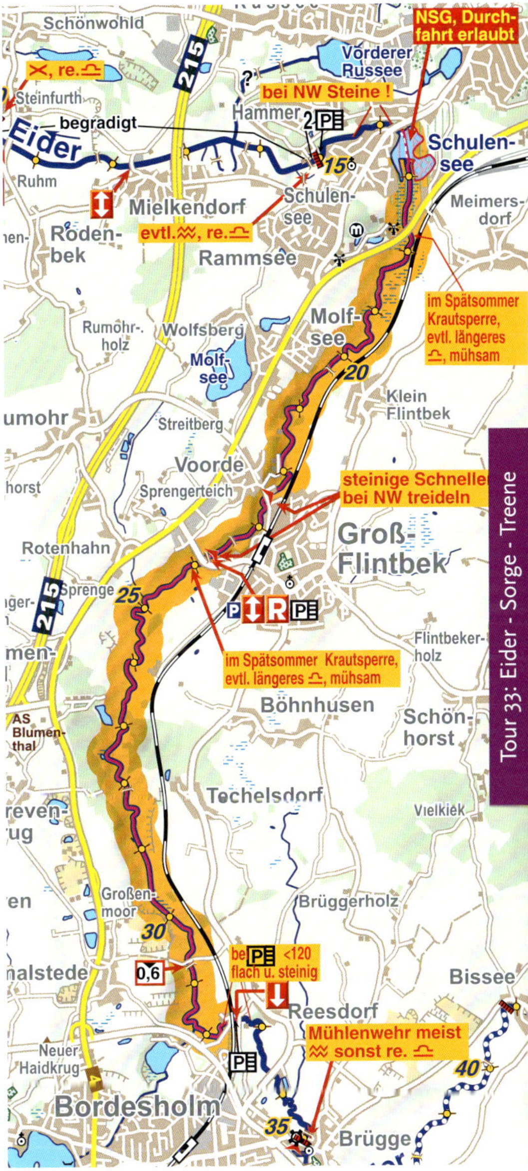

bietet abschließend bei entsprechendem Verhalten noch reichlich Potential zur Eisvogelbeobachtung, bevor die Tour an der offiziellen Badestelle des Sees beendet wird.

KURZ-INFO OBEREIDER (ETAPPE 1)

Befahrungszeit: fast ganzjährig

Fahrstrecke:
Schmalstede – Schulensee (Badestelle), ca. 16 km

Besonderheiten:
Ganzjähriges Befahrungsverbot der rechten Seeseite des Schulensees (km 29,5 – 30,8), die Durchfahrt auf der linken Seite ist erlaubt.

Gefahren:
Eingeengter Flusslauf durch Pfähle und Kiesbänke bei zügiger Strömung auf dem ersten Kilometer.

Freilaufende Rinder, die Befahrung dieser Etappe in Begleitung von Hunden kann zum Risiko werden!!!

Optionen: Eine Befahrung oberhalb von Schmalstede ist möglich, jedoch sehr hindernisreich.
Die Tour kann auch verkürzt werden, indem man in Flintbek (am Freibad) ein- oder aussetzt. Diese Alternative entspricht annähernd einer Halbierung der ursprünglichen Etappe.

Kultur und Freizeit:

- Eiderwanderweg bei Schmalstede
- Freilichtmuseum Molfsee: Schleswig-Holstein an einem Tag! Das Freilichtmuseum Molfsee - Landesmuseum für Volkskunde bei Kiel ist das größte Freilichtmuseum Norddeutschlands. Es interpretiert die Kulturgeschichte und Volkskunde des ländlichen Raums. *(www.freilichtmuseum-sh.de)*

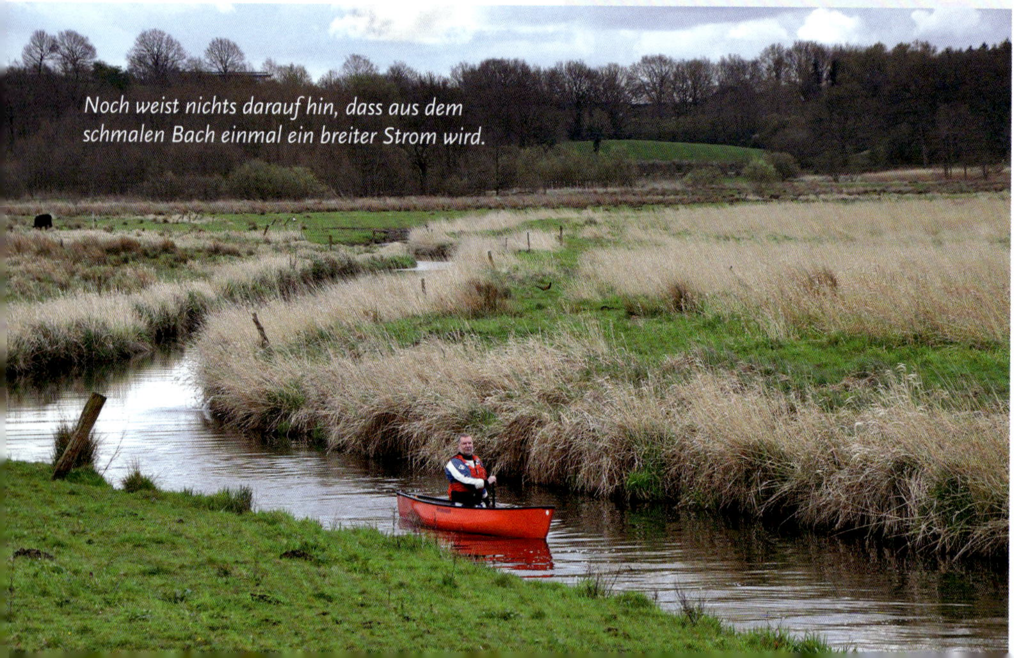

Noch weist nichts darauf hin, dass aus dem schmalen Bach einmal ein breiter Strom wird.

Tour 34: Obereider - Feinschmeckeretappe

Die im Südwesten des Schulensees gelegene Badestelle ist der Einbootplatz für diese relativ kurze, aber abwechselungsreiche Etappe, die uns vor allem mit dem Ziel der Tour bei der Steinfurther Mühle lockt. Die raffiniert zubereiteten, regionalen Fisch- und Fleischspezialitäten vom Holzgrill sorgen zumeist von Anfang an für einen zügigen Paddelstil.

Der Schulensee liegt in einem Becken des oberen Eidertals und ist während der letzten Eiszeit entstanden. Von dem ehemals mit 35 Hektar Wasserfläche recht großen See sind besonders durch Verlandung, verursacht durch die Sedimenteinbringung der Eider, nur noch 13 Hektar übrig geblieben. Der See selbst ist mittlerweile ein Teil des Naturschutzgebietes Schulensee und Umgebung. Eine Befahrung des Gewässers ist nur auf der linken Seehälfte erlaubt. Für uns ist es eine kleine Hilfestellung bei der Suche nach dem Seeausfluss, der auf der Karte gesehen eigentlich genau gegenüber der Einmündung der Eider liegt. In Natura versteckt sich der Ablauf schon ein wenig unter dem dichten Grün eines Kastanienbaumes. Zügig strömend und unerwartet schmal verlässt die Eider den See. Die in einigen Flussführern erwähnte Aalfangeinrichtung am Seeausgang gibt es nicht mehr, so dass auch für breitere Canadier kein Hindernis mehr besteht. Viele Busch- und Baumhindernisse erfordern einige Ausweichmanöver, bevor die Landschaft unweit des Hammer Freibades wieder offener wird. Das ehemalige Betonwehr bei der Badeanstalt wurde 2010 im Zuge von Renaturierungsmaßnahmen durch eine 100 Meter lange Sohlgleite ersetzt. Bei entsprechenden Wasserständen ist eine Befahrung durchaus möglich. Wahlweise lässt sich die Sohlgleite auch bequem rechtsufrig über den begleitenden Wanderweg umtragen.

Nach dem Passieren der Autobahnbrücke wird es deutlich einsamer und ruhiger. Dunkler Wald wechselt sich mit weitläufigen Ackerflächen ab,

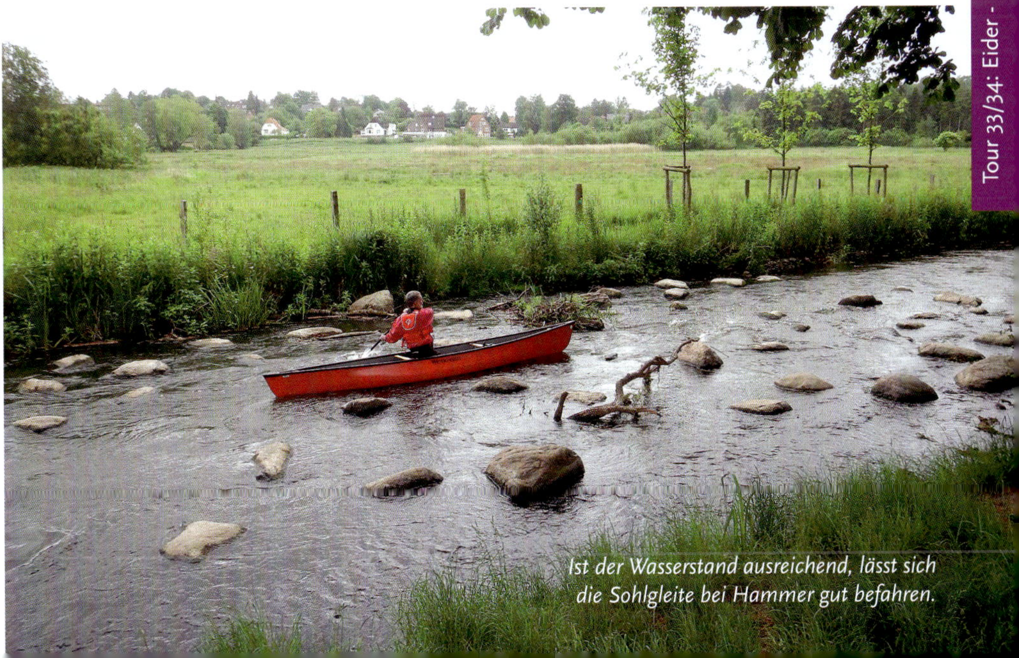

Ist der Wasserstand ausreichend, lässt sich die Sohlgleite bei Hammer gut befahren.

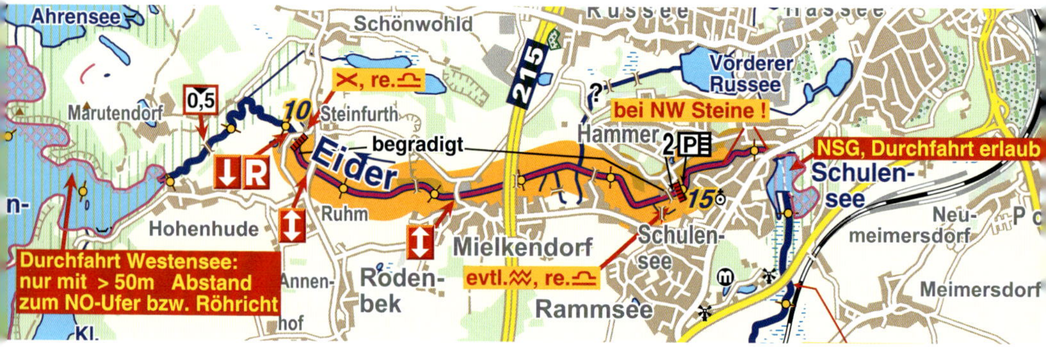

Schwertlilien säumen die Ufer, und ganze Teppiche von Wasserpflanzen versuchen ein weiteres Eindringen in die Natur zu verhindern. Kaum zu glauben, dass die Landeshauptstadt Kiel zum Greifen nahe ist. Unverhofft begrenzt eine Spundwand das linke Ufer und kündigt somit die Steinfurther Mühle an. Das historische Gebäude, in dem heute ein Fischspezialitäten-Restaurant im rustikalen Stil untergebracht ist, war ursprünglich eine Wasser- und Getreidemühle, die bereits 1855 erbaut wurde. Anfangs wurde die Mühle mit einem Wasserrad angetrieben, welches im Laufe der Jahre durch eine Turbine ersetzt wurde und für die umliegenden Bauern das Getreide mahlte. An einem Steg im Rückstau des Mühlenwehrs setzen wir aus. Sicherlich kann man nun die Mühle ca. 100 Meter weit umtragen und über den Westensee bis nach Achterwehr paddeln, aber dazu muss man erst einmal am Grill des Restaurants vorbei... - Na ja, vielleicht können wir ja beim nächsten Mal der Versuchung widerstehen!

KURZ-INFO OBEREIDER (ETAPPE 2)

Befahrungszeit: fast ganzjährig

Fahrstrecke: Schulensee (Badestelle) – Steinfurther Mühle, ca. 8 km

Besonderheiten:
Der Schulensee ist Teil eines Naturschutzgebietes und darf nur auf der linken Seeseite befahren werden.
Bei einer Weiterfahrt bis nach Achterwehr ist darauf zu achten, das sich der Westensee in Privatbesitz befindet.
Eine Durchfahrt des Sees auf direktem Weg ist erlaubt, jedoch sollte zum orographisch rechten Ufer ein Mindestabstand von 50 Metern eingehalten werden (Adlerhorste).

Gefahren:
Die Sohlgleite beim Hammer Freibad, ein rechtsufriges Umtragen ist auf dem Wanderweg leicht möglich und bei Niedrigwasser sowie für ungeübtere Kanuten zu empfehlen!

Optionen:
Weiterfahrt über den Westensee bis nach Achterwehr.

Kultur und Freizeit:
- Gasthof Steinfurther Mühle, regionale Fisch- und Fleischspezialitäten vom Holzgrill sowie Räucherfisch
www.steinfurther-muehle.de

Tour 35: Obereider - Beliebtes Idyll

Start und Zielpunkt dieser besonders an schönen Tagen beliebten Familientour ist der kleine Parkplatz am Nord-Ostseekanal unweit der alten Schleuse Strohbrück. Ein Bootswagen erleichtert hier den Transport zur Einbootstelle ungemein.

Durch die Ablagerung vom Baggeraushub in den benachbarten Flemhuder See im Zuge der Erweiterung des NOK zwischen den Jahren 1907 und 1914 verloren die Orte Achterwehr und Flemhude ihre schiffbare Verbindung zum Kanal. Ersatzweise wurde ein Teil des Ringkanals als Achterwehrer Schifffahrtskanal bis zum NOK verlängert. Der Höhenunterschied von immerhin sieben Metern wurde durch die Schleuse Strohbrück überwunden. Um die hohen Kosten einer anstehenden Sanierung zu sparen, wurde die mittlerweile nur noch wenig genutzte Schleuse im Jahre 2001 stillgelegt.

Heute blicken wir beim Einbooten auf das geschlossene Obertor, welches den Achterwehrkanal absperrt. Eine Durchfahrt zum NOK ist auf direktem Weg nicht mehr möglich. Dennoch ist der Blick in die alte Schleusenkammer durchaus beeindruckend, für damalige Zeiten sind 40 Meter Nutzlänge bei 8 Meter Breite sicherlich nicht gerade minimalistisch. Frei nach dem Motto „Der Weg ist das Ziel“ nehmen wir Kurs auf den Westensee. Bereits nach kurzer Zeit stoßen wir auf Gleichgesinnte und im Laufe der Tour erkennt man unweigerlich den Grund der Beliebtheit. Das glasklare Wasser, in dem viele Flussmuscheln beheimatet sind, wird von abwechslungsreicher Landschaft umgeben und nur ein einziges Mal von einer Ortschaft unterbrochen. Die interessante Silhouette Achterwehrs in Form zweier alter Getreidespeicher fügt sich jedoch perfekt in die Umgebung ein. In gewisser Form findet hier jeder irgendwie sein persönliches “Wildnisabenteuer“, sei es

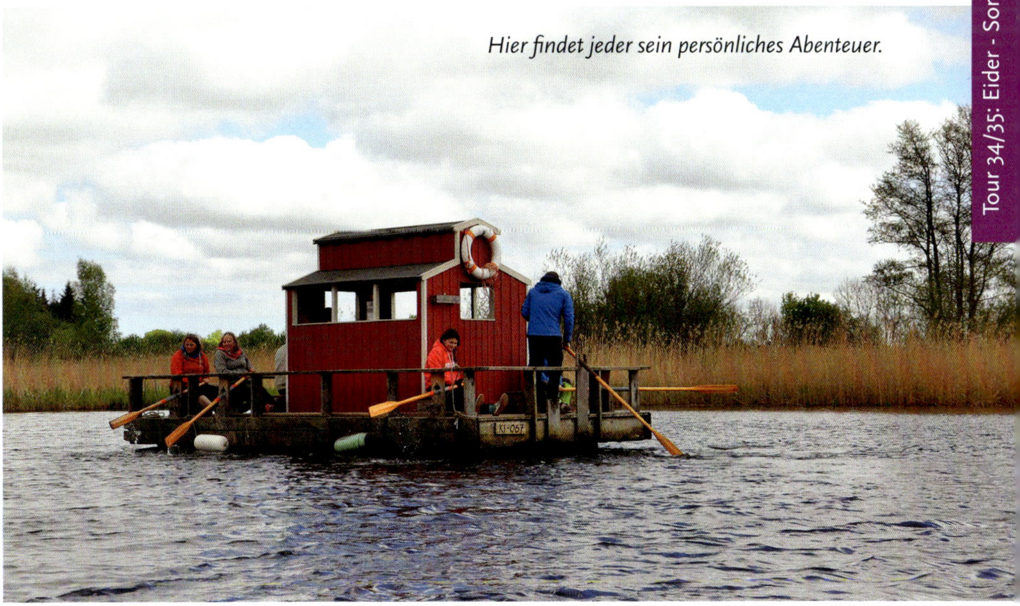

Hier findet jeder sein persönliches Abenteuer.

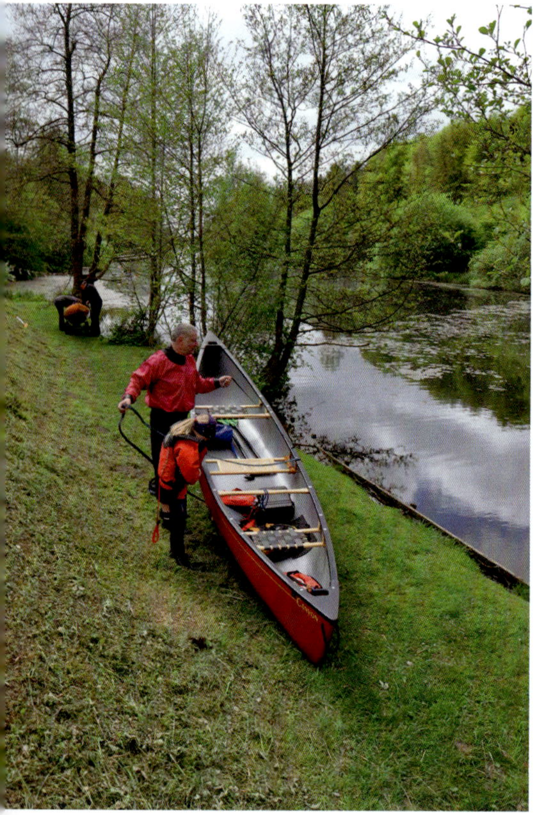

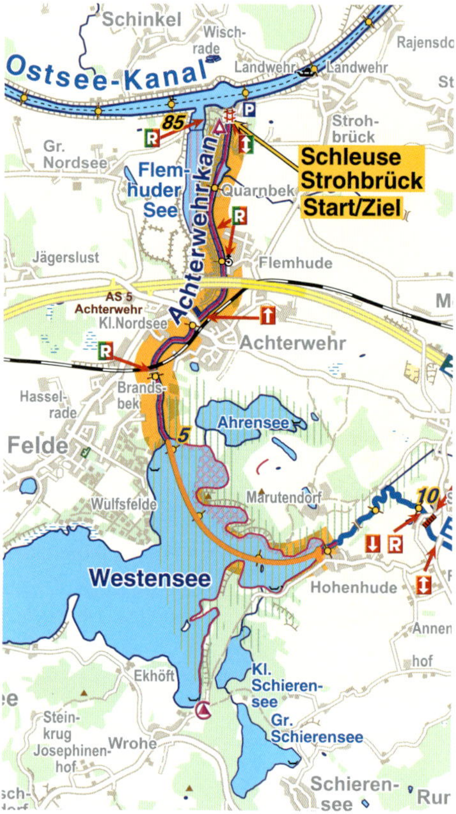

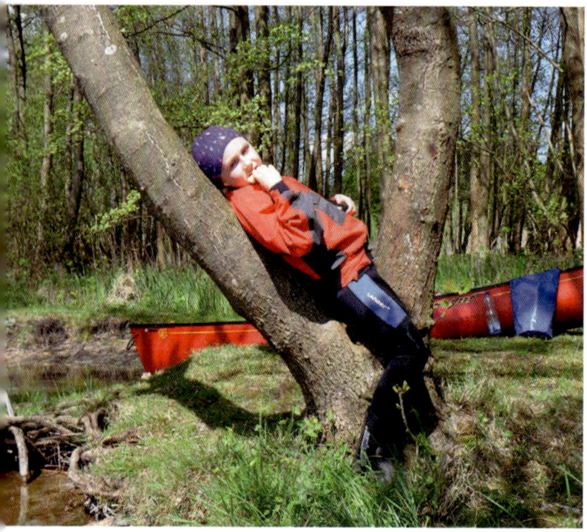

Nirgendwo kann man besser relaxen als in der Natur.

im Einerkajak, mit der Familie im Canadier oder sogar mit dem Freundeskreis auf einem interessant anzuschauenden Floß. Die Verleiher in Achterwehr machen es möglich. Doch keine Angst, hier ist Platz für alle, und selbst die Anzahl schöner Pausenplätze scheint unerschöpflich zu sein. Dank der fehlenden Strömung besteht auch nach dem fließenden Übergang vom Kanal zur eigentlichen Eider die Möglichkeit, weiter flussauf zum Westensee vorzudringen. Ein schattiger Platz lädt letztendlich am Ausfluss des Sees zum wohlverdienten ausgiebigen Picknick, ein Panoramablick inklusive. Der romantische Westensee, immerhin der fünftgrößte See Schleswig-Holsteins, ist in Privatbesitz, eine Durchfahrt für Kanusportler ist jedoch erlaubt. Nur zum orographisch gesehen rechten Ufer sollte man genügend Abstand halten. Der Wald steht aufgrund von Adlerhorsten unter Naturschutz. Nur schwer kann man sich von diesem schönen Fleckchen Erde trennen, um den Rückweg anzutreten, auf dem man alles nochmal aus einem etwas anderen Blickwinkel betrachten kann. Doch vor allem ist eines wieder anders - hier im Norden jedoch eigentlich nichts Außergewöhnliches - die Windrichtung!

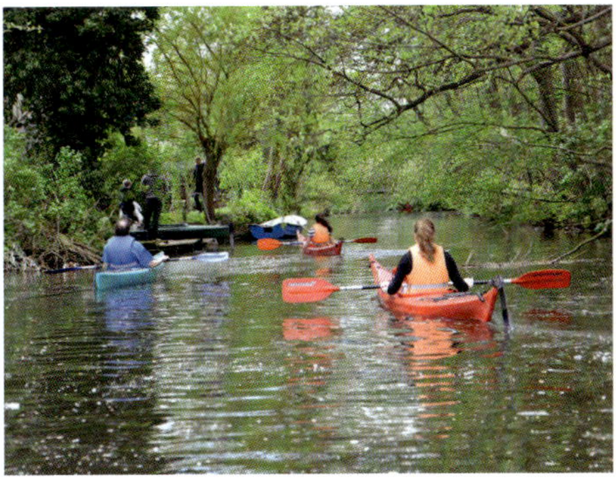

Nach der Ortsdurchfahrt von Achterwehr gewinnt die Natur schnell wieder Oberhand.

KURZ-INFO OBEREIDER (ETAPPE 3)

Befahrungszeit: fast ganzjährig

Fahrstrecke:
Schleuse Strohbrück – Westensee – Schleuse Strohbrück, ca. 10 km

Besonderheiten:
Vom Parkplatz bis zum Einstieg bei der Schleuse Strohbrück ist ein Bootswagen hilfreich (ca. 300 m Entfernung).
Der Westensee ist Privatbesitz und darf auf direktem Weg durchfahren werden, vom orographisch rechten Ufer sollten mind. 50 m Abstand gehalten werden (Adlerhorste)!

Gefahren: keine

Optionen:
Ein- und Ausstieg in Achterwehr ist bei gleicher Tourenwahl ebenfalls möglich.

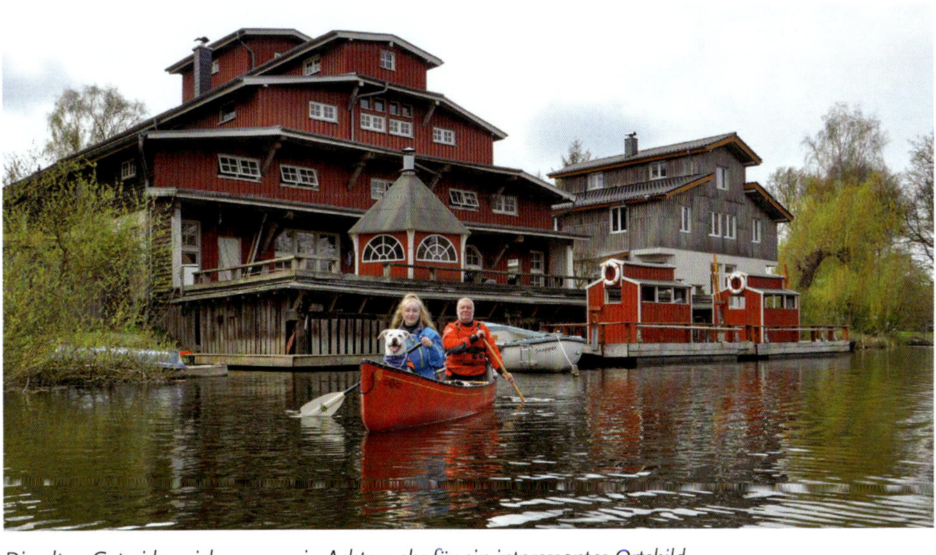

Die alten Getreidespeicher sorgen in Achterwehr für ein interessantes Ortsbild.

Die Untereider

Bei Rendsburg zweigt die Eider wieder vom NOK ab, wobei sie nach knapp vier Kilometern komplett unterbrochen wird und somit eine vierhundert Meter lange Umtragung nötig wird. Bis zur Schleuse Nordfeld, dem ersten, bereits 1937 erbauten Sturmflutenwehr, hat die Eider so gut wie gar keine Strömung. Ihr Flussbett durchzieht ab Nübbel Moorgebiete und etwa ab Pahlhude große Marschen. Die hohen, für die Region lebenswichtigen Deiche verhindern zumeist einen Blick in die Landschaft. Ab Nordfeld wird die Eider aufgrund ihrer bis dahin gewonnenen Breite noch windanfälliger und unterliegt den Gezeiten mit ihren entsprechenden Strömungsverhältnissen. Die letzten Kilometer vor dem Eidersperrwerk sollten erfahrenen Seekajakfahrern vorbehalten bleiben, da die hier vorherrschenden Bedingungen schon Wattenmeercharakter vorweisen.

Tour 36: Untereider - Weites Land

Will man auf eine Schleusung bei Lexfähre verzichten, bootet man am besten an einem Eider-Altarm bei Eiderdeich im Ortsteil Tieleburg ein. Der ausgewiesene Kanurastplatz liegt idyllisch unweit eines Bauernhofes und verweist auf seiner Infotafel zugleich auf eine besondere Paddelalternative in unmittelbarer Nähe. Das Dellstädter Birkwildmoor umfasst eine Fläche von 620 Hektar und lädt zu ausgiebigen Wanderungen und Naturbeobachtungen ein. Das als Naturagebiet 2000 ausgewiesene Areal besteht hauptsächlich aus Hochmoorresten sowie Feuchtwiesen. Der Torf hat hier zuweilen eine Mächtigkeit von fast sechs Metern. Besonders interessant ist die weite Moorlandschaft durch viele seltene Tier- und Pflanzenarten wie z.B. Blaukehlchen, Nordische Moosjungfer,

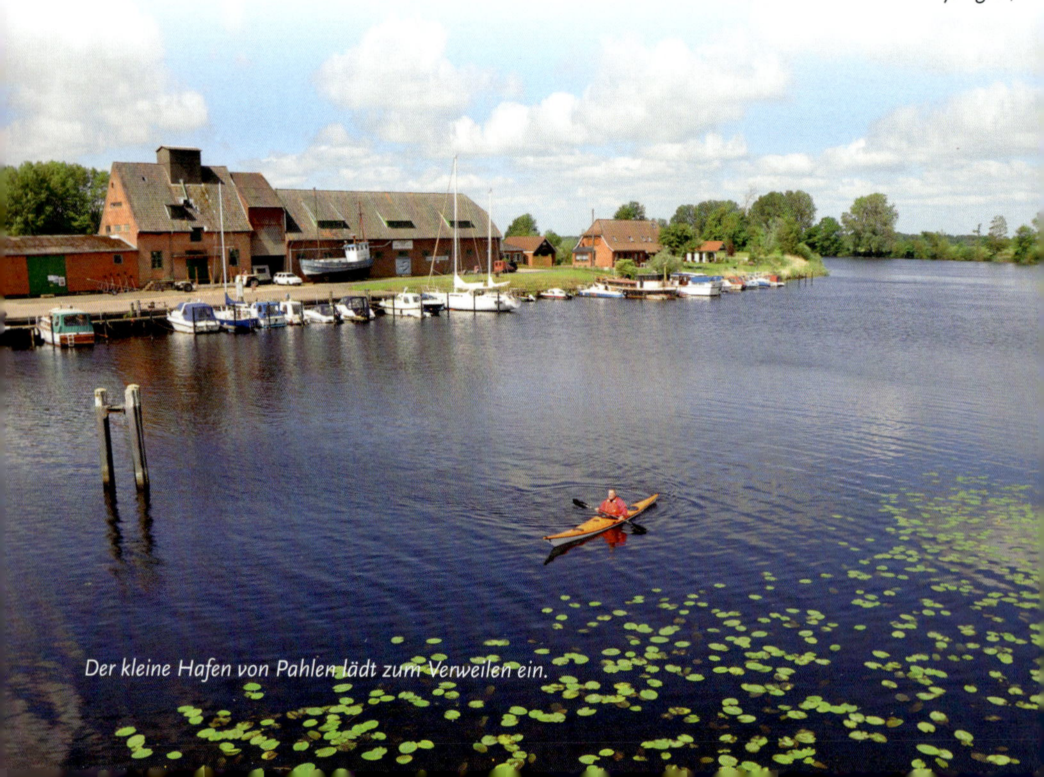

Der kleine Hafen von Pahlen lädt zum Verweilen ein.

Sonnentau, Wollgras und Moorlilien, die hier beheimatet sind.

Nur kurzfristig währt die Ruhe auf dem Fluss. Bei Hohner Fähre, dem Dreh- und Angelpunkt aller Eidertalaktivitäten, ist immer was los. Neben dem empfehlenswerten Cafe und Restaurant ist eine Personenfähre in Betrieb, und einige Liegeplätze locken die Yachtbesitzer. Zudem gibt es einen Kanurastplatz der vielfach auch als Endpunkt einer Sorgetour genutzt wird.

Doch bereits einige Paddelschläge später setzt wieder die gewohnte Ruhe ein. Das weite Land bietet dem Auge kaum einen Fixpunkt und Entfernungen werden relativ. Hier und da grüßt ein Angler herüber, ansonsten sind wir bis Pahlen allein mit uns und der Natur. Der kleine Sportboothafen mit teils historischen Schiffen und die altertümlich anmutende Klappbrücke, die Dithmarschen mit der Landschaft Stapelholm verbindet, erinnern an längst vergangene Zeiten, als hier einer der Hauptumschlagsplätze für Getreide und Zement beheimatet war. Wer über genügend Zeit verfügt, sollte ruhig einen

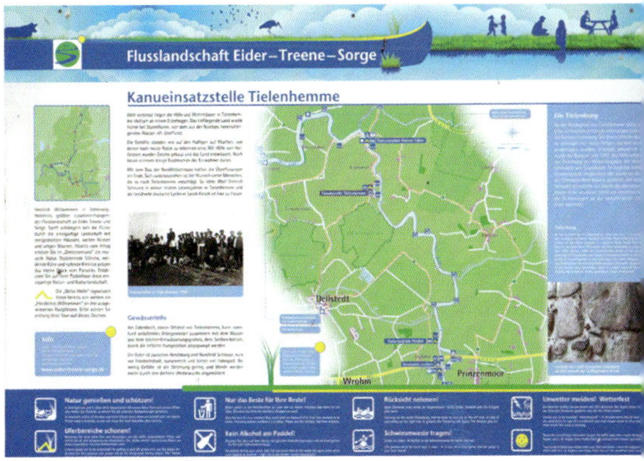

Zahlreiche Infotafeln erleichtern die Planung.

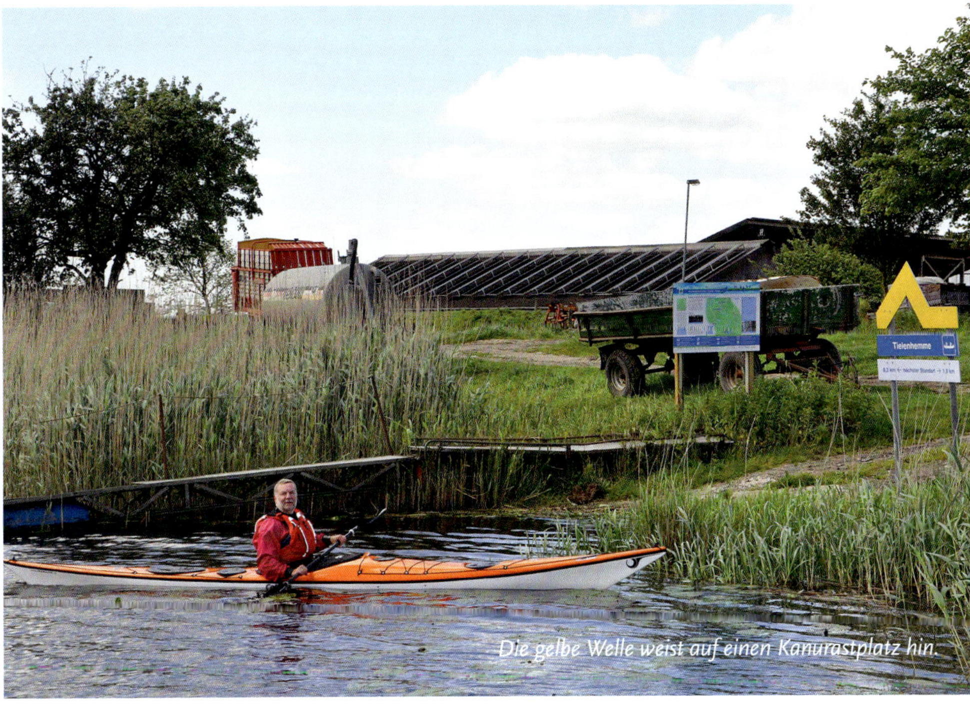

Die gelbe Welle weist auf einen Kanurastplatz hin.

kleinen Bummel durch den Ort unternehmen und die Dankeskirche besichtigen. Nur schwer kann man sich vom Charme des urigen Hafens trennen.

Mittlerweile ist die Eider zu einer beachtlichen Größe angewachsen. Im Bereich der Bargener Fähre, die in den Sommermonaten Fußgänger und Radfahrer zwischen Delve und Erfte befördert, misst der Fluss schon über 100 Meter in der Breite. Der hier beginnende in den großen Eiderschleifen gelegene Delver Koog unterlag ursprünglich dem Tideneinfluss der Eider und diente hauptsächlich der Reetgewinnung, was wiederum die hohe Anzahl der wunderschönen reetgedeckten Häuser in dem Gebiet erklärt. Selbst heute gilt noch, wenn auch mit geringerer Bedeutung, der alte Slogan von Delve: „Wenn Du wullt warm in`t Bett ni natt, denn kumm na`n Delv un koop Di Dack!“ Bis zum Eidercampingplatz bei Delve ist es nun nicht mehr weit, vorausgesetzt, man paddelt nicht vor lauter Eifer an der versteckt liegenden Badestelle des Ortes, die zugleich auch als Kanu-Aus- bzw. Einbootstelle fungiert, vorbei.

KURZ-INFO UNTEREIDER

Befahrungszeit: fast ganzjährig

Fahrstrecke:
Eiderdeich/Tileburg – Delve, ca. 18 km

Gefahren: Aufgrund der Breite und der Küstennähe ist die Eider recht windanfällig. Vor Fahrtantritt sollte unbedingt der Wetterbericht abgerufen werden.

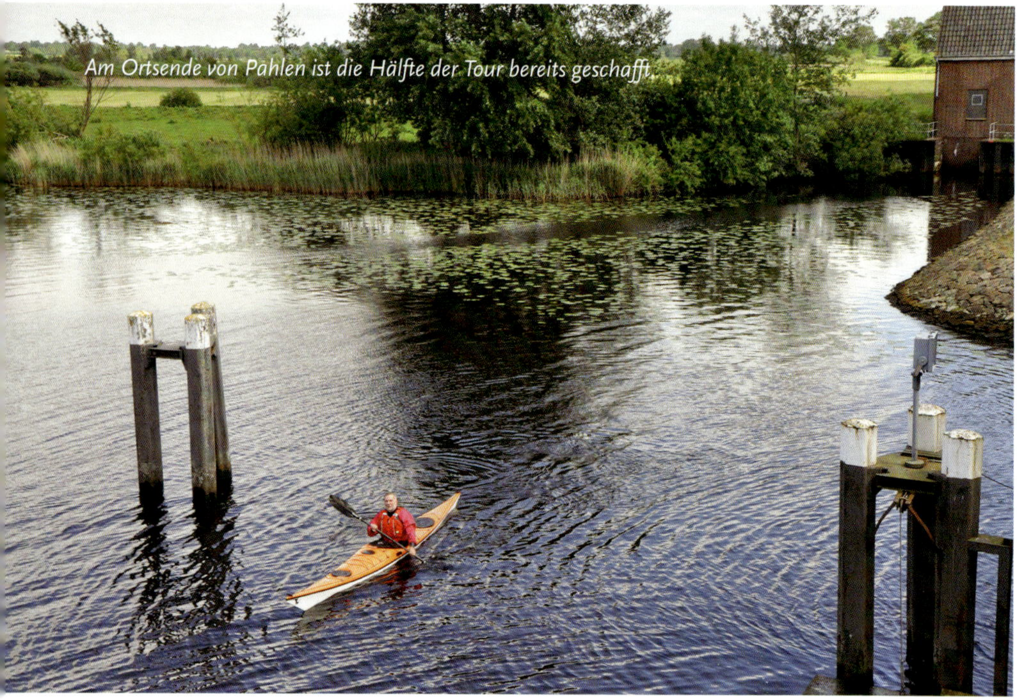

Am Ortsende von Pahlen ist die Hälfte der Tour bereits geschafft.

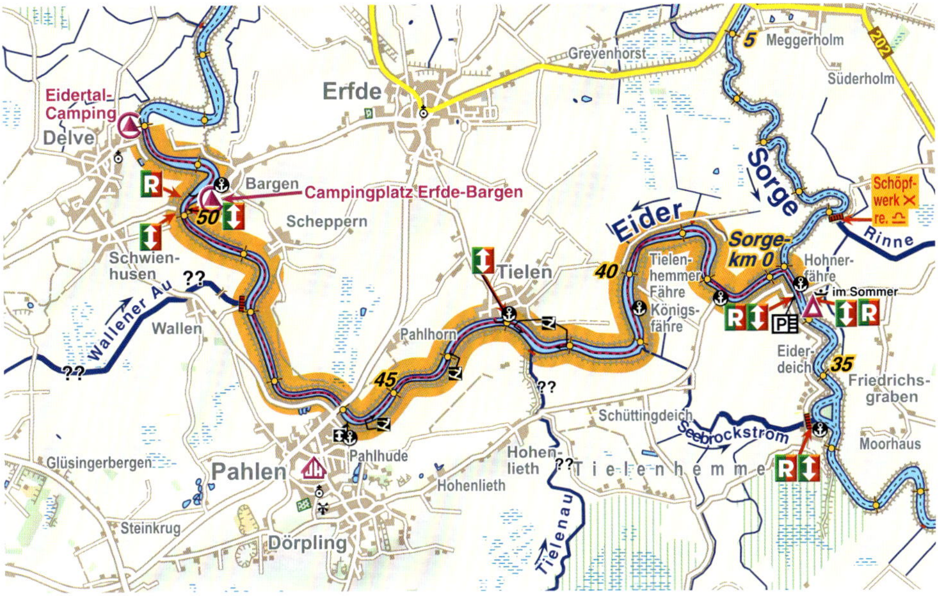

Optionen:

Durch die geringe Strömung sind in diesem Bereich des Flusses Touren in beide Richtungen möglich.

Der Startpunkt zu einer Eidertour kann je nach Wunsch noch deutlich höher gewählt werden. Eine Fahrt auf der hier noch vergleichsweise schmalen unteren Eider ist bereits ab Rendsburg möglich. Bei Lexfähre muss man sich jedoch schleusen lassen (gebührenpflichtig) oder mühevoll umtragen.

Als besonders interessante Option bietet sich die "Fast"- Rundtour auf der Sorge und der Eider an. Leider lässt sich diese Tour nicht komplett mit dem Kanu durchführen. Die letzten sieben Kilometer zurück zum Startpunkt müssen per PKW (ca. 10 min), per Bahn (ca.20 min, der Zug fährt hier alle 30 min) oder aber zu Fuß (ca. 1,5 h) zurückgelegt werden.
Die Mehrtagesfahrt wird in Alt-Duvenstedt begonnen und führt über die Sorge bis zu deren Mündung bei Hohner Fähre in die Eider. Von hier geht es inkl. einer Schleusung bei Lexfähre auf der fast strömungslosen Eider flussauf bis nach Rendsburg, von wo aus man mit Hilfe obiger Alternativen zurück zum Startpunkt gelangt. Die Gesamtlänge der Strecke beträgt ca. 64 Kilometer. Je nach Lust und Laune kann man für diese Tour 3-5 Tage ansetzen.

Kultur und Freizeit:

Wanderungen im Dellstedter Birkwildmoor.

Tour 37: Untereider - Ein Hauch von Küste

Ein kleiner Wegweiser unweit eines verträumten Campingplatzes bei Delve weist uns die Richtung zur Kanueinsatzstelle. Versteckt führt eine Treppe zu einem kleinen Strand an den Fluss, der zugleich als örtliche Badestelle fungiert. Eine Kombination, die wir an der unteren Eider häufiger vorfinden und die sich gerade im Sommer als äußerst praktisch erweist. Der Wind zehrt kräftig an den Fahnen und den kleinen Wimpeln der vor Anker liegenden Motorboote. Dank der vielen Mäander der Eider wechselt die Windrichtung des Öfteren, was jedoch bei heftigem Seitenwind die Sache nicht unbedingt leichter macht. Gerade vor Antritt einer längeren Etappe auf der bis zu 100 Meter breiten Unteren Eider sollte man sich zur eigenen Sicherheit mit dem Wetterbericht beschäftigen. Stimmen die äußeren Bedingungen, erlebt man hier eine einzigartige, von rauhem Charme geprägte nordseenahe Flusslandschaft. Blökende Schafe sind vielfach die einzigen Begleiter an den Deichen inmitten der einsamen, weiten Landschaft.

Trotz der Küstennähe und der Breite des Flusses hält sich der Motorbootverkehr in Grenzen, über lange Strecken sind wir die einzigen Wasserfahrzeuge auf der Schifffahrtsstraße. Umso größer fällt die Überraschung in der Nähe von Süderstapel aus, als uns ein für hiesige Verhältnisse riesiges Ausflugsboot wie

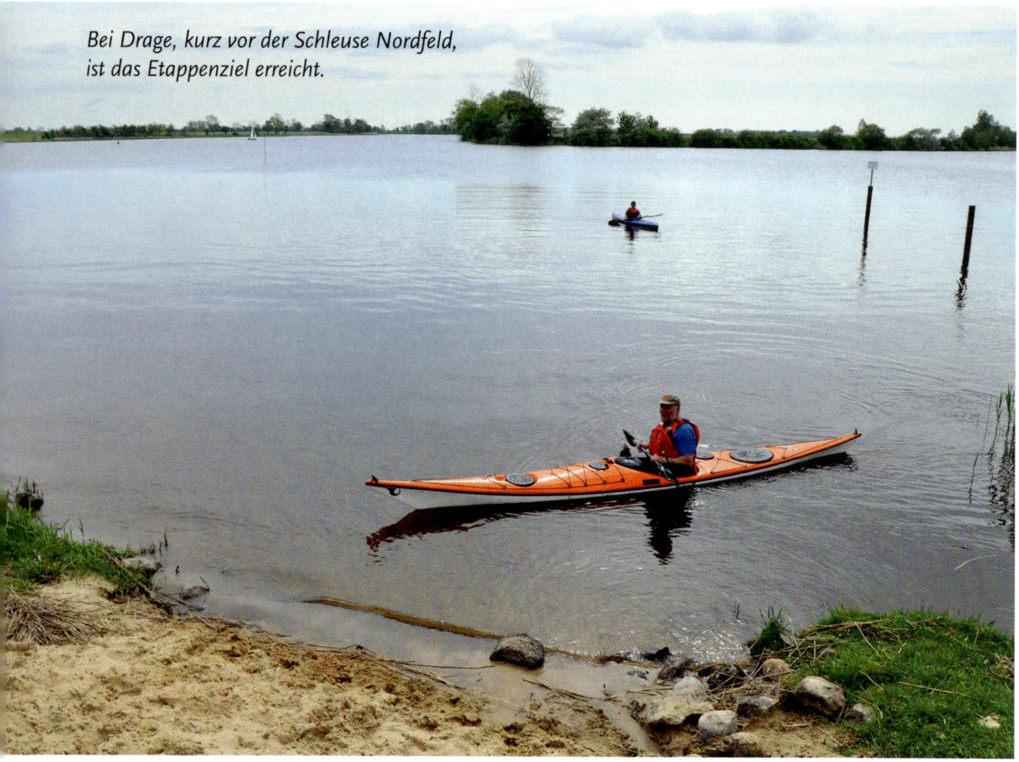

Bei Drage, kurz vor der Schleuse Nordfeld, ist das Etappenziel erreicht.

aus dem Nichts gezaubert entgegen kommt. Doch selbst bei dieser Begegnung setzt sich das freundliche Miteinander fort. Die Fahrt des Schiffes verlangsamt sich und ein freundlicher Gruß wird erwidert, nirgendwo sonst haben wir ausnahmslos einen derartig respektvollen Umgang zwischen den verschiedenen Gewässernutzern erlebt wie hier an der Eider. Auch sonst scheinen die wenigen Kanuten, die sich hierher verirren, durchaus willkommen zu sein. Ausgewiesene, mit der "Gelben Welle" versehene idyllische Pausenplätze laden zur Rast ein. Nicht selten gibt es neben der obligatorischen Infotafel noch Sitzgelegenheiten und eine Badestelle, die oft genug für die Sprengung des Zeitplans verantwortlich ist. Doch je länger wir uns hier aufhalten, umso mehr scheint ein Teil der norddeutschen Gelassenheit auf uns über zugreifen, keine Hektik, kein Stress, nichts treibt uns zur Eile an, nicht einmal der Gezeitenstrom, der von der Schleuse Nordfeld, dem Endpunkt der Tour, ausgebremst wird.

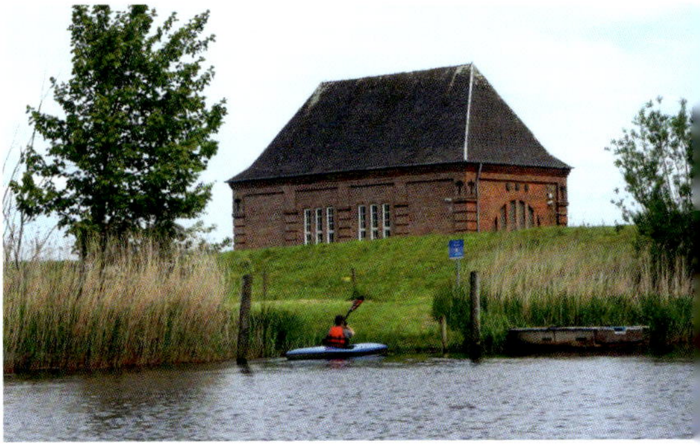

Rastplatz bei der Steinschleuse.

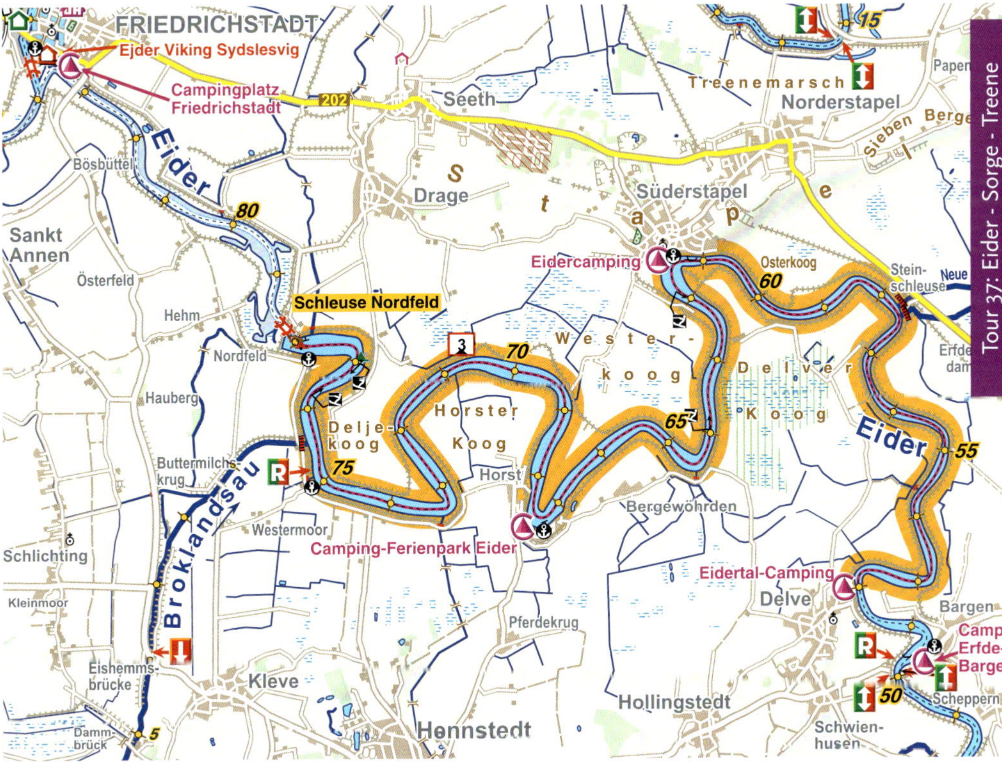

KURZ-INFO UNTEREIDER

Befahrungszeit: fast ganzjährig

Fahrstrecke: Delve - Drage, ca. 25 km

Besonderheiten:
Ab der Schleuse Nordfeld beeinflussen die Gezeiten den Wasserstand der Eider. Eine Weiterfahrt bis zur Mündung in die Nordsee setzt eine gewisse Planung mit dem Tidenkalender voraus. Außerdem sind folgende Befahrungsregeln zu beachten:

- km 94-99,2 Oldesworter Vorland vor Tönning, es besteht ein ganzjähriges Uferbetretungsverbot.
- km 99,2-110 Dithmarscher Vorland, es besteht ein Befahrungs- und Uferbetretungsverbot mit der Ausnahme des Schülper Außensiels.
- km 101,4-106,5 Katinger Vorland und "Grüne Insel", es besteht ein ganzjähriges Befahrungsverbot auf Prielen mit der Ausnahme des Norderlochgrabens.
- Des Weiteren ist die Durchfahrt durch die Wehrtore des Eidersperrwerks verboten und mitunter auch lebensgefährlich! Eine Schleusung ist jedoch möglich.

Gefahren: Aufgrund der Breite und der Küstennähe ist die Eider recht windanfällig. Vor Fahrtantritt sollte unbedingt der Wetterbericht abgerufen werden.

Optionen: Durch die geringe Strömung sind in diesem Bereich des Flusses Touren in beide Richtungen möglich. Ebenfalls können kürzere Etappen gewählt werden. Bei der Steinschleuse, in Süderstapel sowie in Horst sind ebenfalls ausgewiesene Kanueinsatzstellen vorhanden, die gleichzeitig auch als Kanurastplatz dienen.

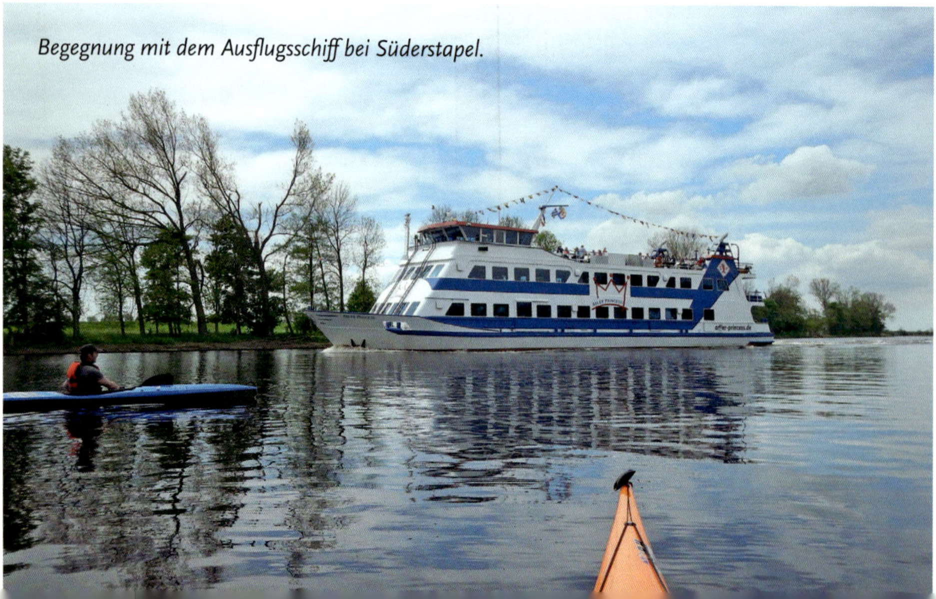

Begegnung mit dem Ausflugsschiff bei Süderstapel.

Tour 38: Die Sorge

Die Sorge ist ein rechter Nebenfluss der Eider und entsteht durch den Zusammenfluss verschiedener Bäche. Erst in dem Dreieck zwischen Owschlager See, dem Weiler Stenten und dem Ort Alt-Duvenstedt wird das noch schmale Gewässer als Sorge bezeichnet. Ab hier durchfließt sie eine interessante, historisch bedeutsame Geestlandschaft, durch die zu früheren Zeiten der Ochsenweg als wichtigste Landverbindung zu Handelszwecken von Viborg in Dänemark bis nach Wedel in Schleswig-Holstein führte. Bei Meggerdorf muss die Sorge jedoch ihr eigentliches Bett verlassen und fließt nun entlang eines Umleitungsdeiches bis zur Sandschleuse, einer Kombination aus Wehr mit Schleuse und Pumpwerk, die zuverlässig das Hinterland vor anstehenden Hochwassern schützt. Kurz danach mündet die mittlerweile schon recht breit gewordene Sorge bei Hohner Fähre in die Eider. Der Bereich der Alten Sorge dient inzwischen als großes Naturschutzgebiet, in dem viele Wasservögel im Frühjahr und Herbst Rast machen. Aus diesem Grund besteht für den kompletten Abschnitt der Alten Sorge zwischen der Börmer Mühle und der B202 ein ganzjähriges Befahrungsverbot.

Komprimiertes Erlebnis

Will man die ganze Vielfalt der immerhin auf gut dreißig Kilometer paddelbaren Sorge in nur eine einzige Tour packen, empfiehlt sich die Strecke von Sorgbrück bis Meggersdorf als gemütliche Tagesetappe. Im Gegensatz zu mancher alten Flussführerbeschreibung ist die Sorge übrigens alles andere als ein "tiefer gelegtes Flussbett mit von Pfahlreihen befestigten Ufern, die dem Paddler den Ausblick auf die eintönige, herbe Wiesenlandschaft verwehren". Schließlich liegt der ganz besondere Reiz des Flusses im kompletten Charakterwandel während einer einzigen Tour.

Ab Sorgbrück rücken die Waldpartien des

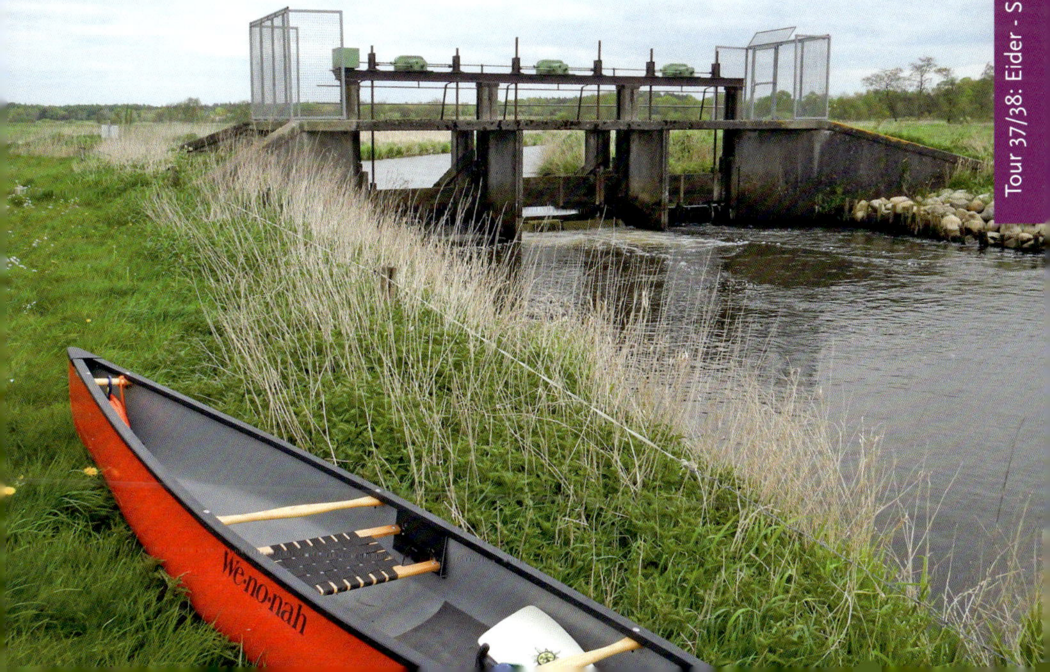

Das Wehr bei Haberland muss rechtsufrig umtragen werden.

Rendsburger Staatsforstes in Flussnähe, vielfach sind die ehemaligen Uferbefestigungen bereits verfallen und der Gewässerlauf gewinnt langsam seine Ursprünglichkeit zurück. Irgendwie scheint es hier oben, wo die Sorge noch recht zügig um die Kurven strömt, als hätte es sie sowieso nie interessiert, in welche Richtung der Mensch sie lenken wollte, daher ist es auch nicht erstaunlich, so manche Befestigungspfähle in der Flussmitte anzutreffen. Bis Tetenhusen begleitet uns die einsame Waldlandschaft auf dem noch recht schmalen Gewässer, auf dem hier und da auch mit Baumhindernissen gerechnet werden muss. Abgesehen von einigen Bootsstegen bekommt man als Paddler von Tetenhusen nicht besonders viel mit, nur das Landschaftsbild ändert sich abrupt. Die teilweise sogar südländisch anmutenden Wälder weichen weitläufigen Wiesenlandschaften und die vormals schmale, quirlige Sorge wird deutlich gemächlicher, breiter und vor allem windanfälliger. Die unglaubliche Ruhe und die Lust des Mäandrierens sind dem Fluss jedoch geblieben. Noch nach etlichen Paddelschlägen scheint der blaue Futtersilo am Ortsausgang von Tetenhusen immer noch zum Greifen nahe, und so manche Kurve bringt den Kanuten aus dem Windschatten unverhofft in den Gegenwind. Es scheint dann, als stürme der Fluss mit seinen kleinen Wellen direkt auf uns zu, ein Phänomen, das recht konditionsfördernd wirkt, jedoch auf lange Sicht ganz schön kräfteraubend sein kann, besonders im Bereich von Meggerdorf, wo die Sorge bereits eine beachtliche Breite aufweist und nichts mehr an den urigen Kleinfluss bei Sorgbrück erinnert. So ist es auch nicht verwunderlich, wenn an windigen Tagen so mancher Paddler aufatmet, wenn er kurz vor Meggerdorf rechts in die Bennebek einbiegen und die letzten paar hundert Meter bis zur Zielbrücke windgeschützt zurücklegen kann.

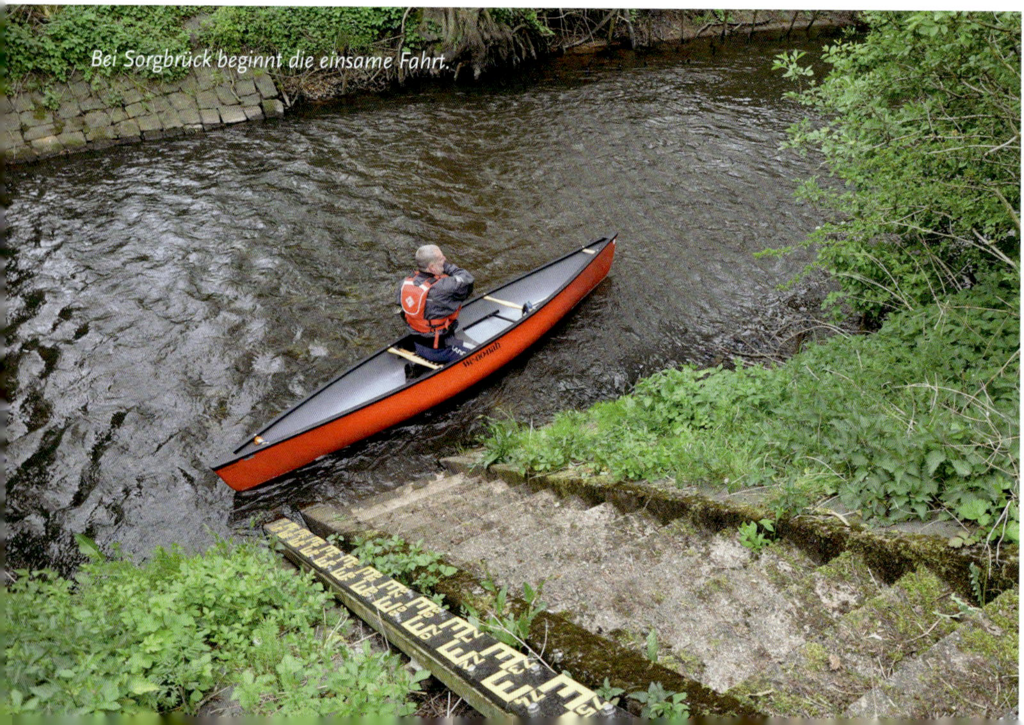

Bei Sorgbrück beginnt die einsame Fahrt.

KURZ-INFO SORGE
rechter Nebenfluss der Eider

Befahrungszeit: fast ganzjährig

Fahrstrecke: Sorgbrück – Meggersdorf (1. Strassenbrücke Bennebek aufwärts), ca. 14 km

Besonderheiten: Das Wehr bei Haberland (zwischen Tetenhusen und Meggersdorf gelegen) muss rechtsufrig umtragen werden – eine Befahrung ist aufgrund des fast geschlossen Schotts nicht möglich! Für die Alte Sorge besteht zwischen der Börmer Mühle und der B202 ein ganzjähriges Befahrungsverbot!

Gefahren: Hohe Windanfälligkeit zwischen Tetenhusen und Meggerdorf.

Optionen: Oberhalb von Sorgbrück ist die Sorge bereits ab Alt-Duvenstedt befahrbar. Die Tour führt durch Sorgwohld am Hof von RSH (Radio Schleswig-Holstein)-Kultlandwirt Fiete Pahl vorbei (plus 8 Kilometer zur beschriebenen Tour).
Eine Weiterfahrt unterhalb von Meggerdorf bis in die Eider zur Hohner Fähre ist ebenfalls möglich (plus 10 Kilometer zur ursprünglichen Tour).
Das Komplettprogramm führt von Alt-Duvenstedt bis in die Eider auf ca. 32 km Länge!

Kultur und Freizeit: Wanderung auf dem historisch bedeutsamen Ochsenweg (Parkplatz bei Sorgbrück).

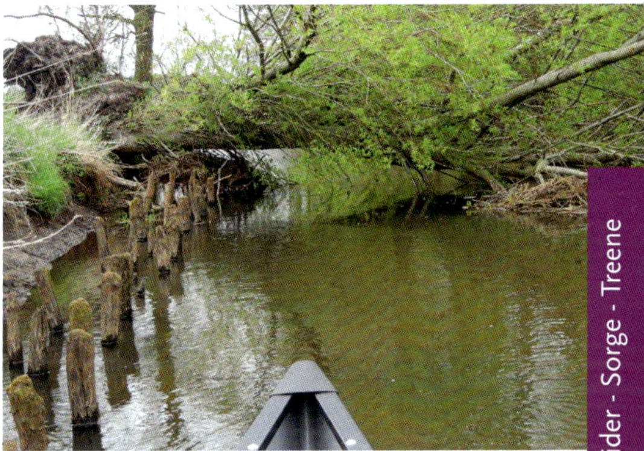

Im oberen Teil der Sorge muss mit Hindernissen gerechnet werden.

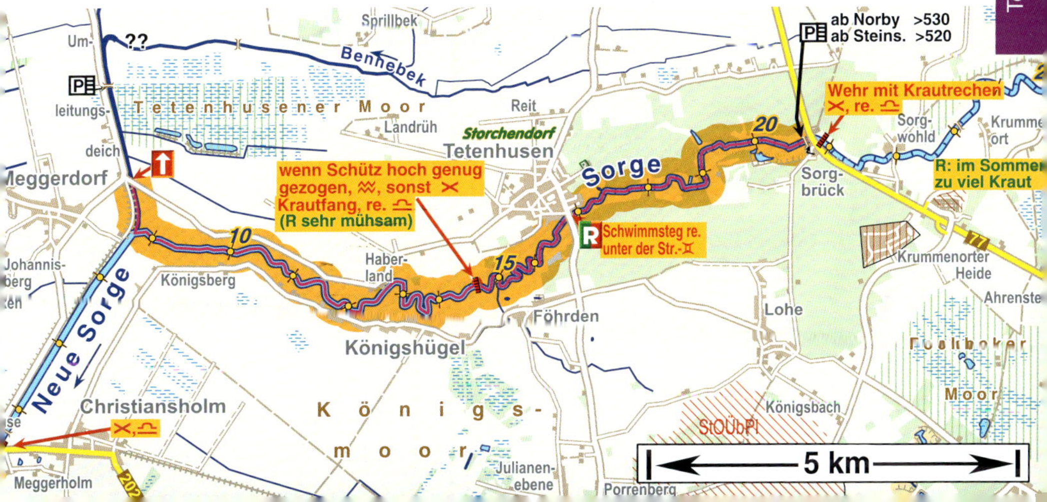

Tour 39: Die Treene

Der bei Friedrichstadt einmündende rechte Nebenfluss ist zugleich auch der unterste Geestzufluss der Eider. Die beiden Quellflüsse der Treene (Bodenau und Kielstau) sammeln sich im Treßsee bei Großsolt. Hier beginnt mit dem Verlassen des Sees nun der eigentliche Flusslauf der Treene, deren ursprünglicher Name Treia (Holz Au) aus dem Dänischen stammt. Nach ca. 80 Kilometern Länge mündet der Fluss letztendlich über ein Schleusenwerk in die Eider. Von Treßsee bis nach Tüdal ist das Gewässer prägnanter Bestandteil des Naturschutzgroßprojektes "Obere Treenelandschaft". Unter Berücksichtigung der ganzjährigen, freiwilligen Befahrungsbeschränkung in diesem Bereich (s. Kurz-Info), verbleiben immerhin noch gut siebzig Kilometer Flussstrecke als ansprechendes Paddelrevier in abwechslungsreicher Umgebung zwischen Geest und Marsch. Zwischen Treia und Hollingstedt erreicht die Treene eine Landenge von historischer Bedeutung. Bereits die Wikinger aus dem Ostseeraum nutzten per Schiff-Landtransport die kurze Entfernung, um von Haithabu an der Schlei über die Treene und Eider zur Nordsee zu gelangen und somit die Umfahrung Dänemarks zu vermeiden.

Kurven und Spitzkehren

In dem doch eher von Einsamkeit und Individualismus geprägten Norddeutschland nimmt die Einsatzstelle in Langstedt eine gewisse Sonderstellung für sich in Anspruch. Unweit des Gasthauses Stelkes bedecken Unmengen von Leihkanus die Uferwiese vor der Einbootstelle. Nach einer für hiesige Verhältnisse ungewöhnlichen Zahlung der "Einbootgebühr" von zwei

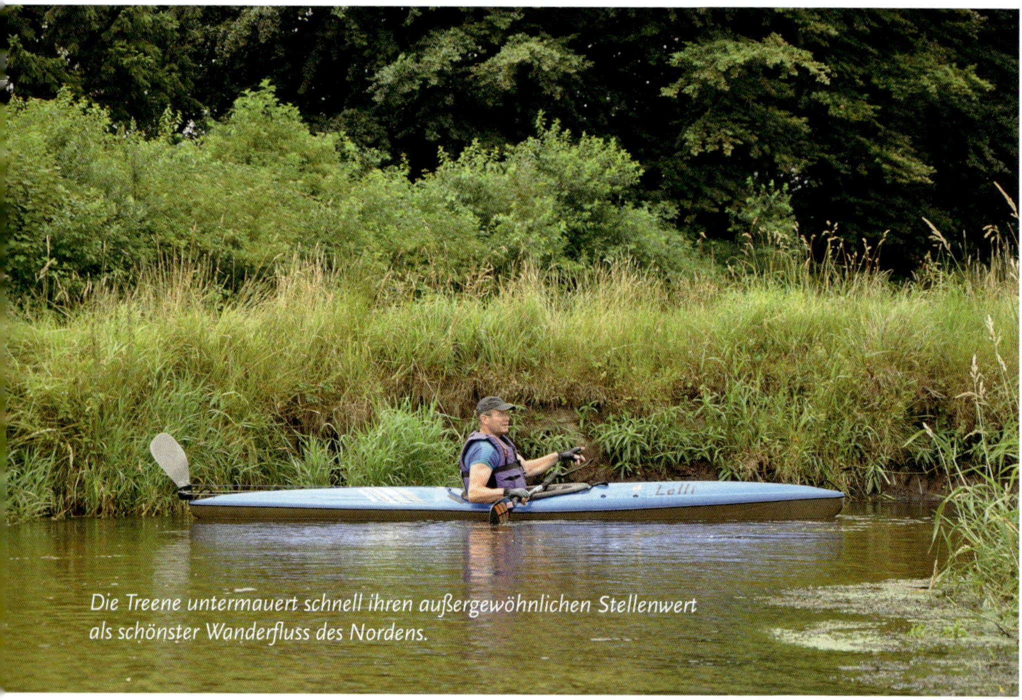

Die Treene untermauert schnell ihren außergewöhnlichen Stellenwert als schönster Wanderfluss des Nordens.

Euro pro Boot und der damit verbundenen Parkplatz- und Toilettennutzung bahnen wir uns skeptisch den Weg durch diverses Leihmaterial zum eigentlichen Objekt unserer Begierde, der Treene. Ähnlich den sommerlichen Gegebenheiten an der südfranzösischen Ardeche hilft es auch hier ungemein, möglichst früh zu starten. Doch bereits wenige Paddelschläge weiter ist unsere Skepsis verflogen und die Treene untermauert recht schnell ihren außergewöhnlichen Stellenwert als einer der schönsten Wanderflüsse des Nordens. Stark mäandrierend sucht sich das klare Wasser über sandigem Untergrund seinen Weg durch eine urwüchsige Wiesenlandschaft. Die angenehme Strömung schiebt uns durch langgezogene, enge und ganz enge Kurven bis hin zur Spitzkehre und lässt somit die Tour auch paddeltechnisch niemals langweilig werden. Einzelne halbhohe Abbruchkanten wechseln sich mit kleinen, wunderschönen Sandstränden ab, hier und da ermöglicht sich ein Blick aus dem tiefer liegenden Flussverlauf auf die knorrigen, skandinavisch anmutenden Wälder. Wir befinden uns inmitten einer einzigartigen, besonderen Naturlandschaft, die sich im Hinblick auf ihre Gestaltung durch Wind und Wasser selbst überlassen ist und sich somit stets neu modelliert.

Die Treene ist jedoch nicht nur eines der schönsten Gewässer Schleswig-Holsteins, sondern auch das meist befahrene und das sieht man ihr auch gerade hier im Oberlauf an. Leider gibt es auf diesem Teilabschnitt ein gravierendes Müllproblem, was aufgrund der Menge und Art eindeutig der Kundschaft der großen Verleiher an der Treene zuzuordnen ist. Hier müsste nach dem Verursacherprinzip dringend Abhilfe geschaffen werden, bevor aus

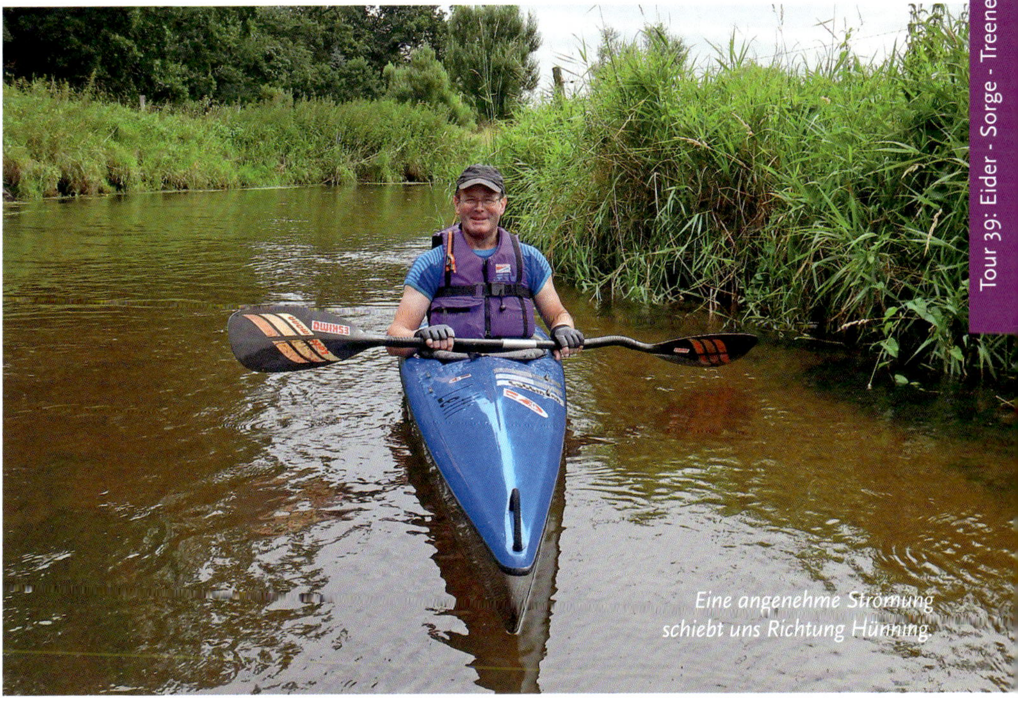
Eine angenehme Strömung schiebt uns Richtung Hünning.

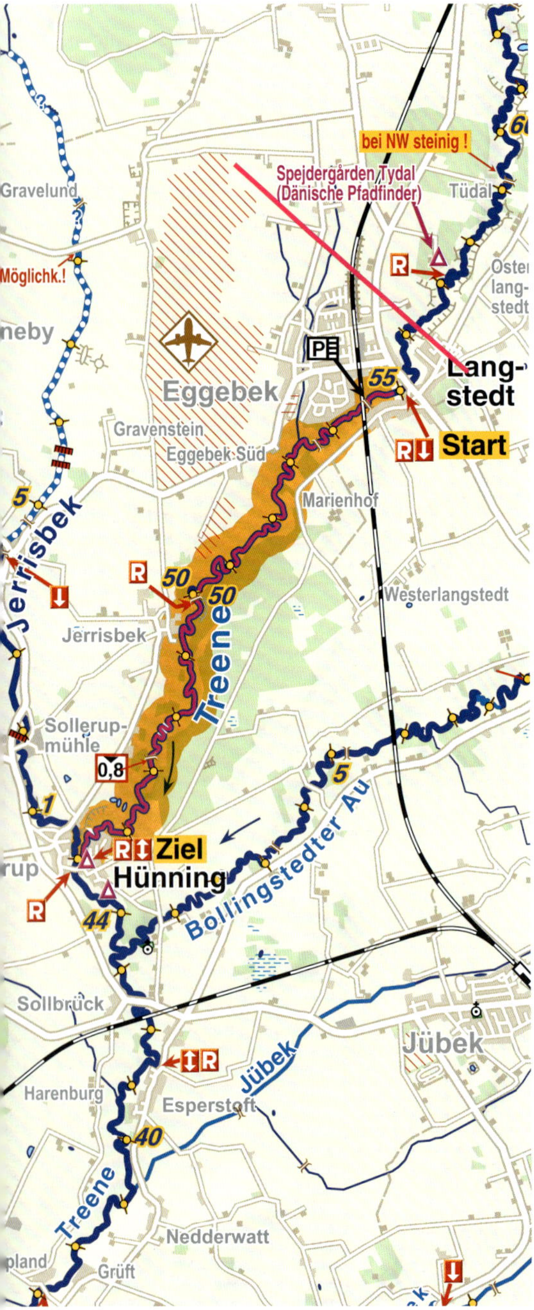

einem Naturjuwel die größte Flussmüllhalde des Nordens wird. Mögen diese Zeilen an die richtigen Adressen gelangen und zur Einsicht führen, denn der Outdoortourismus funktioniert auf Dauer auch für die Verleiher nur auf Nachhaltigkeit. Für die Individualisten sollte der erschreckende Anblick einmal mehr Anreiz sein, den Pausenplatz so zu verlassen, als wäre er nie genutzt worden.

Blendet man jedoch obige Problematik aus, ist man in einer eigentlich intakten Natur unterwegs, in der sogar Bisamratten und Eisvögel ihr Revier haben. So ist es aufgrund der vielfachen Ablenkung auch nicht verwunderlich, nach erstaunlich kurzweiligen elf Kilometern viel früher als erwartet die Ausstiegsbrücke in Hünning zu erreichen.

KURZ-INFO TREENE (ETAPPE 1)
rechter Nebenfluss der Eider

Befahrungszeit: fast ganzjährig

Fahrstrecke: Langstedt – Hünning (Ausstieg rechts hinter Brücke; der linke Ausstieg vor der Brücke gehört zur Kanuvermietung und ist Privatgelände!)
ca. 11 km

Besonderheiten: Die Einsatzstelle in Langstedt ist gebührenpflichtig (aktuell pro Boot 2 Euro).
Es besteht eine ganzjährige freiwillige Befahrungsbeschränkung von der Quelle bis nach Tarp (km 0-9,3), des Weiteren gibt es einen inoffiziellen Befahrungsverzicht bis Langstedt.

Gefahren: Keine

Tour 40: Treia und Treene

Wir nutzen die relativ neu errichtete Einbootstelle an der Straßenbrücke zwischen Sollerup und Hünningen als Startpunkt zur zweiten Etappe des interessanten Treene Oberlaufs. Aufgrund der geringen Anzahl von Parkplätzen in unmittelbarer Nähe zum Einstieg empfiehlt es sich auch hier, relativ früh zu starten. Weitere Möglichkeiten zum Abstellen der PKW befinden sich an der Peripherie von Sollerup. Es ist jedoch unbedingt darauf zu achten, nicht die Privatgrundstücke der örtlichen Kanuvermietung als Parkmöglichkeit zu missbrauchen.

Im Gegensatz zum ersten Teilstück des Flusses ändert sich hier der Charakter des Gewässers doch erheblich. Zwar bleibt uns die leichte Strömung erhalten, aber die Mäander werden weniger und langgezogener, was die Befahrung rein theoretisch einfacher gestaltet, wären da nicht die häufiger vorkommenden Busch- und Baumhindernisse, die den Vorwärtsdrang doch erheblich bremsen können, aber die Fahrt auch interessanter gestalten. Kleine Wälder und halbhohe Lehmufer begleiten uns bis zum Kanurastplatz Esperstoft. Ab hier wird die Treene deutlich breiter und das Paddeln fällt nun auch Anfängern leichter. Einige Kilometer weiter bietet sich die letzte Pausenmöglichkeit an der Iplander Brücke an, bevor die ersten Häuser von Treia in Sicht kommen.

Der Name des schmucken Ortes, durch den auch der "Ochsenweg" (alter Handelsweg, siehe Flussbeschreibung der Sorge) führte, stammt aus dem Dänischen: Trae (Holz) und Aa (Au, Fluss). Holzau, also Treia, war somit auch die ursprüngliche Bezeichnung des Flusses. Während sich der Gewässername im Laufe der Zeit in Treene wandelte, blieb der Ortsname jedoch bis zur heutigen Zeit erhalten. Von besonderer Bedeutung war der Standort Treias zu einer Zeit, als die Treene noch schiffbar war. Ein spezieller Zeitzeuge dieser Epoche ist die bereits im Jahr 1400 errichtete Nikolaikirche, die 1757 (wie die Zahlen an der Giebelseite belegen) erweitert wurde. Diese Andachtsstätte wurde dem heili-

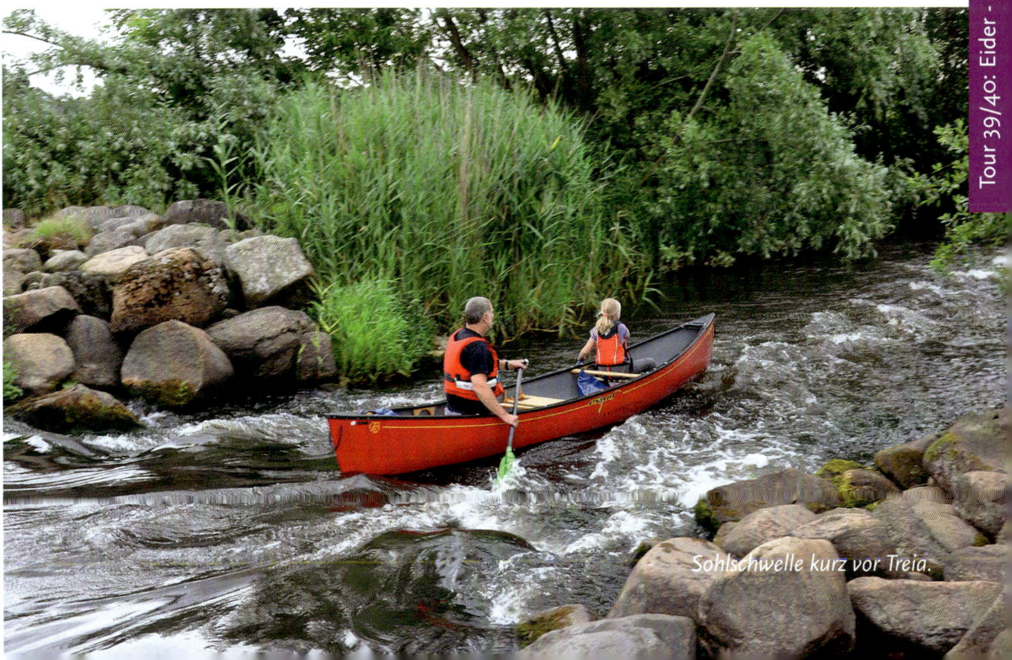

Sohlschwelle kurz vor Treia.

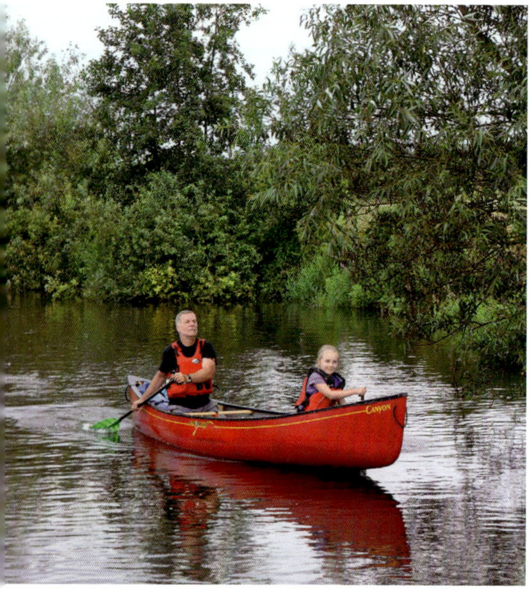

Ab Esperstoft wird die Treene deutlich breiter.

gen Nikolaus, dem Schutzpatron der Schiffer gewidmet und befand sich in unmittelbarer Nähe zu den Warenumschlagsplätzen am Fluss.
Bevor wir jedoch die Möglichkeit zur Besichtigung der Andachtsstätte haben, gilt es, noch ein letztes Hindernis zu meistern. Ein kleiner Stau nebst einem rechtsufrig platzierten Hinweisschild kündigen die Sohlschwelle kurz vor dem Ausstieg an. Obwohl die Strömung am Auslauf der Sohlgleite leicht in das Buschwerk zieht, gestaltet sich eine Befahrung problemlos. Wer jedoch Zweifel hegt, kann bequem rechtsufrig umtragen. Ein Wiedereinstieg ist kaum mehr lohnend, da man sich bereits auf der Zeltwiese der Feuerwehr in unmittelbarer Nähe zum Parkplatz befindet. Ein letzter Blick hinauf zum belegten Storchennest auf der Feuerwache macht schließlich das norddeutsche Kleinflusserlebnis komplett.

KURZ-INFO TREENE (ETAPPE 2)
rechter Nebenfluss der Eider

Befahrungszeit: fast ganzjährig

Fahrstrecke: Hünning – Treia, ca.9 km

Gefahren:
Baum- und Strauchhindernisse sind jederzeit möglich. Die Strömung am Auslauf der Sohlschwelle kurz vor Ende der Etappe zieht in Buschwerk hinein.
Ein Umtragen ist rechtsufrig leicht möglich, ein anschließender Wiedereinstieg ist nicht nötig, der Ausstieg befindet sich direkt am Auslauf der Sohlgleite.

Optionen: Eine Weiterfahrt bis zur Mündung in die Eider ist ebenfalls möglich, jedoch landschaftlich nicht mehr so ansprechend wie der Oberlauf.

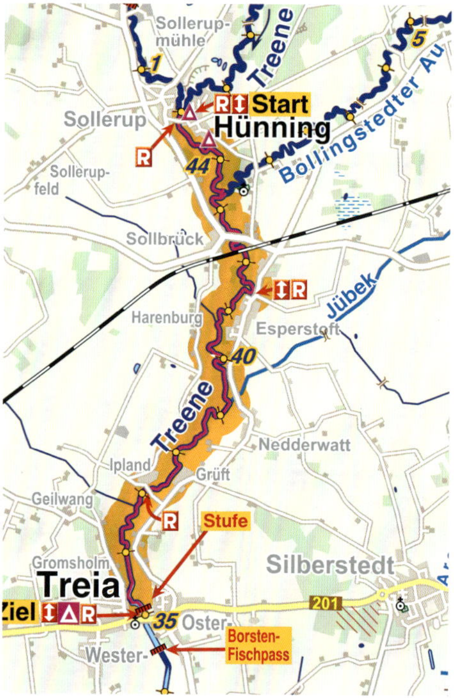

GROSSRAUM HAMBURG

Hamburg, meine Perle

Eine Stadtrundfahrt auf eigenem Kiel ist, von Venedig und Kopenhagen einmal abgesehen, sicherlich nirgendwo so gut möglich wie in Hamburg. Bis auf die Abschnitte, die den tidenabhängigen Bereich des Hafens tangieren, gibt es kaum Probleme mit Gegenströmungen, somit steht dem Urban Paddling nichts mehr im Weg. Doch es wäre vermessen, Hamburg nur auf die Innenstadt und den Hafen zu reduzieren. Besonders im Randgebiet der Millionenmetropole entdeckt man eine nie vermutete Urwüchsigkeit der Landschaft. Weite Horizonte und verwunschene Oberläufe lassen die Großstadtnähe schnell vergessen, ohne auf die Vorteile selbiger verzichten zu müssen. Im Gegensatz zum ländlichen Schleswig-Holstein lässt sich hier aufgrund der vorhandenen, guten Infrastruktur fast jeder beliebige Punkt in kurzen Intervallen mit den öffentlichen Verkehrsmitten erreichen, was ein Umstellen der Autos fast immer unnötig macht. Nirgendwo sonst liegen Natur und Kultur so dicht beieinander und bilden derartig krasse Gegensätze wie in Hamburg. Schließlich ist es genau jene Mischung in Verbindung mit den unzähligen Alternativmöglichkeiten in der Hansestadt die den unnachahmlichen Charme dieses Kanurevieres ausmacht.

Gewässer

Die Gewässerfacetten im Großraum Hamburg sind erstaunlich vielfältig und überraschen sicherlich jeden Besucher der Region. Der Bogen spannt sich von den urwüchsigen Oberläufen der Bille und Alster bis hin zum mächtigen Gezeitenstrom der Elbe. Dazwischen liegen unzählige Möglichkeiten für alle Könnens- und Konditionsstufen. Naturliebhaber und Städtebummler finden hier ein breites Betätigungsfeld, zumal sich viele Touren mit einander kombinieren lassen.

Info für SUPer

Seit dem Sommer 2019 ist das Stand Up Padeln im Hamburger Hafen verboten. Zum Hafengebiet zählen sowohl der Hafen selbst, als auch die Speicherstadt und die Hafencity. Ebenfalls darf die Elbe zwischen Oortkaten und Rissen nicht mehr befahren werden. Kanuvermietungen

Kanuvermietung

Außenalster

- Bobby Reich
  Fernsicht 2
  Tel. 040/487824

- Bootsverleih Stute
  Schöne Aussicht 20a
  Tel. 040/22698657

Alsterkanäle

- Bootsvermietung Dornheim
  Kaemmererufer 25
  Tel. 040/2794184, *www.zur-gondel.de*

Alster

- Bootshaus Marienhof
  Marienhof 4
  Tel. 040/6066677

- Gadermann Kajaks
  Hummelsbütteler Steindamm 70
  22851 Norderstedt
  Tel. 040/52983006
  www.gadermann-shop.de

- Bootshaus Silwar
  Eppendorfer Landstraße 148b
  Tel. 040/476207

- Cafe Isekai
  Isekai 13
  Tel. 040/473461

Stadtpark

- Bootsvermietung auf der Liebesinsel
  Südring 5a
  Tel. 040/273416

Bergedorf
Bille/Dove Elbe

- Bootshaus Bergedorf
  Schillerufer 41
  Tel. 040/41922906
  www.bootshaus-bergedorf.com

- Kanu-Hafen Bergedorf
  Curslaker Deich 375
  Tel. 0173/8094043

Bille/Dove Elbe/ Gose Elbe

- Paddel-Meier
  Heinrich-Osterath-Straße 256
  Tel. 040/7372270, *www.paddel-meier.de*

Unterkünfte, Übernachtungsmöglichkeiten

Campingplätze

- Campingplatz Buchholz Hamburg
  Kieler Straße 374
  Tel. 040/5404532
  www.camping-buchholz.de

- Campingplatz Elbecamp
  Falkensteiner Ufer 101
  Tel. 040/812949
  www.elbecamp.de

- Campingplatz Lühesand
  Sandhörn 6a, 21720 Grünendeich
  Tel. 04142/2775
  www.luehesand.de

Jugendherberge

- Jugendherberge „Auf dem Stintfang"
  Alfred-Wegener-Weg 5
  Tel. 040/5701590

Wohnmobilstellplätze

- Wohnmobilhafen Hamburg
  Grüner Deich 8
  Tel. 040/30091890
  www.wohnmobilhafen-hamburg.de

- Elbe-Bunthaus
  Moorwerder Hauptdeich 33
  Tel. 040/18047215
  www.elbe-bunthaus.de

- Wohnmobilhafen Hamburg-Süd
  Finkenrieder Hauptdeich 5
  Tel. 01577/4505514
  www.wohnmobilplatz-hamburg.de

DKV-Kanu-Stationen

- Alster Canoe Club e.V.
  Ludolfstraße 15
  www.alster-canoe-club.de

- Bergedorfer Kanu Club e.V.
  Allermöher Deich 512
  www.bergedorfer-kanu-club.de

- Harburger Kanu Club e.V.
  Schweessand/Hauptdeich 3
  www.harburger-kanu-club.de

- Kanusport Harburg e.V.
  Schweenssand/ Hauptdeich 1
  www.kanusport-harburg.de

- Wassersportverein Süderelbe e.V.
  Ehestorfer Weg 19
  www.wv-suederelbe.de

Informationsquelle

Tourismus Hamburg
www.hamburg.de/tourismus-hamburg
Die Internetseite rund um den Tourismus in Hamburg, hier findet man alle wichtigen Infos von A-Z für einen Besuch der Hansestadt.

Tour 41: Die Alster

Die Alster ist ein rechter Nebenfluss der Elbe, deren Hauptquelle sich bei Henstedt-Rhen in Schleswig-Holstein befindet. Trotz der unmittelbaren Nähe zu Hamburg legt der Fluss dank unzähliger Mäander erstaunliche 60 Kilometer bis zu seiner Mündung zurück. Im Jahre 2004 wurde in dem ehemaligen Moorgebiet oberhalb von Naherfurth das Naturschutzgebiet "Oberalsterniederungen" eingerichtet, welches seltene Pflanzen und Tierarten wie z.B. den Wachtelkönig beheimatet. Eine Befahrung mit Wasserfahrzeugen jeglicher Art ist seitdem erst unterhalb der B432 erlaubt. Doch auch die verbliebene Strecke von über 40 Kilometern Länge hat für den Kanuten durchaus seinen Reiz, führt ihn der Gewässerverlauf doch vom natürlichen "Dschungel" bei Wulksfelde bis hinein in den "Großstadtdschungel" von Hamburg mit seinen noblen Einkaufsmeilen.

Die alte Alster, die bei Gut Stegen (die nächstmögliche Einbootstelle nach Naherfurth) in die Alster mündet, wurde im Jahre 1530 zum Alster-Beste-Kanal ausgebaut, auf dem Schiffe von Hamburg nach Lübeck verkehren konnten, um sich den riesigen Umweg um Jütland herum zu sparen. Der Kanal versandete jedoch bald wieder. Heute sind noch Reste bei Gut Stegen, in Süllfeld und bei Nienwohld erkennbar. Mittlerweile ist der Kanal nicht einmal mehr für Sportboote befahrbar.

Die Alster macht Hamburg zu einer der schönsten Städte der Welt. Tausende suchen und finden hier Tag für Tag Erholung und Befreiung von den Sorgen des Alltags. Für viele ist die Außenalster ein Sportplatz inmitten der Millionenmetropole, wie er schöner nicht sein könnte. Fußgänger, Nordic Walker, Jogger, Radfahrer, Segler, Ruderer, Tretbootfahrer und Kanuten, alle kommen hier auf ihre Kosten, doch die wenigsten von ihnen wissen, dass man die Alster

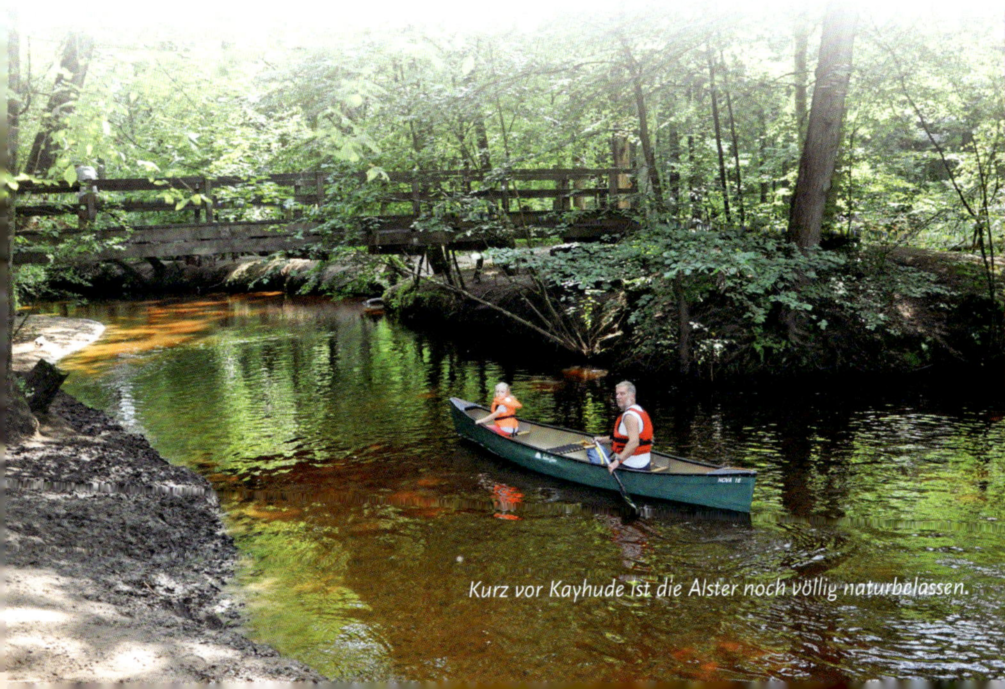

Kurz vor Kayhude ist die Alster noch völlig naturbelassen.

auf fast ihrem gesamten Flussverlauf befahren kann. Alster, Elbe und Bille haben übrigens mit ihren zahllosen Wasserwegen Hamburg zur brückenreichsten Stadt Europas werden lassen. Nicht etwa Venedig, sondern die altehrwürdige norddeutsche Handelsstadt hält mit mehr als 1352 Brücken diesen Rekord!

Das Sahnestückchen der Alster

Während an sonnigen Tagen unzählige Kajaks und Canadier vom Poppenbütteler Wehr aus mehr oder weniger elegant in Richtung Fuhlsbüttel bewegt werden, sind die oberen Abschnitte der Alster zumeist paddeltechnisch verwaist. Selten trifft man hier auf Gleichgesinnte, obwohl in den meisten Jahren mit durchschnittlichen Niederschlägen der Wasserstand oftmals schon ab der obersten erlaubten Einbootstelle an der Straßenbrücke der B432 bei Naherfurth für eine genussreiche Befahrung ausreicht.

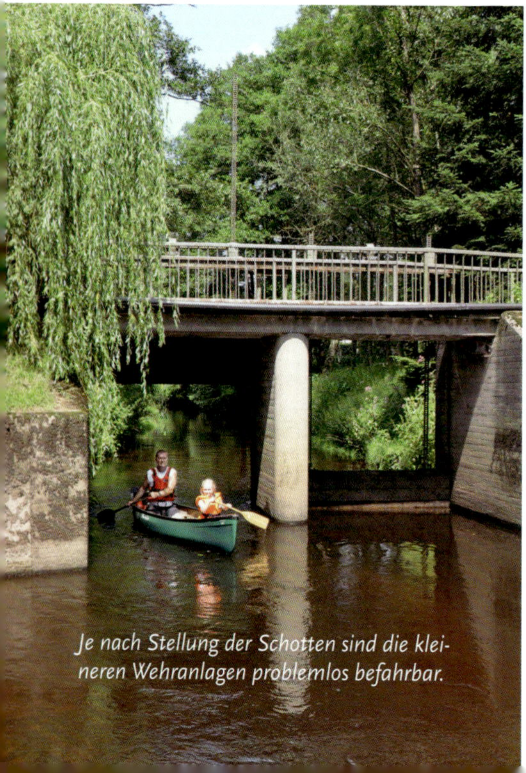

Je nach Stellung der Schotten sind die kleineren Wehranlagen problemlos befahrbar.

Unser Lieblingsabschnitt, also quasi unser persönliches Sahnestückchen der Alster, befindet sich zwischen Kayhude und Wulksfede. Hier beginnt auch der Alsterwanderweg, der den Fluss bis zur Fuhlsbütteler Schleuse begleitet. Zwar hat der oberhalb liegende Gewässerabschnitt mit seiner flotten Strömung und den engen Kurven auch seinen Reiz, doch wenn man nach längerer Zeit wieder mal der Erste ist, der sein Kanu an der Straßenbrücke bei Kayhude zu Wasser lässt, kommt, umrahmt vom üppigen Grün der Ufervegetation und im Vorwärtsdrang durch Busch- und Baumhindernisse gebremst, schnell ein Hauch von Entdeckergeist auf. Es gibt keine freigeschnittenen Durchfahrten und keine Umtragespuren. Die Paddeltour entwickelt sich bis zum ersten Wehr als reinrassiger Dschungelbummel. Kaum ist der erste Baumverhau erfolgreich gemeistert, taucht auch schon das nächste Hindernis auf. Auf wundersame Weise gelingt es uns jedoch, immer wieder unter, über oder durch das Gehölz zu paddeln. Mittlerweile empfinden wir die Situation schon nicht mehr störend, sondern als sportliche Herausforderung, irgend einen möglichen Durchlass zu entdecken. Ganz hartnäckige Fälle werden direkt über den Stamm umhoben, zum einen, um Zeit zu sparen und zum anderen, um die Ufer zu schonen. Langsam wird die Alster ein wenig breiter und die Ufervegetation bleibt dort, wo sie auch hingehört am Ufer! Ja, es macht sich sogar ein wenig Enttäuschung breit, wieder "normal" zu paddeln.

Wie aus dem Nichts taucht die erste Wehranlage auf. Wir haben Glück, das Schott ist auf Wasserniveau und wir können so gefahrlos die Stelle ohne Umtragung passieren. Lautlos gleiten wir auf dem moorfarbenen Wasser der Alster dahin. Hier und da wiegen sich Wasserpflanzen in der sanften Strömung, Libellen surren wie kleine Helikopter durch die Lüfte, ab und zu lassen sich Fische auf dem sandigen Grund

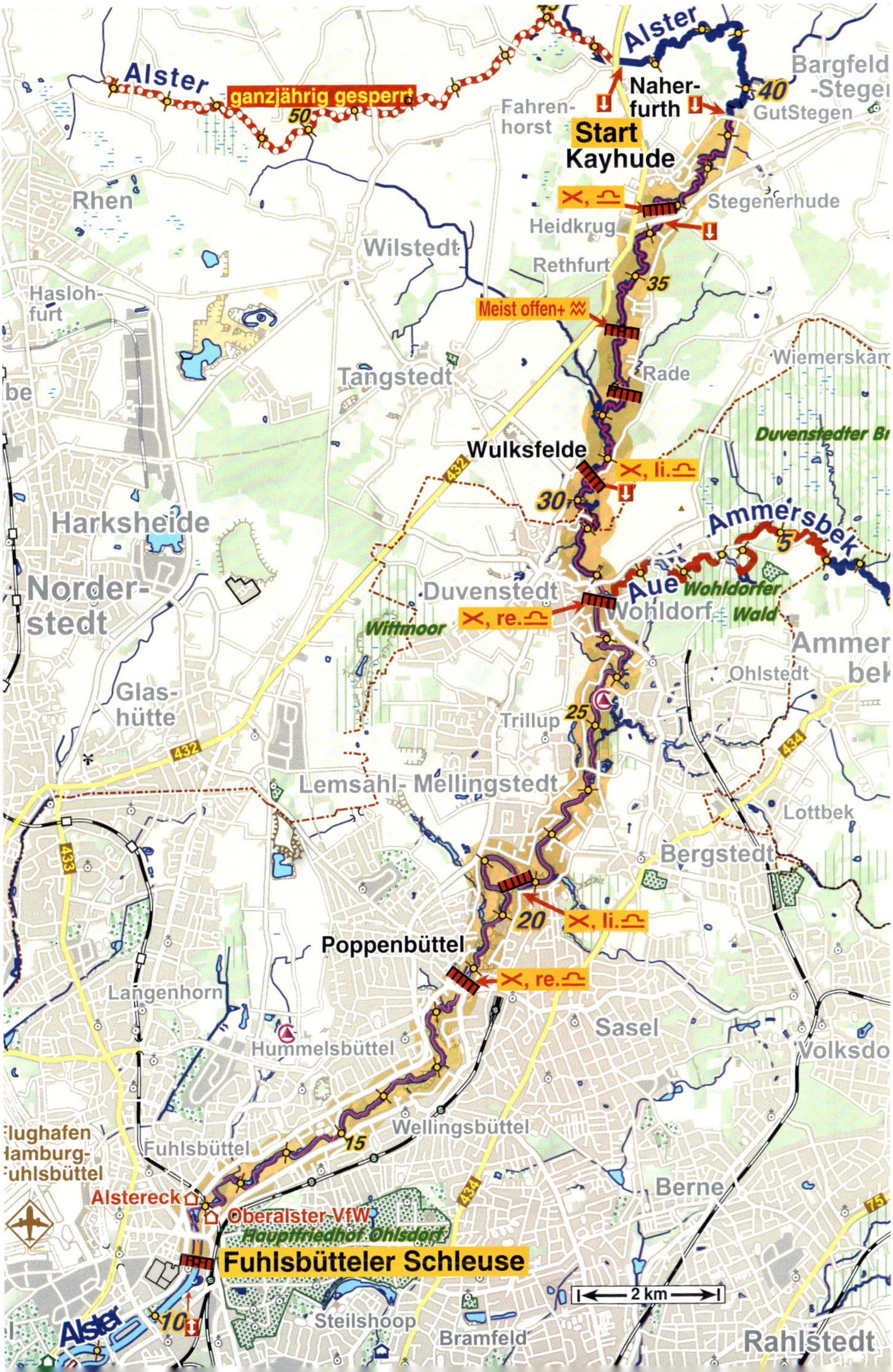

Tour 41: Großraum Hamburg

beobachten, ein leichter Windhauch lässt die umstehenden Pappeln säuseln – es ist einfach schön, mal wieder draußen zu sein!
Das letzte Wehr auf unserer heutigen Tour läutet den landschaftlich schönsten Teil der Alster ein. Auch diese Anlage ist paddlerfreundlich eingestellt und lässt sich somit problemlos befahren. Eine folgende Steganlage, die eine mögliche Portage der Wehranlage vereinfacht, lädt zur Pause ein.

Wie oft haben wir an dieser Stelle bei unseren Fahrradtouren schon vom Wanderweg aus auf die Alster geschaut und uns vorgestellt, mit dem Canadier an der für diese Gegend doch imposanten Lehmwand entlangzugleiten? Jetzt ist es endlich mal so weit. Die Wand wirkt zwar aus der Bootsperspektive lange nicht so mächtig, wie es vom Wanderweg aus den Anschein hat, aber dennoch stellt sie ein gewisses Highlight der Tour dar. Scharf rechts knickt der Bach ab, und kurzfristig hat es den Anschein, als würde sich die Alster in eine tiefe Schlucht eingraben. Doch viel zu schnell flachen die Ufer wieder ab und holen den Bootfahrer aus seinen Wunschträumen in die Realität zurück. Schon wenige Mäander weiter trumpft der Fluss mit einem weiteren optischen Leckerbissen auf. Alte Baumbestände säumen die Ufer der Alster. Das spärliche durch die Baumkronen gefilterte Sonnenlicht gibt der Szenerie seinen ganz besonderen Reiz. Von dunkel schwarz bis zu leuchtendem gold-gelb reicht das Farbenspiel des Wassers. Eine gelungene Symbiose aus Wald, Wasser und Licht verwandelt diesen Abschnitt in eine Art Zauberwald, der die schönsten Erinnerungen an die moorfarbenen Bäche des Waldviertels in Niederösterreich aufkommen lässt. Viel zu schnell verfliegt der Zauber und ein kurzer Rückstau kündigt das Wehr in Wulksfelde, dem Endpunkt unserer Tour an. Sechs Kilometer Alltagsflucht so nah am Puls der Großstadt und doch so weit weg. Wie weit ist Kanada, wie weit ist die Freiheit entfernt? Vielleicht ist sie näher, als man denkt....

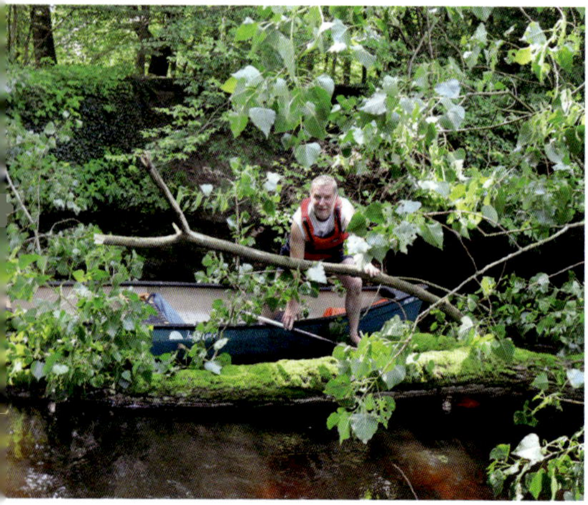

Besonders im oberen Teil der Alster muss man immer wieder mit natürlichen Hindernissen rechnen.

Grenzübertritt

Auch wenn der obige Abschnitt unser Lieblingsstück der Alster ist, so sind die folgenden Strecken des Flusses dennoch absolut empfehlenswert. Kurz nach dem Umtragen des Wehres in Wulksfelde erreicht man bereits die Peripherie Hamburgs, doch vom rechtsseitig gelegenen Ortsteil Duvenstedt bemerkt man als Kanute kaum etwas. Erst mit dem Erreichen der Wohldorfer Schleuse wird uns die Nähe zum Stadtleben wieder bewusst. Über eine alte Rollenbahn wird entlang der Fischtreppe in das Unterwasser umgesetzt. Schnell entfernen wir uns wieder vom Lärm der Straße und gleiten alsbald durch das Rodenbeker Quellental mit seinen für den Norden fast schon steil anmutenden Uferhängen. Vielfach reichen nun private Grundstücke bis zum Fluss und erschweren die Suche nach einem Pausenplatz. Sechs Kilometer nach der Wohldorfer Schleuse wartet nun mit der Mellingburger Schleuse noch eine weitere Portage auf uns. Statt der bereits erwarteten Stadtkulisse überrascht uns die Alster nun bis kurz vor Fuhlsbüttel nochmals mit natürlichem Charme. Direkt unterhalb von Mellingburg folgt die Alsterschleife. Das Gelände im Bereich der Innenkurve ist Naturschutzgebiet und bietet seltenen Pflanzen und Tieren einen nahezu ungestörten Lebensraum. Auf dem folgenden kleinen See kurz vor der Poppenbütteler Schleuse sollte man sich rechtzeitig rechts halten und auf keinen Fall zu nah an das mit Ketten abgesicherte Wehr heranfahren oder gar einen Befahrungsversuch wagen. Bei fast allen vorherrschenden Wasserständen ist der Rücklauf lebensgefährlich! Es gab hier bereits tödliche Unfälle.

Im nahegelegenen Restaurant oder in der ebenfalls in Reichweite gelegenen Eisdiele lässt es sich vorzüglich pausieren, bevor es unterhalb der Poppenbütteler Schleuse auf dem letzten fließenden Abschnitt der Alster bis zur Schleuse in Fuhlsbüttel/Ohlsdorf noch einmal durch ein landschaftlich schönes Tal geht. Immer noch fließt das Gewässer tief eingeschnitten und von dichtem Baumbestand eingerahmt in seinem verstecktem Bett. Von der Tatsache, dass man sich langsam aber sicher in einer Großstadt befindet, merkt man nur ganz allmählich etwas.

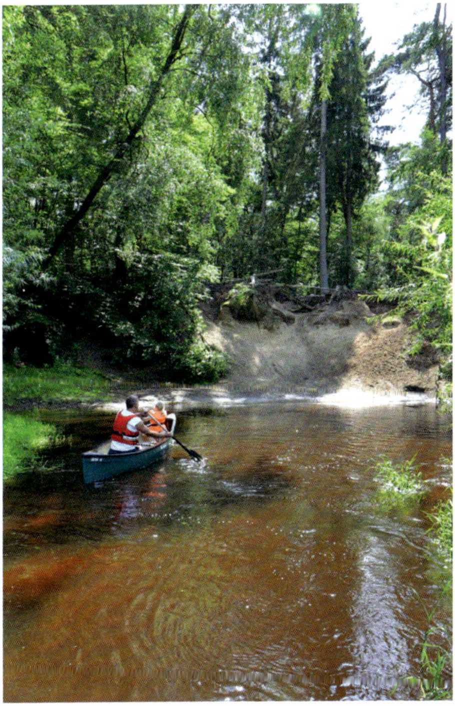

Bis kurz vor Hamburg besticht der Fluss durch ein ständig wechselndes Landschaftsbild.

KURZ-INFO ALSTER
Rechter Nebenfluss der Elbe

Befahrungszeit: Zumeist ganzjährig.
Für den Oberlauf oberhalb der B432 bei Naherfurth gilt ein ganzjähriges Befahrungsverbot!

Fahrstrecke:

- Naherfuth – Kayhude, 7,1 km
- Kayhude – Wulksfelde, 6,2 km
- Wulksfelde – Poppenbüttel, 12,1 km
- Poppenbüttel – Fuhlsbüttel, 9,6 km

Gefahren:
Besonders im Bereich zwischen Kayhude und Wulksfelde vermehrt Baum- und Strauchhindernisse. Bei allen Schleusen und Wehranlagen ist erhöhte Vorsicht geboten! Die Wehranlage in Poppenpüttel muss immer umtragen werden, Lebensgefahr! Es gab hier schon Todesfälle!

Kultur und Freizeit: Der landschaftlich reizvolle Alsterwanderweg zwischen Kayhude und Fuhlsbüttel bietet sich sowohl als Paddelalternative wie auch zum Umstellen der Fahrzeuge an.

Tour 42: Obere Bille

Die Bille entspringt unweit von Trittau in Schleswig-Holstein und mündet als obere Bille unterhalb von Hamburg-Bergedorf in die Dove-Elbe. Über weite Teile fließt die Bille am Rande des Sachsenwaldes, dem bekannten Besitz Bismarks, entlang. Durch hügeliges Waldgebiet und kleinere Gehölze mäandrierend wird die Bille bei Reinbek im Mühlenteich aufgestaut. Im weiteren Verlauf wird das Wasser von Bergedorf ausschließlich über den Bergedorfer Schleusen-Kanal zur Dove-Elbe geführt, wodurch der natürliche Flussverlauf komplett verändert und getrennt wurde. Eine direkte Verbindung von der oberen Bille zur unteren Bille ist somit nicht mehr existent.

Im Schatten von Elbe und Alster

Angesichts der enormen wirtschaftlichen Bedeutung der Elbe im Bereich der Schifffahrt und der Alster als Synonym für Freizeitaktivitäten aller Art fristet die Bille eher ein Schattendasein. Selbst so mancher Hanseat kommt ins Grübeln, wenn er den Verlauf der Bille beschreiben soll, dabei braucht sich der Oberlauf, welcher teilweise sogar durch ein Naturschutzgebiet verläuft, keinesfalls vor der Alster zu verstecken. Gerade der Bereich rund um den Ort Aumühle am Sachsenwald ist ein Mekka für Naturliebhaber. Radler, Nordic-Walker und Wanderer wissen genau wie die Paddler, zur erlaubten Zeit dieses Kleinod zu schätzen. Während hier im obersten Verlauf der Bille für die Kanuten eine ausgefeilte Kleinflusstechnik von Nöten und eine gewisse Portion an Grundkondition von Vorteil ist, bietet die Teilstrecke von Reinbek bis zum Bergedorfer Wehr einen entspannenden Genuss für Jedermann, ohne auf das Naturerlebnis verzichten zu müssen.

Einstieg mit Geschichte

Gegenüber des geschichtsträchtigen Reinbeker Schlosses aus dem 16. Jahrhundert befindet

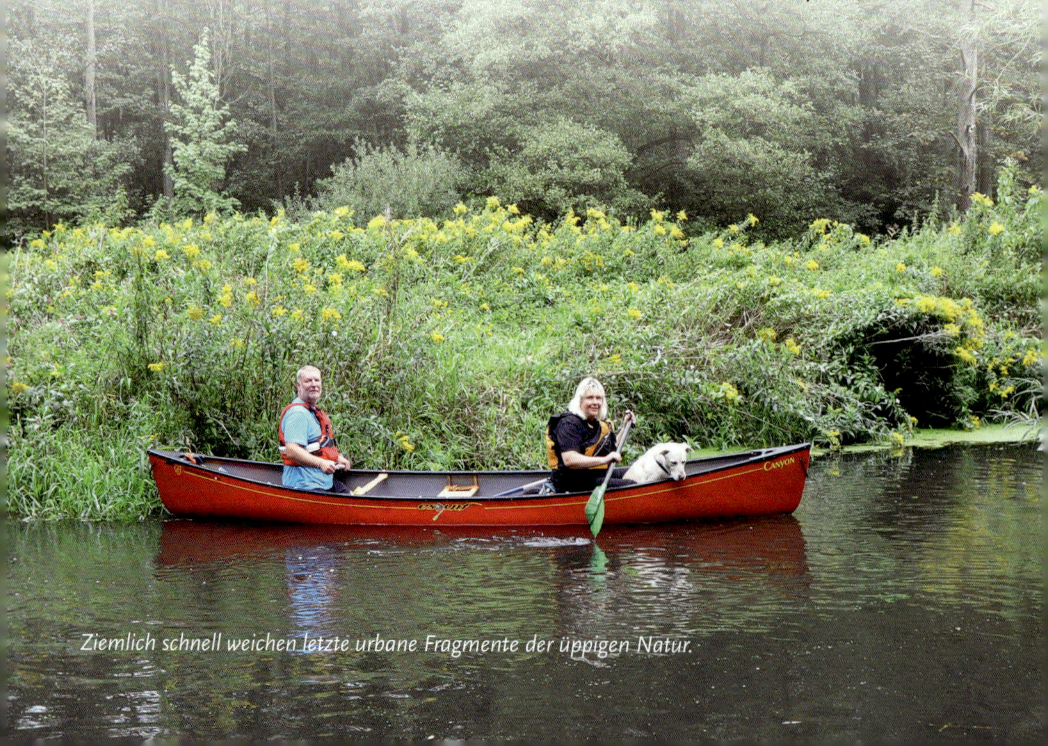

Ziemlich schnell weichen letzte urbane Fragmente der üppigen Natur.

sich die alte Dänenbrücke. Direkt unter diesem Bauwerk aus dem Jahre 1793, über welches einst der rege Verkehr zwischen dem dänischen Amt Reinbek und dem Herzogtum Sachsen-Lauenburg verlief, befindet sich die Einbootstelle der Tour. Der Blick von hier auf das hufeisenförmige Auslaufwehr des Mühlenteiches macht nochmals deutlich, warum ein Einstieg unterhalb des Staus mehr als sinnvoll ist.

Bereits wenige hundert Meter nach dem Start und noch im Stadtbereich gelegen, befindet sich die einzige anspruchsvollere Stelle in Form eines kleineren, S-förmig zu paddelnden Schwalls, der aufgrund seiner geringen Wassertiefe bei der späteren Rücktour getreidelt werden muss. Ziemlich schnell weichen letzte Fragmente des städtischen Treibens der üppigen Natur. Vereinzelt lugen einige hübsche Hausfassaden hinter dem Uferbewuchs hervor.

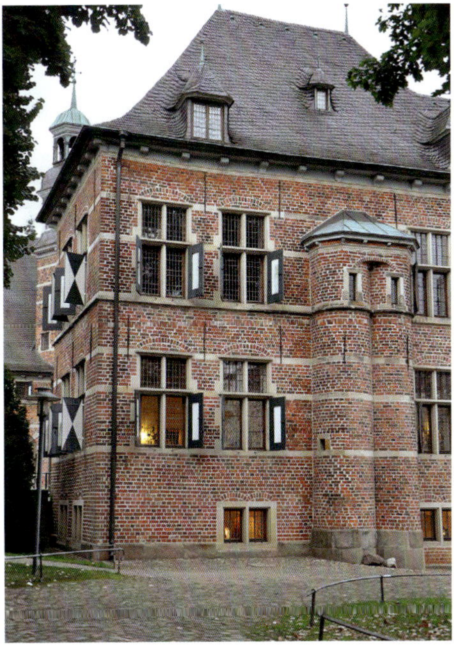

Das Reinbeker Schloss.

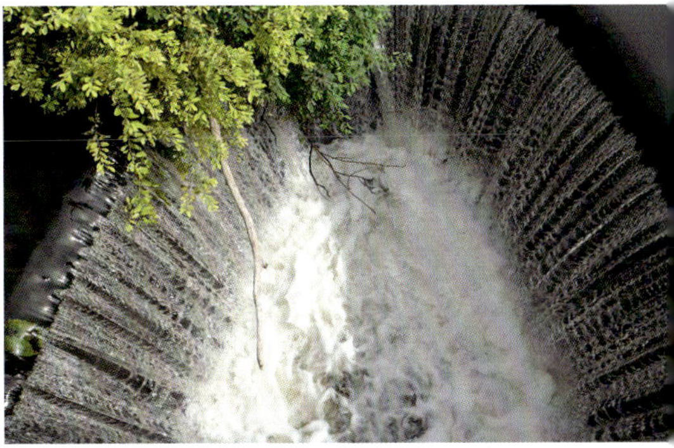

Auslaufwehr des Mühlenteiches.

Immer mehr gewinnt die Natur Oberhand, was sich auch mal in Form eines unpassierbaren Baumverhaues bemerkbar machen kann. Die teils schlammigen Ufer sorgen dann zwangsweise für ideenreiche Umtragungen, sofern man sich unfreiwillige Moorpackungen ersparen möchte.

Zwischenzeitlich begleitet hügelige Waldlandschaft die Fahrt, unterschiedlichste Grüntöne auf, im und am Wasser wetteifern miteinander, während diverse Blüten dem ganzen Landschaftsbild das i-Tüpfelchen aufsetzen. Spätestens nach der hier häufigen Sichtung von Eisvögeln glaubt kaum noch jemand daran in einer Millionenmetropole zu paddeln.

Erlebnis hoch zwei

Immer wieder buhlen schöne Pausenplätze um die Gunst der Paddler, doch die Neugier auf neue Eindrücke ist größer als der Hunger, so dass wir die Rast für den Rückweg einplanen. Mittlerweile häuft sich die Anzahl der Jogger und Radfahrer auf dem teilweise begleitenden Wanderweg, ein sicheres Indiz für uns, dem Etappenziel näher zu kommen. Die Bille weitet sich nun allmählich, erste Häuser rücken in den Vordergrund und das Treiben an den Ufern wird vielfältiger und lauter. Bergedorf ist erreicht und sorgt gleich zu Beginn für einen außergewöhnlichen optischen Kontrast. Während rechter

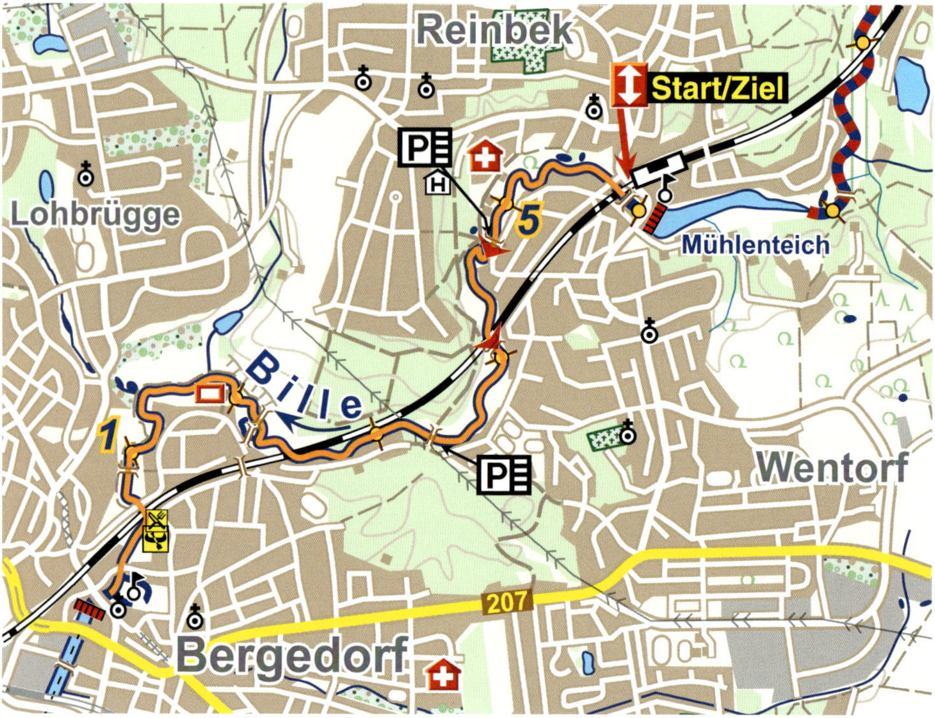

Hand der in Beton gegossene Zweckbau des Schwimmbades den Horizont begrenzt, erwartet uns linker Hand eine idyllische Symbiose aus Restaurant, Bootsschuppen und alter Holländer Windmühle. Hamburg ist halt immer wieder für eine Überraschung gut. Ein Motto, welches auch für die Billetour eigentlich nicht passender sein könnte, denn mit dieser Vielfalt und den teilweise krassen Gegensätzen von Natur und Stadt hatte von uns wohl keiner gerechnet. Umso mehr genießen wir daher die entspannte Rücktour nach Reinbek auf der fast strömungslosen Bille, die sicherlich zu Unrecht im Schatten von Elbe und Alster steht.

Diese Teilstücke unterliegen einer Befahrungsregelung (s. Besonderheiten), außerdem muss hier vermehrt mit Baum- und Strauchhindernissen gerechnet werden!

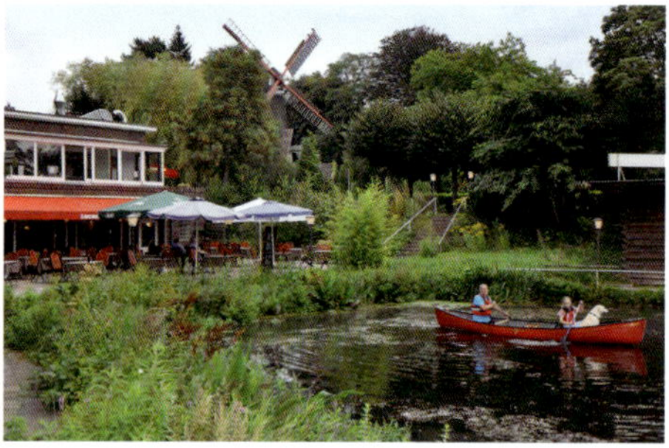

Krasse Gegensätze prägen die obere Bille.

KURZ-INFO OBERE BILLE

Rechter Nebenfluss der Dove Elbe

Befahrungszeit: Fast ganzjährig, abgesehen von strengen Wintern.

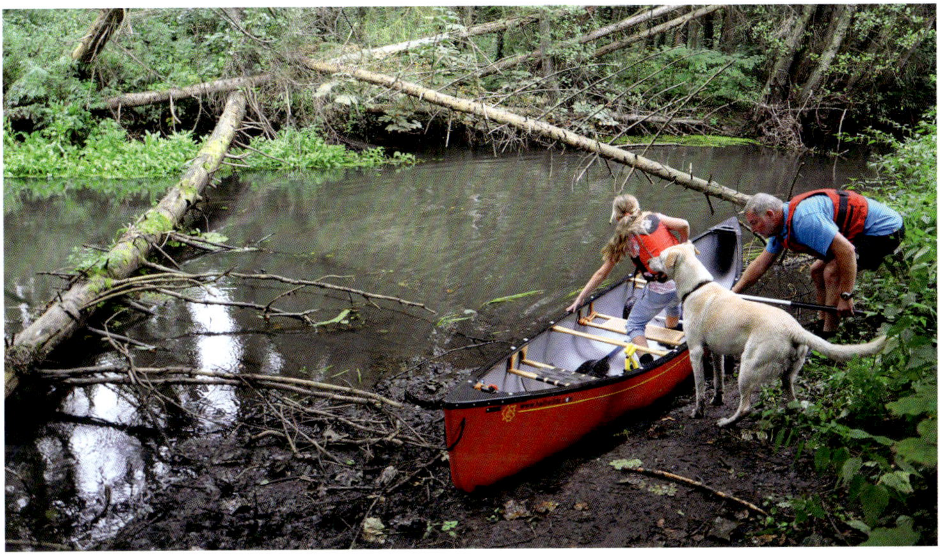

Ein unpassierbares Baumhindernis sorgt zur Abwechslung für Beinarbeit.

Fahrstrecke: Reinbek (unterhalb des Mühlenteichwehres, bei der Dänenbrücke) – Bergedorfer Wehr und zurück, ca. 12 km

Besonderheiten: Für den optional befahrbaren obersten Teilabschnitt der Bille gilt eine Befahrungsregelung. Der Abschnitt zwischen Grander Mühle und Reinbek darf nur vom 16.8 bis zum 28.02. eines jeden Jahres befahren werden, vorausgesetzt der Pegel an der Grander Mühle liegt im grünen Bereich (Minimum 39 cm).

Gefahren: Unbedingt unterhalb des Mühlenteiches einbooten. Eine unfreiwillige Befahrung des erst sehr spät erkennbaren, bogenförmigen Abflusswehres des Teiches ist lebensgefährlich!

Optionen: Alternativ kann die Tour auch nach der Umtragung des Bergedorfer Wehres und der im Anschluss folgenden Krapphofschleuse bis in die Dove Elbe verlängert und dort beliebig beendet werden.

Kultur und Freizeit:
Schloss Reinbek *www.schloss-reinbek.org*
Freizeitbäder Reinbek
www.freizeitbad-reinbek.de
www.tonteichbad.de
Stadtbummel durch die sehenswerte historische Altstadt von Bergedorf
www.bergedorf.de

Kanuverleiher an der Bille:
Bootshaus Bergedorf
www.bootshaus-bergedorf.com
Kanu-Hafen Bergedorf *www.kanu-hafen.de*

Oberste Bille: Grander Mühle – Reinbek, ca. 19 km, oder: Aumühle – Reinbek, ca. 9 km

Tour 43: Untere Bille

Durch Hamburgs industriell geprägten Osten geht es auf der unteren Bille bis zur Autobahn A1 und zurück, vorbei an Industrie- und Gewerbeanlagen sowie Kleingarten-Kolonien.

Die Tour startet am Osterbrookplatz in Hamburg-Hamm. Am Ende der Sackgasse befinden sich dort einige Parkplätze, wo das Auto bis zum Tourende verbleiben kann. Entweder kann man rechterhand über die Wiese neben dem Tennisplatz bis zur Einstiegsstelle rollern, oder man geht an den roten Backsteinhäusern entlang zum Ufer. Von hier paddelt man unter der „Braunen Brücke“ hindurch in östlicher Richtung die (strömungslose) Bille hinauf (Achtung, nicht nach links in den Rückerskanal abbiegen). Das Ufer wird zunächst beiderseits gesäumt von den zahlreichen Kleingärten. Rechts befindet sich die Billerhuder Insel, ein grünes Kleinod mitten in der Stadt, das fast ausschließlich aus Schrebergärten besteht. Auf der Insel befindet sich auch das Bootshaus des KV Schwalbe Hamburg, das sich als alternativer Ausgangspunkt der Tour anbietet. Nach ca. einem Kilometer zweigt rechts der Bullenhuser Kanal ab, wir halten uns aber halb links und fahren unter der Eisenbahnbrücke hindurch. Von rechts mündet kurz dahinter der Tiefstack-Kanal, der über die Tiefstack-Schleuse nach 1,4 km in die Niederelbe führt. Wir halten uns aber halb links und paddeln zunächst weiter an Kleingärten vorbei, bis hinter der nächsten Straßenbrücke beidseitig Industriebauten folgen.

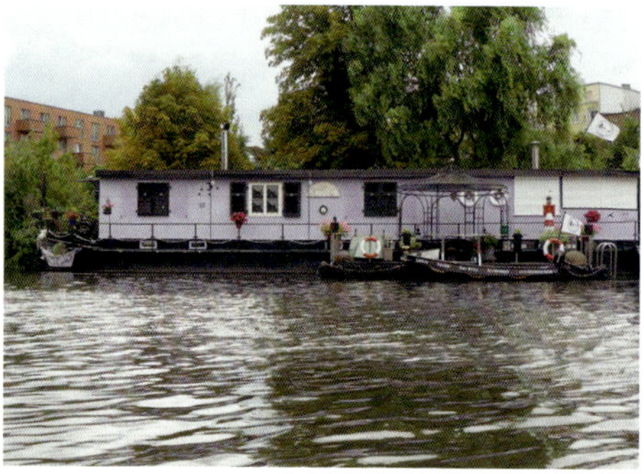

Hausboot an der Bille.

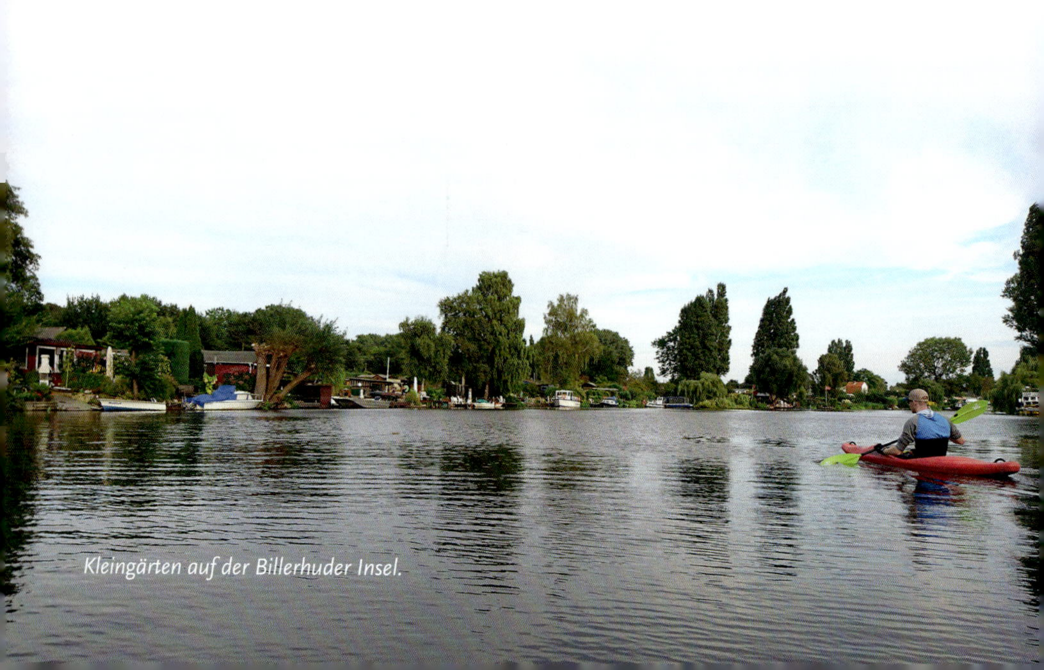

Kleingärten auf der Billerhuder Insel.

Nach einem guten halben Kilometer weicht die Bebauung auf der linken Seite einer baumbestandenen Uferböschung, dahinter verläuft jedoch parallel zum Fluss – deutlich vernehmbar – die Bundesstraße 5. Die Gegend wechselt nach und nach in den ländlichen Bereich, die Boberger Dünen. Nach ca. 7 km Gesamtstrecke erreichen wir die Autobahnbrücke der A1, vor der wir den Rückweg antreten. Hier befindet sich am Billwerder Billdeich eine gute Möglichkeit zur Rast. In der Nähe liegt das deutsche Maler- und Lackierer-Museum, Billwerder Billdeich 72. Anschließend geht es die gleiche Strecke zurück.

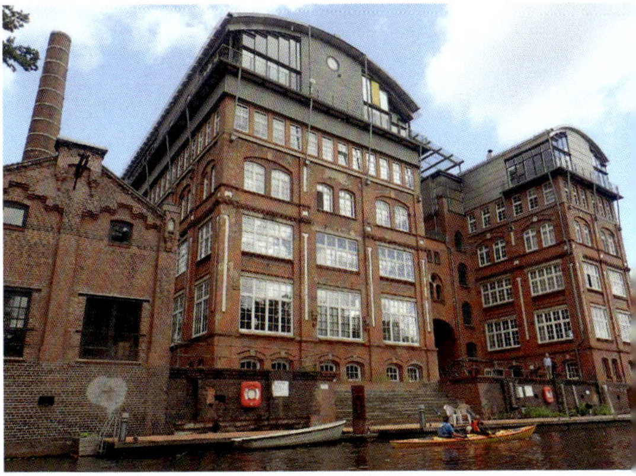

Ehemalige Schokoladenfabrik am Mittelkanal.

Tour-Erweiterung

Als Tourenerweiterung bietet sich die Fortsetzung durch Industriekanäle und an alten Gewerbebauten vorbei an. Vor der Billerhuder Insel hält man sich links in den Bullenhuser Kanal, folgt dann weiter links dem Verlauf der Bille, um nach einer Straßen- und einer Eisenbahn-Brücke rechts in das Hochwasserbassin abzubiegen. Nach einem Blick auf den Berliner Bogen geht es vorbei an moderner Hausboot-

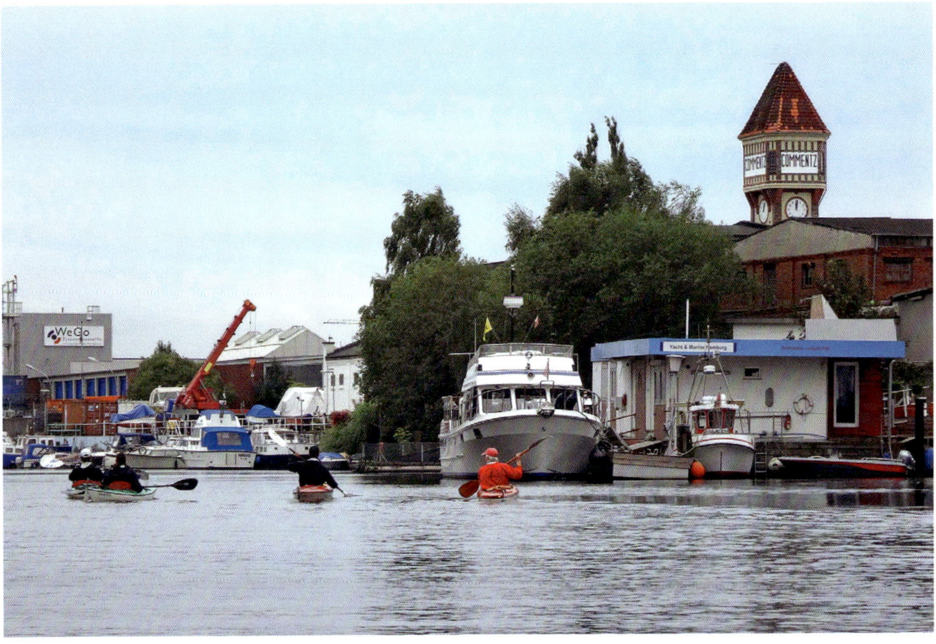

Unterwegs auf der Unteren Bille.

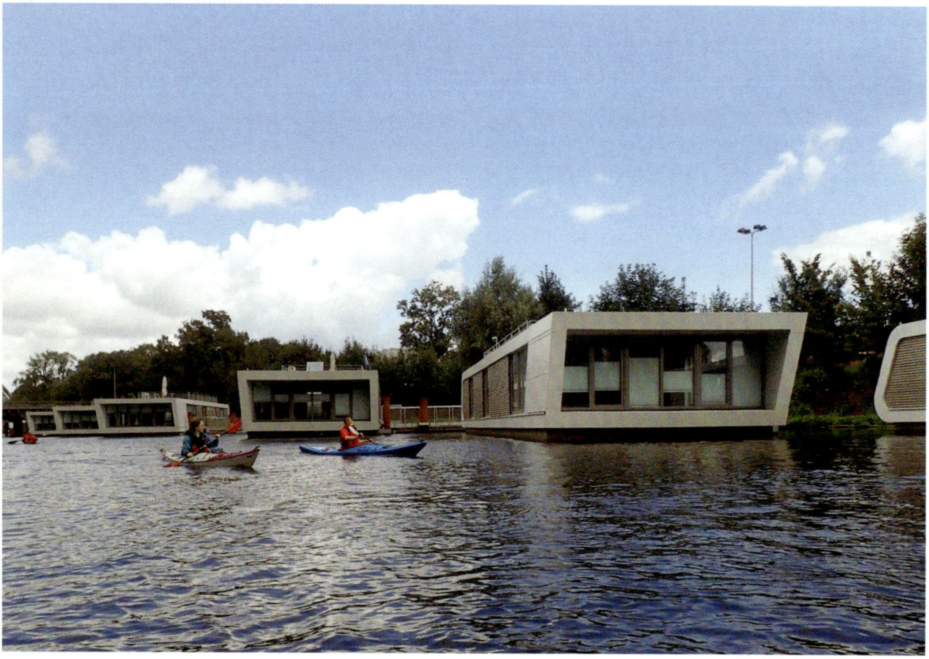

Wohnen auf dem Wasser.

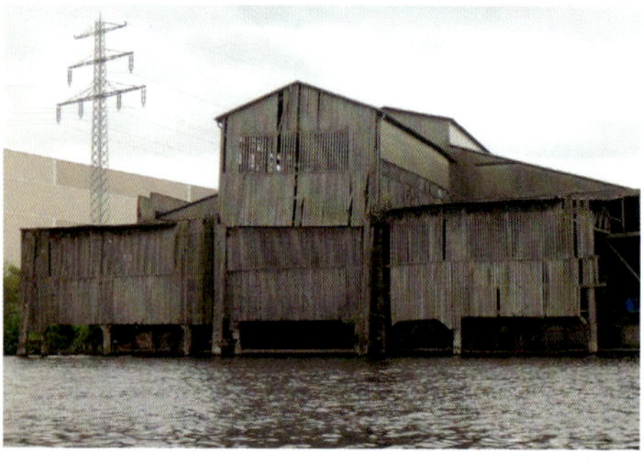

Altes Lagergebäude.

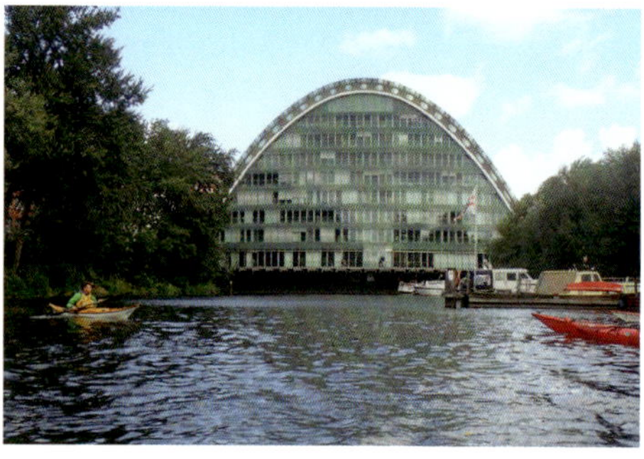

Berliner Bogen am Hochwasserbassin.

architektur rechts hinein in den Südkanal. Auch dort sind die unterschiedlichen Gewerbebaustile zu bewundern, wie die alte Schokoladenfabrik an der S-Bahn-Brücke. In ihr befindet sich heute eine Medienwerkstatt und Wohnungen. Der Südkanal führt uns nach zwei Kilometern über den Rückerskanal zurück zur Einsatzstelle. Ausstiegsmöglichkeiten gibt es auf diesem Steckenabschnitt keine. Es sind viele kleine Motorbootanleger an Vereinen oder Gärten vorhanden. Alternativ kann der Rückweg auch über den Mittelkanal absolviert werden.

Text: Maren Harder
Fotos: Maren Harder, Anne-Christine Schlangenotto, Haralt Löhr

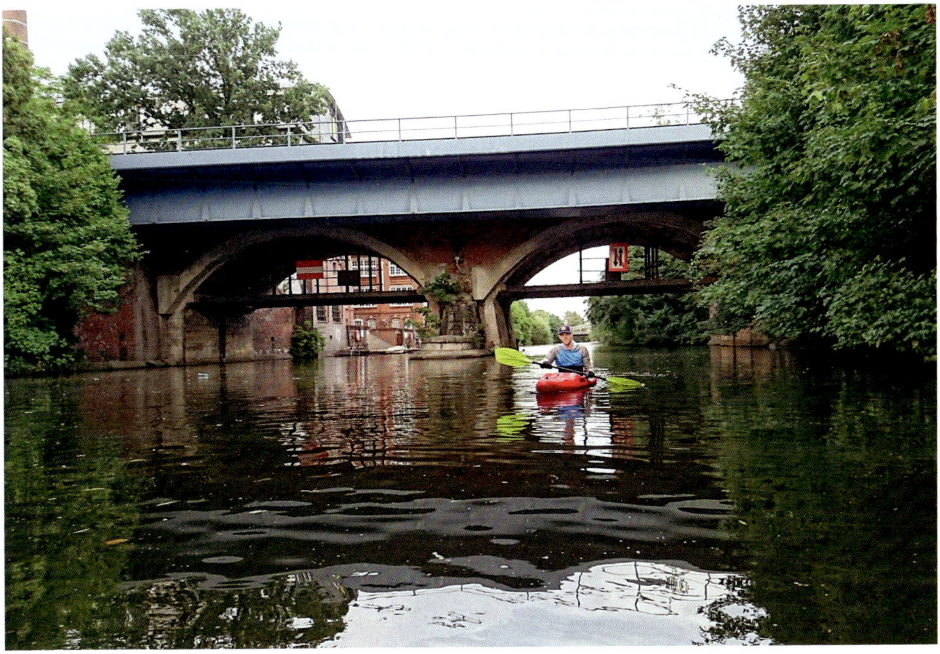

S-Bahn-Brücke an der Einfahrt zum Südkanal vor der alten Schokoladenfabrik.

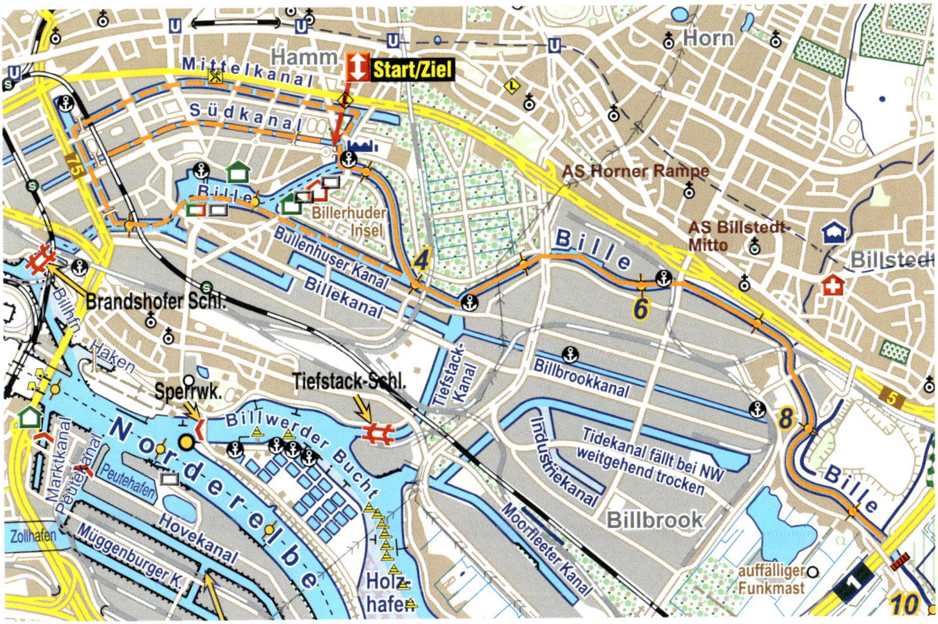

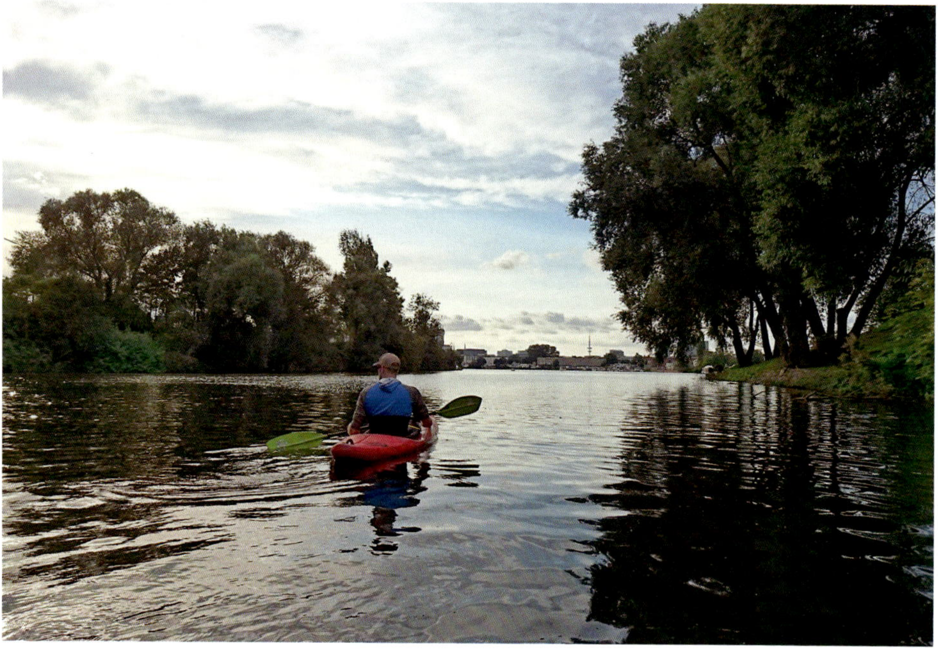

Von der Bille aus sind die ersten Gewerbebauten zu erkennen.

KURZ-INFO UNTERE BILLE

Befahrungszeit: Man kann die Strecke zu jeder Jahreszeit fahren, sie ist tidenunabhängig. Abstecher in die Speicherstadt sollten nur mit Großgewässererfahrung unternommen werden.

Fahrstrecke:
Osterbrookplatz – Bille – A1 und zurück 15 km
Osterbrookplatz – Bille – A1 – Bullenhuser Kanal – Bille – Hochwasserbassin – Südkanal – Osterbrookplatz ca. 22 km

Sehenswert:
Deutsches Maler- und Lackierer-Museum
www.malermuseum.de

Berliner Bogen am Hochwasserbassin
Anckelmannsplatz 1
www.berliner-bogen.de

Alte Wäscherei an der Bille (kurz vor der Eisenbahnbrücke und der Abzweigung zum Hochwasserbassin), Bullerdeich/Anton-Ree-Weg.

Tour 44: Dove/Gose Elbe

Durch die Vier- und Marschlande auf der Dove und Gose Elbe nach Bergedorf

Die Dove Elbe, ein Nebenarm der Elbe, und die hiervon abgehende Gose Elbe sind die beiden Hauptwasseradern der Vier- und Marschlande im Südosten Hamburgs. Hier werden Gemüse und Blumen für die Stadt Hamburg und die Welt geerntet. Die Giebel alter Bauerhäuser gucken über die Deiche, auf dem Vorland weidet das Vieh und man glaubt nicht, noch in der Großstadt zu sein.
Es gibt hier verschiedene Streckenmöglichkeiten zu befahren. Da ab der Tatenberger Schleuse die Dove und Gose Elbe von der Elbe getrennt sind, gibt es hier keine Strömung oder Tide, lediglich mit Wind ist zu rechnen.

Tour 1

Start ist bei allen Strecken der Parkplatz Allermöher Deich (ca. Hausnummer 47) Höhe Pumpwerk, hier kann das Fahrzeug abgestellt und das Boot zu Wasser gelassen werden.
Die erste Strecke ist ein Rundkurs über die Dove Elbe, den Neuengammer Durchstich und die Gose Elbe zurück. Diese Strecke ist nicht in der Zeit vom 15.04. bis zum 15.06. zu befahren, da der Neuengammer Durchstich zu der Zeit gesperrt ist (Brutzeit).

Nach dem Einstieg führt der Weg links in Richtung Bergedorf auf dem etwas schmaler werdenden Flusslauf der Dove Elbe. In Teilbereichen weicht der Deich der parallel verlaufenden Straße so weit zurück, dass große Feucht- und Weidewiesen entstehen. Hier leben viele Wasservögel und Teichrosen machen sich breit. Im Bereich der ersten und einzigen Brücke bis zur Krapphofschleuse befinden sich noch die Reste einer kleinen Werft, die heute als Bootslager und Reparaturwerkstatt dient. Gleich hinter der Brücke befindet sich die Reitbrooker Mühle, welche noch heute in Betrieb ist.
Ein kleines Stück weiter sind die Krapphof-Schleuse und eine Gabelung zu erkennen. Hier kann man sich entscheiden, in welche Richtung es weiter gehen soll. Weiter am linken Ufer entlang durch die Krapphofschleuse (Umtragen rechts neben der Schleusenanlage mittels Bootsschleppe) oder den Abzweig nach rechts

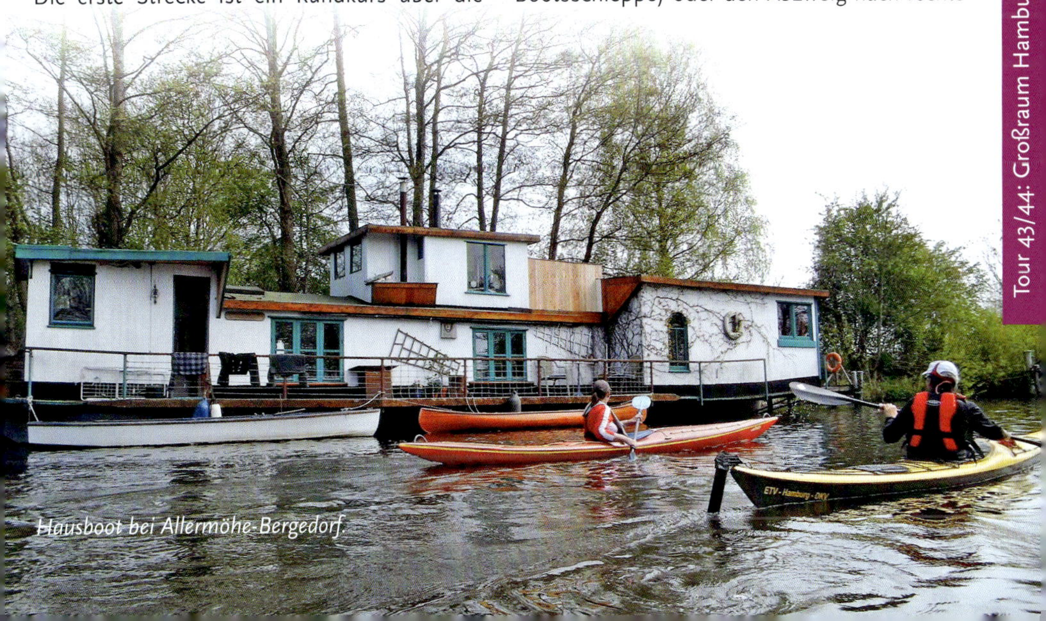

Hausboot bei Allermöhe-Bergedorf.

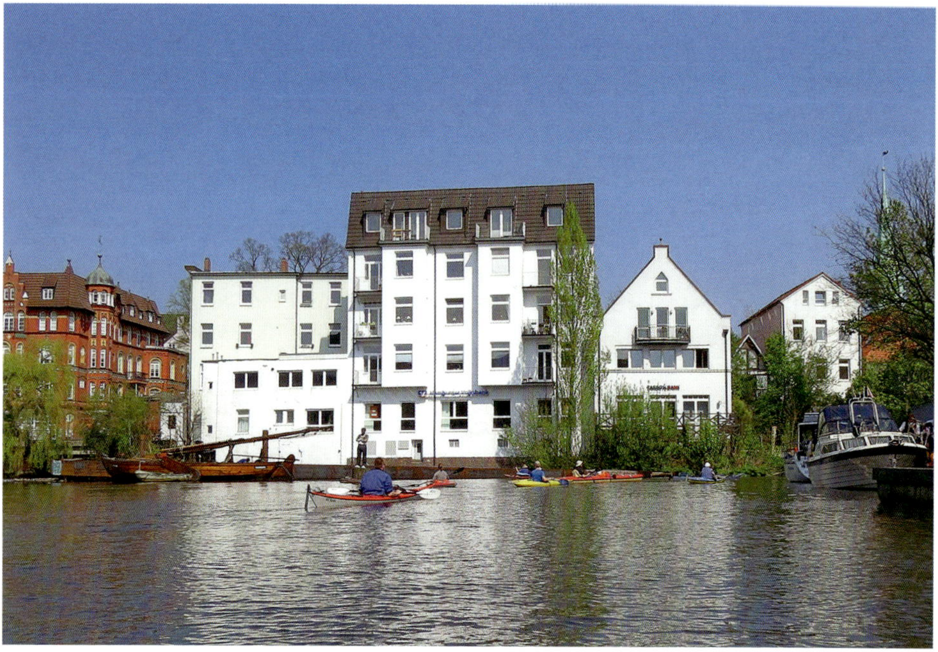

Allermöhe-Bergedorf der Bergedorfer Hafen.

durch die Dove Elbe Schleuse (immer offen). Unser Weg soll durch die Dove Elbe Schleuse weiter führen. Und nun etwas aufgepasst, damit man den Neuengammer Durchstich, welcher rechts von der Dove Elbe abgeht, nicht verpasst (vor der nächsten Straßenbrücke!) – ein sehr schmaler und flacher Graben, der mit vielen Wasserpflanzen und Tieren besiedelt ist und mit der nötigen Rücksicht befahren werden sollte. Dicht am Wasser befindliche und überhängende Büsche und Bäume und kleine Ausblicke in das Land lassen die Großstadt sofort vergessen.

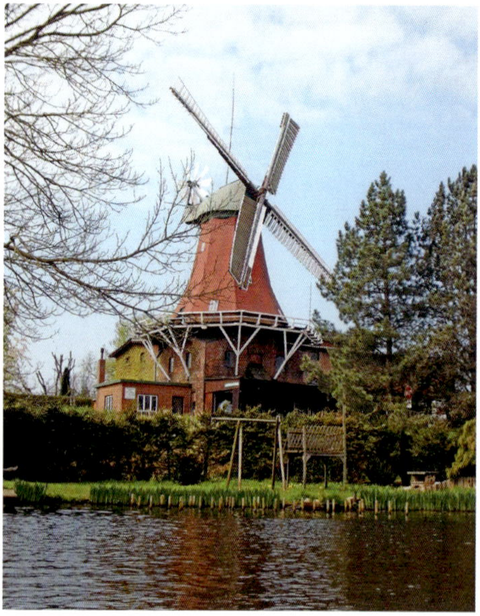

Reitbrooker Mühle.

Nach ca. 2,5 Kilometern mündet der Neuengammer Stichkanal in die Gose Elbe. Um zurück zu unserem Ausgangspunkt zu kommen fahren wir rechts in die Gose Elbe. Auch hier hat man ähnliche Ausblicke auf Häuser, Gärten und Wiesen. Nach vier Kilometern befindet sich

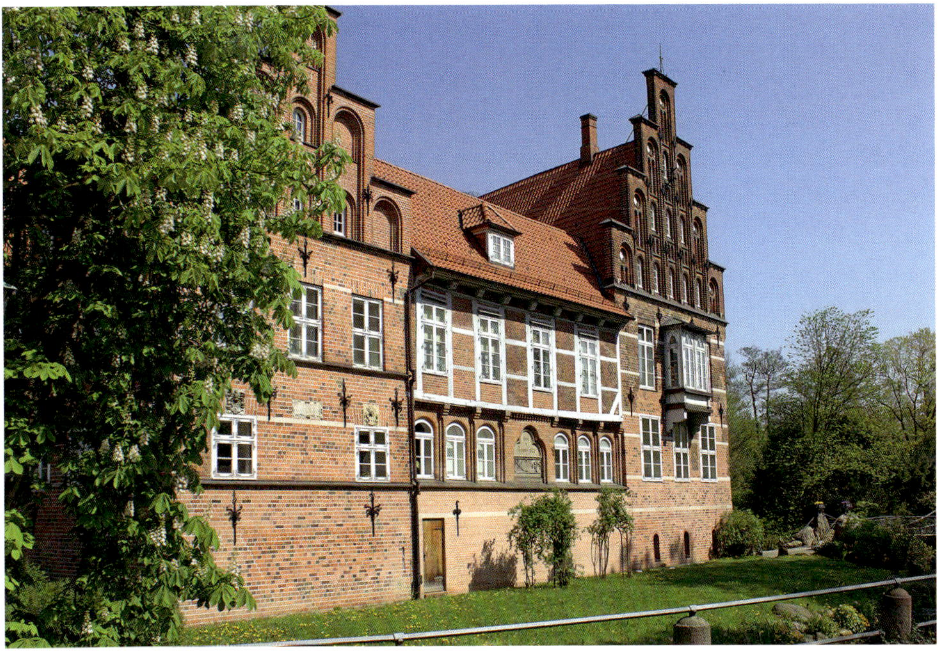

Allermöhe Schloss Bergedorf.

links der Ausstieg der Bootsvermietung „Paddel-Meier".

Nun wird die Strecke etwas gerader. Lediglich seichte Bögen macht der Lauf, und die Aussicht auf einige Kirchturmspitzen, die zwischen den großen Bäumen zu erkennen sind, erinnert an die Großstadt „um die Ecke". Mit der Durchfahrt durch die Reitschleuse (immer offen) kommt man in den offenen Bereich und hat nach einer Kurve die Regattastrecke direkt vor sich (Regatta-Betrieb beachten und ggfs. nahe am Ufer vorbei fahren).

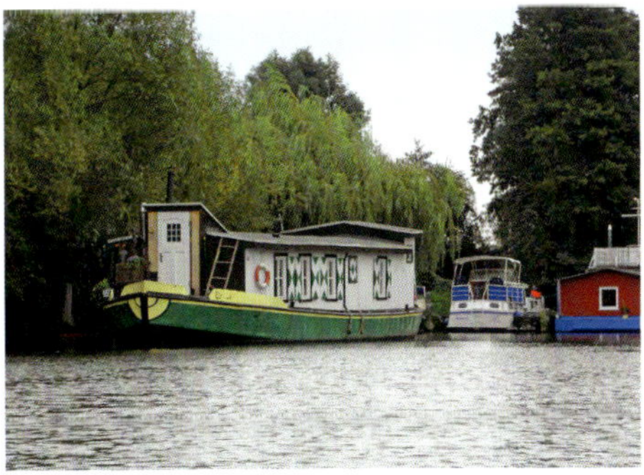

Hausboote am Neuengammer Durchstich.

Zur Weiterfahrt hält man sich am rechten Ufer bis zur Regatta-Brücke, wechselt hier zur linken Uferseite, durchfährt die Brücke und endet dann an der linken Uferseite am Startplatz.

Tour 2

Als Alternative hierzu bietet sich an der Krapphofschleuse die Weiterfahrt nach Bergedorf an, welches erst seit 1866 von Hamburg verwaltet wird und seit 1937 ein Stadtteil Hamburgs ist. Hier hat man die Möglichkeit, die kleine verbleibende Altstadt und das Bergedorfer Schloss zu besichtigen. Start ist wieder der Parkplatz Allermöher Deich (ca. 47) Höhe Pumpwerk und die

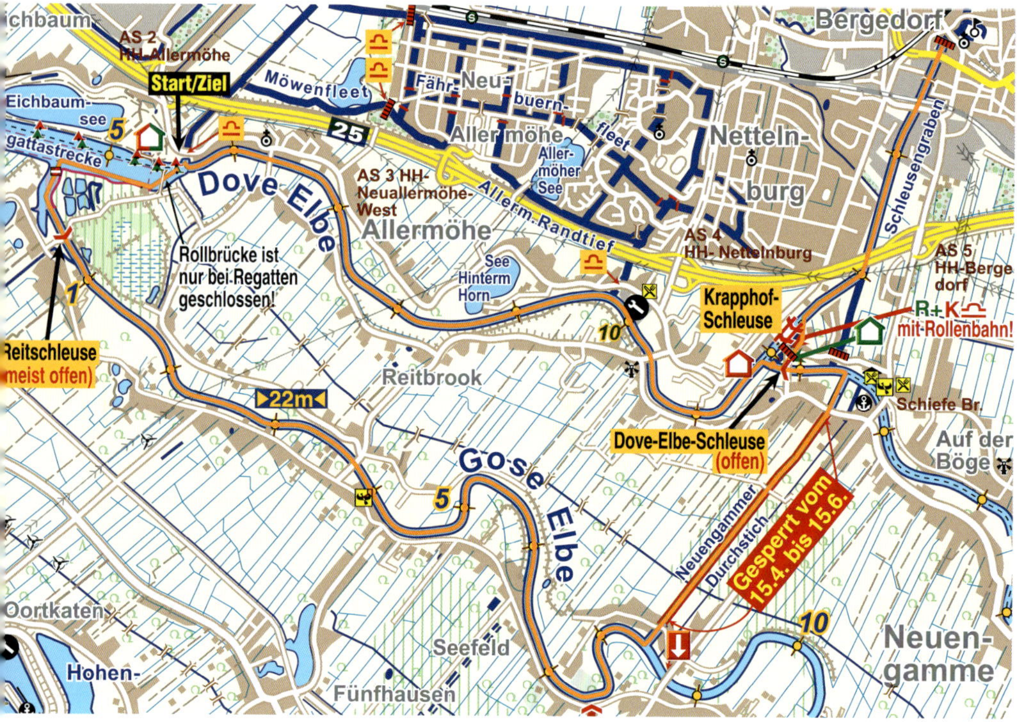

Strecke bis zur Krapphof-Schleuse wie bei der vorhergehenden Beschreibung.

An der Krapphof-Schleuse wird rechts neben der Schleuse über eine Bootsschleppe umgetragen und oberhalb der Schleuse in den Schleusengraben eingesetzt. Hier fährt man mit Sicht auf die Autobahnbrücke ein kurzes offenes Stück in Richtung Bergedorf, bevor man in den geraden Schleusengraben kommt, der von alten, nicht mehr genutzten Firmengebäuden und Fabrikhallen gesäumt wird. Nach der Bahnbrücke und der Straßenbrücke der B 5 öffnet sich ein kleiner Hafen. In der rechten hinteren Ecke gibt es einen kleinen Ausstieg (Achtung, für Motorboote freihalten). Hier befindet man sich gleich in der Fußgängerzone Bergedorfs, unweit liegt das Bergedorfer Schloss mit seinem kleinen Schlosspark. An dem kleinen Wehr sprudelt das Wasser der Bille, deren eigentlicher Ablauf in Bergedorf abgeleitet und in Richtung Billstedt/Rothenburgsort gelenkt wird. Nach einer kleinen Stärkung geht es auf dem gleichen Weg wieder zum Start zurück.

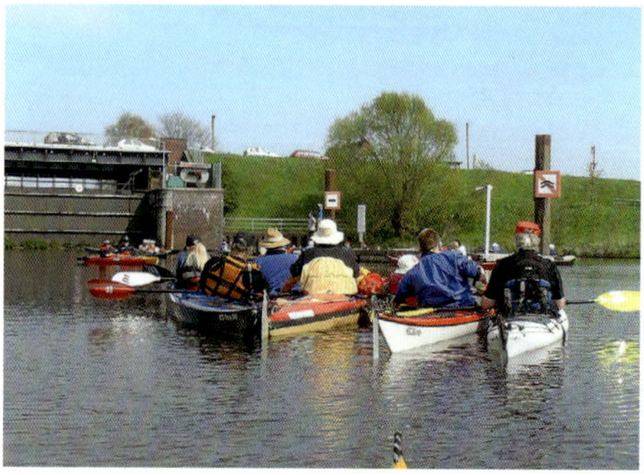

Warten an der Krapphof-Schleuse.

Text und Fotos: Sabine Wilcken

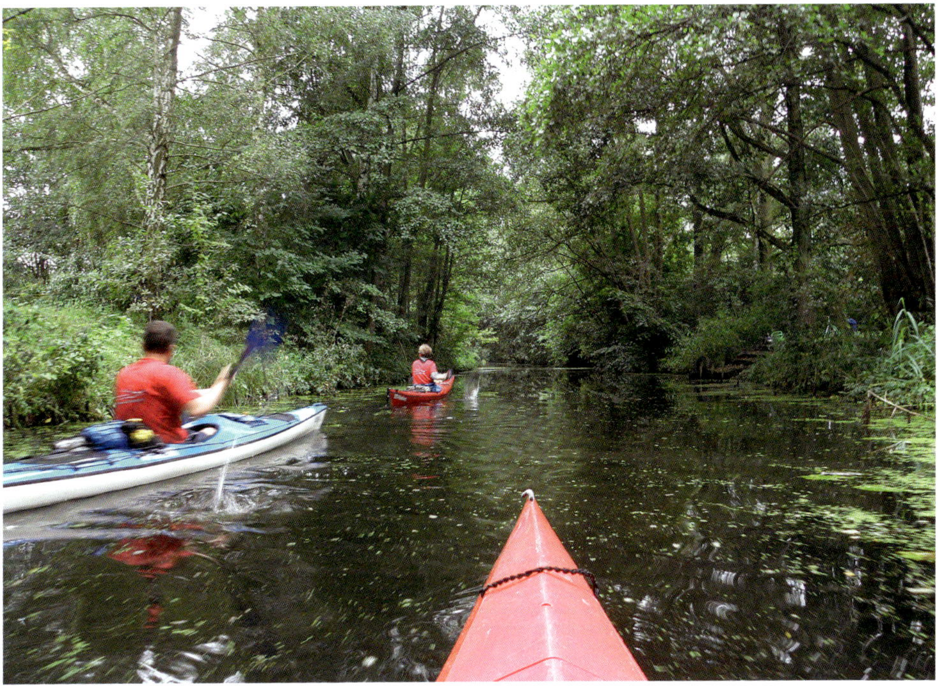

Allermöhe - Neuengammer Durchstich.

KURZ-INFO DOVE / GOSE ELBE

Befahrungszeit: Für Canadier und Kajaks geeignet, in der Frühjahrszeit wegen Brutzeit teilweise gesperrt (15.05.-15.06. des Jahres).
Rücksicht auf Natur und Privatgrund!

Fahrstrecke:
Tour 1: Rundkurs, Start Allermöher Deich, fahrt auf Dove-Elbe, Neuengammer Durchstich, Gose-Elbe: Strecke ca. 26 km; Dauer 4 Std.
Tour 2: Rundkurs, Start Allermöher Deich, Fahrt auf der Dove-Elbe nach Bergedorf: Strecke ca. 22 km; Dauer 4 Std.

Sehenswürdigkeiten:
Reitbrooker Mühle
www.reitbrooker-muehle
Bergedorfer Schloss
www.bergedorfer-museumslandschaft.de

Literatur: Jübermann-Tourenatlas TA 1 (Schleswig-Holstein + Unterelbe), 2. Auflage 2014, ISBN: 978-3-929540-67-3
DKV-Gewässerführer Nordwestdeutschland, 12. Auflage 2014, ISBN: 978-3-937743-36-3

Bootsvermietung:
Paddel-Meier, *www.paddel-meier.de*

Tour 45: Alster Stadtparkrunde

Stillwasser-Kajaktour, unterwegs zahlreiche Restaurants und Cafés.
Für alle Kanuten an der Alster ist die Stadtparkrunde ein fester Begriff, z.B. für eine mehr oder weniger schnelle Paddelrunde nach Feierabend. Für einen Neuling ist sie die beste Art, die Stadt Hamburg vom Wasser aus zu erleben. Und – vor allem an einem sonnigen Wochenende – wird der Kanute aktiver Teil eines sich stetig wiederholenden Volksfestes auf und am Wasser.

Hamburg ist zwar eine Stadt am Wasser, wer sich aber diesem Wasser – ob Alster, Bille oder Elbe – mit einem Boot auf dem Autodach nähert, dem zeigt es nur eine ziemlich spröde Schulter und lässt ihn nicht ran. Wer keinen Kontakt zu einem der zahlreichen Wassersportvereine direkt an der Alster und ihren Kanälen hat, der bekommt wegen der Privatgrundstücke und hoher Mauern am Wasser bzw. steiler Böschungen überhaupt nur an wenigen Stellen sein Boot aufs Wasser, kann dann aber dort sein Auto vielleicht nicht stehen lassen.

Ein sehr bequemer Ort zum Einsetzen liegt nahe dem Nord-Ende der Außenalster am Ende einer Sackgasse (Heilwegstraße). Neben einem mit Steinen befestigten flachen Ufer gibt es dort einen hölzernen Steg, von dem aus man sogar trockenen Fußes ins Boot kommen kann. Von hier aus kann man die Alster weit hinauf oder hinunter bis zur Mündung in die Elbe fahren. Auch für unsere Stadtparkrunde ist hier der ideale Ausgangspunkt.

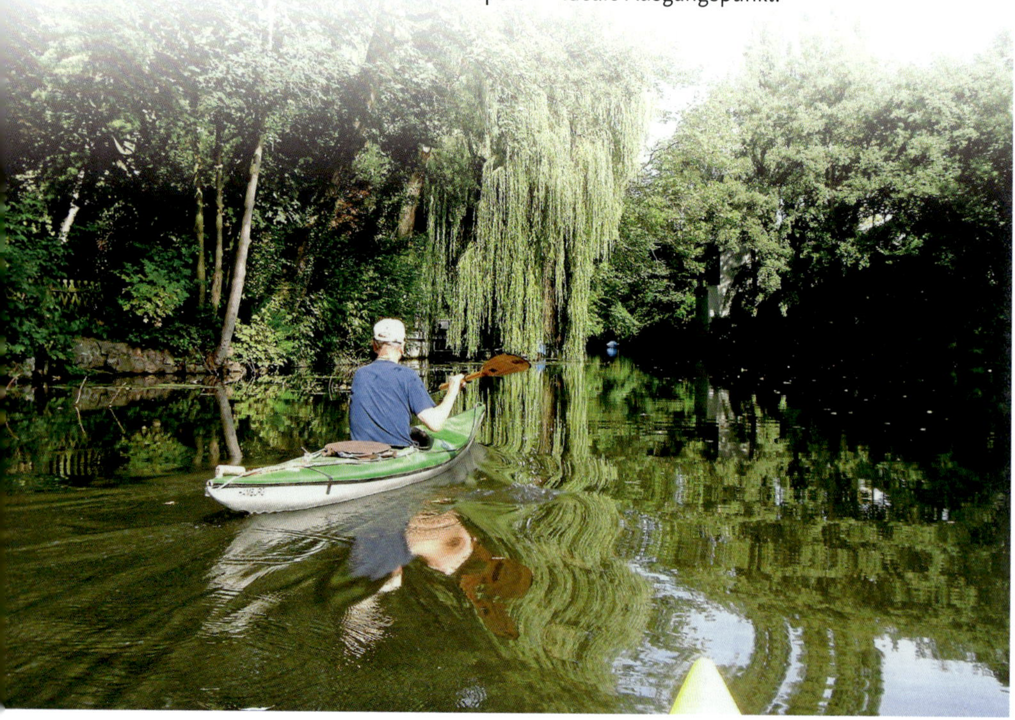

Unter Weiden hindurch - grüne Stadtparkrunde.

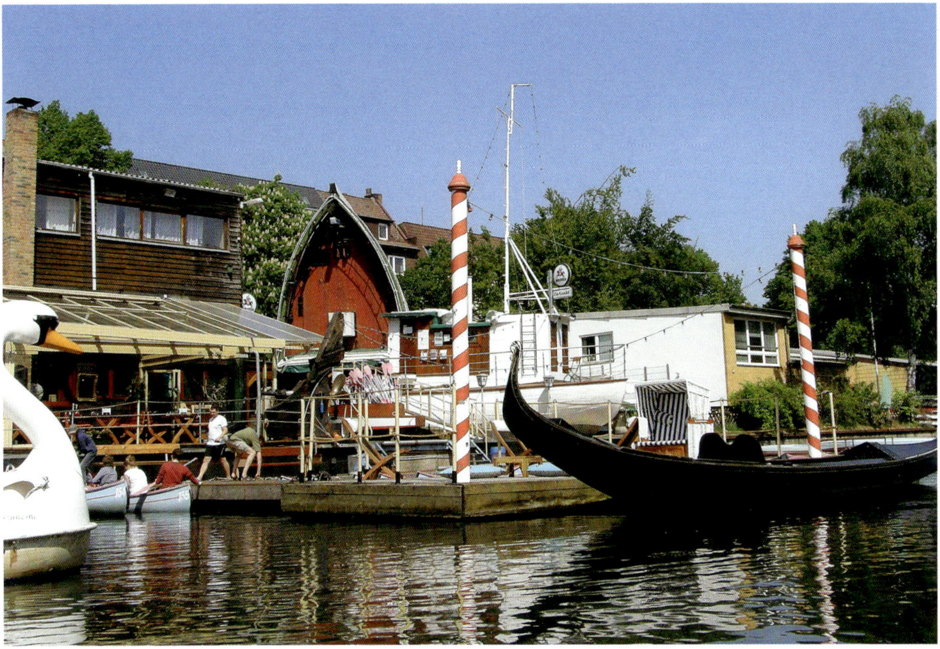

Bootsverleih an der Stadtparkrunde.

Gleich nach dem Start fahren wir links um ein Privatgelände mit Büschen und einer Mauer auf den Alsterkanal, dessen Ufer rechts mit einer hohen Backsteinmauer befestigt ist. Von der Straße (Leinpfad) und den hochherrschaftlichen Häusern dahinter sehen wir nicht viel. Ein PKW-Fahrer dagegen wird von uns, die wir jetzt rechts unter einer Brücke hindurch fahren, gar nichts sehen.

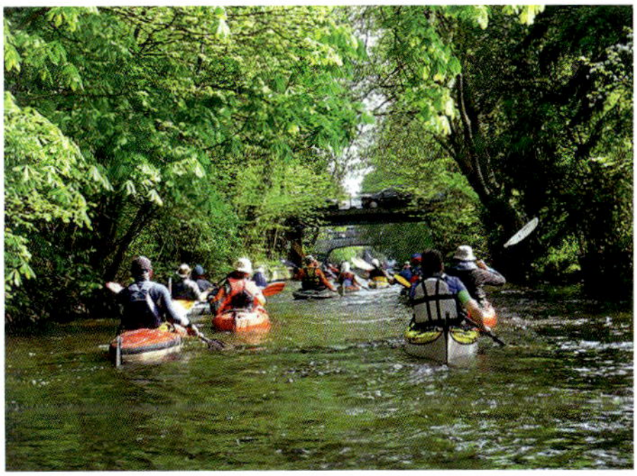

Best of Stadtpark.

Kurz danach könnten wir jetzt links auf dem Leinpfadkanal zwischen hohen Bäumen die Gärten der Stadtvillen bewundern. Wir aber halten uns rechts, um gleich wieder links hinter einer Brücke in einen dämmrigen Tunnel von hohen Laubbäumen einzutauchen. Wenn uns hier eines der Ausflugsschiffe entgegen kommt, wird es eng. Aber keine Angst, der Kapitän fährt nicht nur unseretwegen gaaanz laaaangsam und die Fahrgäste blicken freundlich-neidisch zu uns hinüber.

Kurz hinter einer weiteren Brücke öffnet sich unser Baumtunnel plötzlich zu einem großen Teich in vollkommener Kreisform. Wir sind auf dem Rondeelteich mit seinem Durchmesser von 140 Metern. Er ist ein Werk des weitsich-

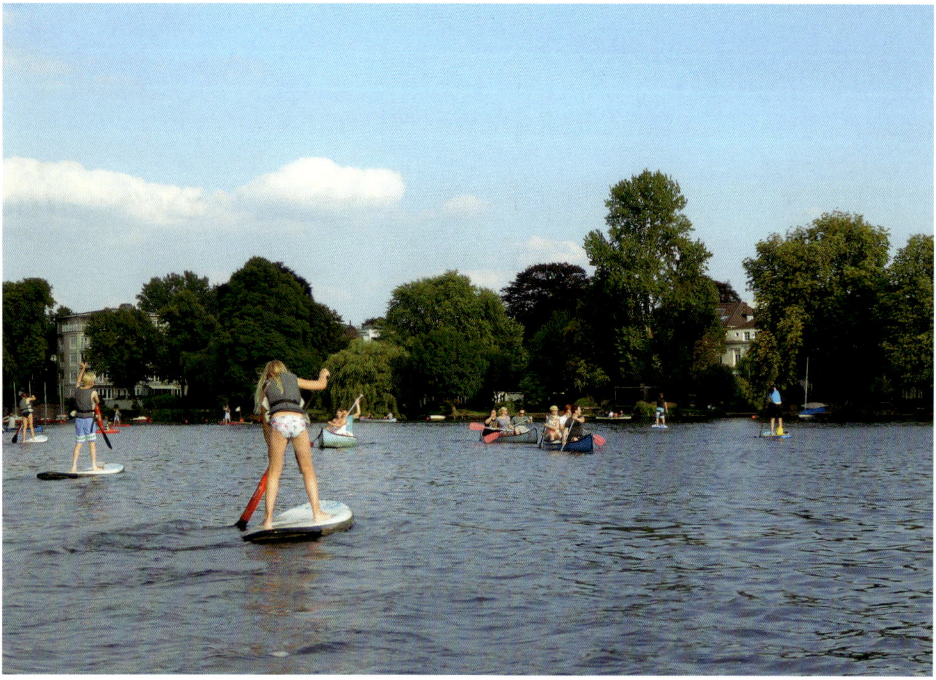

Stehpaddler und Canadierfahrer auf dem Stadtparksee.

tigen Adolph Sierich, der hier in Winterhude vor rund 150 Jahren außerhalb des damaligen Hamburgs landwirtschaftlich wenig wertvolle Feuchtgebiete aufkaufte und zunächst mehrere Kanäle und den Rondeelteich anlegen ließ. Danach konnte er das Land fürs damals schon begehrte Wohnen am Wasser für gutes Geld verkaufen. Die Wohnungen und Häuser rund um den Rondeelteich sollen heute die teuersten in Hamburg sein. Wir in unseren kleinen Booten (und die Gäste auf den Alsterdampfern) haben immerhin das Privileg, dieses von Land aus öffentlich nicht zugängliche Kleinod befahren und sehen zu können.

Wir verlassen den Rondeelteich in südlicher Richtung. Unter einer Brücke wird die große Wasserfläche der Außenalster erahnbar. Wir aber biegen – natürlich wieder unter einer Brücke – vorher nach links in den Goldbekkanal ab. Neben hohen Wohn- und Geschäftshäusern, die direkt aus dem Wasser aufsteigen, fahren wir vorbei an grünen Ufern mit sorgfältig gepflegten Schrebergärten. Und immer wieder hängen Bäume, meistens Weiden, ihre dünnen Zweige bis tief übers Wasser. In Gedanken an den breiten, üppig mit Polstern und vielleicht einem bogenförmigen Persenningdach ausgestatteten Typ Canadier sagt man, im Schutze dieser Zweige würden die echten Hamburger gemacht.

„Gemacht" werden hier auf jeden Fall jede Menge Wasservögel. Und nirgendwo sonst kann man Blesshuhn, Haubentaucher, Schwan & Co so gut bei ihrem Familienleben beobachten wie auf der Alster und ihren Kanälen. Es ist nahezu beleidigend, wie arrogant diese in freier

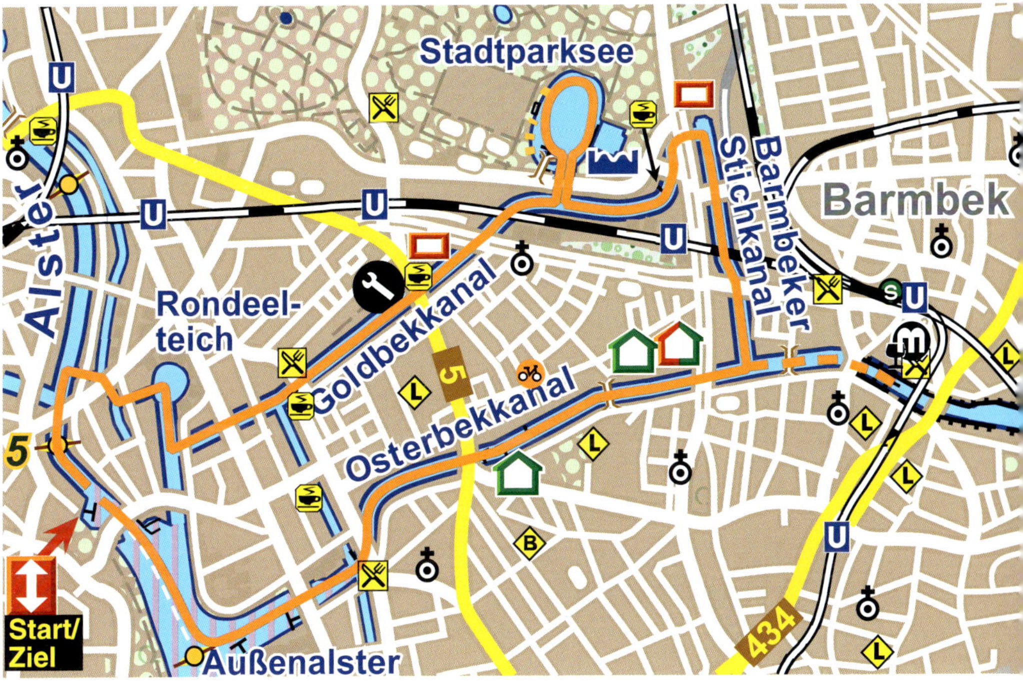

Wildbahn so scheuen Vögel den Kanuten nicht beachten. Häufig bauen sie ihre Nester dort, wo sich einzelne Zweige, aber auch schwimmender Plastikmüll, auf dem Wasser festgesetzt haben. Ja, auch wenn einzelne Kanuten immer wieder alte Plastikflaschen u.Ä. aus dem Wasser fischen, ist das Umweltbewusstsein vieler Menschen am Wasser immer noch sehr entwicklungsbedürftig.

Unter dem breiten Gewölbe einer Straßenbrücke biegen wir links ab in den Stadtparksee. Hier können wir bequem an sandigen Ufern oder festen Stegen anlanden und die Beine vertreten. Der Stadtpark mit seinem See bringt seit der Eröffnung kurz vor dem Ersten Weltkrieg allen Städtern nicht nur die Natur, sondern auch die Kultur mit Ausstellungen und Veranstaltungen nahe.

Heute gibt es auf der riesigen Wiese bis hin zum Planetarium weit hinten nur noch wenige größere Rasenflächen, auf denen nicht gelagert oder gespielt wird. Hier zeigt sich, wie bunt Hamburg ist.

Weiter geht's, vorbei an zwei Restaurants auf dem Wasser, in einem scharfen Rechtsknick Richtung Süden in den Barmbeker Stichkanal. Hier endet das feine Winterhude und Barmbek – ehemals reiner Industrie- und Arbeiterstadtteil – beginnt. Das wurde mit einer dichten Bebauung mit Mietshäusern mit kleinen Wohnungen noch verstärkt. Dorthin wurden die Hafenarbeiter gedrängt, nachdem sie ihre Wohnungen nah am Hafen verlassen mussten, weil dort ab 1885 die Speicherstadt gebaut wurde. Wenn wir am Ende des Stichkanals nicht rechts, sondern links in östliche Richtung fahren, kommen wir nach ca. 500 m an eine Anlegerbrücke.

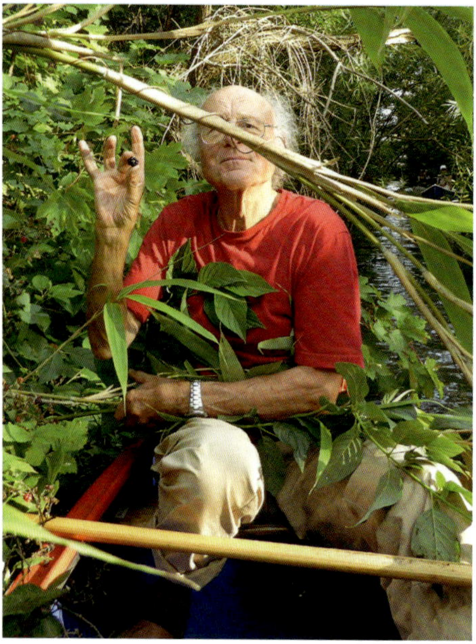

Brombeerpflücken während der Stadtparkrunde.

Dort lässt sich das Boot gut für einen Blick auf den Schildvortriebkopf (Durchmesser 14,20 m) nebst Modell zum Bau der vierten Elbtunnelröhre (**TRUDE** = **T**ief **R**unter **U**nter **D**ie **E**lbe) oder einen Besuch des Museums der Arbeit festmachen. Auch hier gibt es Restaurants und außerdem eine gute Möglichkeit, seine Outdoor-Ausrüstung zu ergänzen (wenn nicht gerade Sonntag ist).

Die Bauten am ca. 2 km langen Osterbekkanal erinnern deutlich an Fabrikgebäude, auch wenn sie jetzt meist in moderne Wohnungen oder Büros umgewandelt sind. Ein großer Kran ist Kennzeichen des Kampnagel-Geländes (Kulturstätte für Tanz, Theater ...) vom Wasser aus.
Auch auf der Alster sind immer mehr Freunde des Paddelns im Stehen (SUP = Stand Up Paddling) zu sehen. Wir treffen sie hier auf dem Langen Zug, dem breiten Mündungsgebiet des Osterbekkanal, wieder mit großen Gärten und Villen mit alten Bäumen.
Die Stadtparkrunde ist nun fast beendet. Es geht nur noch ein kleines Stückchen auf dem großen Wasser und kurz hinter der Krugkoppelbrücke, die die Außenalster nach Norden begrenzt, erreichen wir unseren Ausgangspunkt. Für den eingesammelten Müll gibt es dort gleich einen Abfallkasten.

Text und Fotos: Jan Teich

KURZ-INFO ALSTER STADTPARKRUNDE

Befahrungszeit: ganzjährig, wenn kein Eisgang.

Fahrstrecke:
Rundtour, ca.8 km

Start: Heilwigstraße, 200m N von N-Ende Außenalster, PKW-Parkmöglichkeit.

Sehenswert:
Museum der Arbeit, Wiesendamm 3
22305 Hamburg, Tel. 040 4281330
museum-der-arbeit.de

Gefahren: Keine, auf langsam fahrende Alsterdampfer und Ruderboote in Trainingsfahrt achten.

Optionen: Fahrt nach Norden zur Ohlsdorfer Schleuse und weiter auf der Alster (s. auch Tour 41 Alster).
Fahrt nach Süden über Außen- und Binnenalster zur Elbe (s. Touren Speicherstadt, Elbe).
Es gibt eine ganze Reihe von Bootsverleihern und viele Restaurants.

Tour 46: Speicherstadt und Hafencity

Während die obere Alster die Bedürfnisse des Liebhabers eines naturnahen Kleinflusses mit z.T. abenteuerlichen Baumhindernissen befriedigt, ähnelt das Befahren der unteren Alster und ihrer Kanäle zwischen der Ohlsdorfer- und der Schaartorschleuse (Mündung in die Elbe) eher dem Aufenthalt in einem großen Freizeitpark. Nur frühmorgens oder spätabends gibt es die von vielen von uns gesuchte andachtsvolle Stille.

Wer jedoch die Schaartorschleuse passiert hat, wird mit einem kräftigen Paukenschlag in das überwiegend lärmende industrielle Gesamtkunstwerk Hafen geworfen. Ein besonderer, eher stiller Teil davon sind die historische Speicherstadt und die direkt angrenzende, noch im Aufbau befindliche Hafencity.

Im Hafenbereich ist es so gut wie unmöglich, ohne gewisse Akrobatik mit dem Kajak aufs Wasser zu kommen. Deshalb – und auch wegen des interessanten Weges von der Alster in die Elbe – starten wir wieder wie für die Stadtparkrunde am Ende der Heilwegstraße. Neben einem mit Steinen befestigten flachen Ufer gibt es dort einen hölzernen Steg, von dem aus man trockenen Fußes ins Boot kommen kann. Wir fahren diesmal jedoch gleich in südliche Richtung.

Hinter der Krugkoppelbrücke öffnet sich die Außenalster. Wir bleiben am rechten (westlichen Ufer). Bis zum Anleger der Alsterschiffe Rabenstraße geht es entlang eines Parks. Aber auch der weitere Weg bis zur Kennedy- und Lombardsbrücke (insgesamt gut 2 km) ist mit hohen Bäumen gesäumt. In dem großen weißen Haus im Wasser residiert der „Hamburger und Germania Ruder Club". Er hat als ältester Ruderclub Deutschlands 1836 diesen Sport und die Kultur des gesellschaftlichen Lebens um ihn herum aus London hierher gebracht.

Zwischen Kennedy- und Lombardsbrücke le-

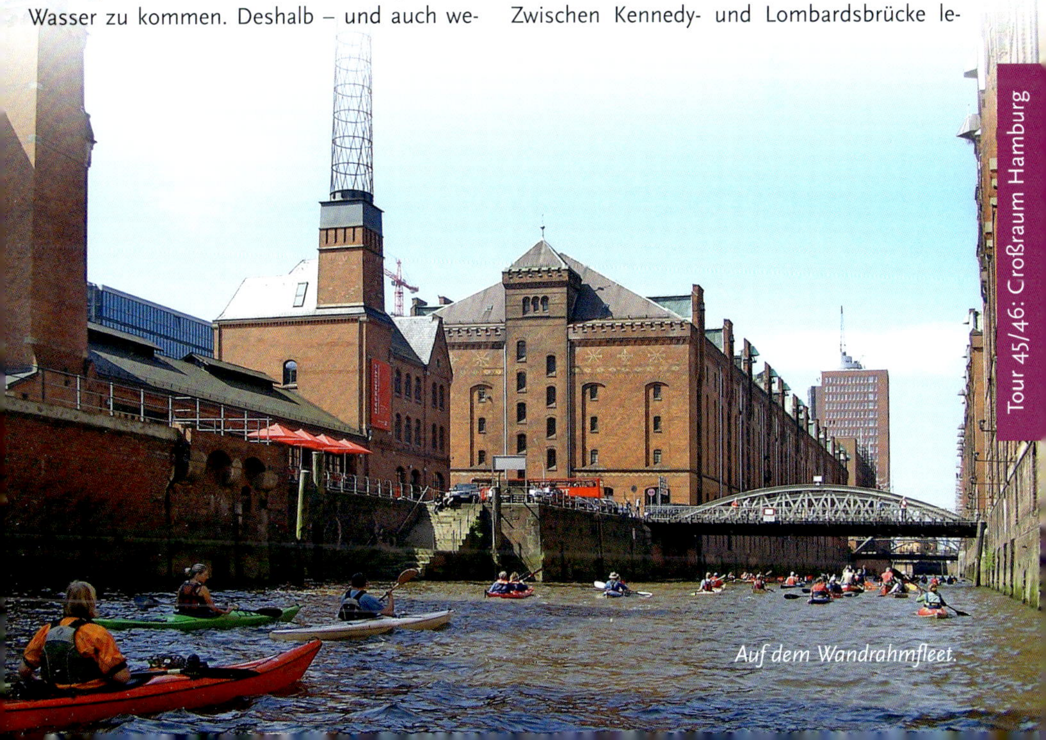

Auf dem Wandrahmfleet.

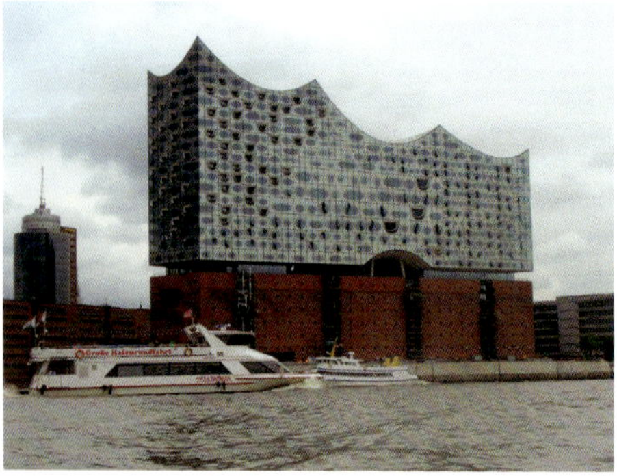

Die Elbphilharmonie.

ben links Obdachlose in Zelten. Wir peilen die linke Ecke der Binnenalster an, beteiligen uns vielleicht mit einem kleinen Umweg an dem spielerischen Versuch, trocken unter der 60m hohen Wasserfontäne (Verbesserung der Wasserqualität durch Sauerstoffeinbringung) hindurchzukommen und unterqueren in einer der fast höhlenartigen Gewölbedurchfahrten den Jungfernstieg (1190 als Staudamm für einen Alstersee zum Betreiben einer großen Kornmühle gebaut).

Wir kommen in die Kleine Alster. Sie bildet zusammen mit dem Rathausmarkt, dem Rathaus und den Arkaden gegenüber ein städtebauliches Ensemble, das sich an den Markusplatz in Venedig anlehnt.

Die für Hamburg katastrophale Sturmflut von 1962 hatte im gesamten Bereich der Alster alle tiefliegenden Gebäudeteile unter Wasser gesetzt. Die Dokumente des Stadtarchivs im Keller des Rathauses z.B. mussten mit speziellen Verfahren getrocknet werden. Inzwischen schützen Mauern und Wehre am Hafenrand die Innenstadt.

Wir warten erst einmal auf grünes Licht für die Einfahrt in die Rathausschleuse. Sie ist es, die jetzt das Alsterwasser staut. Betriebszeiten im Sommer 6 – 22 Uhr. Das Alsterfleet führt uns zwischen hohen Bürohäusern und Hotels gut 1,5 km durch die Innenstadt bis zur Schaartorschleuse an der Mündung in die Elbe. Sie wurde nach 1962 zu einem Sturmflutwehr ausgebaut.

Wir halten uns gleich hinter der Schleuse links (östl. Richtung) und können kurz danach wieder links einen kleinen Abstecher in das Nikolaifleet mit alten Kaufmannshäusern machen. Danach geht es weiter entlang der ehemaligen Grenze des Hamburger Freihafens auf den Zollkanal. Wer das Zollmuseum besuchen will, muss sehen, wie er auf den hohen Ponton mit dem alten Zollboot hinauf kommt.

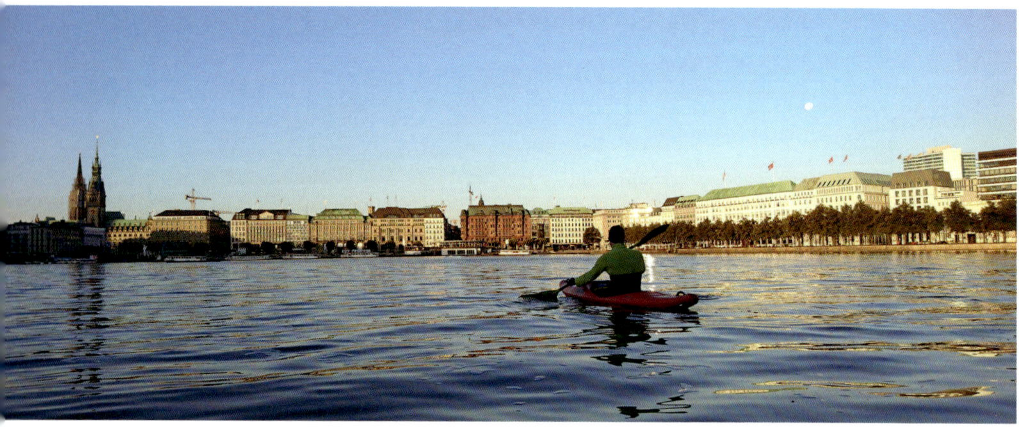

Kurz nach Sonnenaufgang auf der Binnenalster.

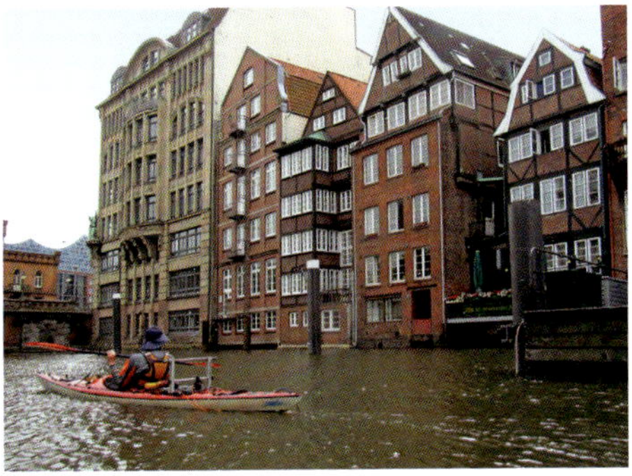

Nikolaifleet.

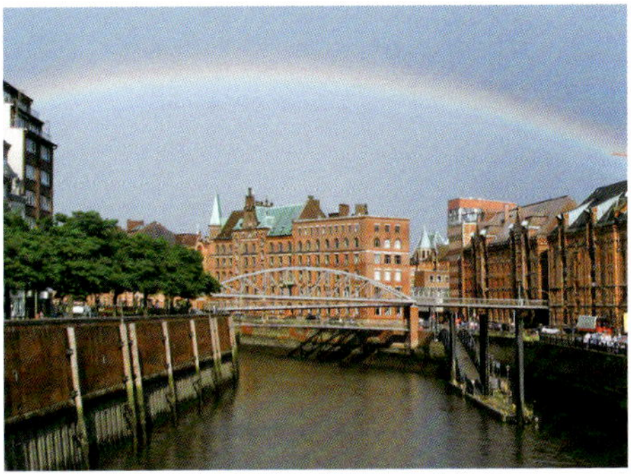

Erlebnistour Speicherstadt.

Einen guten Kilometer weiter, vor der Oberbaumbrücke, wird es breiter. Hier biegen wir scharf rechts ein, halten uns bei einer Abzweigung wieder rechts und folgen dem Wandrahmfleet mit seinen hohen Speichern aus der Zeit vor 1900 zu beiden Seiten bis zu seinem Ende. Da geht's dann links und gleich wieder rechts in das Brooksfleet mit seinen Speichern.
An seiner Mündung in den Hafen biegen wir scharf links in den Sandtorhafen (wieder östl. Richtung). Rechts verdunkelt die Elbphilharmonie mit ihrem Glasaufbau auf dem alten Elbspeicher einen Teil des Himmels.
Links liegen an langen Pontons verschiedene Traditionsschiffe. Links und rechts zeigt die neue HafenCity ihr Gesicht. Auch hier werden wir kaum aus den Booten kommen können. Die Restaurants, die wir vielleicht gerne besucht hätten, müssen auf unser Geld verzichten.
Nach einer Runde wenden wir uns wieder der Schaartorschleuse zu. Hier wird uns ein Klingelbeutel herunter gereicht, den wir mit 2,50 € (nur für die Bergfahrt) füttern müssen.
Der Weg durch das Alsterfleet, die Kleine-, die Binnen- und die Außenalster zurück zum Startpunkt ist zwar der gleiche, aber wir sehen jetzt aus anderer Perspektive und entdecken anderes Interessantes.

Text: Jan Teich, Fotos: Jan Teich, Hans-Peter Wagner, Anne-Christine Schlangenotto

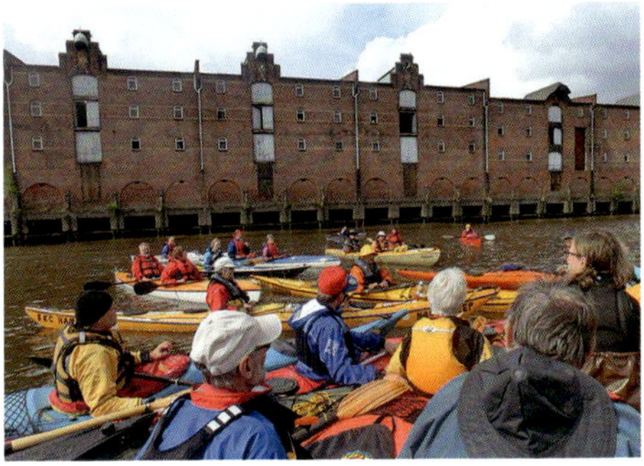

KURZ-INFO SPEICHERSTADT

Befahrungszeit: ganzjährig, wenn kein Eisgang. Verbot für SUP.

Fahrstrecke:
Alster Zollkanal Speicherstadt Hafencity und zurück (14 km).

Gefahren: Auf Außen- und Binnenalster u.U. reger Verkehr an Ausflugsdampfern und Freizeitbooten aller Art. Keine Motorboote außer Polizei, Ausflugsschiffen und Trainingsbegleitbooten für Ruderer.
Die Zeit um Niedrigwasser (NW) in der Speicherstadt wegen Einengung der Kanäle durch Schlick meiden.

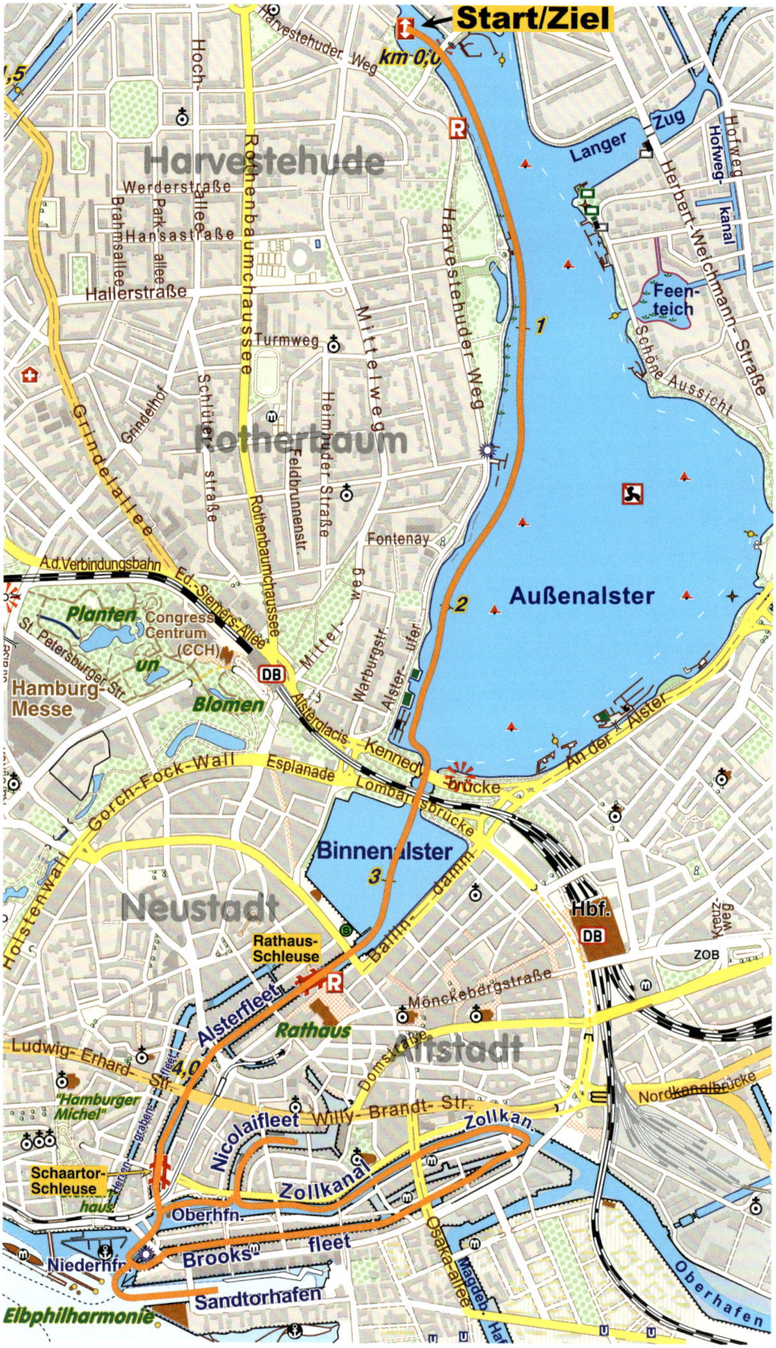
Start/Ziel
km 0,0
Harvestehuder Weg
Harvestehude
Rotherbaum
Werderstraße
Hansastraße
Hallerstraße
Brahmsallee
Parkallee
Hochallee
Rothenbaumchaussee
Turmweg
Mittelweg
Schlüterstraße
Heimhuder Straße
Feldbrunnenstr.
Grindelhof
Grindelallee
Fontenay
Langer Zug
Hofweg
Hofweg-kanal
Herbert-Weichmann-Straße
Feenteich
Schöne Aussicht
Außenalster
A.d.Verbindungsbahn
Ed.-Siemers-Allee
Planten un Blomen
Congress Centrum (CCH)
St. Petersburger Str.
Hamburg-Messe
Warburgstr.
Alsterufer
Alsterglacis
Kennedybrücke
Lombardsbrücke
An der Alster
Gorch-Fock-Wall
Esplanade
Binnenalster
Ballindamm
Holstenwall
Neustadt
Hbf.
DB
ZOB
Rathaus-Schleuse
Alsterfleet
Mönckebergstraße
Rathaus
Altstadt
Domstraße
Ludwig-Erhard-Str.
"Hamburger Michel"
Willy-Brandt-Str.
Nordkanalbrücke
Nicolaifleet
Zollkan.
Zollkanal
Schaartor-Schleuse
Oberhfn.
Brooksfleet
Niederhfn.
Sandtorhafen
Osakaallee
Oberhafen
Elbphilharmonie
1
2
3
4,0

Hinweise zum Befahren der Unterelbe

1. Die Elbe ist ein Tidegewässer.
Strömungsrichtung sowie -geschwindigkeit (max. 6km/h) und Wasserstand (Tidenhub bei St. Pauli 3,7m) ändern sich ständig. Wasser ist zwar grundsätzlich immer da, jedoch gilt dies genau genommen nur für die Fahrrinne, in der das Wasser ständig in Bewegung ist. Steht das Wasser irgendwo still, sinken die mit dem strömenden Wasser transportierten Schwebteilchen als Schlick ab. Der muss wieder entfernt werden, wenn er stört. Für die großen, städtischen Hafenbecken in Hamburg wird dafür viel Geld aufgewendet. Die kleinen Häfen der Freizeitschifffahrt müssen jedoch selbst sehen, wie sie mit der Verschlickung umgehen, sodass ihnen bei Niedrigwasser (NW) oft Wasser fehlt. Da wir Kanuten unsere Boote jedoch tragen können, gibt es für einen Start um NW meist in oder bei den Häfen eine für uns brauchbare Einsatzstelle.
Doch wir starten ja bei oder kurz nach Tidehochwasser (HW). Wir wollen ja mit dem Ebbstrom (bis 6 km/h) elbabwärts fahren, haben also bei diesen Touren mit dem Schlickproblem zum Glück nichts zu tun. Auch auf Pagensand und den angegebenen Pausenorten bzw. Alternativzielen können wir auch bei NW auf festem Sand aussteigen und für die Rückfahrt auch wieder einsteigen. Daher Fahrtenplanung nur mit Tidenkalender. Start in Blankenese mit HW oder max. 2 h danach, Ankunft am Ziel spätestens bei NW.

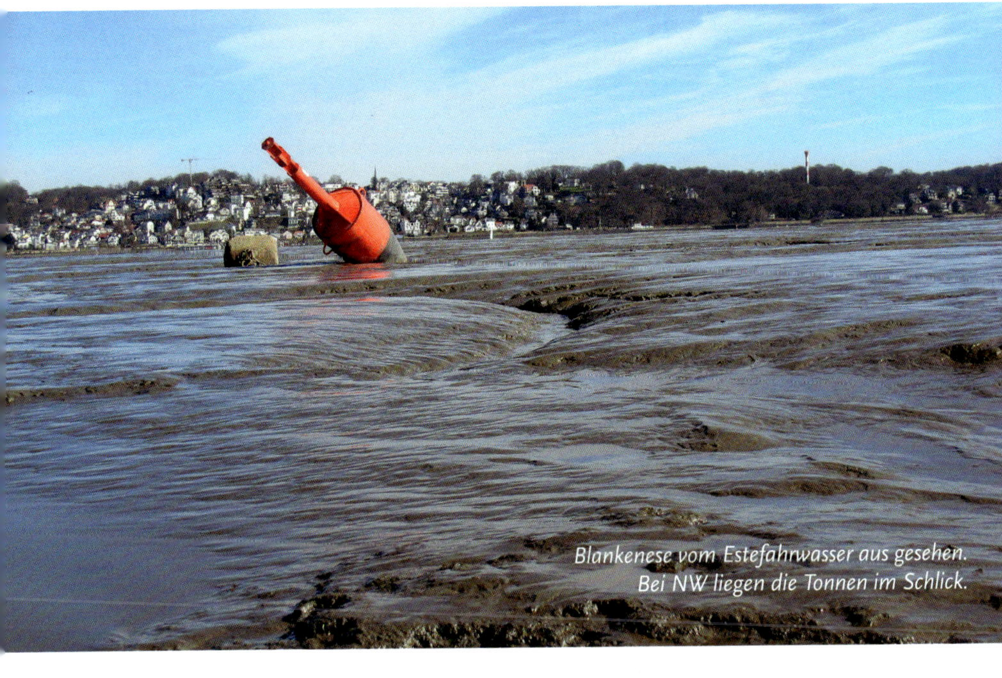

Blankenese vom Estefahrwasser aus gesehen. Bei NW liegen die Tonnen im Schlick.

2. Die Elbe ist eine Wasserstraße.
Die z.T. sehr großen Handelsschiffe fahren in einer künstlich angelegten Fahrrinne. (Die natürliche Wassertiefe von 3 – 4 m bei Hamburg wurde in den letzten 200 Jahren für die Handelsschiffe etappenweise auf jetzt 15 m bei NW(!) vertieft.)

Die Fahrrinne ist mit grünen und roten Tonnen deutlich markiert. Kanuten fahren außerhalb dieser nur 300m breiten Wasserstraße und queren sie auf kürzestem Wege. Das ist absolut ungefährlich, denn es ist immer möglich, sich eine genügend große Lücke zwischen zwei Schiffen auszusuchen. Häufig auch ist kein einziges weit und breit zu sehen. Auch wenn die Fahrwassertonnen manchmal verhältnismäßig nah am Ufer stehen, können wir immer einen genügend großen Abstand zu den großen Schiffen halten.

3. Der Wind hat viel Kraft.
Es kann trotz mitlaufender Strömung sehr anstrengend werden, eine längere Strecke gegen den Wind zu paddeln. Dann gibt es auch die eher kurzen, steilen Wellen. Also Windvorhersage einholen. Ab 5 m/s (10kn) sollte man schon eine gute Kondition haben und das Boot auch bei bewegtem Wasser beherrschen. Vor allem wegen der Windanfälligkeit ist es ratsam, nicht in einem hochbordigen und offenen Canadier auf die Elbe zu fahren.

4. Parken mit dem Auto ist schwierig.
An keiner der genannten Einsatzstellen ist an einem schönen Wochenende mit einem sicheren Parkplatz zu rechnen, am ehesten noch auf dem Gelände des RdE (nur nach Absprache!). 1,2km oberhalb vom Hafen Mühlenberg ist in der Manteuffelstraße vor Nr. 21 ein Parkplatz mit immer freien Plätzen. In der Woche oder früh am Morgen findet sich jedoch an allen Einsatzstellen immer etwas.

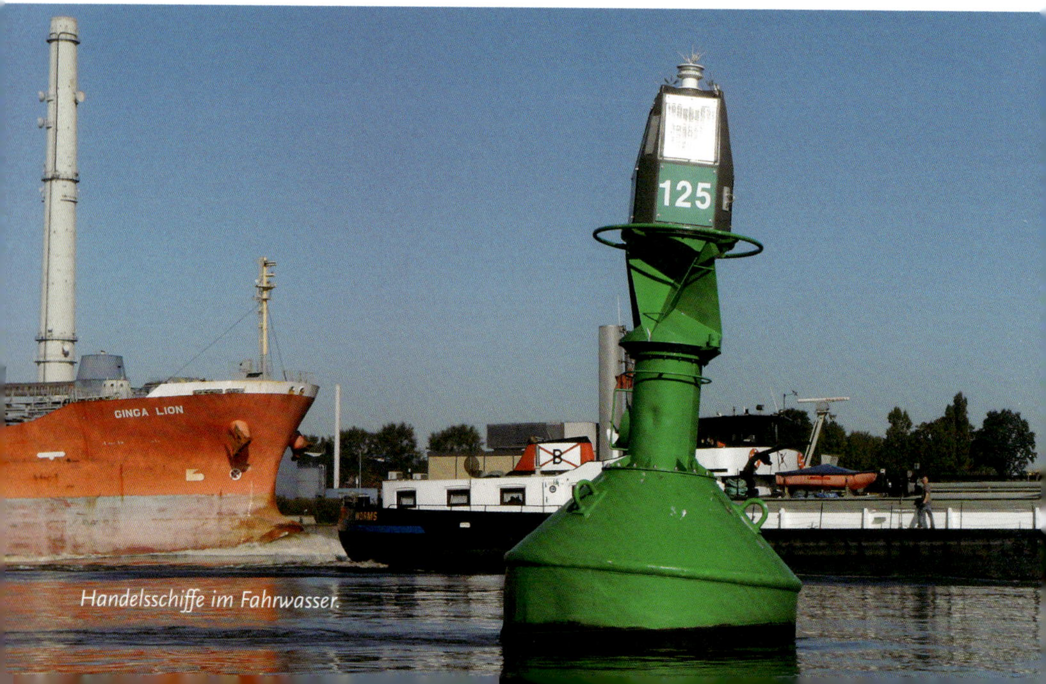

Handelsschiffe im Fahrwasser.

Tour 47: Pagensand-Runde

Elbe – Von Blankenese zum Pagensand

Wie in der Innenstadt gilt auch für die Elbe: das Wasser – groß und breit – ist immer da, aber nur schlecht zu erreichen. Mögliche öffentliche Einsatzorte am nördlichen Ufer sind der Museumshafen Övelgönne (Elb-km 626,5), die Rampe neben dem Hafen Teufelsbrück (km 630), der Hafen Blankenese-Mühlenberg (km 633), die Einsatzstelle des Rings der Einzelpaddler (km635), der Zeltplatz des ATSV (km 637), der Wittenbergener Anleger (km638), die Badebucht neben dem Schulauer Hafen (km 641,5) und der Hamburger Yachthafen (642,5).

Von Süden aus kann man am Estesperrwerk (gegenüber Blankenese) oder beim Seglerhafen Neuenschleuse an der Hahnöfer-Nebenelbe (gegenüber dem Hamburger Yachthafen) einsetzen.

Die hier beschriebene Tour beginnt und endet beim Hafen Mühlenberg (km 633). Wer mit dem Auto dahin kommt, muss schlimmstenfalls die Viertelstunde gehen. Das beladene Boot kann die Zeit unbeschadet bei der Rampe liegen bleiben.

Sitzen wir endlich im Boot, haben die Spritzdecke geschlossen, paddeln ein paar Schläge im kleinen Hafen, dann öffnet sich die große Elbe vor uns. Das ist immer wieder spannend. Das Ufer gegenüber ist fast drei Kilometer entfernt. Der Horizont rechts wird erst in 12 km von einem flachen Landstrich bei Lühe begrenzt. Wir

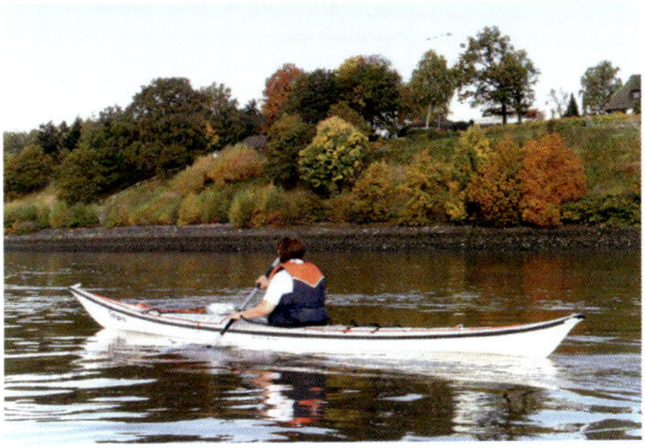

Vorbei an den Ufer-Steinpackungen.

Angelandet auf Pagensand bei Niedrigwasser.

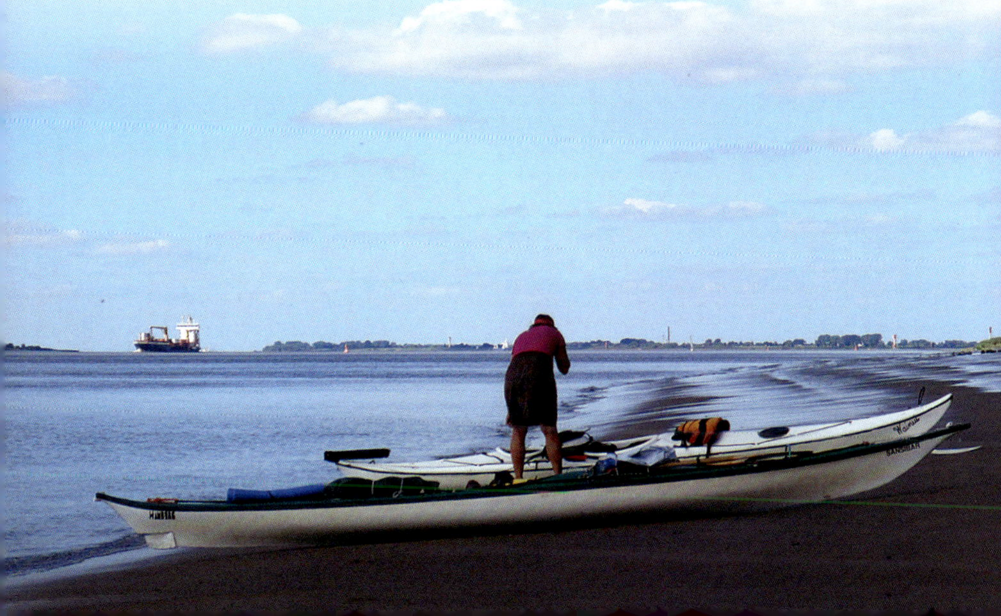

fahren nach rechts, bleiben zunächst in der Nähe der wenig einladenden Steinpackung am Ufer (bei NW, ca. 7h später, würde sie fast vier Meter hoch aus dem Wasser ragen).
Wir passieren den Blankeneser Anleger Op'n Bulln je nach Schiffsverkehr entweder innen oder außen (die Fähre nach Cranz-Neuenfelde fährt jede Stunde auf halb). Der Blankeneser Hang ist dicht an dicht mit ganz unterschiedlichen Häusern bebaut. Das ist das Treppenviertel, in dem viele Häuser tatsächlich nur über Treppen zu erreichen sind. Der Hügel mit dem Turm ist der Süllberg (75 m). Unterhalb davon, in einem großen schlossartigen Haus, meist mit einer bunten Fahne, wohnt der Komiker Otto Waalkes.

Zurück zum Ufer. Zusätzlich zu den genannten Steinpackungen schützen ab hier Steinwälle („Stacks") rechtwinklig dazu die Ufer. Eine schwarz-gelbe Stange mit zwei schwarzen Dreiecken, hier mit den Spitzen nach unten, zeigt, dass wir südlich an ihr vorbeifahren sollen. Sie markiert das wasserseitige Ende dieser Stacks, die jetzt unsichtbar unter Wasser sind.
Hinter dem Leuchtturm (es ist das Unterfeuer für bergfahrende Schiffe) erlaubt ein aufgespülter Sandstrand einige hundert Meter richtiges Badeleben. Bei all der Betrachtung des nahen Ufers hören wir erst jetzt ein Motorgeräusch schräg links hinter uns. Ein tief abgeladenes Binnenschiff schiebt sich da mit einer deutlichen Bugwelle durchs Wasser, dahinter kommt ein größeres Frachtschiff. Die Schiffe fahren in der Fahrrinne und wir sind außerhalb, aber irgendwie doch ziemlich nah. Da kann schon leicht ein mulmiges Gefühl auftauchen, trotz des sicheren Abstands. Es scheint, als käme da eine Wasserwand auf uns zu. Und dahinter ein tiefes Tal. Wer das zum ersten Mal erlebt,

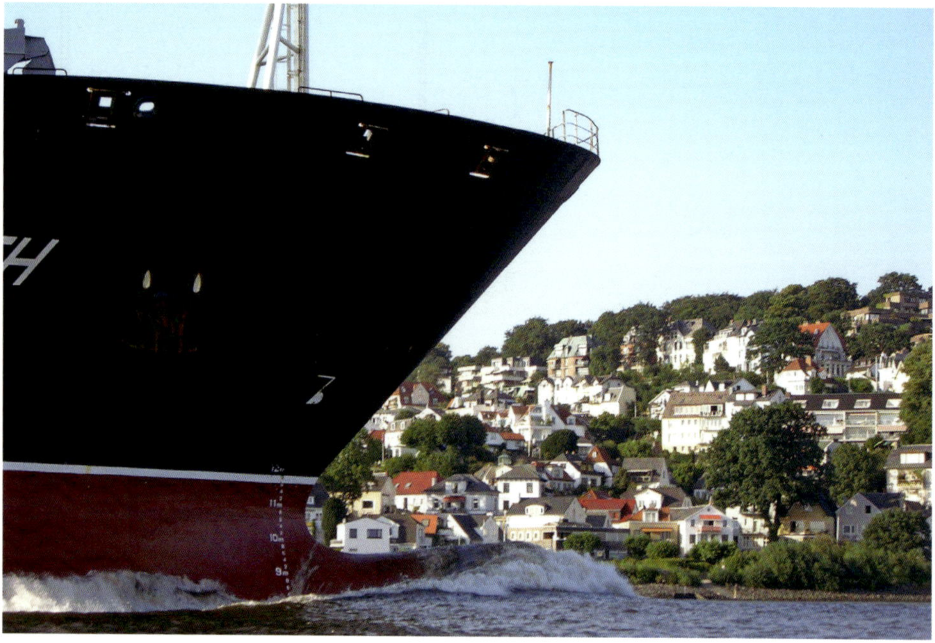

Handelsschiff bei Blankenese.

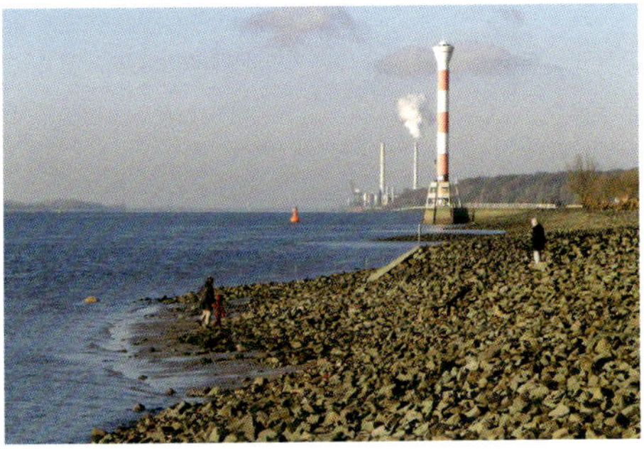

Steinpackungen am Ufer bei Blankenese.

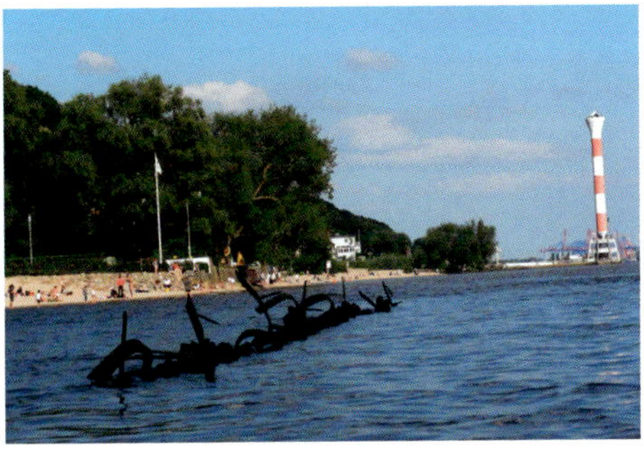

Bei Harmsdorf ragen einige krumme Eisenteile aus dem Wasser.

möchte vielleicht nur die Augen zumachen, sich am Paddel festhalten und hofft sehnlichst, dass es schnell vorbei geht. Und nun? Nun hebt die Welle den Bug steil hoch, von oben sinkt das Boot in ein tiefes Tal, wird von der nächsten und übernächsten Welle noch einmal gehoben und gesenkt – und dann ist alles vorbei und nichts ist passiert. Bei der ganzen Aufregung ist gerade einmal der Bug ein wenig ins Wasser getaucht, sonst nichts. Kein Grund, davor Angst zu haben. Am besten ist es, das Boot so auszurichten, dass es die Wellen in einem Winkel von 45° schneidet. Bei all der Aufregung wären wir fast an dem mit dem Heck nah am Strand

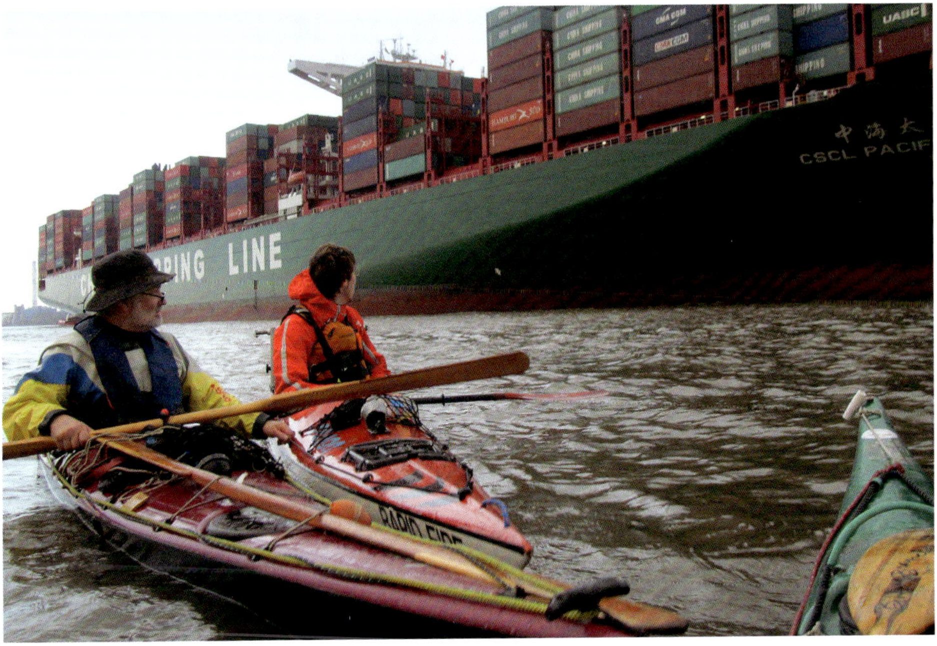

Ein mulmiges Gefühl bleibt. Schiffsbegegnung mit einem großen Frachtschiff.

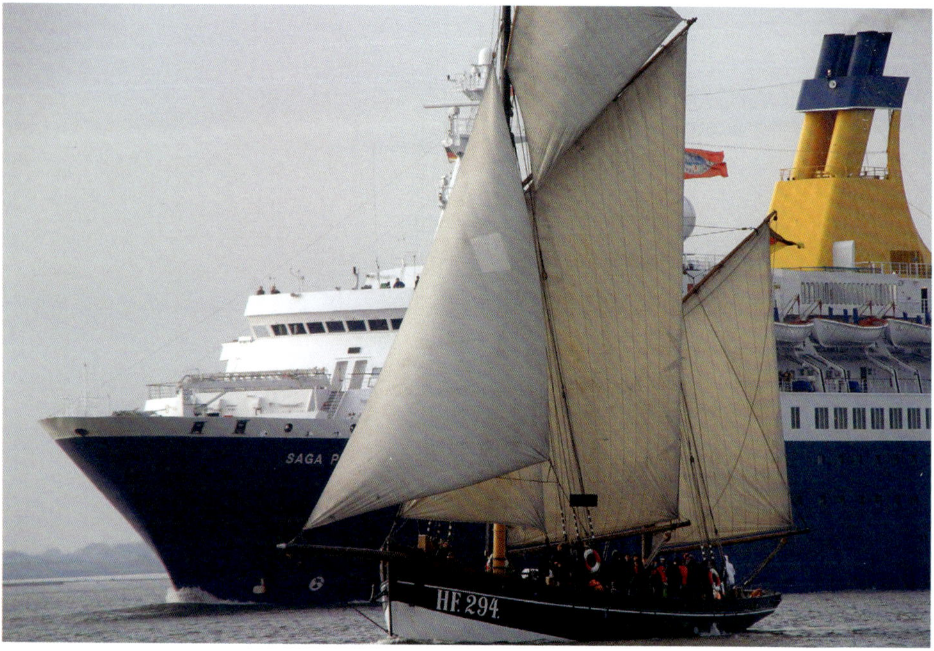

Ungleiche Begegnung - Segler mit Kreuzfahrtschiff.

aus dem Wasser ragenden Wrack Uwe vorbei gefahren. Dahinter führt eine Lücke in der Mauer zum Bootshaus des RdE.

Kurz dahinter und hinter einem Stack ragen einige krumme Eisenteile aus dem Wasser. Das hölzerne Wrack, zu dem sie gehören, liegt dort schon seit fast 100 Jahren, ist aber nur bei niedrigerem Wasser zu sehen.

Bis zum Anleger Wittenbergen und dem Leuchtturm kurz dahinter gibt es zwischen längeren Stacks freie Sandstrände. Der schöne Zeltplatz des ATSV versteckt sich hinter kleinen Dünen (ein paar hundert Meter vor dem Anleger).

Bei ca. km 639 passieren wir die hohe Kaimauer des Heizkraftwerkes Wedel mit seinen zwei Schornsteinen. Hier kann sich, wer will, von dem über eine Rutsche in die Elbe fallenden Kühlwasser in der Querströmung ein wenig aus der Richtung bringen lassen. Mögliche Wellen werden natürlich von der hohen Kaimauer reflektiert und es gibt das unruhige Kabbelwasser. Mit mehr Abstand ist es besser.

Der nächste Anleger ist der von Wedel-Schulau mit dem Willkomm Höft. Vielleicht werden wir mit der Nationalhymne und einem gesprochenen Gruß verabschiedet (Aber nur, wenn auch gerade ein großes Schiff vorbei fährt). In der Sandbucht hinter dem Schulauer Hafen (z.Z. in Umbau) könnte man einsetzen.

Die Einfahrt zum Tonnenhafen dahinter ist für uns gesperrt, aber auch an dem Hamburger Yachthafen fahren wir vorbei. Seine fast 2000 Liegeplätze bringen offensichtlich genug Geld für eine regelmäßige „Schlickkur“, denn er ist „eine der größten ... tidenunabhängigen Anlagen für Sportboote in Europa“.

Das hohe Geestufer weicht jetzt weit nach Norden ab. Weil auch die Insel Hanskalbsand links ihr westliches Ende hat, scheint ab hier eine riesige freie Wasserfläche vor uns zu liegen.

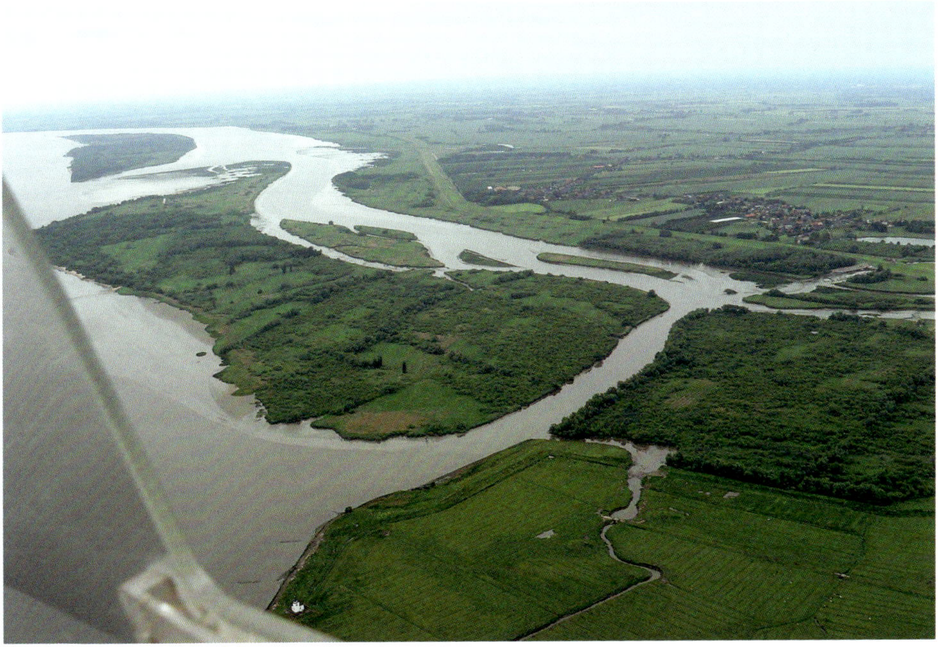

Das Dwarsloch aus der Luft.

Das Fahrwasser nähert sich dem linken Ufer, während die Elbe in der Ferne einen Schlenker nach rechts macht. Es ist ein wenig Geschmackssache, ob man bei den roten Tonnen bleibt und den weiten Bogen der Fahrrinne ausfährt oder direkt auf den rechten Mast (ca. 250m hoch) hinten am rechten Ufer zufährt. Der gerade Weg ist zwar kürzer, in der Nähe der Fahrrinne ist die Strömungsgeschwindigkeit aber höher. Wer hier zu weit nach rechts fährt, kommt trotz der großen Entfernung vom Ufer bald in sehr flaches Wasser. Hier brach sich einmal unverhofft eine wenig hohe Welle (Tsunami-Effekt) und hätte mich in Schwierigkeiten gebracht, wenn ich es nicht kurz vorher gemerkt hätte.

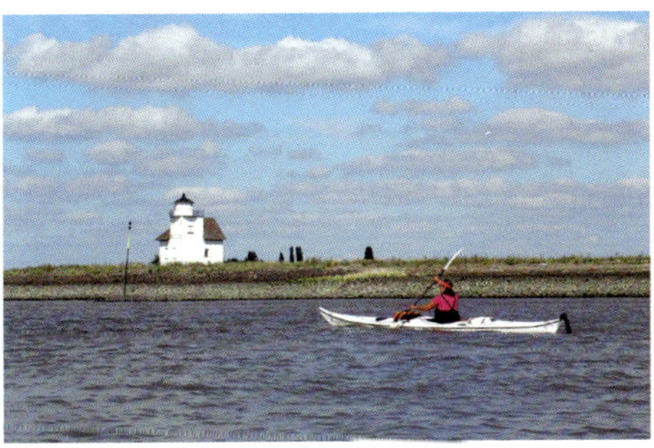

Vorbei am Leuchtturm Dwarsloch.

Vor allem zwischen den schier endlos langen Stacks lagern sich Sand und Schlick ab. Dieses Rast- und Fressgebiet für Wasservögel steht unter strengem Naturschutz und darf nicht betreten werden.

Kurz vor dem ersten Hochleitungsmast gibt es einen schönen Badestrand, an dem man auch nahe NW auf festem Boden gut für eine Pause aussteigen kann.

Gegenüber liegt Lühesand. Die Fahrrinne (d.h. für uns die roten Tonnen) nähert sich jetzt wieder dem rechten Ufer, die Strömung trägt uns

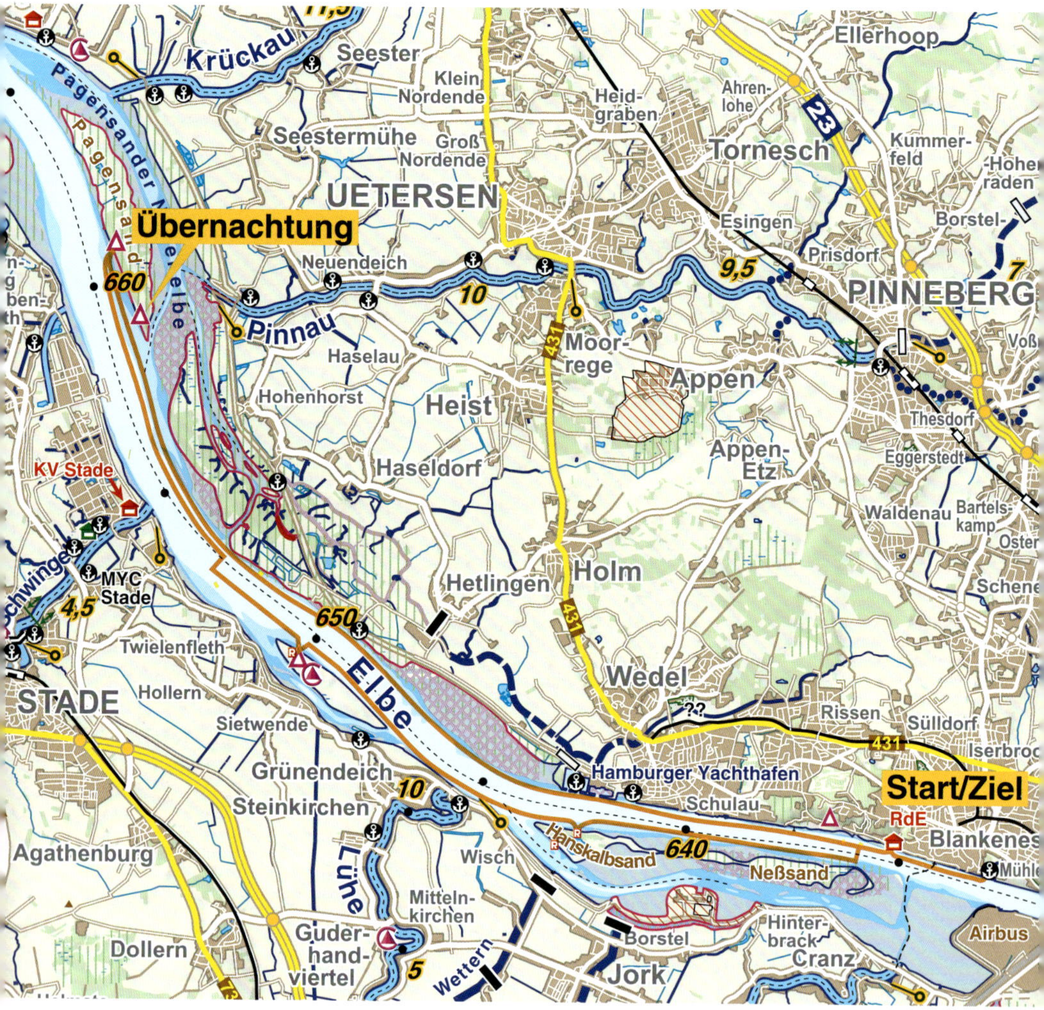

schneller voran. Ein kleiner weißer Leuchtturm steht am Dwarsloch (= „Querdurchfahrt"), durch das man in den Haseldorfer Hafen und die Haseldorfer Binnenelbe mit ihren Schilfwäldern zu beiden Seiten kommt – aber nur bei genügend hohem Wasserstand.

Jetzt müssen wir nur noch an der Schlick- und Schilfdoppelinsel Auberg-Drommel vorbei. Ein schmaler Strand mit einer urwaldartigen Baumvegetation sieht zwar schön aus, ist aber wegen eines ziemlich breiten schlickigen Wattgebietes davor kaum zu erreichen und vor allem als Naturschutzgebiet nicht zu betreten.

Jetzt müssen wir nur noch die breite Pagensander Nebenelbe queren, um gleich hinter dem Ende der Steinpackung an der S-Spitze vom Pagensand auf festem Sandwatt aussteigen und das Boot zum trockenen Sand unter Bäumen tragen zu können. Hier finden wir leicht gute Plätze auch für mehrere Zelte. Die fast 6 km lange und ca. 1 km breite Insel ist Naturschutzgebiet. An zwei Stellen ist es offiziell erlaubt, mit muskelbetriebenen Booten zu landen und in Zelten zu übernachten; hier am S-Ende und in der Mitte.

Der Name Pagensand hat nichts mit dem Pagen, dem Diener eines Adligen, zu tun, sondern leitet sich von Plattdeutsch Paag = Wallach ab. Das G wird also richtig wie ein G ausgesprochen.
Wie die anderen Elbinseln ist auch Pagensand künstlich durch Aufspülungen aus einer kleinen Sandbank entstanden und stark erhöht. Das Baggergut der Fahrrinnenvertiefungen musste schließlich untergebracht werden.
Pagensand ist heute unbewohnt. Bis zum Sommer 1998 stand ein Bauernhof mit angeschlossener Gaststätte auf der Insel. Er wurde abgerissen, da das Grundstück für weitere Aufspülungen genutzt wurde. In den Sommermonaten werden Rinder mit Booten zum Grasen auf die Insel gebracht. Das hat neben dem wirtschaftlichen Nutzen auch einen naturschützenden Hintergrund: Die weidenden Rinder halten die Landschaft offen für viele Arten Wiesenbrüter. Auf Pagensand gibt es Rehe (die bejagt werden) und seit einiger Zeit breitet sich der Marderhund stark aus.

Für den Start bei NW müssen die Boote ein ganzes Stück auf dem festen Sanduntergrund bis zum Wasser getragen werden (Tidenhub hier 3,1 m). Wir bleiben wegen des Industriegebietes Stadersand gegenüber mindestens bis zum Leuchtturm bei Dwarsloch auf dieser Seite. Wenn das Fahrwasser frei ist, queren wir es so, dass wir evtl. dem schönen Zeltplatz des RdE auf Lühesand einen Besuch abstatten können (Elb-km 650). Lühesand ist allerdings ringsum mit einer Steinpackung vor Erosion geschützt. Das Anlanden und Hochtragen der Boote ist nicht ganz einfach, lohnt sich aber.
Weiter geht's auf dem grünen Tonnenstrich oder rechts davon.
Bei km 645,5 mündet die Lühe. Dort ist ein Anleger für die gelben Schiffe der Lühe-Schulau-Fäh-

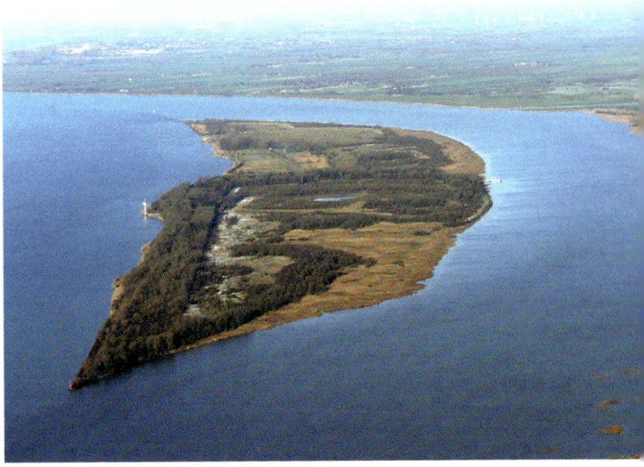

Pagensand.

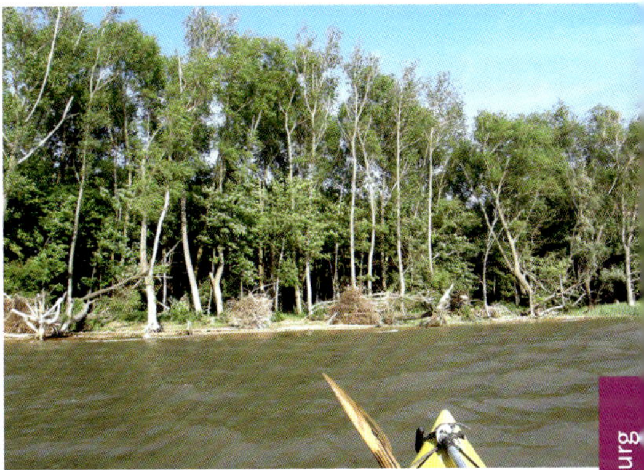

Pagensand - urwaldartige Uferzone.

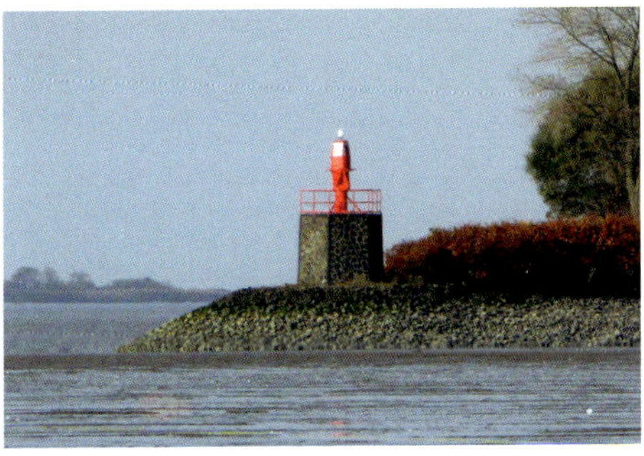

Pagensand - S-Spitze.

re (ca. alle zwei Stunden). Knapp 2 km weiter teilt der Hanskalbsand die Elbe. Der Flutstrom rechts zieht in die Hahnöfer Nebenelbe. Wir halten uns links und fahren entlang einer hohen Steinpackung ein paar hundert Meter. Sie wird an ihrem Ende in gleicher Richtung durch einen viel niedrigeren Steinwall fortgesetzt. Der ist wahrscheinlich jetzt schon überspült, endet auf jeden Fall nach ca. 200 m. Dort können wir auf festem Sand gut aussteigen.

Hanskalbsand ist etwas Besonderes. Das muss man selbst erkunden, z.B. die „Schutzstation" von Peko. Oder am Wochenende des 4. Advent. Da sitzen seit vielen Jahrzehnten unerschrockene Kajakfrauen und Kajakmänner bis Mitternacht am Feuer und feiern heidnisch die Wintersonnenwende.

Uns bleibt nur wenig Zeit, denn allerspätestens eine Stunde vor HW müssen wir wieder im Wasser sein. Fast 8 km können wir jetzt an einem naturbelassenen Ufer entlang fahren.

Irgendwann entdecken wir vielleicht ein rotes Schild am Strand. Das ist dann das Naturschutzgebiet Neßsand mit dem strengen Betretungsverbot. In dem Haus auf der Warft beim Radarturm wohnte lange Zeit ein Inselwart. Inzwischen gibt es kein Geld mehr dafür. Wir bleiben noch am grünen Tonnenstrich, um aus einer gewissen Entfernung einen besseren Blick auf Blankenese zu haben. Besonders wenn sich dann noch ein Container(schiff) in den Vordergrund schiebt, gibt das ein schönes Foto. Wir müssen allerdings auf die Einmündung des Estefahrwassers bei km 635 achten. Es ist mit kleineren Tonnen gekennzeichnet. Seit in der Werft an der Estemündung in Neuenfelde keine Schiffe mehr gebaut werden, wird die Fahrrinne nicht mehr regelmäßig freigehalten. Bei NW liegen die Tonnen dann z.T. im Schlick.

Kurz hinter Blankenese queren wir zum anderen Ufer. Dabei merken wir, wie stark uns die Flutströmung nach rechts versetzt. Durch genaue Peilung am Ufer gelingt es vielleicht, den Vorhaltewinkel so zu wählen, dass wir über Grund im rechten Winkel auf das Ufer zufahren.

Nach Plan kommen wir genau mit HW wieder im Mühlenberger Hafen an. Dort sehen wir, wie wichtig das Wissen um die Gezeiten und der Tidenkalender sind.

Text und Fotos: Jan Teich

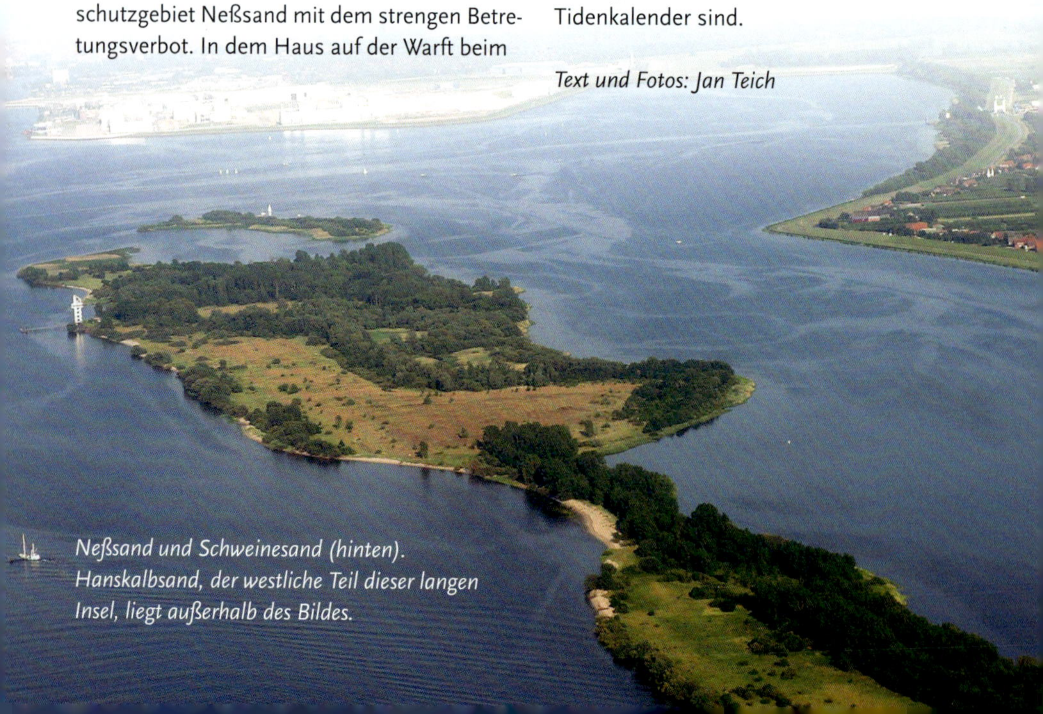

Neßsand und Schweinesand (hinten). Hanskalbsand, der westliche Teil dieser langen Insel, liegt außerhalb des Bildes.

KURZ-INFO PAGENSAND-RUNDE

Befahrungszeit: ganzjährig, wenn kein Eisgang. Verbot für SUP.

Fahrstrecke: Blankenese – Pagensand - Blankenese ca. 54 km (ca. 6 h), sowohl Hin- als auch Rückfahrt mit bis zu 6 km/h Tidestrom.

Optionen: Wegen des Tidestromes auch als Tagestour gut machbar, Pausenplätze oder Kurzvarianten: am linken Ufer – Hanskalbsand bei Elb-km 643, am rechten Ufer – Strand kurz östl. des ersten Hochspannungsmastes bei Elb-km 649.

Start und Ziel: Blankenese Mühlenberg (Elb-km 633) oder RdE (km 635).

Route: Am rechten Ufer bzw. Fahrwasserrand (rechts der roten Tonnen bleiben) bis Pagensand (km 659), dort zelten. Zurück links der roten Tonnen. Fahrwasserquerung bei Tonne 108. Weiter am Tonnenstrich der grünen Tonnen. Besuch/Pause beim RdE-Platz auf Lühesand möglich (km 650, schwieriger Ausstieg an Steinkante) oder beim Hanskalbsand (km 643, Sandstrand). Fahrwasserquerung bei km 636, dann bis RdE oder Mühlenberg.

Also: Fahrtenplanung nur mit Tidenkalender, Start in Blankenese mit HW oder max. 2 h danach, Ankunft am Ziel spätestens bei NW. Start auf Pagensand mit NW oder max. 2 h danach. Zur Not jeweils 1 h früher starten. Bei verspäteter Ankunft in Blankenese starker Gegenstrom.

Befahrungsregeln: Am 9. Mai 1997 trat die Landesverordnung über das Naturschutzgebiet „Elbinsel Pagensand" in Kraft. Der Landes-Kanu-Verband Schleswig-Holstein e.V. hatte sich erfolgreich dafür eingesetzt, dass Kanusportler auch weiterhin auf Pagensand anlanden und auf der Insel für eine Nacht kleine Zelte aufschlagen können. Im Gegenzug sollte dringend darauf geachtet werden, dass das eigene Handeln keine Schäden an der Natur verursacht, Müll wieder mitgenommen wird etc. Weitere Infos hierzu unter: *www.itzehoer-wasser-wanderer.de/pagen.html*

Gefahren, Besonderheiten:
Befahrung nur mit Großgewässererfahrung. Wegen wechselnder Strömungsstärke und -richtung Tourenplanung nur in Abhängigkeit von den Gezeiten (Tidenkalender), Fahrrinne mit Großschifffahrt (zwischen grünen und roten Tonnen) nur auf kürzestem Weg kreuzen. Hohe, steile Wellen (meist nur) durch kleinere Motorschiffe, Tsunami-Effekt im Flachwasser, kurze, steile Wellen vor allem bei Wind gegen Strom. Von der Befahrung mit offenen Booten wird abgeraten. Achtung: Auf Pagensand gibt es viele Zecken! Eine Zeckenzange sollte auf die Insel mitgenommen werden.

Adressen:
Ring der Einzelpaddler/Faltbootgilde e.V.
Falkensteiner Ufer 2-4
22587 Hamburg
Tel.: 040 / 86 36 14
nur Mittwochs ab 17:00 Uhr
www.rde-hamburg.de

Tour 48: Hansirunde

Zwischen Containerriesen rund Hamburgs Elbsände

Diese Tour besteht aus einem 20 km langen Rundtörn auf der Unterelbe zwischen Blankenese und Wedel am Nordufer sowie Finkenwerder und Grünendeich am Südufer. Umrundet werden die inzwischen zusammenhängenden Inseln Schweinesand, Neßsand und Hanskalbsand – kurz „Hansirunde" genannt. Sie ist geprägt durch den hautnah erlebbaren Kontrast von betriebsamer Großschifffahrt und noch erahnbarer natürlicher Flussauenlandschaft in einem Gezeitenstrom. Zu Springflutzeiten beträgt der Tidenhub hier über 4 m. Tidenbedingte Strömungen, die Beachtung sämtlicher Schifffahrt und wetterbedingte Einflussfaktoren fordern alle Sinne eines Paddlers in diesem Revier, weswegen diese Tour nur für großgewässererfahrene und -ausgerüstete Kanuten empfohlen wird.

Wir starten wie bei der Pagensand-Tour im Hafen Blankenese-Mühlenberg oder vom Strand am Bootshaus des RdE. Diese Stelle ist durch das alte Schiffswrack „Uwe" auch bei Hochwasser gut erkennbar und weithin sichtbar. Ein anderes Holz-Wrack nur 200 m westlich am Ufer ist bei Hochwasser nicht zu sehen und daher nicht ungefährlich. Für eine Runde gegen den Uhrzeigersinn paddeln wir mit dem Ebbstrom elbabwärts in Richtung Wedel, zunächst zwischen dem roten Tonnenstrich und dem nördlichen Elbufer. Die Startzeit liegt am besten etwa

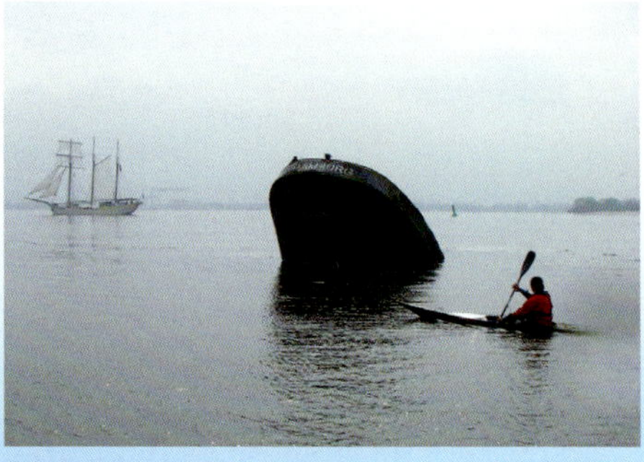

Wrack „Uwe" beim RdE.

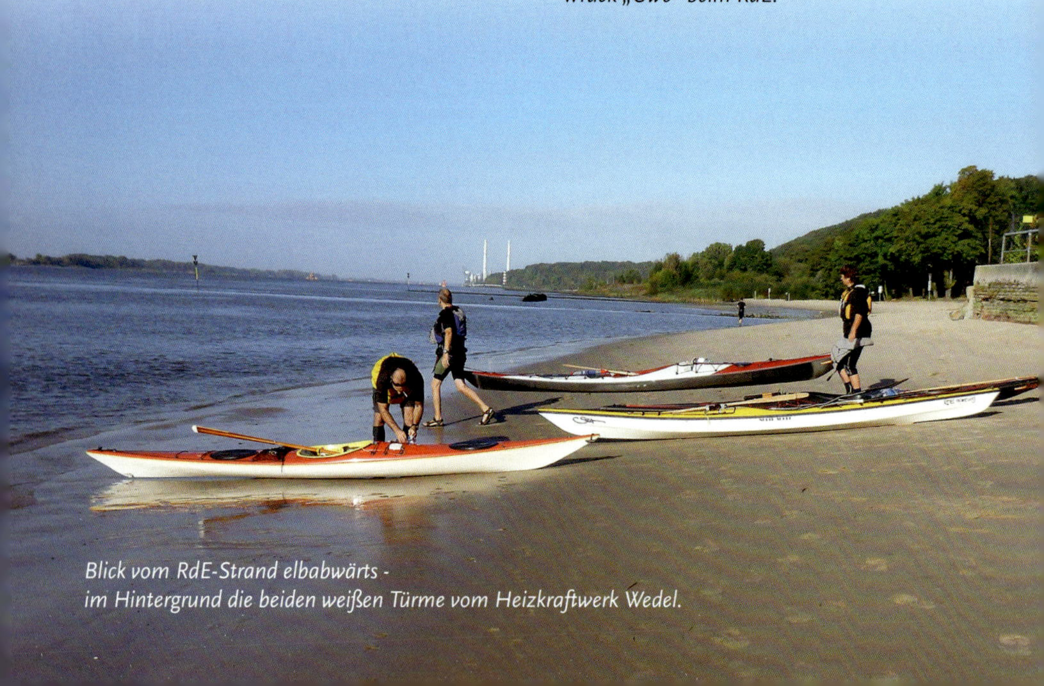

Blick vom RdE-Strand elbabwärts - im Hintergrund die beiden weißen Türme vom Heizkraftwerk Wedel.

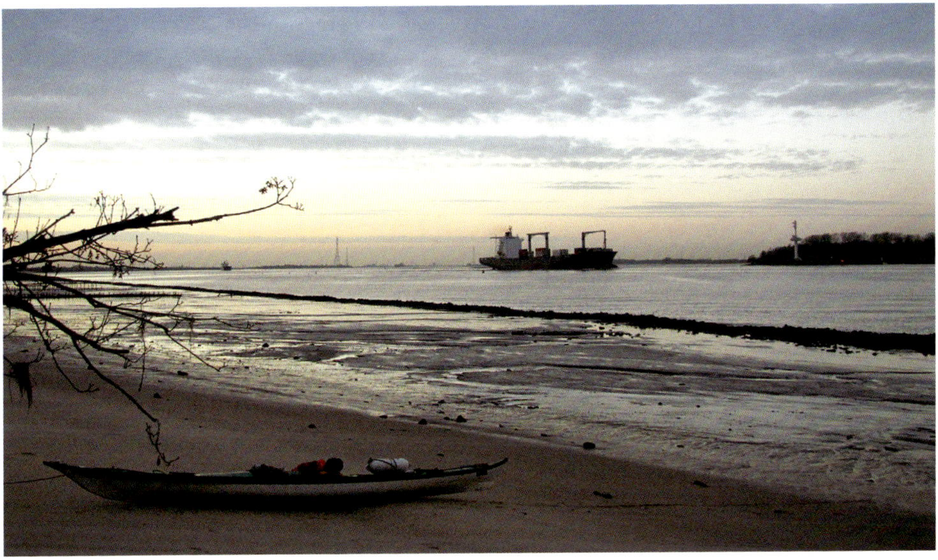

Hanskalbsand bei Niedrigwasser - Blickrichtung West.

1 Stunde vor Niedrigwasser. Dann kommen wir pünktlich zum Tidenkipp noch gut um die ansonsten stark umströmte Westspitze der Inselkette. Vorbeikommende Schiffe erfreuen uns mit ihren Bug- und Heckwellen, entziehen uns manchmal aber auch das Wasser unter dem Kiel, daher Achtung an den Stacks.

Nach ca. 2,5 km – etwa auf Höhe des Leuchtturms Wittenbergen - queren wir das Fahrwasser an einer übersichtlichen Stelle. Hin und wieder trifft man dabei auch mal auf eine Schweinswalschule, die kurz an der Oberfläche ihre Rückenflosse zeigen und dann auch schon wieder abtauchen. Das Fahrwasser ist durch Fahrwassertonnen abgegrenzt. Während die roten Tonnen ziemlich nah am Ufer stehen, befinden sich die grünen Tonnen in dem Bereich der hier beschriebenen Tour eher in der Mitte des Stroms. So paddeln wir auf der anderen Seite zwischen dem grünem Tonnenstrich und dem Ufer der grün bewachsenen Inseln Neßsand und Hanskalbsand weiter westwärts. Die weltbekannte Schiffsbegrüßungsanlage Willkomm-Höft bei Wedel lassen wir „rechts liegen“, vielleicht hören wir sogar eine der Nationalhymnen, mit welcher größere Schiffe begrüßt werden.

Dann erreichen wir die stark mit Steinschüttungen bewehrte Westspitze von Hanskalbsand. Um die Inselspitze herum bietet sich auf der Südseite von Hanskalbsand bald ein Sand-

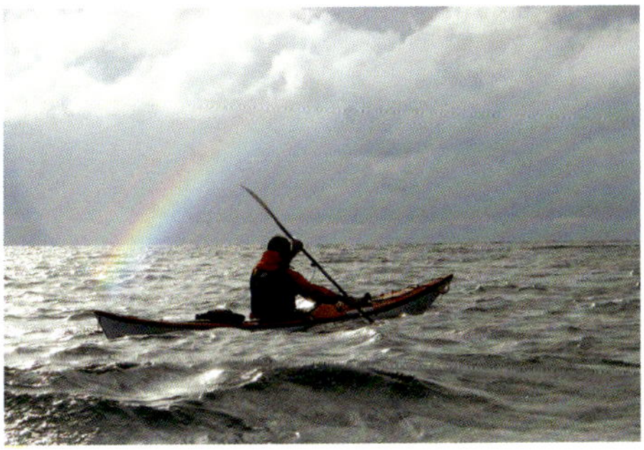

Gewitterstimmung auf der Elbe.

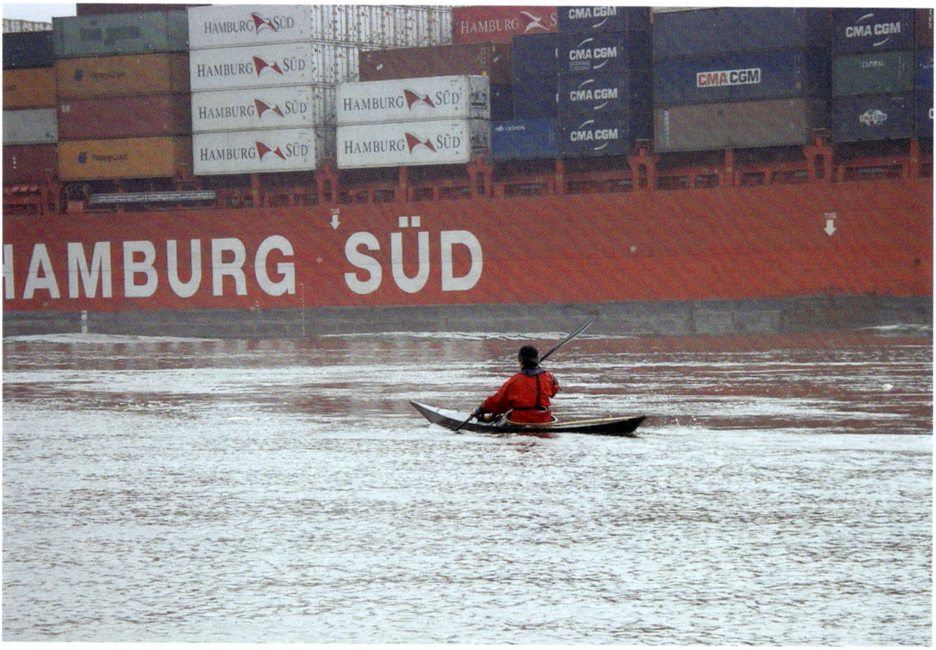

Achtung: Paddler sieht Containerriesen - umgekehrt nicht immer!

strand für eine kleine Pause an, wo man auch gut den Tidenkipp abwarten kann.
Alternativ zu einer Strandpause kann man auch ganz kultiviert auf der gegenüberliegenden niedersächsischen Uferseite ein nettes Café besuchen, das „Möwennest“, *www.cafe-altes-land.de/moewen-nest.* Der Ort heißt Neuenschleuse, erkennbar an dem kleinen Hafen und dahinter

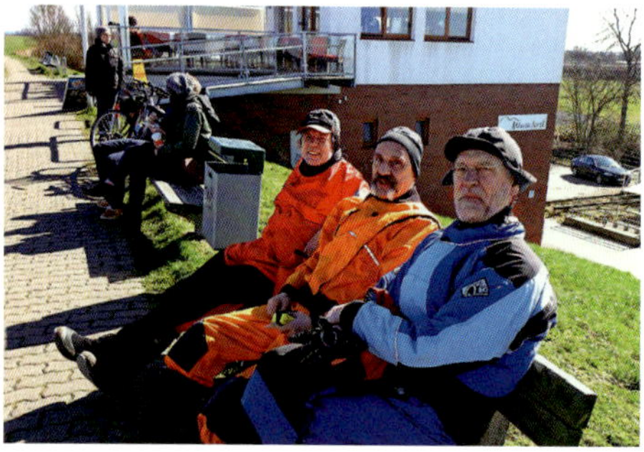

Paddelpause vor dem Cafe Möwennest.

auf dem Deich befindet sich das kleine aber feine Café (selbst gebackene Kuchen ...). Rechts von der Hafeneinfahrt ist ein Slip und etwas Strand, genug zum Aussteigen. Aber Achtung: die Kajaks weit genug oben ablegen und die Verweildauer im Café nicht unbegrenzt lassen, denn das Wasser der Elbe, auch der Hahnöfer-Nebenelbe, in der wir uns bereits befinden, steigt ja wieder! Nach der Pause geht es im Fahrwasser der Hahnöfer-Nebenelbe mit gut auflaufendem Strom wieder ostwärts, entlang der Inselkette nun auf Backbord, bestehend aus Hanskalbsand, Neßsand und Schweinesand von West nach Ost. Diese Inseln sind durch Sandaufschüttungen im Rahmen der Elbvertiefung bereits seit 1941 nicht mehr getrennt bzw. im Falle von Neßsand auch erst entstanden. Typisch in diesem schiffsberuhigten Teil ist ein natürliches Ufer mit Schilf und Binsen. Besonders wertvoll ist das vorgelagerte Süß-

wasserwatt, welches Laichgründe für Fische sowie besonders während der Zugzeiten Rast und Nahrung für verschiedenste Wattvögel bietet. Auf den Sandbänken liegen immer häufiger ungewöhnlich zutrauliche Seehunde und Kegelrobben, denen wir Paddler willkommene Spielkameraden sind.
Steuerbords liegt – heute abgedeicht - Hahnöfersand mit der Jugend-Strafanstalt. Rechts davon ein weiteres Süßwasserwatt, wo Wiebelschmiele und Schierlingswasserfenchel zu finden sind, zwei Pflanzenarten, welche weltweit einzigartig nur im Süßwassertidegebiet der Elbe vorkommen.
Am Ende ist die Inselkette an Backbord kurz unterbrochen durch einen Wasserdurchlass, in dessen Mitte auf einem Duckdalben des Öfteren ein Seeadler in majestätischer Haltung über sein Naturschutzgebiet wacht. Dadurch abgetrennt und ganz im Osten liegt dann der Schweinesand. Weiter voraus hat man über das Mühlenberger Loch hinweg die Hallen von Airbus auf der ehemaligen Elbinsel Finkenwerder vor Augen.

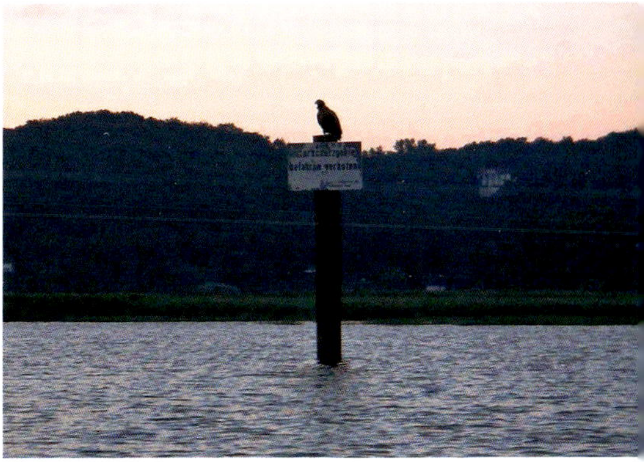

Seeadler bewacht Schutzgebiet zwischen Neßsand und Schweinesand.

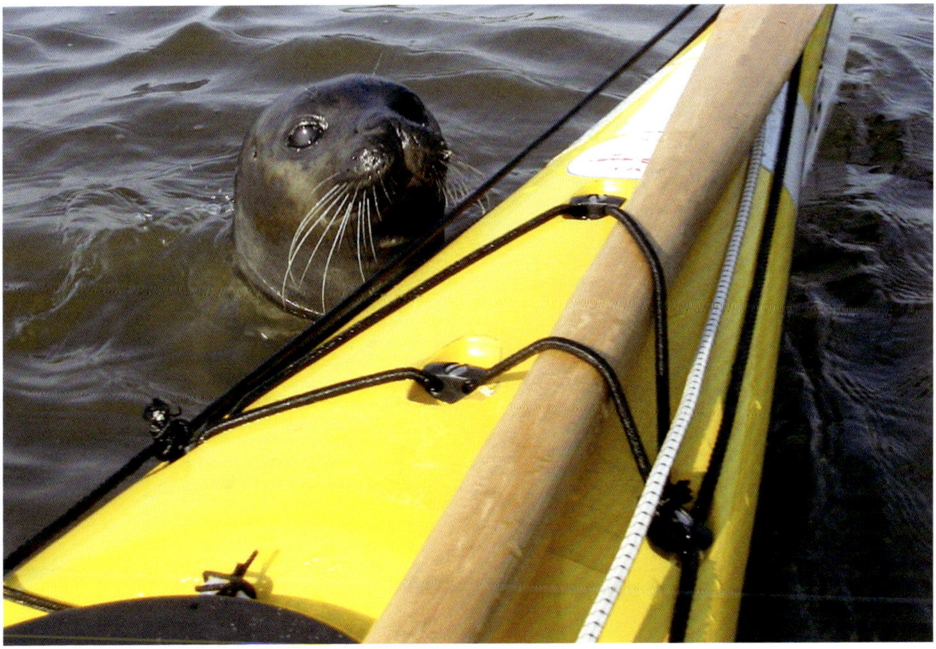

Begegnung der besonderen Art - zutraulicher Seehund.

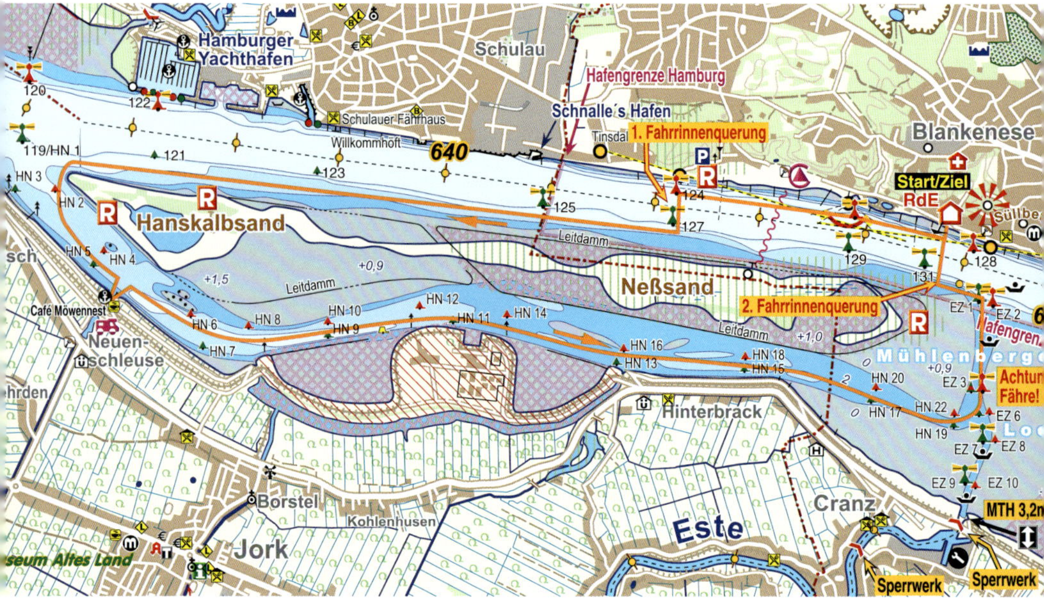

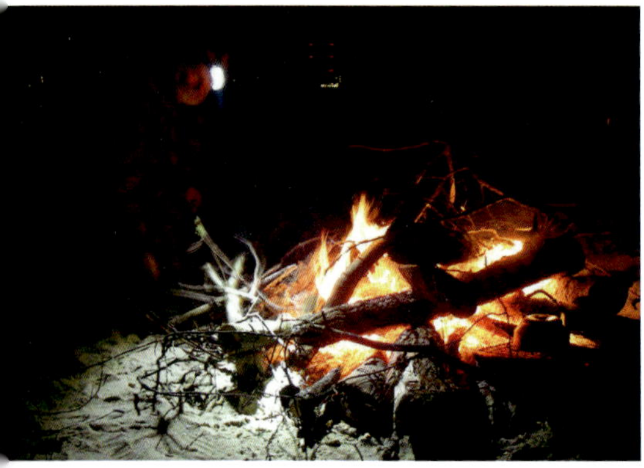

Lagerfeuer zur Wintersonnenwende.

Wir umrunden hier die noch trocken liegenden Sandbänke in nördlicher Richtung, entlang der Tonnen kommen wir auch in das Este-Fahrwasser. Dabei wird unser Blick vom beeindruckenden Blankeneser Treppenviertel am gegenüberliegenden nördlichen Elbufer eingefangen. Obwohl der Blankeneser Leuchtturm uns nun magisch anzieht, links davon liegt nämlich unser Anlandeziel, der RdE, sollten wir nicht auf ihn zuhalten. Besser paddelt man nahe am Ufer vom Schweinesand noch ein gutes Stück „gegenan", bevor man vom starken Tidenstroms erfasst wird, der zur Elbmitte hin stetig zunimmt.

Grobe Peilung: Wittenbergener Leuchtturm bzw. die beiden Schornsteine vom Kraftwerk. Sobald wir mit diesem Kurs den grünen Tonnenstrich erreicht haben, queren wir das Elbfahrwasser zum 2. Mal. Mit der Strömung gelangen wir so bei rechtwinklig zum Fahrwasser eingestelltem Kurs wieder zum RdE.

Text: Antje Frers
Fotos: Antje Frers, Beate Goetz, Torsten Barg, Jan Teich

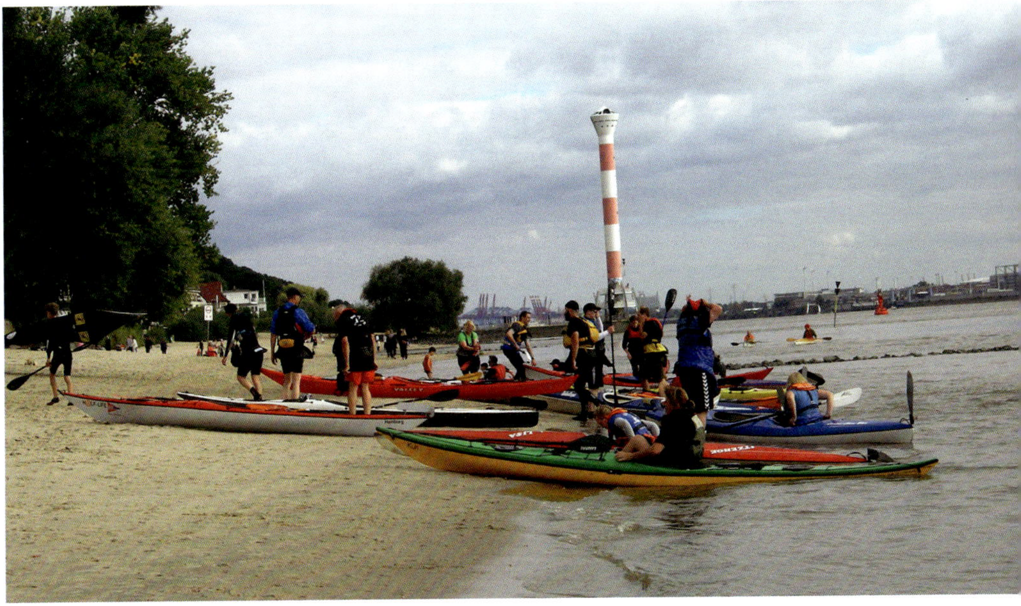

Anlanden beim RdE – im Hintergrund Leuchtturm Blankenese.

Adressen

- Ring der Einzelpaddler/Faltbootgilde e.V.
  Falkensteiner Ufer 2-4
  22587 Hamburg
  Tel.: 040-863614 nur Mi ab 17:00 Uhr
  www.rde-hamburg.de

Anreise Öffentliche Verkehrsmittel

- S-Bahn Linie S1 bis Blankenese, dann mit dem Bus Linie 48 bis zur Haltestelle Falkentaler Weg.
- Auto:
  Zufahrt über Blankeneser Landstraße, dann über Richard-Dehmel-Straße, den Waseberg hinunter in den Falkenthaler Weg.
  Die Straße führt direkt zum Falkensteiner Ufer, dort an der Ecke liegt das Bootshaus.
  www.rde-hamburg.de/bootshaus.html

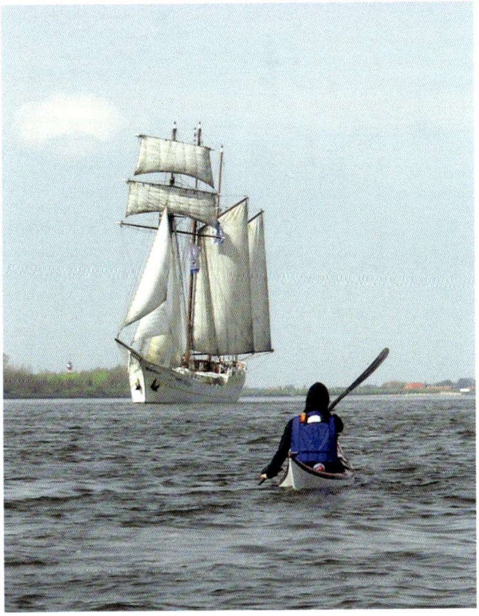

Paddlerin begegnet dem historischen Frachtsegler Mare Frisium.

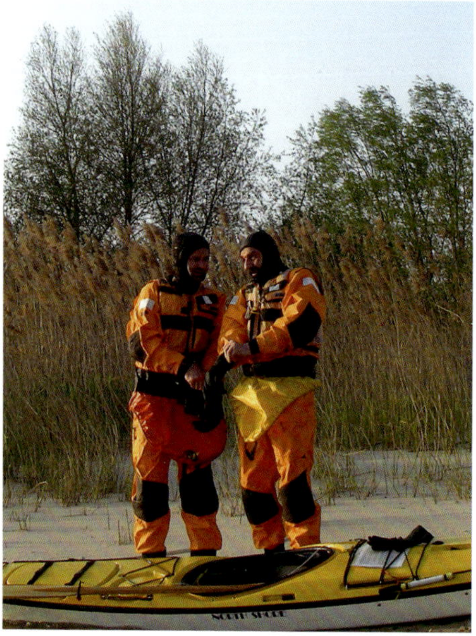

Strandgespräch auf Schweinesand.

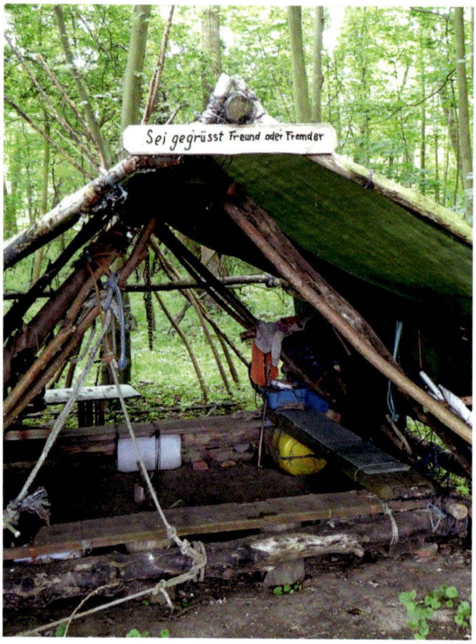

Pekos Tarp auf Hanskalbsand.

KURZ-INFO HANSIRUNDE

Befahrungszeit: Mit angemessener Ausrüstung und Kälteschutzkleidung durchaus ganzjährig.

Fahrstrecke: Ca. 20 km Rundkurs um die Elbsände „Schweinesand“, „Neßsand“ und „Hanskalbsand“.

Gefahren:

► Zeitweilig starke (Tiden-)Strömungen (bei Springtide etwa 3-4 Knoten und mehr) sowie Kehrwässer an Hindernissen (Stacks, Wracks, einspringende Spundwände ...);

► Reger Schiffsverkehrs auf der Elbe (Berufsschifffahrt und Freizeit-Wassersportler aller Art);

► Motorboote in hohem Tempo, auch außerhalb des Hauptfahrwassers, oft mit unklarem Kurs! Möglichst (und sowieso) NICHT ALLEINE fahren, sondern in der Gruppe eng zusammen, um GESEHEN zu werden!

► Bei Beginn des Rundkurses am Nordufer der Elbe ist das Hauptfahrwasser von in diesem Bereich ca. 500 m Breite 2 x im rechten Winkel zu queren, dabei Abdrift beachten.

► Leitdämme längs der Inseln am Ufer (Grundberührung mit Steinen möglich).

► Stacks quer zum Ufer, bei Hochwasser überflutet, aber mit Kardinalzeichen am Ende gekennzeichnet (außer im Winter!).

► Wellen durch Schifffahrt (manche große Schiffe ziehen vorher das Wasser weg) und Wind.

► Tidenhub beachten (bei Springzeit hier über 4 m); Boote bei auflaufender Tide und wegen höher auflaufender Wellen immer hoch genug ablegen bzw. nicht unbeaufsichtigt liegen lassen.

► Aufgrund von Breite und Länge (Windfetch) ist die Elbe windanfällig (in diesem Bereich insbesondere bei Wind aus W-Richtung); vor Fahrtantritt sollte unbedingt der Wetterbericht abgerufen werden.

► Bei Wind-gegen-Strom-Situation (hier: ablaufende Strömung bei W-Wind oder auflaufende Strömung bei Ostwind über 4 Bft.) baut sich starker und hoher Wellengang besonders in der tieferen Fahrrinne auf; von einer Querung des Fahrwasser ist dann abzusehen.

► Offene Canadier ohne Persenning sind für Touren auf der Unterelbe nicht geeignet.

Optionen:

► Start/Ende des Rundkurses kann entweder am Nordufer oder am Südufer der Elbe liegen; es gibt diverse Möglichkeiten (Häfen, Campingplatz, Strandbereiche) zwischen Hamburg und Wedel auf der Nordseite und zwischen Finkenwerder und Grünendeich auf der Südseite.

► Der Rundkurs ist sowohl im Uhrzeigersinn wie auch entgegen möglich.

► Wer geschickt und kräfteschonend plant, umrundet je nach Richtung jeweils pünktlich zum Tidenkipp entweder die West- (bei NW) oder Ostspitze (bei HW).

► Beschrieben wird hier die Rundtour um die Inseln gegen den Uhrzeigersinn mit Start/Ende beim RdE in Blankenese (Nordufer, gegenüber Neßsand).

Besonderheiten:

► Verbot für SUP

► Hamburger Hafengebiet - Berufsschifffahrt hat Vorfahrt! Grundsätzlich Rechtsfahrgebot, auch außerhalb des Hauptfahrwassers; Fahrrinnenquerung immer im rechtwinkligen Kurs (auch wenn man dabei seitlich versetzt wird); ansonsten außerhalb des Fahrwassers (Tonnenstrich beachten) in Ufernähe paddeln.

► Die Tide wirkt sich elbaufwärts bis zum Wehr in Geesthacht aus, daher Planung des Rundkurses entsprechend der Gezeiten (Tidenkalender!).

► Bei Niedrigwasser fallen weite Uferbereiche trocken (Sand oder Schlick).

► Über weite Uferstrecken der Sände besteht Anlandeverbot (Naturschutzgebiet „Neßsand" *www.hamburg.de/muehlenberger-loch-nesssand*

► Anlandeskizze Neßsand: *www.hamburg.de/contentblob/628554/ab2545a28d38423de9774dafbc1e1086/data/anlandeskizze-nesssand.pdf*

► Infos zur Unterelbe siehe auch unter: *www.tideelbe.de*

Der Autor

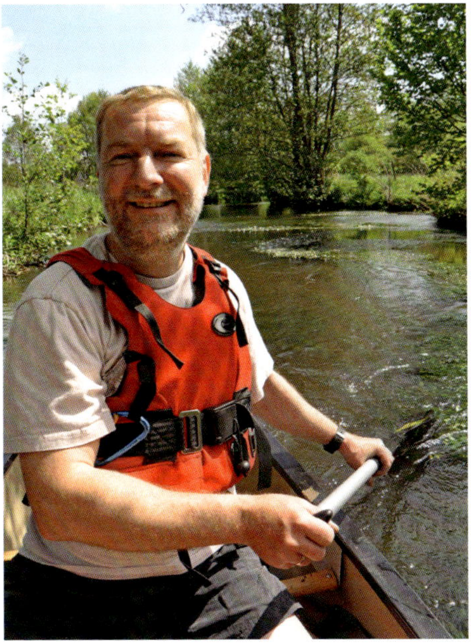

Heinz-Georg Luxen, geboren 1963 in Essen inmitten des Ruhrgebiets, mittlerweile seit vielen Jahren wohnhaft im südlichen Schleswig-Holstein in Hasenmoor, ist seit dem 14. Lebensjahr durch ein geschenktes Faltboot vom Paddelvirus infiziert. Das Interessante am Kanusport ist für ihn der Facettenreichtum. Daher trifft man ihn sowohl auf Wanderbächen, beim Seekajakfahren und Wildwasserpaddeln an. Durch die geographische Nähe zur Osterau entdeckte er seine Liebe zu den heimischen Gewässern, die auf kleinstem Raum eine große Vielfalt bieten.
Der Lebensmittelkaufmann ist verheiratet und Vater einer 10-jährigen Tochter. Neben seiner Leidenschaft für den Kanusport liebt er ausgedehnte Wanderungen mit dem Hund und fährt gerne Mountainbike.

Adressen

Deutscher Kanu-Verband e.V.
Bertaallee 8, 47055 Duisburg
Tel. 0203-99759-0, Fax -60
service@kanu.de
www.kanu.de

Hamburger Kanu-Verband e.V.
(Geschäftsstelle)
Postfach 800147, 21001 Hamburg
Allermöher Deich 36, 21037 Hamburg
Telefon: 040-7375560
Telefax: 040-7375560
www.hamburger-kanu-verband.de

Landes-Kanu-Verband Schleswig-Holstein e.V.
Günter Schöning (Präsident)
Prinz-Heinrich-Str. 1, 24106 Kiel
Telefon: 0431-336407
Telefax: 0431-336726
praesident@kanu-sh.de
www.kanu-sh.de

Bundesverband Kanu e.V.
c/o BVWW
Gunther-Plüschow-Str. 8, 50829 Köln
Tel. 0221-59571-0
www.bvkanu.de

Pegeldienste

Pegelübersicht auf der DKV-Seite
www.kanu.de/go/dkv/home/freizeitsport/gewaesser/pegelliste

Daneben gibt es auch Pegeldienste für Smartphones wie **riverapp** und **Paddlers App**.

Kanu-Fachpresse

Kanu-Sport
Der Kanu-Sport bietet jeden Monat das ganze Spektrum des Kanusports: Kanuwandern, Küstenpaddeln, Wildwasser und Wettkampfsport. Außerdem informiert er in seinem Service-Teil über Termine und Nachrichten aus der Welt des Kanusports und gibt als offizielles Magazin des Deutschen Kanu-Verbandes Einblick in die Aktivitäten des DKV, seiner Landesverbände und Vereine.
Das farbige Magazin erscheint 12 x im Jahr, kostet im Jahresabo 38,– € im Inland. Kostenloses Probeheft auf Anfrage.
Kontakt: DKV Wirtschafts- und Verlags GmbH, Postfach 100315, 47003 Duisburg
Tel. 0203/99759-99, Fax -61
www.kanu-verlag.de

Kanu-Magazin
Ein üppiges und professionelles Magazin für Wildwasser- und Wanderpaddler mit großen Themenvielfalt, im Zeitschriftenhandel erhältlich. 6 Hefte im Jahr, im Abo 42,– € im Inland.
Kontakt: Atlas Verlag
Flößergasse 4, 81369 München
Tel. 089/55241-0
www.kanumagazin.de

Kajak-Magazin – Kajaks, Canadier & Outdoor. Ebenfalls ein buntes Magazin mit vielen kanusportlichen und Outdoor-Themen, Kaufberatung, Technik etc., im Zeitschriftenhandel erhältlich. 6 Hefte im Jahr, im Abo 36,– € im Inland.
Kontakt: Modellsport Verlag GmbH
Postfach 2109, 76491 Baden-Baden
Tel. 07221/9521-0
www.kajak-magazin.com

Weiterführende Literatur

Lehrbücher

DKV-Handbuch Kanusport (Johannes Wohlers), DKV-Verlag 2021
Kanu fahren (Jürgen Gerlach), Delius-Klasing-Verlag 2018
Richtig Kanu fahren (Jürgen Gerlach) BLV Verlag, 2. Auflage 2006
Wildwasserfahren – Vom Einsteiger zum Profi (Dieter Singer) Thomas Kettler Verlag 2013
Stechpaddel Fahrschule (Franz Riegel/Dieter Raffler) Thomas Kettler Verlag 2014

Kanuführer

Deutsches Flusswanderbuch,
27. Aufl., DKV-Verlag 2018
Kanu-Wanderbuch für Nordwestdeutschland,
12. Aufl. 2014

Kanukarten

Wassersport-Wanderkarte Nr. 1 Deutschland Nord-West. Maßstäbe: 1:450.000
Schwentine, Eider, Treen, Schlei
im Maßstab 1:100.000
Jübermann-Verlag, 7. Auflage 2017

TourenAtlas TA1
Wasserwandern zwischen Lüneburger Heide, Ostsee und Dänemark, Radwandern Elbe + Ostseeküste. Maßstab 1: 75 000
Hamburg & Alster 1:25 000
Jübermann-Verlag, 2. Auflage 2014

Jübermann-Outdoor-Navigator
Digitale Gewässerkarte Deutschland Nordwest
Jübermann-Verlag

Alle Titel sind über die DKV-GmbH lieferbar.
www.kanu-verlag.de

Zeichenerklärung: (Auszug)

Maßstab 1: 150.000

Tour 1 bis 3 = Maßstab ca. 1: 300.000

unbefahrbare Gräben

nur bedingt befahrbar

meist ganzjährig befahrbar

für Ruderer eingeschränkt befahrbar

für Ruderer befahrbar

Gewässer mit Berufs-/Motorbootschifffahrt

Gewässer mit Befahrungsbeschränkungen oder Sperrungen, Text beachten

Entfernungen: jeder km mit Punkt, ca. alle 5 km mit Zahl

Im Text beschriebene Strecke

Wehr, Stromschnelle, Sieltor, Schleuse

Brückenhöhe, Wasserski,

Kanuverein / Ruderverein (mit/ohne Übernachtungsmöglichkeit)

Ein- und Ausstiegsstelle, Rastplatz (rot-grün = auch für Ruderer geeignet)

Pegel / Mindestpegel rot-grün

Campingplatz / Jugendherberge

Eisenbahn / Bahnhof

Autobahn

Bundesstraße

Landesstraße

Kreisstraße

Kartographie: Erhard Jübermann, Uelzen www.juebermann.de

passende Gewässerkarte zu diesem Buch:

TourenAtlas Schleswig-Holstein-Unterelbe "TA1" ISBN: 978-3-929540-67-3